AF524660

Sinnsuche im Wagnis

Leben in wachsenden Ringen

Erklärungsmodelle für
grenzüberschreitendes Verhalten

von

Siegbert A. Warwitz

4., unveränderte Auflage

Schneider Verlag Hohengehren GmbH

Umschlagfoto:
Sprung in die Quebradaschlucht (Mexiko)

Gedruckt auf umweltfreundlichem Papier (chlor- und säurefrei hergestellt).

Bibliografische Information der Deutschen Nationalbibliothek

Die Deutsche Nationalbibliothek verzeichnet diese Publikation in der Deutschen Nationalbibliografie; detaillierte bibliografische Daten sind im Internet über ›http://dnb.d-nb.de‹ abrufbar.

ISBN: 978-3-8340-1620-1

Schneider Verlag Hohengehren, Wilhelmstr. 13,
D-73666 Baltmannsweiler
www.paedagogik.de

Gefahrlos lässt Gefahr sich niemals meistern.

Epiktet

Erst mit der Orientierung an Werten und der Suche nach einem persönlichen Lebenssinn wachsen die Extremleistungen des Menschen über die der Lachse, Ameisen, Bergziegen oder Zugvögel hinaus.

S. A. Warwitz

Das Wagnis ist ein unverzichtbarer Bestandteil wertstrebenden dynamischen Lebens.

S. A. Warwitz

Der Mensch muss sich wagen oder sich Träume und Wertgewinn versagen.

S. A. Warwitz

Verzicht auf das Wagnis, einmal zur Gewöhnung geworden, bedeutet im geistigen Bezirk ja immer den Tod, eine gelinde und unmerkliche, dennoch unaufhaltsame Art von Tod.

M. Frisch

Wagen bedeutet
* *Sehnsucht nach intensivem Erleben*
* *Einlassen auf eine bedeutende, aber gefährliche Aufgabe*
* *Aktive Lebensgestaltung im Bewusstsein von Gefahren*
* *Chance auf außergewöhnliche Wertschöpfungen*
* *Bereitschaft zu Opfern*
* *Verantwortungsvolles Handeln in risikohaltigen Situationen*
* *Kompetenzaufbau, den Ansprüchen der Aufgabe zu genügen*
* *Demut, persönliche Grenzen akzeptieren zu können*

Inhaltsverzeichnis

Sinnsuche und Sinnerleben im Wagnis

Erklärungsversuche für das Streben nach Wagnis

Sinnsuche und Sinnerleben im Wagnis

Im Wagnis erwächst Leben

Wie Kinder sich wagen, um Leben zu gewinnen

Die kleine Claudia ist erst wenige Monate alt. Auf allen Vieren bewegt sie sich im Raum und untersucht alles, was ihr erreichbar ist. Hin und wieder versucht sie, sich aufzurichten, vor allem, wenn die Mutter ihr aus der Höhe mit attraktiven Gegenständen winkt. Doch die unentwickelte Muskulatur trägt noch nicht. Claudia purzelt auf den Bauch, auf die Seite, auf den Rücken. Ihr Gesicht verrät Enttäuschung, aber immer wieder versucht sie, den aufrechten Stand zu erreichen.

Mit etwa zehn Monaten hat Claudia bereits gelernt, sich relativ sicher auf ihren Beinchen zu halten. Sie wagt es nun, sich von der Handsicherung zu lösen und einzelne Schritte frei zu gehen. Dabei muß sie den beidbeinigen Stand kurzfristig aufgeben und einen labilen Augenblick auf einem Bein riskieren, damit das andere vorbewegt werden kann. Die neue Gleichgewichtsfindung bereitet ihr noch Schwierigkeiten. Immer wieder fällt sie. Einmal stolpert sie, schlägt heftig auf und verletzt sich. Sie weint. Hartnäckig versucht sie jedoch bald aufs Neue, zum Zweibeiner zu werden.

Einige Monate später wird Claudia den aufrechten Gang beherrschen und sich neuen Wagnissen zuwenden. Sie wird auf Betten, Stühle, Sofas klettern. Sie wird auf dem Spielplatz die Rutsche, die Schaukel, das Karussell ausprobieren. Sie wird sich mit Spielfahrzeugen wie Roller und Dreirad auseinandersetzen. Sie wird ihre menschliche Umwelt herausfordern. Sie wird sich im Wasser, im Schnee, auf Eis bewegen lernen. Sie wird sich außer dem Gehen das Laufen, das Hüpfen, das Springen, das Balancieren, das Hangeln, das Schwingen, das Schaukeln, das Rollen, das Gleiten, das Schweben, das Schwimmen, das Radfahren aneignen.

Alle diese kindlichen Lernschritte sind mit Wagnis verbunden. Alle beinhalten Gefahren wie das Fallen oder Ertrinken, bergen Verletzungsrisiken. Trotzdem werden sie von den Kindern gewollt und gewagt. Das wagemutige Kind strebt sie von sich aus an. Das wagnisscheue braucht Aufmunterungen und Hilfen, diese normalen Lebensrisiken auf sich zu nehmen. Jeder Lernfortschritt baut auf schon Gelerntem auf. Mit jedem bestandenen Wagnis wächst die Erfahrung und die Chance, noch schwierigeren Herausforderungen gewachsen zu sein. Das Lernen und Reifen der jungen Persönlichkeit vollzieht sich in wachsenden Ringen.

Das Kind, das es wegen des Risikos zu fallen nicht wagen würde, sich aufzurichten und sich in dieser Körperhaltung zu bewegen, könnte den evolutionsgeschichtlich bedeutsamen Schritt vom auf den Boden fixierten Vierbeiner zum weitblickenden Zweibeiner, dem die Augen und Hände für hochwertige Tätigkeiten frei werden, nicht mitvollziehen. Es bliebe hinter dem Entwicklungsstand seiner Art zurück. Niemand kann ihm dieses Wagnis abnehmen.

Wer sich nicht dazu bereitfinden kann, ein Fahrrad zu besteigen und eine mögliche Panne, einen Sturz, Verletzungen zu akzeptieren, die sich aus der schwierigen Beherrschung des Gleichgewichts auf zwei Rädern, der Lenkung, des Pedaltretens, der höheren Geschwindigkeit, des unberechenbaren Verkehrs zwangsläufig ergeben, wird ein Fußgänger bleiben und sich auch Weiterentwicklungen seiner Mobilität wie das Mofa-, Roller- oder Motorradfahren versagen müssen. Er verkürzt damit mangels Risikobereitschaft seine Lebensmöglichkeiten.

Die in der öffentlichen Diskussion gerne als sogenannter „Risikosport" karikierten wagnishaltigen sportlichen Aktivitäten stellen lediglich eine konsequente Fortentwicklung der menschlichen Bewegungs- und Handlungsmöglichkeiten dar. Sie weiten den Wunsch nach Leben in Räume aus und streben Kompetenzen an, die das zum Leben notwendige Repertoire des Durchschnittsmenschen überschreiten:

Wer den schwärmerischen Gedanken BINDINGs, den Wahlspruch der Reiter „Das Glück dieser Erde liegt auf dem Rücken der Pferde!" nachvollziehen will, muß es wagen, sich den Risiken eines Pferderückens mit dem erhöhten Sitz, der schaukelnden Bewegung, der größeren Geschwindigkeit, dem Temperament des Tieres und den daraus resultierenden Möglichkeiten des Stürzens und der Verletzung auszusetzen, die nun einmal mit dem anspruchsvollen Reiten verbunden sind. „Kein richtiger Reiter bleibt unverletzt," sagen die Reiter, dokumentiert die Statistik, und die Weisheit „Wer kein Pferd besteigt, kann nicht vom Pferde fallen!" kennt schon das Kind.

Wer den Traum vom Fliegen nicht nur träumen, sondern leben möchte, muß sich einem Fluggerät anvertrauen und darf die Gefahrenpotentiale des Fliegens und seiner eigenen Unzulänglichkeiten aus seinem Bewußtsein nicht ausblenden. Wer als Schüler das Klassenziel erreichen will, kann Prüfungen nicht aussparen. Wer im sportlichen Wettkampf, als Stellenbewerber oder selbständiger Unternehmer erfolgreich sein will, muß sich der Konkurrenz stellen. Er muß ein Scheitern seiner Ambitionen riskieren. Er muß sich wagen.

Jede dieser Entscheidungen braucht Mut. Jede befördert aber auch Lebensqualität. Jede erschließt einen Anteil an der Fülle des Lebens, der persönlichen Erfahrung, der individuellen Weiterentwicklung. Mit jeder vollzieht sich ein Akt der Wertschöpfung.

Im Technikmuseum von Sinsheim im Kraichgau führt eine überdimensionale Notrutsche vom Cockpit eines Flugzeugs aus 16 Metern Höhe über 33 Meter

Länge in die Tiefe. Ein elfjähriges Mädchen stürmt mit rotem Kopf und fliegendem Atem schon zum sechsten Male die luftigen Treppen hinauf, um auf ihrer Matte in dem röhrenförmigen Schlund zu verschwinden. Eine Frau mittleren Alters steht zögernd am Cockpitausgang. Eine Matte in ihrer Hand zeigt, daß auch sie den Wunsch hat, das Wagnis, das den Kindern offensichtlich so viel Vergnügen bereitet, einzugehen. Sie traut sich aber nicht recht und schaut den Kindern mit gemischten Gefühlen zu. Als das Mädchen erneut auf die Rampe tritt und die Frau immer noch mit ängstlicher Miene wartend vorfindet, meint sie: *„Beim ersten Mal hatte ich auch fürchterlich Schiß. Ich hab mir fast in die Hose gemacht, und die Kurve ist auch ziemlich aufregend. Aber jetzt macht es einfach nur Spaß.“* Und das Kind, das beim ersten Versuch noch vor Angst verging, legt sich, den Kopf voraus, bäuchlings auf die Rutschmatte, weil sein fortgeschrittener Lernprozeß eine neue Herausforderung will. Beim nächsten Durchgang sieht man es im Konvoi mit dem jüngeren Bruder durch die Röhre rauschen.

Die Szene bietet ein charakteristisches Beispiel für selbstbestimmtes, von Erwachsenen ungestörtes kindliches Lernen im Wagnisbereich:

Für Kinder ist die Neugier ein bedeutsamer Impuls zum Wagnis. Sie ist der Trieb, der zum Erkunden des Unbekannten, Ungewöhnlichen, Gefahrvollen veranlaßt. Noch bei Jugendlichen zeigt sie sich stark ausgeprägt. In der gesunden Neugier offenbaren sich Erkenntnisdrang und Lernwille, Strebungen, die auch den Forscher, den Wissenschaftler, den Erfinder, den Philosophen auszeichnen, die den Rätseln unserer Welt und den Geheimnissen des Lebens nachgehen. Für Kinder und Jugendliche gibt es noch viel zu entdecken.

Von der gesunden Neugier ist allerdings die penetrante zu unterscheiden. Schlüssellochgucken, Ausfragen, Schnüffeln, Gaffen sind verabscheuungswürdige Zerrformen der Neugier. Sie dienen keinem Erkenntnisinteresse, sondern lediglich einer oberflächlichen Reizbefriedigung. Diese Neugier gilt als unschicklich, inakzeptabel und wird daher zu Recht durch Erziehungsmaßnahmen abtrainiert. Wer jedoch die als lästig empfundene Fragelust des Kindes abwehrt, schwächt damit auch den kindlichen Erkenntnisdrang.

Das elfjährige Mädchen wie die ihm zuschauende Frau verhalten sich entsprechend dem *Vertrautheitsgesetz der Neugier.* Dieses besagt:

Unbekannte überstarke Reize lösen Angst aus und lähmen die Wagnisbereitschaft. Akzeptable mittelstarke Reize entfalten eine animierende Wirkung und verlocken dazu, sich dem Objekt zu nähern, sich mit dem Problem, der Situation, der Tätigkeit auseinanderzusetzen. Vertraute Reize schwächen den Zuwendungswillen und verlieren an Motivationskraft. Es werden neue, stärkere Reize erforderlich, um das Interesse neu zu beleben. Neugierverhalten aktualisiert sich bei einer mittleren Reizdosis.

Wagnisbereite Kinder müssen bisweilen Verletzungsopfer bringen. Sie entwickeln sich dafür jedoch auch schneller als ängstliche. Sie gewinnen in kürzerer

Zeit mehr neue Lebensmöglichkeiten und Verhaltensweisen, weil sie sich wagen. Wagen heißt wachsen wollen. Wer keine neuen Wege sucht, wird auch keine finden. Wer sie nicht ausprobiert, wird sie nicht nutzen können.

Das Kind, das sich wagt, will lernen und wachsen:

Es will Neues erkunden.

Es will sich im Spiel ausprobieren.

Es will sein Können spüren.

Es will Wünsche realisieren.

Es will Anerkennung finden.

Es will Probleme selbständig lösen.

Es will seine Wachstumspotentiale erkennen.

Es will seine Fertigkeiten und sein Handlungsrepertoire vergrößern.

Es will Sicherheitsspielräume schaffen.

Es will seine Gefühlswelt und seinen Erfahrungshorizont erweitern.

Es will an Selbstachtung und Identität gewinnen.

Es will erwachsen werden.

Das Wagnis eröffnet Kindern äußere und innere unbekannte Welten.

Diesen ursprünglichen, naturgegebenen Wachstumskräften wird heute durch eine frühe Teilhabe an der Konsumgesellschaft und fehlende bzw. falsche Erziehung vielfach entgegengewirkt. *Ein Großteil unserer Kinder und Jugendlichen verarmt innerlich durch*

- zu viel Erleben:
  Die Angebotsfülle an kommerziellen Abenteuern überfordert die kritische Auswahl und die seelische Aufnahmekapazität. Sie behindert eine intensive Auseinandersetzung im einzelnen. Sie verführt zu einem oberflächlichen Konsumrausch. Schon Kinderfeste fördern diesen Trend, wenn z. B. Laufzettel die Kinder dazu zwingen, die gesamte Programmfülle zu durchlaufen und abstempeln zu lassen, d. h. Stationen zu addieren und abzuhaken anstatt das Erleben an einem oder einigen wenigen Wahlangeboten zu vertiefen.
- zu schnelles Erleben:
  Die rasche Aufeinanderfolge verschiedenartiger Sinnesreize läßt keine Zeit zu einer inneren Verarbeitung. Die Eindrücke überlagern sich, bevor sie noch zum Erlebnis und zur persönlichen Erfahrung ausreifen können.
- zu frühes Erleben:
  Die vorzeitige Konfrontation von Kindern mit jugendgemäßen und von Jugendlichen mit erwachsenentypischen Reizen verhindert das altersgerechte Mitwachsen der Seelenkräfte zur Persönlichkeit. Viele Kinder und Jugendliche bezahlen für diese entwicklungspsychologisch als „Verfrühung“ be-

zeichnete Störung mit innerlicher Abstumpfung, frühzeitigem Ausbrennen, einer unausgereiften Persönlichkeit.

- zu müheloses Erleben:
  Das leicht verfügbare Abenteuer, das geschenkte oder gekaufte Erleben, das anstrengungslose Vergnügen hinterläßt keine tieferen Spuren. Es entfaltet keine anhaltende Wirksamkeit.
- zu viel mittelbares Erleben:
  Das heute gängige „Abenteuer aus zweiter Hand" in Form von elektronischem Spielzeug, medial vermittelten Spannungsreizen, Computersimulationen, Vergnügungsparks, Animationsangeboten wird nach unserer Befragung bereits von vielen Kindern und Jugendlichen mit dem Originalabenteuer verwechselt. Das Gefühl für unmittelbares Wagniserleben kommt abhanden.
- zu wenig authentisches Erleben:
  Das in Eigenverantwortung geplante, mühsam durchgestandene, auch in seinen Verletzungskonsequenzen getragene Wagnis ist in unserer auf Sicherheit ausgerichteten Gesellschaft selten geworden und mit ihm die persönlichkeitsbildende Wirkung.

Diese Faktoren haben Kindheit und Jugend und das Verständnis von Wagnis im Konsumzeitalter stark verändert.

Uli, den seine vierzehnjährigen Mitschüler herablassend den „Kleinen" nennen, für den in ihrem Theaterstück eine Mädchenrolle verbleibt, der in der Klasse als Angsthase gilt, der, tief demütigend, in einem Papierkorb an der Decke baumeln muß, hat ein Problem. Er erlebt sich selbst als jämmerlich und feige. Es friert ihn, wenn seine Kameraden etwas Gefahrvolles planen. Er reißt aus, wenn es brenzlig wird.

Da Uli sehr daran liegt, von seinen Altersgenossen nicht nur wohlwollend geduldet, sondern als vollwertig respektiert zu werden, entschließt er sich zu einer ungewöhnlichen Tat, die ihm keiner zutrauen würde, die ihm auch keiner der Mutigen nachmachen wird: Uli versammelt die Schüler seiner Schule an den Klettergerüsten des Sportplatzes, steigt mit einem Regenschirm die Sprossen der hohen Turmleiter hinauf und kündigt eine Mutprobe an: *„Die Sache ist die: Ich werde jetzt den Schirm aufspannen und einen Fallschirmabsprung machen. Tretet weit zurück, damit ich niemandem auf den Kopf fliege"* (Kästner 1973, 110).

Uli springt von der Leiter. Der Schirm stülpt sich um. Uli schlägt auf der verschneiten Eisfläche auf und bleibt „leichenblaß und besinnungslos" im Schnee liegen. Der Arzt konstatiert einen Beinbruch und leichte Quetschungen.

In der Schule wird die tollkühne Tat zum Tagesgespräch. Bei den Gymnasialschülern stößt sie eine Diskussion über das Thema „Angst und Angstumgang" an. In der eigenen Klasse löst sie eine Welle der Zuwendung, Bewunderung und Hochachtung aus, die fortwirken soll. *„Es gibt schlimme Erlebnisse, die sich nicht um-*

gehen lassen," kommentiert sein Freund Johnny Trotz. Der beliebte Lehrer Dr. Bökh betont: *„Beinbrüche sind Beweismittel, die ich in meiner Eigenschaft als Hauslehrer rundweg ablehnen muß"* (127). Als Mensch urteilt er dagegen milder: *„Vergeßt nicht, daß so ein Beinbruch weniger schlimm ist, als wenn der Kleine sein Leben lang Angst davor gehabt hätte, die anderen würden ihn nicht für voll nehmen. Ich glaube wirklich, dieser Fallschirmabsprung war gar nicht so blödsinnig, wie ich zunächst dachte"* (114). Er beweist mit dieser Einschätzung ein feines Gespür für die Nöte und Empfindungen dieses Alters, das vielen Erwachsenen abhanden gekommen ist. *„Uli war mit sich und der Welt zufrieden. Trotz der Schmerzen und trotz der mehrwöchigen Bettruhe,"* beschreibt der Autor E. KÄSTNER (1973, 126) Ulis Stimmungslage und resümiert aus den Ereignissen: *„Erst wenn die Mutigen klug und die Klugen mutig geworden sind, wird das zu spüren sein, was irrtümlicherweise schon oft festgestellt wurde: ein Fortschritt der Menschheit"* (16).

KÄSTNERs Roman entstammt einer Zeit (1933), in der die Schule und ihr Umfeld noch Lebenszentrum der Internatsschüler war. Trotz deutlicher Interessenverlagerungen spielt aber die Gruppierung der Gleichaltrigen auch heute noch die entscheidende Rolle im Wertgefüge und Erleben der meisten Jugendlichen. Wie bei Uli rangiert die Anerkennung durch die Peergroup auch bei den heutigen Jugendlichen höher als der Schulerfolg. Ängstlichkeit wird aus einer Gefühlsskala von Verachtung über Nachsicht bis Mitleid bewertet, aber nicht mit Achtung bedacht, da sie die vorwärtsstrebenden Kräfte der Gruppe eher bremst als befördert. Der Angsthase gilt als negatives Charakterpendant zum Hitzkopf. Beiden werden innerhalb der jugendlichen Gruppierungen in der Regel keine Führungsqualitäten zuerkannt. Zeigt er menschlich sympathische Züge, wird der Ängstliche nicht aus der Gemeinschaft ausgeschlossen, erhält aber nur untergeordnete Funktionen zugeteilt. Selbst eine hohe Intelligenz vermag den Mangel an Mut hinsichtlich des geringeren Sozialprestiges nicht auszugleichen.

Für Ulis Selbstverständnis und sehr sensibles Ehrbewußtsein erscheint die gefährliche Mutprobe als unausweichliche Notwendigkeit. Die andauernden seelischen Verletzungen schmerzen ihn mehr als die in absehbarer Zeit vorübergehenden körperlichen. Uli gelingt mit seiner opferbereiten Tat der gewaltsame Durchbruch zu äußerer Aufmerksamkeit und innerpersönlicher Stabilität. Die innerlich kraftvolle Persönlichkeit Ulis schafft es, sich ohne Erwachsenenhilfe aus eigener Kraft von einem empfundenen Makel zu befreien. Er vollzieht einen Akt kreativer Selbstgestaltung. Zwei Jahre nach dem Ereignis läßt KÄSTNER den Freund Johnny Trotz urteilen: *„Uli bleibt zwar klein, aber in ihm steckt eine Kraft, der sich niemand widersetzen kann"* (178).

Bei meinen Interviews berichtete eine Kollegin, daß der „Uli-Effekt von Kästners Fliegendem Klassenzimmer" beinahe auch für sie eine Lebenserfahrung geworden wäre:

Jugendliche ihres Wohnviertels hatten nach dem Vorbild Ulis einen Regenschirm für einen Fallschirmversuch präpariert. Um das Überklappen, das zu Ulis Absturz führte, zu verhindern, hatten sie die Schirmkante ringsum mit stabilen Bindfäden am Griff des Schirms befestigt und forderten die Sechsjährige, da sie selbst für den Fallschirm zu schwer wären, zu einem Probesprung auf. Das Kind fand sich geschmeichelt, von den Älteren für einen so bedeutsamen Versuch ausersehen zu sein. Es saß bereits sprungbereit und vertrauensselig mit dem Schirm auf dem Fenstersims des ersten Stockwerks, als ein Erwachsener das lebensgefährliche Experiment verhinderte.

Das Ereignis offenbart nach meinen Befragungen eine unter heutigen Jugendlichen weit verbreitete Methode, über eine willige oder verführte Versuchsperson stellvertretend Risikoerfahrungen zu sammeln und sich dabei auf eine Beobachterrolle zurückzuziehen. Bei der geschilderten Mutprobe schien ein gewisses Erkenntnisinteresse, ob der Schirm das Mädchen tragen würde, aber auch ein naiver Wunsch nach spannendem Nervenkitzel leitend. Da der Bruder des Kindes beteiligt war, kann eine bewußte Schädigungsabsicht wohl ausgeschlossen werden.

Abb. 1 Der Regenschirmsprung als kindliche Mutprobe
(Bleistiftzeichnung von C. M. Kusch, 2000)

In meiner Jugend sprangen wir mit entsprechend präparierten Schirmen von einer Kanalbrücke in das fünf Meter unter uns liegende Wasser. Sieger wurde, wer bei gleichzeitigem Absprung als letzter die Wasseroberfläche erreichte. Für uns waren das Konstruktionsgeschick und der Wettkampf, aber auch der Abenteuergedanke maßgebend. Die sich deformierenden Schirme führten zu unvorhersehbaren Fallbewegungen, deren Auswirkungen wir mit Spannung verfolgten und spontan zu beherrschen versuchten (Abb. 1).

Kinder und Jugendliche sind Wesen im Wachstum. Aufgrund ihrer noch unverbildeten Triebstrukturen und unverbrauchten Triebkräfte entwickeln sie bisweilen so dynamische Wachstumsimpulse, daß Erwachsene vor dem vehementen Wagemut erschrecken. Vor allem selbst nicht sehr wagefreudige Eltern und Erzieher greifen dann häufig zu früh und zu radikal störend in die natürlichen Lernprozesse ein. Kinder und vor allem Jugendliche reagieren darauf mit Rückzug aus dem Beobachtungs- und Einflußbereich der Störer. Viele von ihnen führen ein Doppelleben und schützen ihren geheimen Lebenssektor vor Einblicken durch Bandenbildung, Rituale, Tabuisierungen und Sanktionen. Es fällt auf, daß schulisch träge wirkende Jugendliche in diesen Geheimbünden eine ungeahnte Aktivität und Kreativität entwickeln und zu erstaunlichen Leistungen finden können. Heranwachsende brauchen diese unbeobachteten Freiräume zum Experimentieren. Sie benötigen für ihre Identitätsfindung verbotsfreie Zonen der Selbstbestimmung.

Nahezu jedes gesunde Kind (98% der von uns befragten Kinder und Jugendlichen) entwickelt ein Bedürfnis nach Abenteuern. Diese Bedürfnisspannung drängt auf Entladung. Die Triebreduzierung aber wird als befreiend und beglückend erlebt, und das Ereignis, das die lustvolle Wirkung hervorbringt, erfährt eine verstärkte Zuwendung. Denn „alle Lust will Ewigkeit“ und wenn diese nicht erreichbar ist, verlangt sie nach möglichst häufiger Wiederholung. Dies darf nicht mit Sucht verwechselt werden. Der Motivations-Theoretiker HECKHAUSEN (1989) spricht von einer „Aufsuchungstendenz“, die von positiven Erlebnissen ausgelöst wird. Ihr steht eine „Meidungstendenz“ gegenüber, die von unangenehmen Situationen, Personen, Objekten, Tätigkeiten in Gang gebracht wird.

Der Gedanke einer bewußten oder unbewußten Selbstzerstörungsmentalität mißversteht in aller Regel die Motivationslage jugendlicher Risiker. Zweifellos gibt es auch Selbstüberschätzungen, Fehlkalkulationen des Gefahrenpotentials und gruppendynamische Steigerungsprozesse des Wagemuts. Gefährliche Situationen werden jedoch nicht gedankenlos und nicht in suizidaler Absicht gesucht. Dies beschränkt sich auf wenige krankhafte Ausnahmen. Näherliegend und weiterführend ist der Gedanke einer dringlichen, oft verzweifelten Sinnsuche und Selbstverwirklichungsabsicht, wie noch zu zeigen sein wird. Die Welt und das Leben sind für den Heranwachsenden ein faszinierendes Entdeckungsfeld, das es zu erobern und einzuverleiben gilt. Risikohandlungen sind Stationen auf dem Wege der kindlichen und jugendlichen Selbstfindung.

Wagnis erwächst aus dem Spielen

Diese These scheint den Vorurteilen Recht zu geben. In den Vorstellungen vieler Mitmenschen verbindet sich Spielen im Wagnisbereich mit dem Roulette-Gedanken. „Das Spielen mit seiner wirtschaftlichen Existenz“ im Spielcasino, im Lotteriespiel, bei Wettspielen, bei Spekulationsgeschäften, „das Spielen mit der Gesundheit“, „das Spielen mit dem Leben“ bei Abenteuerunternehmungen oder beim sogenannten Risikosport ist verpönt. Es erscheint lebensfeindlich, herausfordernd gegenüber dem Schöpfungsgedanken, der die Bewahrung der geschenkten Güter Leben und Gesundheit will.

Bei dieser Einschätzung, die eine Ablehnung des Wagnisses nahezulegen scheint, handelt es sich jedoch um einen verkürzten Spielbegriff, bei dem die zentrale Bedeutung des Spielens für die Selbstwerdung des einzelnen Menschen und für die kulturelle Entwicklung der Menschheit übersehen wird (vgl. Schiller, Buytendijk, Huizinga).

Von SCHILLER stammt der berühmte Gedanke, daß der Mensch nur dort ganz Mensch ist, wo er spielt. HUIZINGA betonte in seinem „Homo ludens“ die kulturschaffende Kraft des spielenden Menschen. BUYTENDIJK sah alle Kultur aus dem menschlichen Spiel erwachsen. Auf diese Standardliteratur kann in diesem Zusammenhang nur hingewiesen, aber nicht näher eingegangen werden (vgl. auch Warwitz / Rudolf 2014).

Das Urbild existentiellen Spielens begegnet uns in dem unverbildeten Kinde, das sich, selbstvergessen und tief versunken, ganz seiner spielerischen Tätigkeit hingibt. Es zeigt sich voll beansprucht von der Sache, die ihm wichtig ist. Es kennt keine Gegensätze von Spiel und Ernst, Spiel und Arbeit, Spiel und Anstrengung, Spiel und nützlicher Betätigung. Im Spiel findet es zu einer Seinsbefindlichkeit, bei der sich Ich und Welt, Denken, Fühlen, Wollen und Handeln in sinnerfülltem Tun verbinden.

Wagnis erwächst aus dem Spielen. Es erwächst aus dem Spielen mit Möglichkeiten. *Spielen und Wagnis teilen miteinander wesentliche Merkmale* (vgl. Warwitz / Rudolf 2014):

Freiheit und Freiwilligkeit

Spiel wie Wagnis vertragen keine äußeren Zwänge. Sie können ihre schöpferischen Kräfte nur entfalten, wenn sie nicht fremdverordnet, sondern von den eigenen Wünschen des Spielenden und des Wagenden getragen werden, wenn die notwendigen Entscheidungen und Handlungen ungestört bleiben, selbst bestimmt werden dürfen und das Freisetzen der kreativen Energien damit Attraktivität erhält.

Ambivalenz und Spannung

Aus dem unvorhersehbaren Ausgang des Geschehens ergibt sich ein Zustand gespannter Erwartung. Es geht um Gelingen oder Mißlingen, Siegen oder Verlieren, Können oder Versagen, Glück oder Pech, Erfolg oder Mißerfolg. Die Ungewißheit, auf deren Verwandlung in die gewünschte positive Gewißheit man Einfluß nehmen kann, kennzeichnet das Abenteuer und die hin und her pendelnde Gefühlslage, die mit Spiel wie Wagnis verbunden ist. Hoffnung auf Erfolg und Furcht vor Mißerfolg, Freude und Enttäuschung folgen den schwankenden Abläufen und verursachen ein Wechselbad der Gefühle, eine zwiespältige Bewußtseinslage, die charakteristisch ist.

Nichtalltäglichkeit

Spiel wie Wagnis lösen sich aus dem Alltag. Sie verkörpern etwas Besonderes, Ungewöhnliches, das sich aus der emotionalen Indifferenz des Tagesgeschehens heraushebt. Sie haben Befreiungs-, Erholungs-, Festcharakter, der positiv stimmt und ein neues Kraftfeld aufbauen hilft.

Nichtnotwendigkeit

Kunst, Musik, Literatur, Architektur, Sport sind keine für das Überleben notwendigen Schöpfungen. Sie stellen jedoch für die gebildete Menschheit unverzichtbare Errungenschaften dar. Bei den besten Wertschöpfungen in diesen Bereichen handelt es sich häufig um Extremleistungen genialer Einzelner, die sich bis zur äußersten Grenze der Belastbarkeit verausgabten, ihre Existenzgrundlagen, ihre Gesundheit, oft ihr Leben wagten. „Der Mensch lebt nicht vom Brot allein," verkündete Jesus schon vor fast 2000 Jahren, ohne daß dies immer begriffen wurde. Kultur, Spiel, Wagnis entbehren in unserer Gesellschaft, zumindest soweit sie über ein Durchschnittsmaß hinausgehen, einer lebenserhaltenden Funktion. Von Minimalansprüchen an das Leben aus gesehen, sind sie verzichtbar, deswegen aber nicht überflüssig.

Nutzenlosigkeit und Zweckfreiheit

Spiel und Wagnis leben nicht von einem Nutzeffekt. Spieler, Extremsportler, Grenzgänger sind der Idee nach „Eroberer des Nutzlosen". Ihr Denken, Handeln, Wertempfinden erfüllt sich bereits in nutzungsfernen, zweckfreien Räumen. Sie kommen ohne Nützlichkeitsdenken aus. Leidenschaftliche Spieler, fanatische Grenzgänger, extreme Sportler wollen nicht unbedingt reich werden. Wesentlich ist es ihnen, ihrer Spiel- bzw. Wagnisfreude zu frönen. Dies schließt nicht aus, daß materieller Gewinn hinzukommen kann und daß Spiel wie Wagnis sich auch zu politischen, pädagogischen, therapeutischen, kommerziellen o. a. Zwecken instrumentalisieren lassen. Sie bedürfen ihrer jedoch nicht zur Legitimation.

Sinnhaltigkeit

Nutzenlosigkeit und Zweckfreiheit sind nicht gleichbedeutend mit Sinnlosigkeit. Wagnishaftes Handeln lebt wie das echte Spiel von der Sinnhaltigkeit des Tuns für den Akteur. Fragt der Zweck nach dem Wozu, orientiert sich der Sinn am Warum. Verfolgt der Zweck Ziele, braucht der Sinn Gründe. Nicht die sekundäre Nutzbarkeit, sondern die innere Erfüllung bildet den Maßstab. Nicht äußere Bereicherung, sondern persönliches Wertempfinden motiviert zur Einlassung. Es geht um das Bedürfnis nach unmittelbarer existentieller Sinnerfahrung, nach dem Einssein von Ich und Welt, das schon das Kind spürt, das vielen Erwachsenen aber unter der Vorherrschaft des Nutzdenkens verstellt ist.

Symbolhandeln

Wenn das Kleinkind, vom Vater an einem Arm und an einem Bein gehalten, im Kreise geschwungen wird, dann ist für beide das „fliegende Kind" gleichzeitig „ein Flugzeug". Das wagnishafte Spiel vollzieht sich gleichzeitig auf der Realebene, die sichtbar ist und auf einer Ebene tieferer Bedeutung, die in der Vorstellung verankert ist, auf einer Symbolebene. Wenn das elfjährige Mädchen vom Cockpit des Museums-Flugzeugs die lange Rutsche zu Boden gleitet, bietet sich dem kindlichen Bewußtsein eine die Motivation beflügelnde Symbolhandlung an: Es sieht sich in seiner Vorstellung nach einer Notlandung wieder glücklich am Boden und muß nun dem brennenden Flugzeug schnellstmöglich entkommen.

Kinder und Jugendliche unterlegen ihren Spielen und Mutproben gerne eine zweite Handlungsebene von tieferer Bedeutung. Erwachsene, die zu dieser Symbolebene keinen Zugang finden, verbleiben in einer oberflächlichen Betrachtung und Bewertung. Sie können etwa beim Survivalspiel nur die äußeren Abläufe erkennen, die ihnen mangels Sinnzuweisung als „unnütz", „eklig", „widerlich" erscheinen, das Übernachten in einem schmutzigen Laubbett, das Verzehren von Ameisen und Regenwürmern, die frei gewählte Mangel- und Katastrophensituation. Der tiefere Sinngehalt des Tuns, der das Bewußtsein des Kindes leitet, bleibt ihnen verschlossen. Das Kind aber denkt, fühlt, handelt, lebt neben seiner Realwelt gleichzeitig seine Wunsch- und Traumwelt aus. Es versetzt sich in seine Phantasiefiguren. Es nimmt z.B. die Identität eines Schiffbrüchigen an, der als einziger die Katastrophe überstanden hat und nun auf einer Insel um das Überleben kämpft. Es schlüpft voll in die gedachte Rolle. Es tut nicht nur wie Robinson. Es *ist* Robinson. Der Uneingeweihte steht ahnungslos und verständnislos außerhalb des Sinnzirkels, der den beobachteten Tätigkeiten erst Ganzheitlichkeit, Bedeutung und Erlebnistiefe verleiht.

Gegenwartsbezogenheit

Spiel und Wagnis vollziehen sich im Hier und Jetzt des Augenblicks. Vergangenheit und Zukunft sind aus dem Bewußtsein ausgeblendet. Der Spielende verliert wie der Wagende Familie, Besitztümer, bürgerliche Existenz aus dem Blick. Sie haben angesichts der aktuellen Problembewältigung, die voll beansprucht, keinen Platz im Aufmerksamkeitsspektrum. Schon Kinder können so total in ihrer momentanen Tätigkeit und Erlebniswelt versinken, daß sie die Zeit und periodische organische Bedürfnisse wie Hunger, Durst, Müdigkeit oder Toilettendrang vergessen.

Regelhaftigkeit

Spiel wie Wagnis unterstehen strengen Regeln und Gesetzen, die von der gewählten Aufgabe vorgegeben oder von den Akteuren selbst bestimmt werden. Sie erfordern strikte Einhaltung. Hierfür entwickelt bereits das Kind eine hohe Sensibilität. Spielverderber, Mogler, Regelverletzer stoßen auf keine Nachsicht. Sie werden als Betrüger verachtet und ausgegrenzt. Mutproben gelten nur als bestanden, wenn die Abmachungen bzw. Vorankündigungen korrekt eingehalten, die Bedingungen voll erfüllt sind.

Unendlichkeits- und Wiederholungstendenz

Lustvolles Erleben will Dauer. Der Flowzustand des Spiels oder Wagnisses drängt auf Verweilen und extensives Auskosten. Es erfüllt Kinder und Jugendliche mit starkem Unwillen, wenn sie aus dieser Genußphase des Tuns gerissen werden. Da der Lebensrhythmus dies jedoch unweigerlich erfordert, organische Bedürfnisse Berücksichtigung brauchen, entwickelt sich ein starkes Bestreben, die positiven Gefühle so bald und so oft wie möglich zu wiederholen. Diese intrinsische Motivation wird gern voreilig mit Sucht verwechselt.

Die wundersame Wirkung des Wagens

Wagnisbegriff und Wagnisskala, Wagnisformel und Wagniskurve

Was Wagen und Riskieren bedeuten

Wagen und Riskieren bestimmen schon die einfachsten Kinderspiele:

Beim *Blindekuh-Spiel* begibt sich das Kind in die Hilflosigkeit eines Blinden. Mit verbundenen Augen muß es ihm gelingen, einen der Mitspieler, von denen es geneckt und gefoppt wird, zu erhaschen, um von seiner Blindheit Erlösung zu finden. Die neckenden Kinder ihrerseits riskieren, berührt und dadurch selbst mit Blindheit geschlagen zu werden. Dieses uralte Spiel wurde in vorchristlicher Zeit als kultisches Dämonenspiel zelebriert. Der augenlose (hinter einer Maske versteckte) Dämon versuchte, die Menschen, die sich ihm respektlos näherten, zu greifen und selbst zu dämonisieren.

Das Kind, das in der Rolle der „Blindekuh" ein sehendes Kind zu fassen bekommt, kehrt damit nicht lediglich zu seiner früheren Sehfähigkeit zurück, wie manche Interpreten fälschlich meinen. Der Sinn des historischen Spiels liegt tiefer: Es wird keine alte Wirklichkeit reproduziert, sondern eine neue produziert. Indem sich der Blinde einem Sehenden als überlegen erweist, erwirbt er sich als magischen Gewinn ein Anrecht auf Augenlicht. Der unterlegene Herausforderer aber wird für seinen Hochmut mit dem Verlust seiner Sehkraft bestraft und muß seinerseits nun die Rolle des Verspotteten einnehmen.

Wer seinen Blick auf den rein äußerlichen Vorgang fixiert (das Wiedererlangen der Sehfähigkeit des Spielenden), verstellt sich die Sicht auf die tiefere Symbolebene des Spiels (die rituelle Erschaffung des Sehens), was eine Verarmung des Spielgedankens bedeuten würde (vgl. Kap. 1). Sensible Kinder sind noch heute in der Lage, die tiefere Bedeutung des Spiels zu erspüren. Von Vorschülern wird das traditionsreiche Spiel häufig noch ebenso ernst genommen wie das einstige Scherz- und Kultspiel von unseren indogermanischen Vorfahren.

Für viele Kinderspiele ist das Verlassen eines sicheren Bereichs, das Eingehen eines Risikos, charakteristisch. Der Reiz dieser Spiele besteht im Durchlaufen einer Gefahrenstrecke und in dem Bemühen, den Bedrohungen möglichst erfolgreich zu begegnen. Der Siegreiche gelangt, bewährt, geehrt und geläutert, zu einem neuen Status selbsterarbeiteter, selbsterkämpfter Sicherheit.

Brettspiele beginnen ihre dramatischen Spielzüge meist von einem sicheren Ort aus, der „Haus", „Hort", „Heim" oder „Home" genannt wird. Hier kann den eigenen Steinen (oder „Truppen") nichts passieren. Der geschützte Bereich ist auf dem Spielbrett deutlich markiert. Wer ins Spiel gelangen und gewinnen will, muß den Schutzraum allerdings verlassen und seine Figuren wagen. Dies kann Vorteile wie Nachteile einbringen. Die Figuren können schlagen, aber auch selbst geschlagen werden, Gefangene machen, aber auch selbst gefangen werden. Am Ende der Gefahren- und Konfliktstrecke aber winkt ein neuer sicherer Bereich, der als „Hafen“ oder „Port“ bezeichnet wird und die Gewinnzone markiert. Wer hier ankommt, ist erfolgreich, vielleicht sogar der Sieger.

Viele kleine und große *Sportspiele* (Pinnekenkloppen, Schlagball, Brennball, Baseball) verlaufen nach dem gleichen Sinnmuster: Mit einer spielauslösenden Handlung wird eine spannungsgeladene Gefährdungssituation eingeleitet. Ball und Spieler verlassen den geschützten Raum, den man charakteristischerweise häufig „Burg“ nennt. Sie begeben sich in ein Kampfgeschehen, in dem Gegner auf sie lauern, die sie „feuern“, „abschießen“, „verbrennen“, „töten“, „eliminieren“ wollen, wie die kriegerische Sportsprache es will. In der spielerischen Auseinandersetzung kann man symbolisch sterben, aber auch siegreich triumphieren. Am Erfolg haben mancherlei Faktoren ihren Anteil, die relative Stärke des Gegners etwa oder glückliche bzw. weniger glückliche Zufälle. Im wesentlichen aber wird der Ausgang vom eigenen Einsatzwillen, der eigenen Handlungskompetenz und dem taktischen Geschick bestimmt.

Die unüberschaubar große Zahl wagnishaltiger Kinderspiele hat einen gemeinsamen Spielgedanken. Er heißt: Nur wer Sicherheit aufgibt und sich Risiken aussetzt, nur wer sich wagt, kann auch gewinnen.

Das Wagen jedoch zeigt viele Facetten, die in unserer wenig präzisen Umgangssprache nicht immer zum Ausdruck kommen. Sprachliche und damit auch gedankliche Unschärfen aber verführen zu vorschnellen Gleichsetzungen und pauschalen Vorurteilen.

Die Sprache bildet in der Regel neue Begriffe heraus, wenn komplizierte Sachverhalte und anspruchsvoller werdendes Denken eine Differenzierung notwendig oder verschlissene Begriffe eine Neufassung sinnvoll erscheinen lassen. So entstehen vor allem Fachtermini und Fachsprachen mit ihrem hohen Anspruch an Ausdrucksgenauigkeit. In der Alltagssprache verwandeln sich umgekehrt mangels gedanklichen Unterscheidungsvermögens unterscheidungsfähige Nachbarbegriffe häufig zu gleichsinnigen Synonyma, d. h. der ursprüngliche Bedeutungsunterschied entschwindet dem Bewußtsein. Dieser Vorgang ereignete sich beispielsweise mit den für unser Problemfeld bedeutsamen Kernbegriffen „Angst“ und „Furcht“ oder „Wagnis“ und „Risiko“ mitsamt ihren Wortfeldern. Für eine differenzierte Betrachtung des Problemkomplexes erscheint eine begriffliche Unterscheidung jedoch sinnvoll, was hier zunächst für das Begriffspaar „Wagnis“ und „Risiko“ geleistet werden soll.

Die Begriffe Risiko und Wagnis sind keine Synonyme: Es gibt Risiken ohne ein Wagnis, d. h., es gibt Gefährliches ohne eine Bereitschaft, sich darauf einzulassen. Aber es gibt kein Wagnis ohne Risiken: Ein Wagnis beinhaltet einerseits tatsächliche oder vermeintliche Gefahren, die von bestimmten Situationen ausgehen, also Risiken. Andererseits impliziert es den Entschluss, sich in dieses Spannungsfeld von Gelingen oder Misslingen, von Erfolg oder Scheitern, zu begeben. Wagnis enthält eine weitere Komponente: Ein Hüpfer in hüfttiefes Wasser ist objektiv risikoarm. Er kann für ein Kind aber persönlich zum Wagnis werden, das seinen Wagemut erfordert.

Risiko (von griech. rhiza / Klippe, lat. risicare, ital. risico) bedeutet ursprünglich „Gefahr laufen“, „Klippen umschiffen“ (Wahrig 2952/53). Es kommt aus dem Seemannsmilieu und steht dort für Ereignisse und Tätigkeiten, die mit kritischen Situationen verknüpft sind und Kopf und Kragen kosten können.

Das italienische Lehnwort Risiko findet erst im 16. Jahrhundert Eingang in die deutsche Sprache, zusätzlich zu den bereits vorhandenen Ausdrücken „Wagnis“, „Gefahr“, „Abenteuer“. Dies legt die Vermutung nahe, daß mit dem neuen Wort und seinem sich rasch herausbildenden Wortfeld Sachverhalte ausgedrückt werden sollten, die sich mit dem bereits vorhandenen Vokabular nicht hinreichend erfassen ließen.

Der Begriff Risiko betont den Aspekt der Berechenbarkeit einer Gefährdung. Wir gehen ein „kalkulierbares“ oder „unkalkulierbares“, ein „erfaßtes“ oder „nicht erfaßtes“ Risiko ein. Auch der Unterbegriff „Restrisiko“ markiert deutlich diese Sinnbestimmung. Restrisiko meint die zwar bestimmbaren, aber nicht auszuschaltenden Unsicherheiten bei einem Wagnis, die inkaufgenommen werden müssen. Vergleichbare Wortbildungen mit dem Begriff Wagnis, etwa ein „Restwagnis“, existieren nicht und wären sinnlos.

Es geht beim Risiko um das Messen von Ungewißheiten, deren Gefährdungsgrad sich in Zahlen und Verhältnissen (Prozentsätzen) ausdrücken läßt. Der Begriff Risiko ist besonders auf die numerisch bestimmbare statistische Wahrscheinlichkeitsgröße ausgerichtet, nach der ein befürchtetes Ereignis eintreten oder ausbleiben wird. Er gibt damit genaue Auskunft über das Gefährdungspotential, mit dem zu rechnen ist und über die zum Erreichen des gewünschten Zieles anzusetzende Opferbereitschaft: Der Geldanleger kann bei seiner Bank erfahren, auf welche Unsicherheiten und auf welchen Risikograd er sich beim Erwerb eines bestimmten Wertpapiers oder einer Aktie einläßt. Bei einer größeren Risikobereitschaft kann er höhere Gewinne abschöpfen, aber auch eher sein Geld verlieren. „Risikofaktoren“ und „Risikowerte“ helfen ihm, den angemessen erscheinenden „Risikoansatz“ zu ermitteln.

In sicherheitsbeflissenen Gesellschaften nimmt der Begriff Risiko gern eine negative Tönung an. Risikobereitschaft gilt als unseriös. Bei der Wortverbindung *„Risikosport“* handelt es sich um eine populäre Wortschöpfung für Freizeitaktivitäten und Sportarten, denen man eine überdimensionale Gesundheitsgefährdung und/oder Todeswahrscheinlichkeit unterstellt. Die öffentliche Meinung läßt sich dabei gern von einzelnen spektakulären Unfällen zu Vorstellungen verführen, die die Statistik nicht bestätigt. So entziehen sich ausgereifte Sports wie das Bungeespringen, Reiten, Tauchen oder Drachenfliegen dieser Subsumierung als Risikosport, sobald objektivierende Beweisforderungen und wissenschaftliche Maßstäbe an die Zuordnung gelegt werden.

Lebensbereiche wie die Technik, der Verkehr oder der Sport sind wegen ihrer hohen Dynamik, schwierigen Beherrschbarkeit und erheblichen Ansprüche an Ausbildung und Sorgfaltsqualitäten naturgemäß mit entsprechenden Risikofaktoren behaftet, die Verletzungsmöglichkeiten und Todesfälle einschließen. Die Grenzlinie zum überproportionierten, nicht mehr verantwortbaren Risiko ist jedoch äußerst schwankend, schwer zu ermitteln, an einer Sportart nicht festzumachen und daher bis heute nicht definiert. Als statistisch bestimmter Begriff umfaßt Risiko die Eintrittswahrscheinlichkeit eines Unfalls, die Art des Schadens und die Folgenschwere. Aus dem Produkt dieser Größen muß eine Wahrscheinlichkeitsquote erstellt werden. Diese muß weiterhin Faktoren wie die Häufigkeit und Dauer der Betätigung in dem Risikofeld, die individuelle Erfahrung, den Trainingsstand und die Risikobereitschaft des einzelnen berücksichtigen. Hiernach ist z. B. der Volkssport Alpines Skifahren mit einem deutlich höheren Verletzungsrisiko behaftet als das Drachenfliegen (Hübner 1991, 2). Da die schwer erfaßbaren subjektiven Faktoren offensichtlich eine größere Rolle im Unfallgeschehen spielen als die objektiven, entfalten als harmlos eingestufte Sportarten häufig ein größeres Gefahrenpotential als die von ihren objektiven Komponenten her gefahrenträchtigeren, aber kompetent ausgeübten. Nach diesen Differenzierungen kommt der Versicherungsrechtler U. HÜBNER (1991, 19) zu dem Schluß: *„Die Betrachtung der Unfallstatistik zeigt, daß die Verwendung des Begriffs ›Risikosportart‹ problematisch ist."*

Risiko ist als Komponente an jedem Wagnis beteiligt. Es beschreibt jedoch lediglich einen Teilaspekt des Geschehens, der nicht verabsolutiert werden darf. Der Gleitschirmpilot betreibt seinen Sport in erster Linie aus Lust am Fliegen. Dem Risiko kommt nur eine untergeordnete Rolle zu. Die Akteure anspruchsvoller, auch extremer Sportarten können nur in Ausnahmefällen als „Risikosportler", in der Regel aber als „Wagnissportler" bezeichnet werden.

Der Begriff **Wagnis** (von ahd. wagan = sich getrauen; den Mut haben, etwas zu tun (Wahrig, 3928f.) legt seinen Bedeutungsschwerpunkt auf die Vorgänge innerhalb der sich gefährdenden Person. Er bezieht sich auf die Einstellung, die Haltung, die Entscheidungsgründe des Akteurs, der sich bewußt und freiwillig einer Bedrohung aussetzt. Das Wort 'Wagen' ist etymologisch mit dem Wort 'Waage' verwandt (Wahrig, 3929). Es hat mit 'wägen' zu tun. Der Wagende wirft seine Gründe für das Wagnis in die Waagschale und wägt sie. Wagen bedeutet ein Abwägen, ein Erwägen, ob von den gewogenen Schalen „Risikoeinsatz" und „Sinnschöpfung" die Sinnseite auch ein deutliches Übergewicht erhält. Nur so werden die Bedenken zerstreut, die das Risikobewußtsein streute.

Aus der Wortgeschichte von Risiko und Wagnis lassen sich weitere Unterscheidungsmerkmale erschließen, auf die schon die Existenzphilosophen JASPERS (1956) und HEIDEGGER (1963), der Pädagoge BOLLNOW (1959, 137) und der Philanthrop SCHWEITZER (1932, 76f.) hingewiesen haben. Sie erwachsen

im wesentlichen der Kontrastierung der beiden menschlichen Kategorien Haben und Sein:

Während der Risikobegriff eher bei ziel- und zweckgerichteten Fragen Verwendung findet, sich auf mögliche Verluste an Geld, Eigentum, Wertgegenständen, Gesundheit, Unversehrtheit bezieht, sich also vornehmlich an etwas orientiert, das der Mensch besitzt, erscheint der Wagnisbegriff meist in Zusammenhang mit sinn- und wertgerichteten Problemstellungen, als Wagnis einer Ehe, einer Freundschaft, einer Lebensentscheidung beispielsweise, und betrifft damit das existentielle Wertgefüge des Menschen, das, was er ist. *„Ich riskiere immer etwas, aber ich wage im letzten mich,“* sagt BOLLNOW (1959, 137) und spricht dabei ein wesentliches Unterscheidungsmerkmal von Risiko und Wagnis an. Das Riskieren betrifft lediglich einen Sachaspekt, einen Teil von uns. Das Wagen hebt den Personaspekt heraus, meint die Persönlichkeit als unteilbares Ganzes. Das Riskieren hat eher die materielle, das Wagen mehr die ideelle Seite des Problemfeldes im Blick.

Nach diesen Überlegungen bedeutet es etwas durchaus anderes, ob ich mein Leben nur „riskiere“ oder ob ich es „wage“: Lady Diana riskierte ihr Leben, als sie zu einem angetrunkenen, unter Drogen stehenden Fahrer in das schnelle Auto stieg. Mutter Theresa wagte ihr Leben, als sie sich zur Krankenpflege und Sozialarbeit in dem seuchengefährdeten und kriminellen Milieu der Vorstadtslums entschloß. Das Wagen betrifft die fundamentale Sinneinstellung eines Menschen, sein ethisches Bewußtsein, seine Verantwortungsfähigkeit, seinen Wertschöpfungswillen. Es wird zum Schlüsselwort dieses Buches, in dem es um die Sinnsuche und Sinnverwirklichung in bedrohlichen Situationen geht.

Das Feld des Wagens läßt sich entsprechend dem Grad der Wagnisbereitschaft in einer **Wagnisskala** erfassen (vgl. Abb. 2). Die Ausdehnung dessen, was als Normbereich gilt und das entsprechende Begriffsverständnis spiegeln die Wertschätzung des Wagens in der jeweiligen Gesellschaft wieder:

Das Mittelfeld des Maßes wird von dem Charakterzug *Wagemut* beherrscht. Der Wagemutige orientiert sich an der weithin anerkannten Devise „Wer wagt, gewinnt“, die zum Sprichwort geworden ist. Der Wagemutige charakterisiert sich durch eine Wagnisbereitschaft, die nicht zu Exzessen neigt. Er kann daher mit einer allgemeinen Akzeptanz und Achtung rechnen. Der Wagemutige gilt als beherzt, zupackend, kühn (v. ahd. kuoni, verwandt mit „Kennen und Können“), also als kompetent, verläßlich und vertrauenswürdig.

Der *Wagnisfreude* (Devise: „Frisch gewagt, ist halb gewonnen.“) ordnen ängstliche Menschen jedoch häufig bereits eine Tendenz zum Ausbruch aus dem „Normalen“ zu und empfinden sie entsprechend als suspekt.

Die *Verwegenheit* (mhd. „frische Entschlossenheit“ – Devise: „Wer viel wagt, kann viel gewinnen.“) wurde im ritterlichen Mittelalter noch als bewundernswerte Tugend der Elite gelobt und gelebt (vgl. das Nibelungenlied, W. v. Eschen-

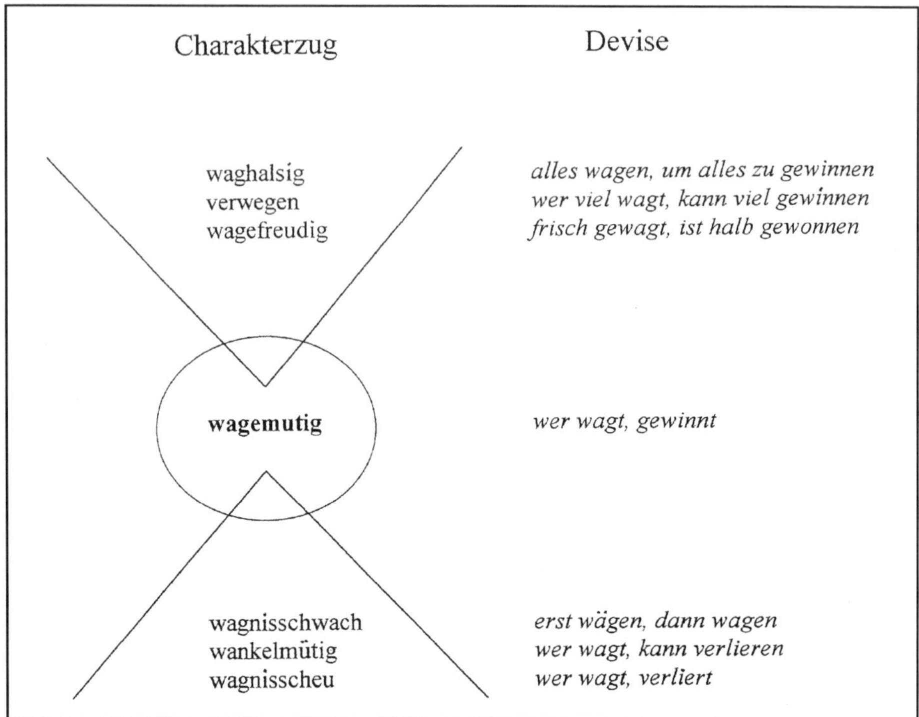

Abb. 2 Die Wagnisskala

bachs „Parzival“ etc.). Heute wird Verwegenheit etwas spöttisch als Wesenszug von Draufgängern und Haudegen abqualifiziert und nur noch in gesellschaftlichen Randzirkeln praktiziert.

Die *Waghalsigkeit* (v. „den Hals wagen“ – Devise: „Alles wagen, um alles zu gewinnen.“) ist in unserer sicherheitsorientierten Zeit als Vabanque-Spiel verpönt. Sie trägt den Makel tollkühnen, d.h. verrückt-verantwortungslosen Handelns und findet sich nicht selten bei den Mutproben Jugendlicher.

Die *Wagnisschwäche* (Devise: „Erst wägen, dann wagen.“), in der Gefahrensituation häufig mit Zaudern und Zögern verbunden, wird von den Mutigen oft bereits als charakterliches Defizit gedeutet. Der Wagnisschwache gilt als Bedenkenträger und Bremser. Es fehlt ihm der erwartete Schwung, den Wagemut fordert. Bei Risikounternehmungen wird er daher meist als hinderlich empfunden.

Der *Wankelmut* (= wankender Mut – Devise: „Wer wagt, kann auch verlieren.“) kennzeichnet sich durch eine labile Gefühlslage und eine entsprechende Unstetigkeit der Willensstrebungen. Der Wankelmütige erweckt den Eindruck, nicht recht zu wissen, was er will. Die Bedenken überlagern die Zuversicht. Der Wankelmütige trägt am Image des Unzuverlässigen, dem das psychische Durchhalte-

vermögen in der Krisensituation fehlt, der versagt, wenn es drauf ankommt. Er zeigt sich anspruchsvolleren Unternehmungen in der Regel nicht gewachsen.

Die *Wagnisscheu* (Devise: „Wer wagt, verliert.“) ist typisch für den ängstlichen Menschentyp. Der Wagnisscheue entzieht sich freiwilligen Wagnissen nach Möglichkeit. Er konfrontiert sich nur mit Risikosituationen, die nicht zu umgehen sind, die das Schicksal ihm verordnet. Der Wagnisscheue leidet an einer Entwicklungsblockade seiner Persönlichkeit.

Es läßt sich resümieren, daß auch dem überdimensionierten Wagemut (wenn auch oft achselzuckend und kopfschüttelnd) vom sozialen Umfeld noch Respekt oder sogar Bewunderung gezollt wird. Er wird als Leistung honoriert. Dem defizitären Wagemut dagegen begegnet die Umwelt eher mit fehlender Beachtung, milder Toleranz, Mitleid oder gar Verachtung, also mit Negativreaktionen. Er wird als Fehlleistung eingestuft.

Wagnisformel und Wagniskurve

If you always do,
what you always did,
you will always get,
what you always got.

Wenn du immer nur tust,
was du immer schon tatst,
wirst du immer nur erhalten,
was du immer schon erhieltst.

Benjamin Franklin (1706–1790)

Diese Sentenz aus der Rede eines amerikanischen Staatsmannes beschreibt den persönlichen und gesellschaftlichen Stillstand bei fehlender Risiko- und Wagnisbereitschaft. Sie beschwört das gegenteilige Wollen, das den sprichwörtlich gewordenen Pioniergeist des jungen Amerika beflügelte. Die von Zuversicht hinsichtlich der Möglichkeiten des weiten Landes und von Vertrauen in die eigenen Kräfte getragenen Pioniere der Aufbruchszeit sahen eine reelle Chance, sich durch opferbereites Engagement Wohlstand und Zukunft zu schaffen. Und in der Tat sollten sich Risikobereitschaft, Wagnis, Opfer und Leistung für den einzelnen, seine Familie, die Gesellschaft lohnen. Die USA entwickelten sich zu einem beneideten Gemeinwesen, das zur ersten Weltmacht aufstieg und Vorbild wurde für Wirtschaftskraft, demokratische Verhältnisse, interstaatliche Hilfsfähigkeit und Unterstützungsbereitschaft. Eine ähnliche zuversichtsgetragene Dynamik aus Aufbruchstimmung, Zukunftsvision und Aufbauwille mobilisierte die Energien der bundesdeutschen Bevölkerung nach dem Zusammenbruch des Zweiten Weltkriegs. Auch hier bestand eine begründete Aussicht, die Früchte der eigenen Risiken, Mühen und Strapazen auch ernten zu dürfen.

Wagen bedeutet Offensein für Neues, Größeres, Bedeutenderes. Wagen befreit von Routine, schafft das Erlebnis, weiterkommen und diesen Fortschritt selbst veranlassen und steuern zu können. Wagen beglückt, sofern sich eine als angemessen betrachtete Honorierung offenbart. Paradoxerweise zeigt sich der Wagemutige weniger von Existenzangst bedroht als derjenige, der krampfhaft das vermeintlich Verläßliche zu halten versucht, der Vertrautes nicht loslassen kann, der aus seinem sicheren Hafen nicht zu neuen, bedeutenderen Zielen aufbrechen mag.

Der Lohn des Wagens ist jedoch nicht wohlfeil zu haben. **Die Gesetzmäßigkeit des Wagens** läßt sich in einem Satz erfassen: *Der Wagende muß sich personal einlassen, Gefahren auf sich nehmen, die Möglichkeit des Scheiterns einkalkulieren und mögliche Opfer akzeptieren, um einen bedeutsamen Mehrwert erzielen zu können.*

Die Wagnisformel lautet: *Zugunsten einer als wichtig erachteten Aufgabe unvermeidliche Unsicherheiten eingehen.* Die Persönlichkeit kann hierbei neben der Lösung der Aufgabe auch eigenes Format gewinnen.

Einen Mehrwert durch Wagen kann beispielsweise erreichen, wer ein Unternehmen gründet, wer eine Partnerschaft eingeht, wer sich einer Prüfung unterzieht, wer das Fliegen erlernt, wer seinen Traumberg ersteigt. Wer sich wagt, will eine Wertschöpfung. Der erwartete Gewinn muß die möglichen Opfer deutlich im Wert übersteigen, damit das Wagnis für den Wagenden interessant ist. Schon wagnisbereite Kinder entwickeln allmählich ein Gefühl dafür, ob eine Aufgabe für sie zu leisten ist und das Verhältnis von Einsatz und Ausschüttung die reelle Chance einer Wertschöpfung bietet.

Der Mindesteinsatz beim Wagnis ist die Bereitschaft, eine Phase des Ausgesetztseins und der Bedrohung zu ertragen. Diese ist nicht frei von Furcht, scheitern zu können und materiellen, körperlichen oder seelischen Schaden (Blamage, Frustration, sinkendes Selbstvertrauen) dabei hinnehmen zu müssen. Wagnis verlangt das Einkalkulieren von Risikofaktoren. Es gibt kein Wagnis ohne Risiko. Wagnis erfordert daher die Überzeugung vom Sinn der Leidensbereitschaft.

Kinder und Jugendliche treibt noch ein dynamischer Entwicklungsimpuls und Selbstverwirklichungswille. Nicht wehleidigen Heranwachsenden sind physische Verletzungen (die meist rasch heilen) als Opfer annehmbar, um in emotionalen, geistigen oder sozialen Bereichen Wunschziele erreichen zu können. Sie unterziehen sich beispielsweise Mutproben, weil die Anerkennung in der Szene ihnen wichtiger erscheint als körperliche Unversehrtheit. Es ist für Jugendliche meist leichter erträglich, ein verletzter Held als ein unverletzter Feigling zu sein, wie auch das geschilderte Beispiel von Kästners Uli lehrt. Indem der Wagende eine Angst überwindet, die ihn vorher blockierte, indem er etwas leistet, was er vorher nicht konnte und sich nicht zutraute, wächst er über sich hinaus und gebiert sich selbst als neuen Menschen. Er erschafft sich selbst als ein Wesen, das er sein konnte, aber noch nicht war. Diese kreative Leistung der menschlichen Selbstverwirklichung entwickelt ein positives Identitätsbewußtsein. Sie stabilisiert die Ich-Kräfte in der Erkenntnis, etwas Bedeutsames zustande bringen zu können, wenn man nur will und bereit ist, sich etwas zuzutrauen. Sie vermittelt die Gewißheit, etwas Bedeutendes zu sein, wenn man nur bereit ist, an sich zu arbeiten und selbst etwas zur eigenen Entwicklung beizutragen. *„Man muß sich mit der Gefahr selbst vertraut machen, um zu lernen, sie nicht mehr zu fürchten,“* schreibt J.J. ROUSSEAU ([3]1975, 119) in seinem schon 1762 veröffentlichten Bildungsroman „Emile oder über die Erziehung“ zum Umgang mit dem Wagnis. Der Begründer der Turnbewegung, F.L. JAHN, in seiner Kindheit selbst ein schwächlicher und kränklicher Junge, bekennt aus eigenem Erleben (Die Deutsche Turnkunst, 1816): ***„Es ist ein göttliches Gefühl in der Brust, wenn man weiß, daß man etwas kann, wann immer man will.“*** Noch euphorischer äußert sich die heutige junge Wagnisszene, wenn sie sich mit dem Motto Mut macht: *„Was du träumen kannst, kannst du auch tun!“* („If you can dream it, you can do it!“).

Jeder Mensch, auch der Wagnisbereite, braucht und sucht Sicherheit. Der Extremkletterer setzt sich nicht „todesmutig“ oder gar „blind“ einer „mörderischen Wand“ aus, sondern sichert sich mit Seil und Haken, vertraut seinen Eisen, seinem Können, seiner Sorgfalt, seiner Konzentrationsfähigkeit, seinem Selbsteinschätzungsvermögen, seinem Krisenmanagement, seiner Erfahrung. Der Drachenflieger stürzt sich nicht selbstmörderisch von der Rampe in die Tiefe, sondern rechnet mit der Tauglichkeit seines Fluggeräts, das ihn tragen wird und mit seinen Fähigkeiten, es fliegerisch zu beherrschen. Auch der Wagnisfreudige orientiert sich an Haltepunkten in der Gefahr, am Zuverlässigen und Beherrschbaren in der bedrohlichen Situation. Er strebt aber keine absolute Sicherheit an und keine Sicherheit um jeden Preis. Er gibt einen Teil seiner Sicherheit auf und begnügt sich mit einer relativen Sicherheit, die ihm für die Ausübung der ihm wichtigen Tätigkeit noch verantwortbar erscheint.

Das spielende Kind demonstriert uns bereits die Regeln des wagenden Handelns: Es gibt den Ball aus der sicheren Hand und wirft ihn an die Wand, in die Luft, einem Mitspieler zu, um ihn nach einer Phase des Verlustes, der Unsicherheit, der spannenden Erwartung wieder aufzufangen und glückstrahlend erneut in Besitz zu nehmen. Warum trennt sich das Kind erst von dem Ball, den es doch sehnlichst behalten möchte? Warum geht es das Risiko ein, ihn beim Prellen, Werfen, Stoßen nicht wieder einfangen zu können, von seinen Partnern nicht zurückzuerhalten, zu verlieren? Vom (kurzsichtigen) Standpunkt des Ballbesitzers erscheint es in der Tat unsinnig, den Ball freiwillig fortzugeben, um ihn anschließend mühsam zurückgewinnen zu müssen. Dennoch liegt gerade in diesem scheinbar widersprüchlichen Handlungsablauf der tiefere Sinn und Wert des Geschehens. Er ist nur demjenigen verständlich, der die zwischen dem ersten und zweiten Ballbesitz sich ereignenden Prozesse wahrnehmen und begreifen kann. Ein Kind, das den Ball nicht freigibt, verhindert das Zustandekommen eines Spiels. Es hemmt gleichzeitig die eigenen Entwicklungsmöglichkeiten. Das Kind, das bereit ist, den Ballbesitz zu riskieren, den Ball vorübergehend aufzugeben, schafft sich die Chance, an technischer Ballfertigkeit, an Partnerkontakt, an Spielfreude zu gewinnen. Es hat die Möglichkeit, zu einer neuen Qualität der Ballbeherrschung und des Spielens zu finden, die ihm ohne dieses Wagnis verschlossen bleiben würde. Die neue Sicherheit des Ballbesitzes ist keine mehr bloß gegebene, sondern eine über Kompetenzerweiterung erworbene. Sie ist auf einem höheren Niveau angesiedelt und wird bereits vom Kinde als höherwertig erlebt. Immer wieder gibt das Kind in der Folge den Ball frei, um ihn unter erschwerten Bedingungen, nach einer Drehung, nach Händeklatschen, im Hüpfen, über mehrere Partner in immer anspruchsvolleren Spielzügen, schließlich wieder zurückzuerhalten. Prinzipiell nicht anders vollzieht sich der Prozeß des Wagens in Extremsituationen.

Das Strukturgesetz des Wagens läßt sich in einer **Wagniskurve** verdeutlichen. Darnach gestalten sich die Abläufe beim Wagnis in der folgenden Regelhaftigkeit (Abb. 3):

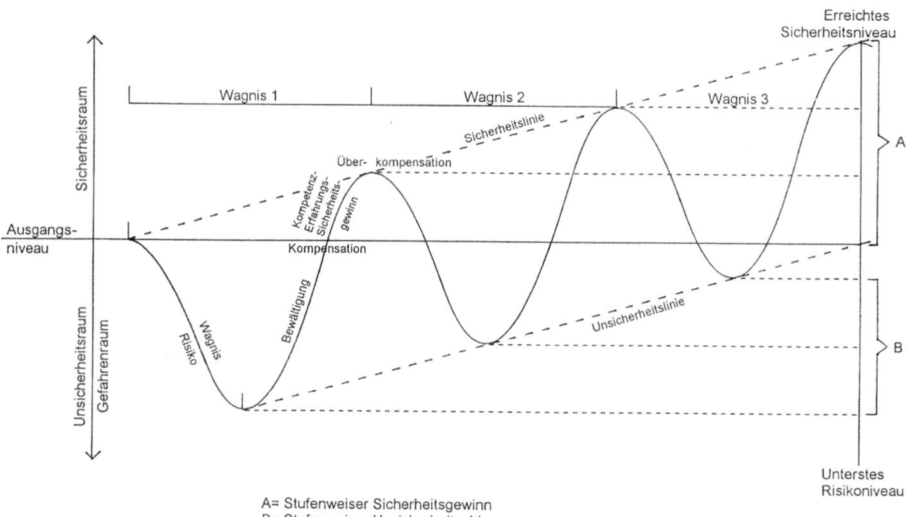

Abb. 3 Die Wagniskurve

Der Wagende verläßt seinen sicheren Standort, der ihm vertraut ist, und begibt sich in eine Zone des Ungewissen, der Gefährdung. Der gewohnte Sicherheitsstandard wird zugunsten einer wichtig erscheinenden Zielsetzung aufgegeben und mit Unsicherheiten getauscht. Die wagnishafte Unternehmung wird durch gewissenhafte Maßnahmen der Selbstsicherung von allen unnötigen Risiken befreit. Es bleibt jedoch ein nicht eliminierbares Restrisiko. Mit diesem sinkt die Sicherheitserwartung unter das bestehende Ausgangsniveau ab.

In der Phase der Bedrohung wird nun das gesamte Wissen, Können und Wollen, werden sonst kaum beanspruchte Leistungsreserven der Persönlichkeit freigesetzt, um dem erhöhten Gefahrenpotential erfolgreich begegnen zu können. Gelingt dies, erweisen sich die Fähigkeiten der anspruchsvollen Aufgabe gewachsen, steigt die abwärts gerichtete Sicherheitskurve wieder an. Der Wagende gelangt dabei nicht nur auf sein altes Sicherheitsniveau zurück, sondern schießt über es hinaus. Die erfolgreiche Bewältigung des schwierigen Vorhabens hat einen Kompetenzzuwachs geschaffen. Der Wagende kann einen Lern- und Erfahrungsgewinn hinsichtlich seiner Planungssicherheit, seiner psychophysischen Belastbarkeit, seines technischen Könnens, seines Problemmanagements, seiner Selbstkontrolle, seines Selbstvertrauens verbuchen. Er ist an der anspruchsvollen Unternehmung gereift.

Die gewagte Unsicherheit wird durch den Kompetenzgewinn nicht nur kompensiert, sondern in Form einer das Ausgangsniveau überhöhenden Erfahrung sogar überkompensiert. Es entsteht eine Sicherheitsreserve. Dieses hat zur Folge, daß der Wagende den nächsten Wagnisschritt von einem günstigeren Sicherheitslevel aus ansetzen kann. Er kann die gleiche objektive, von der Natur der Sache her gegebene Risikobelastung mit einem verringerten persönlichen Gefährdungsgrad wagen oder aber sich bei einer gleichbleibenden Risikobelastung, also ohne zusätzliche persönliche Gefährdung, noch schwierigeren Aufgaben widmen. Konkret bedeutet dies: Ein Kind, das sich überwunden hat, den ersten Sprung ins Wasser zu wagen und dabei erfolgreich war, wird bei den nachfolgenden ähnlichen Sprüngen immer weniger Wagemut einsetzen müssen. Es kann es sich darüber hinaus leisten, auch Sprünge mit höherem objektiven Risiko wie Kopfsprünge, Salti oder Schrauben bei gleichbleibendem Wagniseinsatz zu versuchen. Der Flugschüler, der sich wagend die Luft als seinen Bewegungsraum erschlossen hat und seine Maschine beim Starten und Landen sowie den wichtigsten Flugmanövern technisch beherrscht, wird sich in der gewonnenen Sicherheit bald nicht mehr mit Platzrunden und Regionalflügen zufriedengeben. Er kann es wagen, mit dem Wachsen seiner navigatorischen und meteorologischen Erfahrungen auch fernere Ziele und schwierigere Landepisten anzufliegen, ohne sich dabei erhöhten Risiken auszusetzen. Er hat die Möglichkeit, sich vom Sichtflieger zum Instrumentenflieger, vom Streckenflieger zum Kunstflieger weiterzuentwickeln und sich dabei so sicher zu fühlen wie vorher als Radfahrer am Boden.

Im Wagnis vollzieht sich eine Wertschöpfung. Das Wagen entfaltet in einem einzelnen Akt, etwa einem erfolgreichen Bungeefall, jedoch nur geringe Wirkungen. Wagen ist auf Wiederholung und Dauer angelegt. Erst wenn Mut, Zivilcourage, Wagnisbereitschaft zu einer Art praktizierter Lebensphilosophie werden, wenn sie sich zu Charaktertugenden entwickeln, kann Wagen eine bedeutende wertbildende Wirksamkeit entfalten und zu einer wesentlichen Erhöhung der

Lebensqualität beitragen. Auf Dauer ausgerichtet, verspricht das Wagen, wie die Wagniskurve idealtypisch zeigt, einen doppelten Wertgewinn:

Der Lernprozeß beim Umgang mit kritischen Situationen führt auf der einen Seite dazu, daß sich Unsicherheiten zunehmend in Sicherheiten, Unvermögen in Vermögen, Probleme in Lösungen, gefährliche in beherrschbare Handlungen, Extremsituationen in normale Lebensverhältnisse verwandeln. Die Unsicherheitslinie bewegt sich tendenziell in Richtung neuer Sicherheiten. Auf der anderen Seite zeigt auch die Leistungslinie eine aufwärtsgerichtete Tendenz. Fähigkeiten werden über das Wagnis zunehmend in Fertigkeiten, Potenzen in reale Handlungsmöglichkeiten umgesetzt und stetig fortentwickelt, so daß neue Lebens- und Handlungsspielräume entstehen. Der Wagende kann leisten, was er sich vor dem Wagnis nur leisten zu können erträumt hat. Er ist auf dem Wege zu seiner Vervollkommnung einen Schritt vorangekommen.

Der idealtypische Verlauf der Wagniskurve darf allerdings nicht darüber hinwegtäuschen, daß Wagen immer auch mit Opferbereitschaft und Opfern verbunden ist. Die dargestellte Kurve zeigt eine statistische Tendenz an, die in der Realität des Einzelfalls erhebliche persönlichkeits-, sach- oder schicksalsbedingte Abweichungen aufweisen kann. So kann die individuelle Kurve entsprechend dem Grad der Wagnisbereitschaft des einzelnen stärker oder schwächer ansteigen, stagnieren oder auch abbrechen, wenn etwa ein Unfall dieses erzwingt. Es gibt keine Garantie für den Wagnisgewinn. Hier kommt die Risikokomponente des Wagens zum Tragen. Wer wagt, kann, muß aber nicht gewinnen. In jedem Fall führt das Verharren auf erreichtem Niveau, der Wagnisverzicht, jedoch zum Stillstand der selbstinitiierten Entwicklung. Wer nicht wagt, kann nicht gewinnen.

Eine mit der formalen Struktur des Wagnisverlaufs noch nicht berührte Frage ist die der inhaltlichen Füllung, der Substanz des Wagnisvorgangs und der entsprechenden Wertzuordnung. Wagnishandlungen können reflektiert, aber auch emotional gesteuert erfolgen. Ob es neben dem sinnerfüllten aber auch ein sinnentleertes Wagnis geben kann, ist fraglich. Es fehlt das für das Wagen unabdingbare Wägen, das In-die-Waagschale-Werfen der Sinnfrage (vgl. Definition). Die verantwortungslose Tat des Piloten, der mit seinem Jet ein Seilbahnkabel unterfliegt und dabei Menschenleben gefährdet, mag von einem Motiv geleitet sein. Ihr fehlt jedoch jeder Sinn. Damit sind die Grenzen des Wagens überschritten. Nicht Sinn, sondern Wahnsinn bestimmt das Geschehen. Eine eingehende Behandlung der wertbestimmenden Problematik des Wagens soll einem späteren Kapitel vorbehalten bleiben.

Das der Wagniskurve zugrundeliegende Strukturgesetz erweist sich als ein Grundprinzip, das auch in anderen physischen, affektiven oder sozialen menschlichen Entwicklungsbereichen Gültigkeit hat: So muß der Sportler seine Organsysteme längerfristig erheblich belasten, muß den Weg über die Ermüdung und den vorübergehenden Leistungsabfall suchen, um einen Trainingsgewinn erzielen zu können. Im emotionalen Bereich sind solche Erfolgserlebnisse und Glücksmomente von größtem Wert für die Persönlichkeit, die unter Entbehrungen, Strapazen und hohem persönlichen Einsatz zustande kommen. Im Sozialbereich müssen Ansehen und Anerkennung, Respekt und Ruhm durch opferbereites Engagement, das meist auch über Fehlschläge, Enttäuschungen und Tiefpunkte des Lebens führt, mühsam verdient werden. Der Kurvenverlauf besagt, daß nicht lineare, sondern kontranomische Gesetzmäßigkeiten den Wagnisprozeß bestimmen, daß nicht der direkte, sondern nur ein indirekter Weg zielführend ist.

Wer sich entwickeln will, muß sich wagen

Wankelmut und Wagemut, Waghalsigkeit und Wehleidigkeit

Der Schriftsteller M. FRISCH läßt seinen Stiller in dem gleichnamigen Roman während eines Gesprächs mit dem Architekten Sturzenegger sagen: *„Verzicht auf das Wagnis, einmal zur Gewöhnung geworden, bedeutet im geistigen Bezirk ja immer den Tod, eine gelinde und unmerkliche, dennoch unaufhaltsame Art von Tod"* (238). Und nach einem aktuellen Hinweis ergänzt er in demselben Satz *„etwas Geistloses in dem Sinn, wie ein Mensch stets geistlos wird, wenn er nicht mehr das Vollkommene will"* (239).

FRISCH verleiht mit diesem Gedanken einer Erkenntnis Ausdruck, die auch für andere Bereiche menschlicher Entwicklung Gültigkeit besitzt. Stillstand bedeutet Rückschritt in der menschlichen Personwerdung. Wenn der Wille zum Schöpferischen, die Kraft der Motivation, Großes zu schaffen, die Dynamik der Selbstvervollkommnung erlahmen, beginnt die Phase des Verfalls. „Wer rastet, der rostet!" konstatiert nüchtern eine alte Volksweisheit. Der Begriff des Alterns steht umgangssprachlich für den allmählichen Abbau der physischen, psychischen und/oder intellektuellen Potenzen, für das langsame Versiegen der Lebensenergien, für ein fortschreitendes Ableben. Verzicht auf Wagnis bedeutet Verzicht auf Weiterentwicklung, bedeutet die freiwillige vorzeitige Einleitung eines Alterungsprozesses, bedeutet ein Sich-Hingeben an die Kräfte des Verfalls. Es handelt sich um einen schleichenden Niedergang, der kaum wahrnehmbar wird, der daher auch nicht sonderlich bedrohlich erscheint, der sich aber unvermeidlich vollzieht. Es ist ein Tod auf Raten, der sich konsequent dem Ende nähert. Es ist vor allem ein geistiger Tod, der Tod der Selbstaufgabe mangels eines dynamischen Lebenswillens, ein Tod aufgrund sterbender Selbsterneuerungsenergien.

Jüngere Menschen verfügen in der Regel noch über einen Drang, ihr Leben zu gestalten und etwas aus sich zu machen. Das vitale Kind will wachsen, erwachsen werden, lernen, etwas leisten, etwas erschaffen, sich vervollkommnen, glücklich sein. Um anspruchsvollere Lebensvorstellungen zu realisieren, muß der Mensch sich wagen. Er muß dabei ein Scheitern seiner Wünsche riskieren, um sich überhaupt eine Chance zu eröffnen, sie zu erreichen. K. JASPERS (1956, 226–231) spricht davon, daß das Glück „gewagt" werden muß, um es zu erhalten. Es fällt nicht dem passiv Abwartenden zu, sondern nur dem, der sich aktiv und mit wachsenden Kompetenzen um es bemüht. „Glück hat auf die Dauer nur der Tüchtige," sagt die hinter diesem Gedanken stehende Volksweisheit.

Hemmnisse erwachsen einer lebenslangen Bereitschaft zur Entwicklung aus Bequemlichkeit oder schicksalsverfügten psychophysischen Störungen. Häufig bremst jedoch auch mangelnder Mut den Willen zum Wagnis. Es will oft nicht gelingen, das notwendige Maß und die charakterliche Konsistenz zwischen Wankelmut und Wagemut, Waghalsigkeit und Wehleidigkeit zu finden (Abb. 4). Sicherheitsstreben und Wagnisbereitschaft erscheinen als unvereinbare Ausrichtungen, wobei das Sicherheitsstreben mit dem Alter eine eher zunehmende, die Wagnisbereitschaft eine eher abnehmende Tendenz zeigt. Dies hat nichts mit Lebensreife zu tun. Es erklärt sich vielmehr aus einer schwindenden Lebensdynamik. Neigt das Sicherheitsbedürfnis zu Selbsterhaltung, Geborgenheit, heiler Welt, so drängt das Wagnisbedürfnis nach Spannung, Abenteuer, intensivem Leben. Entwicklung braucht das Überwinden der Verharrungstendenz. Es braucht die Grenzsprengung, weil nur so die Handlungsspielräume und die eigenen Persönlichkeitsdimensionen erfahrbar werden. Nicht im Stillstand, sondern erst in der Bewegung gelangen wir zu einem Begriff der Ausdehnung, zu einer Vorstellung von den Möglichkeiten, die das Leben und die Welt in uns und um uns für uns bereithalten. Entwicklung setzt einen physischen, psychischen und intellektuellen Aktionsdrang voraus, der die gesamte Persönlichkeit in Bewegung bringt und hält.

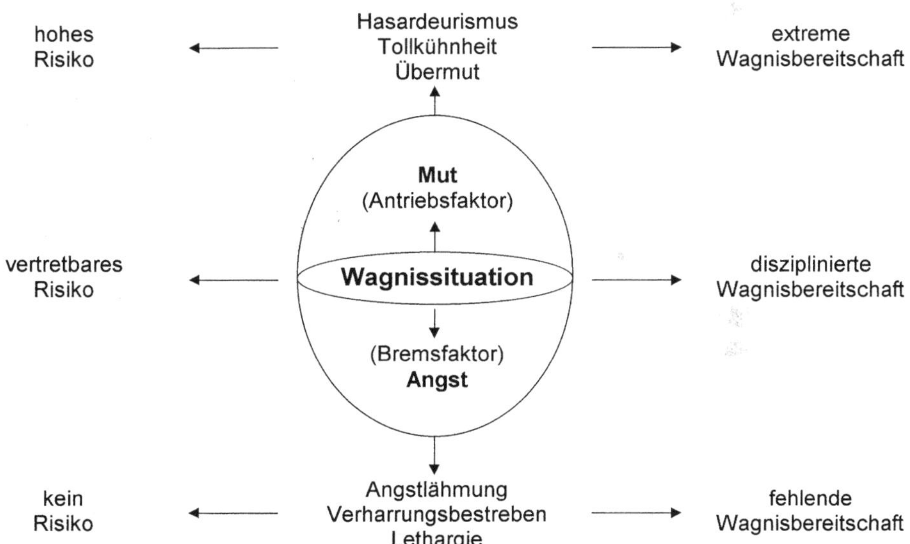

Abb. 4 Das Wagnis im Spannungsfeld von Angst und Mut

Während das *Abenteuer* (von ad-ventura = was auf einen zukommt) sich mehr von den Momenten des Zufälligen und Spannenden bestimmt und spontane Bewährungschancen sucht, beinhaltet das *Wagnis* (verwandt mit wägen) eher das rationale Abwägen des Risikoeinsatzes und das Bewerten des Sinns der Handlung. Das Wagnis fordert die ganze Persönlichkeit. Wie schon M. HEIDEGGER

([16]1986) in seinen existenzphilosophischen Überlegungen feststellte, schließt Wagnis Sicherheit nicht aus, sondern es ruht in ihr. Der Wagende verläßt den bequem verfügbaren Sicherheitsbereich, um, hoffentlich erfolgreich, auf ein neues Niveau an Sicherheit zu gelangen. Mit der Aufgabe sicheren Terrains erschließt er sich die Dimension der Offenheit, des Nicht-Fixiertseins. Dies ist die Voraussetzung dafür, Alternativen entdecken zu können. Das Wagnis macht frei für Neues. Es ist vom Willen und von der Erwartung beflügelt, existentielle Erfahrungen machen zu können (vgl. Heidegger, Jaspers, Bergson, Dilthey).

Die existentielle Erfahrung und das höhere Sicherheitsniveau erschließen sich jedoch nur im aktiven Handeln. Wer nicht fragt, erhält keine Antworten. Wer sich nicht wagt, läßt seine inneren und äußeren Möglichkeiten unentdeckt. Die Neuschaffung anspruchsvoller Sicherheiten stellt eine Herausforderung dar. Sie benötigt Entwicklungsreize in Form offener Situationen, ungelöster Probleme, unbeantworteter Fragen, also von Unsicherheiten, die es zu bewältigen gilt. Die Aufgabe kann allerdings nur dann eine menschenbildende Wirksamkeit entfalten, wenn die Gefahrensituation für den Wagenden beherrschbar bleibt:

Hohe Sicherheit bedeutet Unterforderung, geringe Reizentwicklung, mangelnde Beanspruchung der kreativen Potenzen. Sie äußert sich meist in Langeweile.

Fehlende Sicherheit bedeutet Überforderung. Sie überläßt das Gefahrenmanagement weitgehend dem glücklichen Zufall.

Offene Sicherheit bedeutet Herausforderung. Wenn die gewünschte Sicherheit nicht vorgegeben, sondern dem eigenen Zutun aufgegeben ist, entsteht ein Impuls, der Kräfte weckt, die den Anforderungen gerecht werden wollen. Fähigkeiten wachsen an Aufgaben.

Die Wirkung der Wagnishandlung auf die Entwicklung der Persönlichkeit und die Antwort auf die Frage nach dem Sinn, sich den Risiken auszusetzen, hängen wesentlich davon ab, ob

- die Gefahrensituation Schein- oder Ernstcharakter hat,
- die Sicherheitsprobleme kraft eigener Kompetenz lösbar sind,
- die Einlassung auf das Wagnis für den Wagenden werterfüllt ist,
- das Gefahrenmanagement den ganzen Menschen, einschließlich seines Verantwortungsvermögens, fordert.

Der Wagnisbereite ist bemüht, *das objektive Risiko*, den Schwierigkeitsgrad der Aufgaben, stetig zu steigern, denn dies sichert ihm die förderlichen Entwicklungsreize (vgl. Abb. 4). Er versucht aber gleichzeitig, *das subjektive Risiko*, das wesentlich von seinem Kompetenzniveau abhängt, und *das Restrisiko*, das er nicht mehr eliminieren kann, möglichst gering zu halten. Dies gewährleistet ihm den benötigten Sicherheitsrahmen. Der Hochqualifizierte kann sich mit einer vertretbaren Risikobelastung im Wagnisbereich bewegen und dabei seine Entwicklung weiter vorantreiben (Abb. 5).

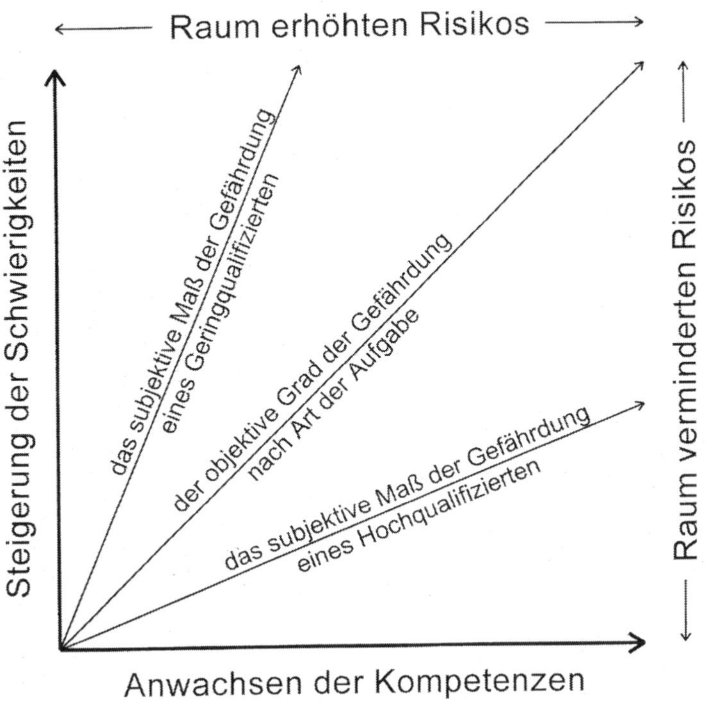

Abb. 5 Das Verhältnis von objektiven und subjektiven Risiken

Der Kompetenzgewinn im Wagnis vollzieht sich auf unterschiedlichen Ebenen (vgl. Abb. 6). Diese stehen in Abhängigkeit voneinander und beeinflussen einander gegenseitig, entwickeln sich jedoch nicht synchron. So eilt die technische Qualifizierung der Übung und Erfahrung in der Regel voraus. Die kritische Reflexion von Krisensituationen stellt sich oft erst nach einschlägigen Erfahrungen mit Störungen und Unfällen ein. Sie können in der Folge zu einem Nachdenken über das eigene Fähigkeitsprofil führen und die Bereitschaft zur Verantwortung befördern. Die einzelnen Komponenten des Kompetenzniveaus und der persönliche Sicherheitslevel können also im Laufe des Lernprozesses sehr unterschiedliche Entwicklungsschübe erreichen. Ziel der Selbsterziehung muß es sein, den Lernfortschritt in der Weise zu optimieren, daß der Kompetenzgewinn einschließlich des Verantwortungsvermögens den Schwierigkeiten der Aufgabenstellung möglichst vorausgeht, zumindest aber mit ihnen Schritt hält (Abb. 5 und Abb. 6).

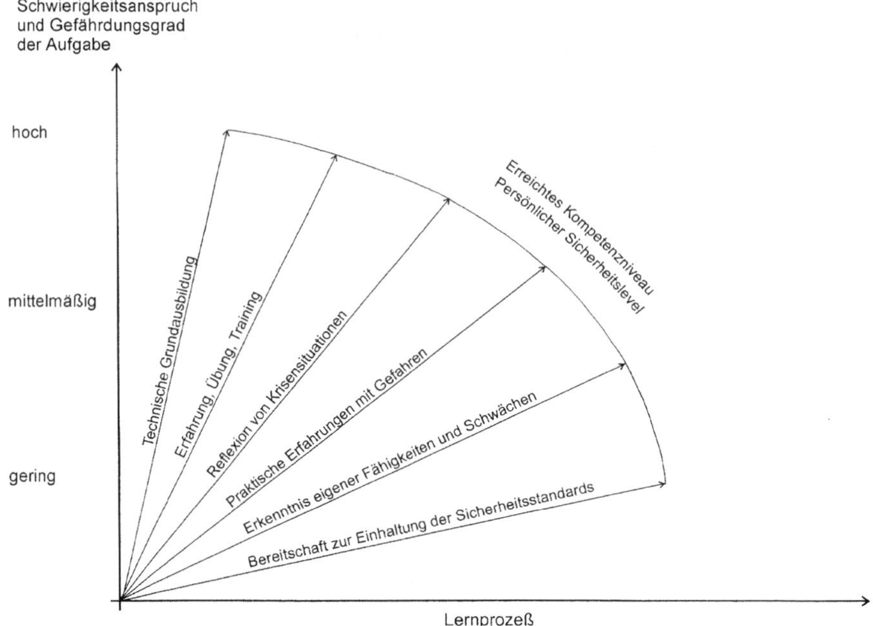

Abb. 6 Kompetenzgewinn im Wagnisbereich

Die Bereitschaft zur Konfrontation mit dem Wagnis wird von zwei Seiten angeregt. Der eine Anreiz geht von dem Menschen aus, der über seine Bedürfnisse, Interessen, Fähigkeiten einen Drang verspürt, sich im Wagnis zu fordern. Der andere Reiz kommt aus der Sache, die über ihre Attraktivität und ihren Aufforderungscharakter eine Zuwendungswirkung erzielt, der sich der Wagnisbereite nicht entziehen kann. Es entsteht eine Bedürfnisspannung, die zu einer Begegnung mit der Sache führt. Der Abenteuerdrang auf der einen und der Abenteuerreiz auf der anderen Seite bewirken eine Abenteuerbegegnung (vgl. Abb. 7).

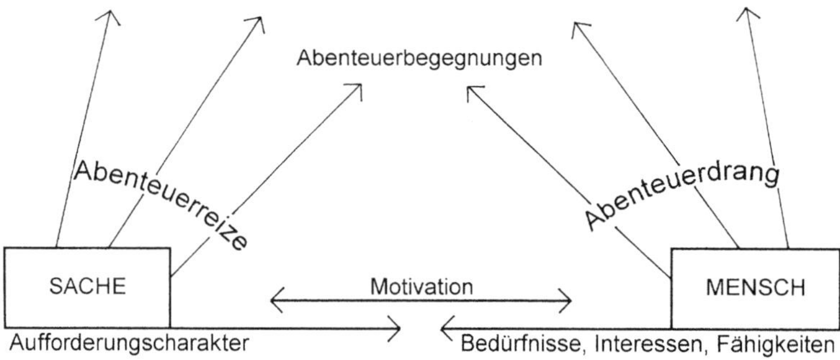

Abb. 7 Die Begegnung von Mensch und Sache im Abenteuer

Abenteuerbegegnungen können jedoch auf unterschiedlichem Niveau und mit unterschiedlicher Intensität erfolgen (vgl. Abb. 8): Unsere Befragung von mehreren tausend Kindern, Jugendlichen und erwachsenen Risikern und Nichtrisikern erbrachte bei 98 % der Befragten ein Interesse an Abenteuern. Zur Befriedigung des weit gespannten Bedürfnis- und Fähigkeitsspektrums bieten bereits die Grundformen der Bewegung, die vom Balancieren über das Klettern bis zum Rasen reichen, eine reiche Vielfalt an Möglichkeiten. Der Wagnischarakter des einzelnen entscheidet im weiteren darüber, ob eher die Selbstgestaltung von Abenteuern oder die bequemere Vermittlung von Abenteuern durch andere gesucht wird. Je nach Sicherheitsbedürfnis und Bereitschaft zum persönlichen Engagement bieten sich dann fiktive Abenteuer, die über Filme, Bücher oder Computersimulationen abrufbar sind, oder aber reale Abenteuer an, die als Wagnissport Wirklichkeit werden können. Die persönlichkeitsbildende Wirkung hängt vom Grad der Betroffenheit ab, den die Begegnung auszulösen vermag. Hierfür ist es von erheblicher Bedeutung, inwieweit sich der Abenteuerhungrige mit allen Konsequenzen real, aktiv und komplex in das wagnishafte Geschehen einzubringen bereit ist.

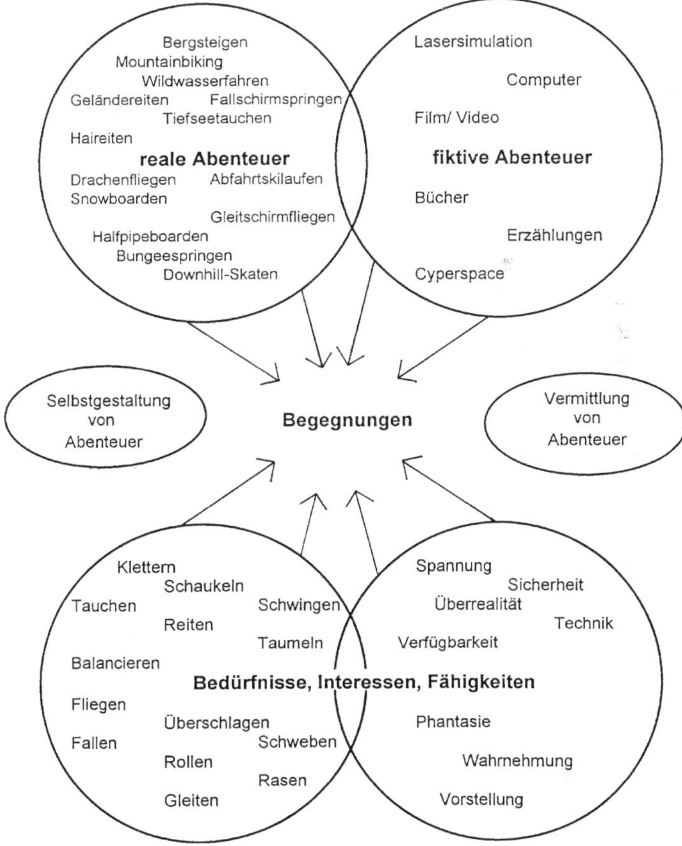

Abb. 8 Abenteuerbegegnungen auf verschiedenen Ebenen

Warnungen vor dem Wagnis

Signale der Selbstsicherung

Die Funktion von Angst und Furcht

Das Wagnis verheißt den Gewinn von Werten, die dem Wagnisbereiten wichtig sind. Es eröffnet die Chance, ein erstrebenswertes Ziel, die Vollendung einer lohnenden Aufgabe, die Lösung eines drängenden Problems, d.h. Sinnschöpfungen zu erreichen, die auf anderen Wegen nicht erreichbar sind. Es verbindet diese Chance aber mit Risiken und Gefahren, bereits Verfügbares dabei zu verlieren, alternative Möglichkeiten zu versäumen, mit seinen Ambitionen zu scheitern, körperlich, seelisch, materiell, sozial Schaden zu nehmen. Diese Aussichten sind mit Ängsten oder mit Furcht verknüpft.

Wagnis verordnet dazu eine Phase der Unsicherheit über das Gelingen, die sehr lang sein kann. Manches Wagnis erhält seinen Sinn erst nach dem Tode wie bei Lilienthal oder sogar erst durch den Tod wie bei Sokrates oder Jesus. Zweifel, die richtige Entscheidung zu treffen und das hohe Gut Leben auch wirklich sinnmehrend zu opfern, regen sich bei manchen wissenschaftlichen, politischen oder religiösen Märtyrern noch bis zur letzten Minute und lösen heftige Ängste oder Furcht aus. Ein durch den Tod hindurchgehendes Wagnis gründet sich auf die Zuversicht, in einer nicht mehr erlebten Zukunft zu gewinnen. Mit solch einer Zukunftserwartung sind Sokrates und Jesus, aber auch Lilienthal oder die religiösen Martyrer in den Tod gegangen. Sie haben ihr Leben für eine Idee, die sie trug, geopfert.

Der Wagende weiß außerdem, daß sich der ersehnte Wagniswert nur einstellen wird, wenn sich die verfügbaren Leistungspotentiale der gefahrenbringenden Aufgabe gewachsen zeigen. Die Befürchtung, seiner Sendung noch untreu zu werden, weil seine menschlichen Kräfte den körperlichen Qualen und seelischen Demütigungen nicht standhalten könnten, läßt Jesus die letzte Nacht, in Todesangst wachend und betend, im Garten Gethsemane verbringen, während seine Jünger schlafen.

Schließlich ergeben sich in jeder Wagnissituation auch Unwägbarkeiten, die trotz optimaler Vorbereitung auf die Anforderungen nicht vermeidbar sind, auf die der Wagende keinen Einfluß hat. Diese sogenannten Restrisiken, ein Wesensmerkmal jeden Wagens, zeigen sich mit Angst oder Furcht verbunden.

Angst und Furcht sind wichtige Warner vor dem Wagnis. Sie mahnen zur Vorsicht und zum nochmaligen gründlichen Abwägen, bevor die Risiken wirksam werden können. Der Wagende fürchtet das Eintreten des Negativfalles, das Scheitern seiner Unternehmung und dessen Folgen. Hiergegen ist niemand gefeit, der sein Leben, seine Gesundheit, seine mitmenschlichen und materiellen Werte liebt und achtet. Nur denjenigen, dem diese Lebenswerte von geringer Bedeutung sind oder den, der sich bereits aufgegeben hat, verlassen Angst und Furcht. Er hat nichts zu verlieren, was ihm erhaltenswert erschiene. Angst und Furcht verlieren damit ihre warnende und schützende Funktion. Es kann geradezu als Kontrolle dafür gelten, wie wichtig dem Wagenden Familie, Frau, Kinder, Besitz sind, welchen Stellenwert sie in seinem Leben einnehmen, wenn er für etwas anderes, ihm wichtigeres, sein Leben wagt. Diese oft unterbewußte Werteabwägung und Wertentscheidung läßt sich auch mit noch so geschickten Gedankenzügen nicht fortdiskutieren.

JESUS VON NAZARETH ist diesen Weg des Wagens in letzter Konsequenz und in vollem Bewußtsein der Risiken, die sich mit dem Wagnis seines Opfertodes verbanden, gegangen. Der Messias einer neuen Heilslehre wollte die Ausbreitung seines Gedankengutes zu einer Weltreligion. Hierzu mußte er sich als Person opfern, um seiner Glaubensschöpfung zum Durchbruch zu verhelfen. Bereits am Orte seiner Hinrichtung angekommen, deutet er den Jüngern Andreas und Philippus den Sinn seines bevorstehenden Opfertodes: „*Wenn das Weizenkorn nicht in die Erde fällt und stirbt, bleibt es allein; wenn es aber stirbt, bringt es viele Frucht. Wer sein Leben liebt, wird es verlieren, und wer sein Leben hintansetzt, wird es zu ewigem Leben bewahren*“ (Joh. 12, 24–25).

Das Sterben fällt dem Dreiunddreißigjährigen, der sich nicht für Frau und Kinder entschieden hat, sondern ganz seiner Sendung lebt, nicht leicht. Voller Furcht vor den Ereignissen der heraufkommenden Tage verbringt er die letzte Nacht vor der Gefangennahme wachend und betend im Garten Gethsemane vor den Toren von Jerusalem. Der wohl kalkulierte Kreuzestod ist Teil des Wagnisses, das sein Leben bestimmt. Das Aufgehen der Saat, die er gesät hat, ist langfristig angelegt. Wird sich das Opfer lohnen? Wird seine menschliche Begrenztheit den körperlichen Peinigungen und der vernichtenden Schmach standhalten? Wagnis enthält immer eine Wertentscheidung, ein Bekenntnis zu dem als höher eingestuften Wert. Auch wenn es nicht bei jedem Wagnis um endgültige Entscheidungen, um Leben oder Tod, Gesundheit oder Invalidität, Sieg oder Untergang geht, findet eine Abstimmung für das wichtigere statt, dem man sich zuwendet, für das man Gegebenes zu opfern bereit ist.

Diese Zuwendung will wohl abgewogen sein. Der verantwortungsbewußt Wagende riskiert nur so viel an Unsicherheit, wie er in neue Sicherheit verwandeln zu können glaubt. Eine wesentliche Kontrolle hierüber kommt der eigenen Kompetenzbeurteilung zu. Sie ist im emotionalen Bereich mit den Unsicherheitsgefühlen Angst oder Furcht gekoppelt. Unter Angst oder Ängsten verstehen wir mit JASPERS (1948) und KIERKEGAARD (1960) vage, nicht näher bestimmbare oder begründbare Unsicherheiten. Furcht bezieht sich dagegen auf objektiv gegebene, relativ klar unterscheidbare Verunsicherungsursachen. Die Angst ängstigt davor, der Situation „irgendwie“ nicht gewachsen zu sein oder bedroht zu werden. Die Furcht fürchtet das Eintreten eines bestimmten Ereignisses in einer konkreten Gefahrenlage.

Angst wie Furcht senden Signale aus, die den Wagenden vor Waghalsigkeit warnen. Sie sind jedoch als Kontrollinstanzen nur ernstzunehmen, wenn sie sich ihrerseits vom übergeordneten Verstand kontrollieren lassen. Ihre Funktionstüchtigkeit ist nur gewährleistet, wenn sie maßvoll mahnen. Das von YERKES und DODSON (1908) formulierte „Gesetz der Angst“ gibt dazu den Maßstab. Es besagt:

- Eine geringe (unterentwickelte) Angstbereitschaft entfaltet keine brauchbare Warnwirkung.
- Eine starke (überentwickelte) Angstbereitschaft überzieht in der Warnwirkung.
- Eine mittlere (entwickelte) Angstbereitschaft erfüllt die Funktion eines ausgewogenen Warners.

Dem Angstarmen oder Furchtlosen fehlt die erforderliche Sensibilität für das Gefahrenpotential und das Ungleichgewicht der problemverursachenden und problemlösenden Kräfte. Der Angstbesetzte oder Furchtsame dagegen stirbt bereits tausend Tode, bevor dazu bisweilen überhaupt ein Anlaß gegeben ist. Nur wenn das Unsicherheitsgefühl, kritisch überwacht, Realitätsnähe entwickelt, kann es die Funktion eines Signalgebers für die Selbstsicherung erfüllen.

Veränderungen im Gefolge von Furcht und Angst

Während die geringe Angst unwirksam bleibt und die starke Angst lähmt, aktiviert die mittlere Angst die Kräfte, die für die Bewältigung der gefahrvollen Situation erforderlich werden. Mit dem Auftreten von Angst werden am und im Körper verschiedene physiologische, biochemische, sensitive, psychologische Veränderungen erkennbar. Sie haben den Sinn, in einen Zustand erhöhter Reaktionsbereitschaft zu versetzen, aus dem heraus Gefahren angemessen begegnet werden kann:

Die physiologische Aktivierung äußert sich etwa im Anstieg des Blutdrucks, der Erhöhung von Puls- und Atemfrequenz, der verstärkten Hautdurchblutung und Schweißabsonderung, der Verminderung der Speichelsekretion, der Hemmung der Magen- und Darmtätigkeit.

Die biochemischen Veränderungen betreffen vor allem die vermehrte Ausscheidung der Katecholamine Adrenalin und Noradrenalin aus dem Nebennierenmark sowie von Kortikosteroiden aus der Nebennierenrinde, also Vorgänge im endokrinen Bereich.

Die motorischen Erscheinungen reichen von Veränderungen der Stimme, Sprache, Mimik, Gestik bis zu solchen der Koordination des Bewegungsapparats. Geweitete Pupillen, ein Stimmbeben, ein erhöhter Muskeltonus, bewußt kontrollierte Bewegungen sind äußerlich wahrnehmbare Zeichen höchster Anspannung.

Die sensitive Wahrnehmung erreicht einen extremen Wachheitsgrad. Die Rezeptoren arbeiten schnell und genau.

Die psychische Befindlichkeit stellt sich je nach Charakterstruktur und Situationseinschätzung auf Angriff oder Flucht, Bewältigung oder Meidung der Herausforderung ein.

Die intellektuellen Erkenntniskräfte mobilisieren, bündeln und steuern die gesammelten Erfahrungen zu einem bestmöglichen Krisenmanagement.

Angst und Furcht sind als komplexe Antworten des Ich auf eine drohende traumatische Situation zu verstehen. Die dargestellten Veränderungen werden jedoch nur handlungswirksam, wenn der individuell zuträgliche Verunsicherungspegel nicht überschritten wird. Geschieht dies, erfolgen Überreaktionen: Die inneren Organe verkrampfen sich. Der überhöhte Muskeltonus bewirkt ein Zittern. Aus Sprechen wird Stottern, aus Gehen Stolpern. Die seelische Anspannung gerät zur Qual. Die geistige Beweglichkeit sieht sich gelähmt. Diese Erscheinungen, bewußt registriert, können die Angst zur Panik steigern, in der die Situation außer Kontrolle gerät.

Trait-Angst und State-Angst

Die Angstpsychologie unterscheidet seit SPIELBERGER (1966) zwischen einer sogenannten Trait-Angst und einer State-Angst. Die Trait-Angst äußert sich als ein relativ stabiler, durchgängiger Charakterzug, als eine Art Eigenschaft, während die State-Angst je nach Sachlage, entsprechend der Gefahrensituation, als ein vorübergehender Zustand auftritt. Der Wagnisbereite bedarf zu seinem Selbstschutz eines Warnsystems, das Übereifer bremst. Dieses kann jedoch nicht in Form einer Dauerwarnung funktionieren wie bei der Trait-Angst. Es muß in der Lage sein, sich situativ richtig einzustellen. Im Rahmen der State-Angst können aus unterschiedlichen Bereichen zuverlässige Signale empfangen werden, das Wagnis anzugehen oder lieber von ihm abzulassen:

Die Körperorgane können sich mit Schmerzzeichen oder Koordinationsstörungen melden. Der sensitive Sektor kann mit Wahrnehmungsirritationen reagieren. Im sozialen Feld kann Zuspruch oder Widerspruch von kompetenten Freunden kommen. Der Verstand warnt über das Entgleiten der Kontrolle, das Gefühl über das Aufkommen von Angst oder Furcht.

Strategisches Ziel der Selbsterziehung muß es sein, möglichst viele der frei flottierenden Ängste in Furcht zu verwandeln, die sich besser beherrschen und leichter therapieren läßt.

Das Feld der Angstgefühle

Das Feld der Gefühle, das gemeinhin mit „Angst“ bezeichnet wird, ist weit gespannt (vgl. Abb. 9). Es kann daher nicht verwundern, daß sich der Nichtfachmann mit Vereinfachungen ein überschaubares Bild zu schaffen sucht. Der Fachpsychologe braucht jedoch differenzierte Vorstellungen und Begriffe, um die Entstehungsursachen, die Entwicklungsverläufe, die Auswirkungen, die Therapiemöglichkeiten der sehr unterschiedlichen Gefühlsregungen beurteilen und sachgerecht angehen zu können. Dies läßt sich an dem *Problemfeld Prüfung* leicht aufzeigen:

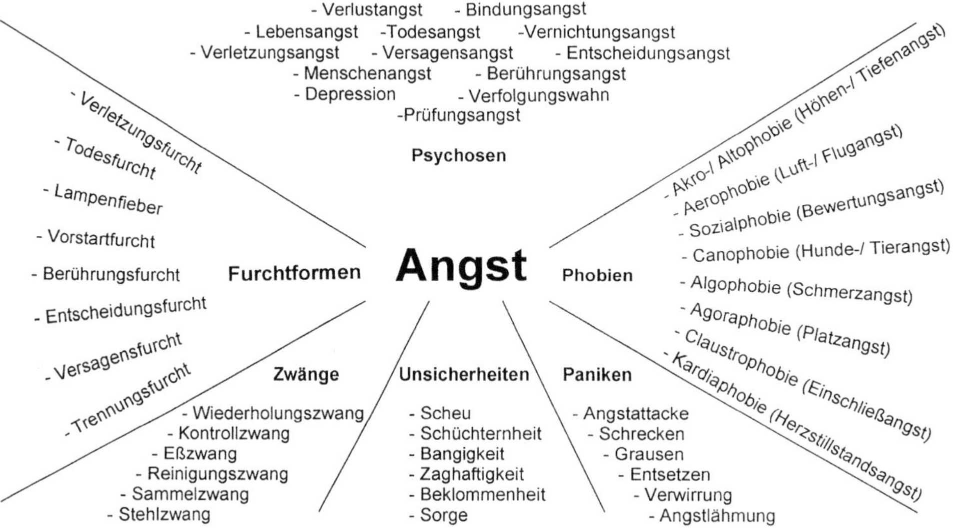

Abb. 9 Angst hat viele Gesichter: Erscheinungsformen der Angst

Fürchtet sich der Prüfling vor konkreten Gegebenheiten seiner tatsächlich bevorstehenden Prüfung, vor einem bestimmten Fachgebiet etwa, vor der Person des Prüfers, vor dem nicht hinreichend vorbereiteten Prüfungsstoff, so spricht man von *„Prüfungsfurcht“*. *„Prüfungsangst“* oder *„Prüfungsängste“* irritieren wegen des nicht faßbaren Gegenstands der Angst und wegen der verwirrenden Vielfalt der häufig nur eingebildeten Unwägbarkeiten. Furcht ist immer begründet, Ängste können auch unbegründet sein. Es ist kein Zufall, daß die Pluralbildung „Fürchte“ im deutschen Sprachgebrauch nicht existiert. Schüchternheit oder Zaghaftigkeit beeinträchtigen lediglich als *„Unsicherheiten“*. Sie vermitteln den Eindruck eines schwach entwickelten Selbstbewußtseins und mangelnder Souveränität. *„Phobien“* können ein irrationales, aber unabweisbares Grausen vor dem Prüfungsraum (Agoraphobie) oder vor der Bewertung der eigenen

Person (Sozialphobie) verursachen. „*Zwänge*“ können dazu verleiten, sich ständig zu wiederholen oder unmotiviert zu lachen. Ein Gedankenausfall kann „*Panik*“ auslösen mit der Folge affektiver Verwirrung und gedanklicher und sprachlicher Lähmung.

Dies alles sind verschiedenartige, deutlich unterscheidbare, unterschiedlich zu beurteilende und zu behandelnde Erscheinungen um die Streßsituation Prüfung, die mit den Pauschalausdrücken „Angst“ oder „Ängste“ einen gebräuchlichen Dachbegriff gefunden haben. Alle unter dieser Sammelbezeichnung gefaßten überdimensionierten Formen sind heute heilbar. Soweit Angstpsychosen und Angstblockaden jedoch noch virulent sind, verbieten sich entsprechende eigenverantwortliche Wagnisunternehmungen. Das selbständige Fliegen würde für den Aerophobiker (den Luftängstlichen), den Akrophobiker (den Höhenängstlichen) oder den Claustrophobiker (den Engeängstlichen), soweit er sich überhaupt in die Luft traut, zu einem hochriskanten Abenteuer. Paniker können durch ihr irrationales Handeln und ihre Unberechenbarkeit ganze Gruppen in nicht mehr beherrschbare Situationen bringen. Sie stellen ein zusätzliches Gefahrenpotential dar, das oft unterschätzt wird. Ein erfahrener Risiker testet daher vorher die Personen, auf die er sich im Ernstfall verlassen können muß.

Formen des Angstverhaltens

Die Menschen unterscheiden sich beträchtlich in ihrem Umgang mit Angstsymptomen. Sie entwickeln dabei ein breites Verhaltensspektrum, das positive oder auch negative Einstellungstendenzen zeigen, das sich mehr in Richtung Angriff oder mehr in Richtung Flucht orientieren kann (vgl. Abb. 10):

Das Vermeidungsverhalten ist bestrebt, Situationen, Ereignissen und Personen, die eines der Phänomene des Angstkomplexes auslösen können, möglichst auszuweichen. Menschen dieses Verhaltensschemas finden sich nur selten im Wagnisbereich.

Das Bagatellisierungsverhalten bemüht sich, das Auftreten von Angstsymptomen herunterzuspielen. Ängste werden als peinlich empfunden und vor sich selbst und anderen nicht als Beeinträchtigungen zugegeben und angenommen. Sie werden aus Selbstschutzbedürfnis so weit verkleinert, bis sie als harmlos gelten können.

Das Verdrängungsverhalten betäubt aufkommende Ängste, verschiebt sie auf andere Erlebnisfelder oder gibt ihnen das eigene Ehrbewußtsein schonende Erklärungen. Der Verdrängende lenkt von der unangenehmen, als störend empfundenen Befindlichkeit der eigenen Psyche ab. Er weicht den Problemen aus. Er will sich mit ihnen nicht befassen.

Das Leugnungsverhalten will Ängste nicht wahrhaben. Nach der Devise, daß nicht sein kann, was nicht sein darf, werden die emotionalen Regungen nicht zur

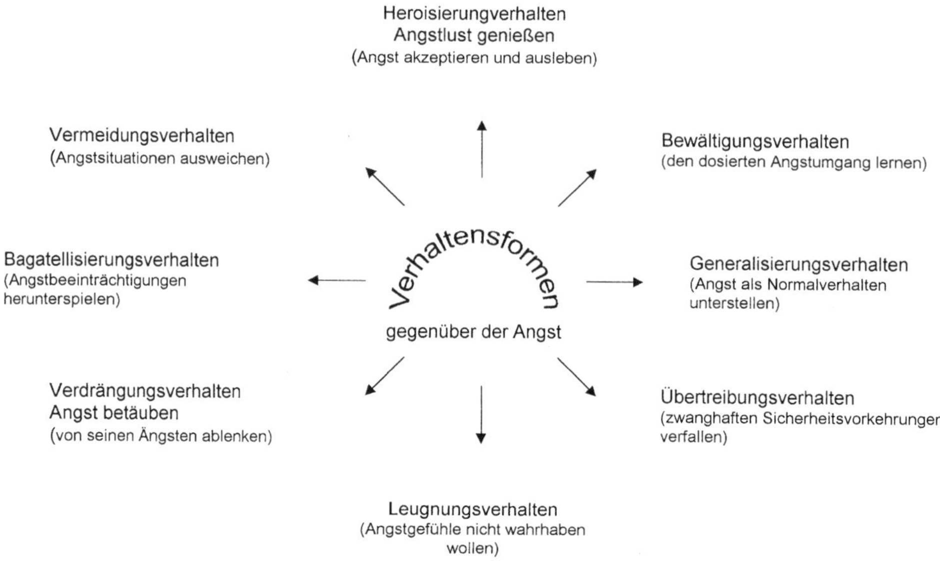

Abb. 10 Strategien im Umgang mit Angst (Alltagsstrategien)

Kenntnis genommen, werden Anzeichen von Angst ignoriert. Angst hat keinen Platz im Empfindungsspektrum. Sie wird ausgeblendet.

Das Übertreibungsverhalten bedient sich zwanghafter Handlungen, um Angstauslöser auszuräumen und die innerlich bedrängende Gefühlslage zu beruhigen. Dabei werden die Sicherheitsvorkehrungen überzogen. So werden Sicherheitschecks unsinnigerweise mehrfach wiederholt. Dieses Verhaltensmuster ist bei Wagnisneulingen häufig zu beobachten.

Das Generalisierungsverhalten versucht, die eigenen Ängste als Normverhalten auszugeben und als allgemeinmenschliche Gefühlserscheinung zu unterstellen. Es folgt dem Denkschema: „Du brauchst dich nicht zu schämen. Jeder hat doch Angst. Die meisten geben dies nur nicht zu!" Diese Selbstschutzmaßnahme, aus einer nicht akzeptierten gefühlsmäßigen Sonderstellung herauszukommen und in die sichere Solidargemeinschaft der gleich Empfindenden zu gelangen, ist als taktische Maßnahme oder auch als Überzeugungsrelikt der Freudschen Psychoanalyse noch in zahlreichen psychotherapeutischen Praxen zu finden.

Das Bewältigungsverhalten arbeitet daran, ein realitätsgerechtes Maß an Angst und ein entsprechend funktionierendes Angstgewissen zu finden. In ihrem Zuschnitt auf die unverwechselbare Persönlichkeit und dem aktiven Beitrag des einzelnen zur Problembewältigung erscheint diese Form des Angstumgangs als die pädagogisch und psychologisch wertvollste Lösung des Angstproblems, die der Wagnisbereite anstreben sollte.

Das Heroisierungsverhalten gefällt sich in dem Gefühl, ein Held zu sein. Es nimmt die unangenehmen emotionalen Befindlichkeiten aus dem Angstkomplex voll an und lebt sie bewußt aus. Die Umwandlung der Unlust wird als lustvoll erfahren. Unsicherheitsgefühle werden nicht als Schmach, sondern als Ausgangspunkt für Lustempfindungen erlebt. Die peinigende Wirkung der Angst wird bis an die Grenze zum Masochismus ausgekostet und der Reiz, der sich aus der Überwindung dieser Phase ergibt, genossen. Der zwiespältige emotionale Zerreißvorgang wird als Angstlust bezeichnet. Er tendiert dazu, zum Selbstzweck zu entarten und nicht Sinngewinn, sondern nur Nervenkitzel zu bewirken.

Der von Angst Betroffene wählt in der Regel spontan die Verhaltensstrategie im Umgang mit seiner Angst, die seinem Charakterprofil entgegenkommt: Flucht oder Angriff, Ausweichen oder Entgegentreten, sind dabei die Reaktionen, die aus dem von Natur aus vorhandenen Handlungsrepertoire am schnellsten abrufbar sind, um die gewünschte Sicherheit zu gewährleisten. Längerfristig verspricht jedoch nur ein reflektierend gestalteter Lernprozess ein Verhalten, das der bedrohlichen Sachlage wirklich gerecht wird.

In der Erziehung ist Angstfreiheit nicht erstrebenswert. Eine solche Ausrichtung der Erziehung schafft wirklichkeitsfremde Schonräume, verzichtet auf notwendige Entwicklungsimpulse und führt letztlich zu Mängeln in der Selbsteinschätzung und Lebenstüchtigkeit. Angsterziehung hilft, den angemessenen Umgang mit seinen Ängsten zu finden. Hierzu dürfen Situationen, die Angst machen, nicht ausgespart werden. Sie sollten sogar gesucht werden, um sie in sogenannter „gradueller Annäherung“ in kleinen Schritten kennen und beherrschen zu lernen. Unbeeinflusst aufwachsende Kinder tendieren von sich aus dazu, ihren Angstlevel in kleinen Abenteuern und Mutproben in verschiedenen Situationen immer wieder auszutesten und ihre Angsttoleranz dabei zu steigern.

Widerstände weichen dem Willen

Wo ein Wille ist, ist auch ein Weg

Die Kontrasttugenden Angst und Mut

Angst und Mut erfahren im öffentlichen Bewußtsein eine unterschiedliche Bewertung:

- Nahezu niemand der mehreren tausend Kinder, Jugendlichen und Erwachsenen, die wir befragten, wollte ängstlich sein oder als ängstlich erscheinen. Fast alle wollten dagegen gern mutig sein oder als mutig gelten.
- Dem Ängstlichen haftet das Looser-Image des ewigen Verlierers an. Der Mutige strahlt im Winner-Image des Erfolgreichen.
- Angsthaben erscheint eher peinlich, Muthaben eher rühmlich.
- Der Ängstliche reagiert auf Gefahren bevorzugt mit Flucht oder Meidung. Der Mutige will Bedrohungen beherrschen und geht sie im Angriff an.
- Der Ängstliche präsentiert sich verschüchtert und reduziert, der Mutige als Persönlichkeit voller Tatkraft und Dynamik.
- Angst hat mit Enge und Bescheidung, Mut mit Weite und Ausdehnung zu tun.
- „Dem Mutigen gehört die Welt", sagt das Sprichwort, „dem Ängstlichen verweigert sie sich."
- Mut schafft neue Lebensmöglichkeiten. Angst begrenzt sie.
- Der Ängstliche führt ein Leben aus der Defensive. Er trachtet vornehmlich darnach, Gegebenes zu erhalten. Der Mutige folgt einem aggressiven Drang, Fesseln zu sprengen und neue Welten zu erobern.
- Der Ängstliche bedient sich eher der Bremse. Der Mutige bevorzugt den Gashebel.
- Angstentwicklung wird gesellschaftlich eher Frauen und Kindern zugestanden. Mut dagegen gilt als eine Männertugend.
- Zeigen sich die Symptome des Angstkomplexes weit verbreitet und können sich entsprechend die meisten Menschen mit Ängsten identifizieren, so finden sich die Erscheinungen des Mutkomplexes nur bei einer Minderheit ausgeprägt. Sie sind mehr Wunschtugenden.
- Angst wirkt in ihrer Hilflosigkeit und Hilfsbedürftigkeit allerdings häufiger sympathisch. Mut dagegen, der sich selber helfen kann, stößt mehr auf kühlen Respekt und Bewunderung als auf Zuneigung. Er rührt nicht die Seele an.

Bei der Betrachtung dieser Auflistung wird verständlich, warum fast alle Menschen das Image des Ängstlichen fürchten und das Image des Mutigen suchen. Jeder möchte auf der Seite des Glanzes und Erfolges stehen, und dem Mutigen werden die besseren Chancen eingeräumt, auf den verschiedenen Feldern des Lebens selbständig, erfolgreich und kreativ zu sein.

Wie jedoch ein Fahrzeug gleichzeitig auf Beschleunigungskräfte und Bremskräfte, auf die Möglichkeit des Vorankommens und des Anhaltens angewiesen ist, um voll funktionstüchtig zu sein, so benötigt auch der Wagende Energien, die ihn antreiben und Energien, die ihn zurückhalten. Erfolg stellt sich nicht mit einseitiger Kraftentfaltung, sondern nur im kontrollierten Wechselspiel der Kräfte ein. Der Wagende braucht die Fähigkeit, sich beider intelligent zu bedienen. Zivilcourage, Wagnisbereitschaft und mutiges Handeln sind erlernbar, wenn die Natur sie unterentwickelt ließ. Aber auch das Alarmsystem von Angst und Furcht braucht zu seiner Funktionstüchtigkeit eine Ausbildung. Mut darf nicht überschießen, und Angst darf nicht blockieren. Beide sind Tugenden des Maßes und nur als solche voll wirksam. Übertriebener Mut ist ebenso wie überzogene Angst therapiewürdig und therapierfähig. Die Therapiebedürftigkeit wird jedoch häufig nur auf dem Sektor Angst erkannt.

Das Wagnis bewegt sich im Spannungsfeld von Angst und Mut (vgl. Abb. 4). Es braucht den Antriebsfaktor Mut, der den Weg ins Risiko frei macht. Es benötigt aber gleichzeitig auch den Bremsfaktor Angst, der vor zu viel Risiko warnt. Erst im fruchtbaren Widerstreit dieser einander entgegenwirkenden Kräfte kann sich eine verantwortungsgewogene Wagnisbereitschaft entfalten. Erhält die Angst in diesen Abwägungs- und Entscheidungsprozessen zu viel Einfluß, kann sich keine Wagnisdynamik entwickeln. Es kommt zu einem Verharrungsbestreben im Gegebenen. Gewinnen Übermut oder sogar Tollkühnheit und wildes Draufgängertum die Oberhand, kann eine unkontrollierte Wagnisbereitschaft entstehen, die risikoblind agiert. Berechtigte Warnungen werden nicht wahrgenommen. Die Warnsysteme sind nicht ausgereift. Ohne Angst fehlt ein wesentliches Element verantwortungsfähigen Wagens. Tollkühnes Wagen bedeutet defizitäres Wagen.

Wagemut und Tapferkeit als machtschaffende Faktoren

Der Begriff Mut oder Wagemut leitet sich von idg. *mo* (= starken Willens sein, heftig nach etwas streben) und ahd. *muot* (= Kraft des Denkens, Empfindens, Wollens) ab. Er bezeichnet die „Fähigkeit, sich in Gefahr zu begeben“ (Wahrig Sp. 2500/2501). Im Wagemut äußert sich die psychische Kraft, trotz Furcht und Gefahr etwas Bedeutsames anzugehen.

Die Tugend des Mutes kann je nach Einfluß der Angsthemmung zum Übermut (einem Zuviel an Mut) oder zur Mutlosigkeit (einem Zuwenig an Mut) entarten (Abb. 11). Den Mut des Maßes entwickelt, wer sich in vollem Bewußtsein seiner Verletzbarkeit und realitätsgerechter Kontrolle seiner Angst einer wichtigen Aufgabe widmet, die ein hohes Gefährdungspotential enthält.

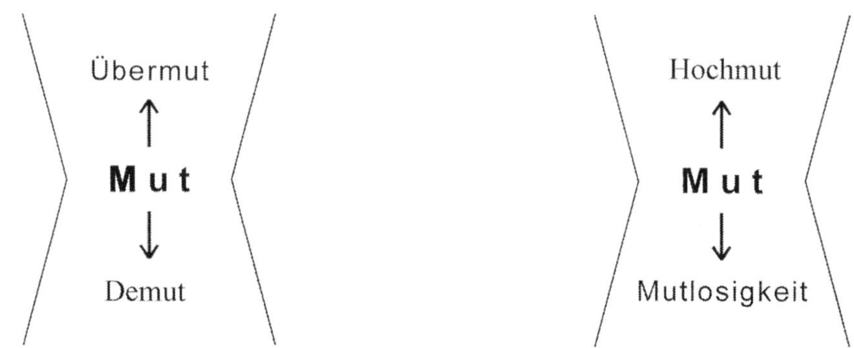

Abb. 11 Der Mut als Tugend des Maßes

Der Begriff Tapferkeit kommt von ahd. *tapfar* (= fest, gedrungen). Er bezeichnet die Fähigkeit, Schmerzen erdulden zu können, ohne wehleidig zu werden (Wahrig Sp. 3526). Stellt Wagemut eine Initiativkraft dar, die befähigt, trotz Bedrohung und Angst ein Wagnis einzugehen, so äußert sich in der Tapferkeit eine Dulderkraft, die es ermöglicht, die Gefahren standhaft durchzustehen. Mut ist mit Kühnheit und Tapferkeit mit Leidensfähigkeit ausgestattet. Beide müssen die Signale der Angst einerseits zur Kenntnis nehmen und andererseits deren Einfluß in Grenzen halten. Mut und Tapferkeit stellen charakterliche Werkzeuge dar, die geeignet sind, die Schutzmauern, die die Angst errichtet, nicht zu einem Kerker werden zu lassen, der in Lethargie und Stillstand gefangenhält. Der Ausbruch wird zum Aufbruch in neue Lebenswelten (vgl. Abb. 12). Angst, Mut und Tapferkeit brauchen die echte Gefahrensituation, um zur Wirkung kommen zu können. Das Wagnis schafft die Szenarien, in denen sich das Zusammenspiel bewähren kann und muß.

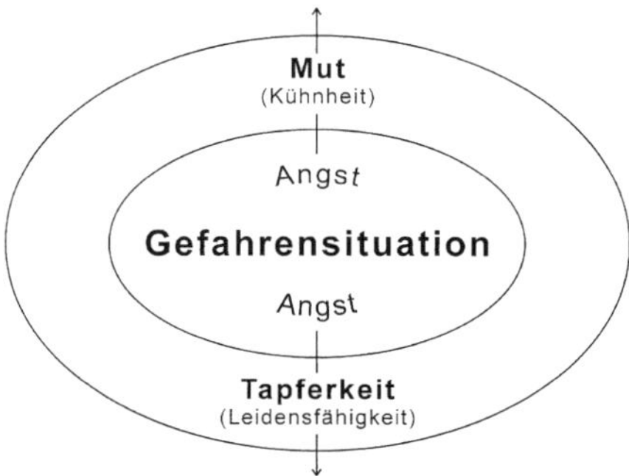

Abb. 12 Mut und Tapferkeit als Tugenden des Aufbruchs

In seiner lesenswerten Abhandlung „Vom Sinn der Tapferkeit" charakterisiert der Religionsphilosoph J. PIEPER ([6]1954) die Kardinaltugend der christlichen Sittenlehre als Fähigkeit, *„eine Verwundung hinnehmen zu können"* (29). *„Die äußerste und tiefste Verwundung aber ist der Tod"* (29). Der Tapfere akzeptiert die Verwundung nicht ihrer selbst wegen, sondern weil er über sie etwas Höherwertiges zu gewinnen hofft. Die Abwägung muß eine andere Kardinaltugend, die Klugheit, leisten. *„Das Martyrium ist die eigentliche und höchste Tat der Tapferkeit"* (30), sagt Pieper aus seiner christlichen Weltanschauung. *„Das Martyrium erschien der Urkirche als ein Sieg, wenn auch als ein tödlicher Sieg"* (33). Es ist der Sieg der geistigen Überzeugung über die Versuchung, aus profanen Erwägungen die eigenen Glaubensgrundsätze zu verleugnen. Der Martyrer folgt dem Wort des Evangelisten *„Wer sein Leben liebt, der wird es verlieren, und wer sein Leben hintansetzt, wird es zu ewigem Leben bewahren"* (Joh. 12, 24–25). Der Gläubige opfert für den Erhalt seines Glaubens sein irdisches Leben, das ohnehin nur ein endliches ist, um zu einem höherwertigen ewigen Leben zu gelangen.

Unter Hinweis auf die Erkenntnisse der Psychiatrie geht PIEPER sogar so weit, festzustellen, *„daß der Mangel an Mut zur Hinnahme von Verwundungen und zur Selbsthingabe unter die tiefsten Ursachen seelischer Erkrankung gezählt werden muß. Als der gemeinsame Grundzug aller Neurosen erscheint die angsthafte ›Ich-Zentriertheit‹, der in sich selbst verkrampfte Sicherheitswille, die stets auf sich selbst blickende Unfähigkeit, sich loszulassen, kurz: jene Art von Liebe zum eigenen Leben, die gerade zum Verlust des Lebens führt"* (68).

Dieser grundsätzliche Gedanke ist auch auf andere Wertvorstellungen übertragbar: Jede Form von Tapferkeit setzt voraus, daß der Mensch sich entsichert, daß er sich losläßt, um fähig zu werden, sich eines höheren Ideals wegen zu wagen. Dieses Loslassen bedarf einer starken Zuversicht, eines unerschütterlichen Glaubens an die Realisierungsaussichten der eigenen Sinnvorstellungen.

Über Mut und Tapferkeit wird Macht erworben. Es ist die Macht des Kletterers über seine Wand, die Macht des Fliegers über seinen Luftraum, die Macht des Unternehmers über sein Firmenimperium, die Macht des Redners über sein Publikum, die Macht des Martyrers über seine Peiniger, die ihn geistig nicht brechen können. Der Mutige gewinnt Macht über das Instrumentarium, mit dem er umgeht, über den Raum, in dem er sich bewegt, über die Menschen, die er führt, über die Gefahren, die ihm begegnen. Es ist eine Macht dank technischen Könnens, dank geistiger Überlegenheit, dank innerer Kraft, dank komplexer Kompetenz. Der Kletterer, der sich souverän im Fels bewegt, der Flieger, der das Element Luft beherrscht, der Unternehmer, der ein Marktsegment versorgt, der Redner, der seine Zuhörer innerlich ergreift, der Martyrer, der über seine Feinde triumphiert, genießen die Macht ihrer Persönlichkeit, die Freiheit eröffnet und eine höhere Wertekategorie erschließt.

Macht hat nichts Anrüchiges. Macht ist ein Begriff der Mitte und des Maßes. Abweichungen von der Norm des Maßvollen werden sprachlich durch entsprechende Wortverbindungen mit dem Grundbegriff ausgedrückt (vg. Abb. 13). Macht bewegt sich als positiv zu bewertende Erscheinung der Stärke, der Selbständigkeit, des Einflusses und der Hilfefähigkeit zwischen dem defizitären Extrem *Ohnmacht* und dem überproportionierten Extrem *Allmacht.* Ohnmacht bedeutet Machtlosigkeit, Kraftlosigkeit, Hilflosigkeit. Allmacht suggeriert Unfehlbarkeit, ein Mehr an Macht als Menschen möglich. Der Ohnmächtige sieht sich ausgeliefert, unfähig, sich selbst zu helfen, auf andere angewiesen. Der Allmächtige entwickelt skurrile Omnipotenzphantasien, die sich von der Wirklichkeit entfernen. Der Mächtige aber ist autonom und leistungsstark. Er kann aus der Sicherheit dieses Status heraus agieren. Er ist den sich stellenden Anforderungen gewachsen. Diese Macht kraft Kompetenz muß im Wagnis erworben werden.

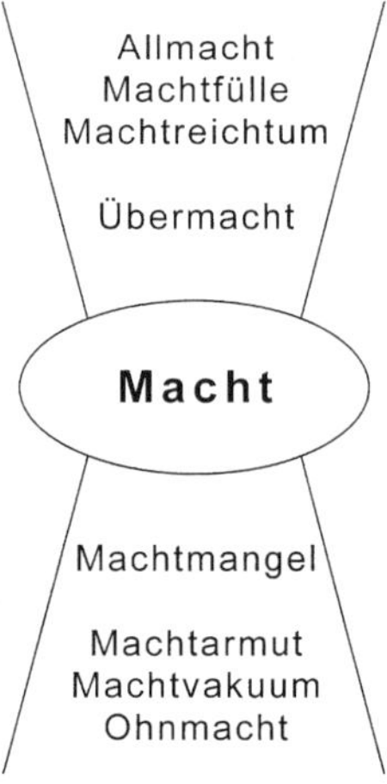

Abb. 13 Das Gefüge der Macht

Problematisch wird Macht erst, wenn sie das Maß verliert oder aber mißbraucht wird. Der Kletterer, der die Natur, über die er Gewalt hat, zerstört, der Flieger, der die Menschen am Boden tyrannisiert, der Unternehmer, der seine Monopolstellung ausnutzt, der Redner, der sein Publikum verführt, der Martyrer, der sein Leben für eine menschenverachtende Ideologie hingibt, sie alle versagen bei der Inanspruchnahme der Kardinaltugend Klugheit. Sie versäumen das Wahrnehmen einer Verantwortung, die beim Erwerb von Macht mitwachsen muß.

Das Auflösen von Schutzmechanismen beim Risikohandeln und die Leistungsreserven des Wagenden

Der Wagende handelt gegen menschliche Urinstinkte. Dies bewirkt bei ihm selber Lust, das Glücksgefühl von Souveränität. Beim Zuschauer dagegen erweckt es oft Schauder, das Entsetzen vor einer drohenden Vernichtung:

Wagnis bedeutet grundsätzlich, den Bereich des Sicheren verlassen und sich Unsicherheiten aussetzen. Diese Haltung widerstebt dem angeborenen Selbsterhaltungstrieb, dem Bedürfnis, die eigene Unversehrtheit zu schützen und zu erhalten. So läge es nahe, dem Risiko auszuweichen, Bedrohungen zu meiden, akuten Gefährdungen zu entfliehen. Wer jedoch im Wagnis gewinnen will, muß sich den Risiken stellen. Die hierbei natürlicherweise aufflammenden Angstregungen müssen kontrolliert, die Kompetenzen sorgfältig erweitert werden. Jeder Vorstoß in gefährliches, unbekanntes Neuland bedeutet ein Wagnis, gegen das sich in uns ein mehr oder weniger starker Widerstand formiert. Die selbstsichernde Beharrungstendenz sträubt sich. Sie muß über den Willen zum Wert in Bewegung verwandelt werden. Der Widerwille muß dem Wagniswillen weichen. Nur so können sich neue Welten erschließen, eine neue Sportart, ein neuer Berufszweig, ein neuer Lebensbereich, eine neue menschliche Beziehung, eine metaphysische Glaubenswelt.

Der *Schiläufer*, der ein steiles Gelände sicher hinabfahren will, muß Schutzreflexe abbauen. Er muß lernen, seine Sicherheit nicht rückwärts, im Halt am Boden, sondern vorwärts, in der Fahrt, zu suchen. Er muß die statische Sicherheit des Untergrundes verlassen, um die dynamische seiner Sportart gewinnen zu können. Er muß das Schutzstreben in die Rücklage aufgeben und mutig die Vorlage suchen, um seine Schier sicher führen zu können. Er muß die Furcht vor der Tiefe des Tals verlieren, die ihm überhaupt erst die Möglichkeit der Abfahrt verschafft. Er darf die Geschwindigkeit nicht scheuen, die ihm das sanfte Schwingen ermöglicht. Der elegante Schifahrer arbeitet *mit* der Vorwärtstendenz, *mit* der Tiefe des Raums, *mit* der Geschwindigkeit, nicht gegen sie. Sie erleichtern ihm auch die Bewegung im tiefen und schweren Schnee. Ihre Beherrschung fällt allerdings nicht von selbst zu. Sie muß als Kompetenz erworben werden.

Der Deltaflieger läuft mit steigender Geschwindigkeit die Rampe hinab. Es scheint ein Lauf ins Verderben zu werden, denn die Rampe endet im freien Raum. Aber nicht die zügige Beschleunigung des Laufes, sondern jedes Zögern und Zagen würde Schaden bringen. Der Flieger verläßt beim Start die Gesetzmäßigkeiten der Erde und begibt sich in jene der Luft. Er tauscht die Erdsicherheit gegen die Luftsicherheit ein. Dazu muß er die sogenannte Abhebegeschwindigkeit erlaufen, bei der das Fluggerät in dem anderen Element, der Luft, sicher trägt. Die alte Sicherheit weicht einer neuen unter veränderten Gesetzen. Der Luftraum ist nicht der Feind des Fliegers, sondern sein Freund, wenn sein Wesen erkannt und geachtet wird. Turbulenzen dürfen nicht dazu verleiten, die Geschwindigkeit zu vermindern. Sie muß sogar erhöht werden, soll sie ein sicheres Fliegen und Landen gewährleisten. Auch die Höhe über Grund ist kein Unsicherheitsfaktor. Sie verleiht im Gegenteil mehr Sicherheit, indem sie Spielraum schafft für eventuell notwendig werdende Entscheidungen und Manöver.

Der *Existenzgründer* muß, scheinbar widersinnig, zunächst Geld opfern, das er nicht hat, um dadurch Geld zu verdienen. Er verschuldet sich, um Gewinn zu erwirtschaften. Er nimmt Kredite auf, investiert Mittel und Zeit in eine Ausbildung, von der er hofft, später hinsichtlich seiner Lebensqualität, seines Lebenssinns profitieren zu können. Das Wagnis, das er eingeht, garantiert ihm nur eine Chance, keinen Erfolg. Wirtschaftsvertreter und Politiker, aber auch Ärzte und Lehrer begreifen oft nicht, daß Fachintelligenz, Lebenstüchtigkeit und Kreativität eine breite Bildungsbasis brauchen. Sie verkennen häufig, daß nicht die schnelle schmale Spezialausbildung, sondern nur der scheinbare Umweg über vordergründig nicht gleich verwertbares Wissen und Können Fach und Forschung längerfristig die entscheidenden Impulse geben kann. Bildung und Forschung brauchen einen langen Atem. Der Forscher muß aus dem Vollen schöpfen können, wenn er schöpferisch tätig werden soll, sonst ist er bald erschöpft.

Hierfür stehen dem Menschen Leistungsreserven zur Verfügung, die in unterschiedliche Tiefenschichten der Persönlichkeit reichen. Sie sind nicht ohne weiteres zugänglich. Sie bedürfen einer Entdeckung und Erschließung. Im Gegensatz zu Alltag und Beruf gelingt es dem Freizeitsektor, speziell dem Sport, heute noch häufig, die Motivationskraft zu entwickeln, die zur Mobilisierung der menschlichen Leistungsreserven erforderlich ist. Er soll daher als prinzipiell auch auf andere Lebensbereiche übertragbares Paradigma für die Schichtung des dem Menschen verfügbaren Leistungsvolumens dienen (vgl. Abb. 14):

In Alltag, Ausbildung und Beruf läßt sich ein Großteil der Bevölkerung, einschließlich der Schuljugend, physisch, kognitiv, psychisch und sozial lediglich mit einem Bruchteil seiner Leistungspotentiale beanspruchen. Ausnahmen sollen außer Betracht bleiben. Mit diesen täglich abgerufenen *Alltagsressourcen* wird nur das routinemäßig verfügbare Leistungsvermögen bemüht. Man erfüllt die Minimalerwartungen, indem man sich maßvoll engagiert und strapaziert.

Unter dem Druck von Prüfungen oder dem Anreiz von Prämien können darüber hinaus *Leistungsreserven* aktiviert werden, die einer Selbstüberwindung und willentlichen Anstrengung bedürfen. Es sind dies Potentiale, die im Mobilisierungsmaß dem Sporttreiben entsprechen. Der Sportler ist bereit, sich so zu verausgaben, daß er ins Schwitzen kommt, daß seine Organsysteme mit erhöhtem Aufwand arbeiten und dabei Emotionen frei werden.

Die Mobilisierung von *Hochleistungsreserven*, wie sie etwa beim Leistungssportler oder beim Kampfschwimmer, dem hart geprüften Elitesoldaten der Bundeswehr, sichtbar wird, bedarf einer erheblichen Motivationsbasis. Hoch-

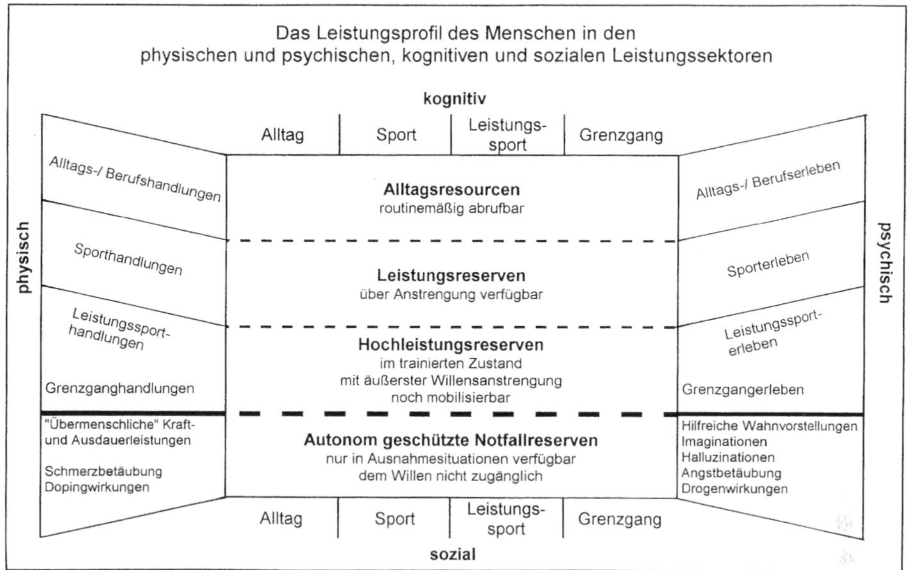

Abb. 14 Das Leistungsprofil des Menschen

leistung gründet auf einem regelmäßigen, intensiven, systematischen Training an der äußersten Belastungsgrenze. Bei extremer Wagnisbereitschaft und optimalem Zustand der Leistungsorgane kann diese Beanspruchung in den Grenzgang führen.

Der Grenzgänger bewegt sich energiemäßig am Übergang zu den *Autonom geschützten Notfallreserven*. Dieses letzte Leistungsreservoire ist dem Willen des Leistenden nicht mehr zugänglich. Es handelt sich um Potentiale, die das Überleben des Organismus bei totaler Verausgabung selbsttätig sichern sollen. Sie machen etwa 25 % des gesamten Leistungsvolumens aus. Der Zugriff auf diese Notfallreserven ist auf extreme Ausnahmefälle beschränkt. Die Freisetzung der vom Organismus zurückgehaltenen letzten Energien setzt eine extreme Gefahrensitutation und eine akute Todesnot des Wagenden voraus. Die sichtbar werdenden Leistungen erscheinen im physischen Bereich als „übermenschliche" Kraft- oder Ausdauertaten. Im psychischen Bereich kann der extreme Notfall „hilfreiche Wahnvorstellungen", Imaginationen, Halluzinationen auslösen, über die das Bewußtsein Entlastung von dem übermächtig gewordenen Bedrohungsszenario erfährt. So können sich beispielsweise in der verzweifelten Situation eines Flugzeugabsturzes in der Wüste, wie ihn ST. EXUPÉRY erlebt hat oder in der Isolation und Hilflosigkeit einer Gefangenschaft in Sturm, Dunkelheit und ewigem Eis, wie sie MESSNER und andere Extrembergsteiger ertragen mußten, imaginäre Dialogpartner aus der Persönlichkeit abspalten, mit denen Zwiesprache gehalten wird. Die Vorstellung kann in der trostlosen Öde und Einsamkeit auch blühende Wiesen, Häuser und Tiere herbeizaubern. Geist und Gefühl verschaffen sich und dem Organismus damit eine Pause von der Hochspannung und Hoffnungslosigkeit, um der Verzweiflung entkommen und überleben zu können.

Beim Dopen erfolgt ein widernatürlicher, künstlicher Eingriff in die Autonom geschützten Notfallreserven, etwa über chemische Substanzen. Doping ist auf vielen Leistungsfeldern praktizierbar. Diese gefährliche Manipulation der Selbstregulierungsmechanismen des Organismus hat allerdings häufig gesundheitsschädliche, mitunter tödliche Folgen. Die gewünschte leistungssteigernde Wirkung läßt sich nur erzielen, wenn die willentlich mobilisierbaren Hochleistungsreserven bereits beansprucht sind. Doping funktioniert also nicht als Trainings-, Lern- oder Anstrengungsersatz.

Wagnis weist Wege in neue Welten

Wege des Wagens in privaten Risikobereichen

Heiraten – die Reise ins ungewisse Paradies

Ein bekannter Single-Spruch lautet:

Wenn zwei ahnungslose junge Menschen einander ewige Liebe und Treue schwören und sich gegenseitig versprechen, zeitlebens füreinander da zu sein und miteinander alle Probleme zu teilen, die sie ohne den anderen nicht hätten, so nennt man das Ehe.

Positiv gewendet, bedeutet das Wagnis Ehe:

Wer sich in voller Erkenntnis dessen, auf was er sich einläßt und in der ehrlichen und unverbrüchlichen Absicht, sein Eheversprechen „in guten wie in schlechten Zeiten" bedingungslos zu erfüllen, – wer nicht in euphorischem Sinnentaumel, sondern nach reiflicher Überlegung und Prüfung die folgenschweren Verpflichtungen einer Ehe eingeht, – wer sich vielleicht nicht nur gesetzlich, sondern darüber hinaus auch kirchlich / religiös, eventuell sogar mit seinem ganzen Vermögen und seiner Existenz an einen Partner bindet, – der beweist viel Mut. *Er riskiert nicht sein Leben, aber er wagt es.* Man könnte präzisieren: Wer das Zusammenleben mit einem gewalttätigen Menschen, vielleicht einem Mörder, sucht, riskiert sein Leben. Wer einen Lebensbund mit einem seriösen Partner schließt, wagt sein Leben. Diese begriffliche Differenzierung erscheint aus Erwägungen der gedanklichen Klarheit sinnvoll.

Reflektierende Ehewillige wissen, daß Schönheit welken, daß Gefühle sich wandeln, daß man selbst und der Partner sich verändern, daß Schicksalsschläge das Verhältnis belasten, daß neue Begegnungen die frühere infragestellen können. Wagnis ist immer auch mit Unwägbarem verknüpft. Das Wagnis Ehe verlangt wache, zu Verantwortung fähige Menschen, die sich nicht schlafwandlerisch auf einer Welle naiven Wollens in einer kurzzeitigen Gefühlsaufwallung ins Abenteuer Liebe treiben lassen, sondern die auch die längerfristigen Konsequenzen ihres Tuns in den Blick nehmen. Die gegenseitige Verknüpfung der Schicksale bestimmt das nachfolgende Leben der Partner und ihrer eventuellen Nachkommen wesentlich. Wenn auch auf rechtlicher Ebene die Gesetzgebung Scheidungen heute erleichtert und gesellschaftliche Toleranz Fehltritte kaum noch ahndet, bleibt die eheliche Verbindung für sensible und religiös oder ethisch orientierte Menschen doch ein erhebliches Wagnis.

Das Wagnis Partnerschaft ist allerdings nicht auf das traditionelle bürgerliche Ehebündnis begrenzt. Es kann sich in vielfältigen, nicht unbedingt auch formalrechtlich legitimierten Bindungen realisieren, z. B. in einer Freundschaft, einer andersgeschlechtlichen oder gleichgeschlechtlichen Gemeinschaft, einem Eltern-Kind-Verhältnis, einer Patenschaft oder einer Pflegebeziehung.

Gewicht und Bedeutung des Wagnisses für den einzelnen hängen nicht entscheidend von einer bestimmten gesellschaftlichen Institutionalisierung des Partnerverhältnisses ab, sondern werden wesentlich von Grad und Ausmaß der gegenseitig eingegangenen und eingehaltenen Verpflichtung bestimmt. Deutlichere Indizien für die Ernsthaftigkeit des Wagnisses als formale und verwaltungstechnische Regelungen sind die sichtbar werdende Intensität, die Dauer, der persönliche Einsatz, der ethische Anspruch, die Verantwortungsbasis der miteinander verknüpften Lebensentwürfe und gelebten Schicksale.

Gelingt es den Wagenden, ihre Beziehung auch unter Belastungen, in Freude und Leid, in praktisches Leben umzusetzen, eröffnen sie sich damit den Weg in eine bereichernde Partnerschaft, in der die Persönlichkeit reifen kann und der Gewinn von Lebenssinn, der Mehrwert des Wagens, möglich wird.

Wege des Wagens in beruflichen Risikobereichen

Einer Berufung folgen – das Begehen ungebahnter Pfade

Jede Berufswahl ist mit Risiken und Wagnis verbunden: Werde ich den Ausbildungsanforderungen genügen? Werde ich die verlangten Prüfungen bestehen? Wird der Beruf meinem Veranlagungsprofil entsprechen? Kann ich mich neben meinen Mitbewerbern behaupten? Vermag ich den beruflichen Ansprüchen gerecht zu werden? Wird der angestrebte Beruf meine Lebenserwartungen erfüllen können? Die Phase der Berufsfindung wird von vielen Unsicherheiten begleitet. Die Investition von materiellen Mitteln, Anstrengungen, Lebenszeit, Hoffnungen und Erwartungen ist der Einsatz, der nur mit einer gewissenhaften Selbstprüfung und nüchterner Analyse der gesellschaftlichen Gegebenheiten in vertretbarem Risikorahmen gehalten werden kann.

Schwieriger noch wird das Finden eines beruflichen Weges, wenn konkrete Berufsvorgaben fehlen: Künstler, Wissenschaftler, Unternehmer begeben sich in Berufsfelder, die nicht auf den einzelnen warten, sondern weitgehend von jedem selbst in ihren Möglichkeiten eröffnet werden müssen. Die entsprechend erhöhten Risiken verlangen ein erhebliches Maß an Kreativität, Flexibilität, Eigeninitiative, Risikobereitschaft, Frustrationstoleranz, verschaffen aber auch erweiterte Gestaltungsfreiräume.

Dramatische Verlaufsformen können Lebenswege nehmen, bei denen sich der Suchende durch Gelübde unwiderruflich an bestimmte Institutionen, vor allem an religiöse Gemeinschaften, fesselt: So stehen Priester, Ordensleute, Sektenmitglieder häufig unter einem starken Gewissenszwang im Wort zu ihrer einmal getroffenen Lebensentscheidung, deren Widerstreit meist nur durch Zerstörung der mühsam erarbeiteten Sinnlinie lösbar erscheint.

Anspruchsvoll erweisen sich auch Lebensentwürfe, die in Ausnahmesituationen versetzen und ohne Vorbild sind: Im Rückblick auf seinen einschneidenden Entschluß, sein Leben als Urwaldarzt weitab jeder Zivilisation in den Dienst der Bedürftigen und völlig Mittellosen zu stellen, bemerkt A. SCHWEITZER (1932, 76): *„Als einer, der vom Idealismus Nüchternheit verlangt, war ich mir bewußt, daß jedes Begehen eines ungebahnten Weges ein Wagnis ist, das nur unter besonderen Umständen Sinn und Aussicht auf Gelingen hat. In meinem Falle hielt ich das Wagnis für berechtigt, weil ich es mir lange und nach allen Seiten überlegt hatte und mir zutraute, Gesundheit, ruhige Nerven, Energie, praktischen Sinn, Zähigkeit, Besonnenheit, Bedürfnislosigkeit und was sonst noch zur Wanderung auf dem Wege der Idee notwendig sein konnte, zu besitzen und darüber hinaus noch mit der zum Ertragen eines etwaigen Mißlingens des Planes erforderlichen Gemütsart ausgerüstet zu sein."*

Für SCHWEITZER bedeutet es, *„ein geistiger Abenteurer zu sein, wie die Welt sie nötig hat,"* (76) wenn man die Fähigkeit entwickelt, sein Vorhaben nicht als etwas Außergewöhnliches, sondern als etwas Selbstverständliches zu begreifen, bei dem man nur seine Pflicht erfüllt. *„Es gibt keine Helden der Tat, sondern nur Helden des Verzichtens und des Leidens,"* (76) lautet sein Credo.

Die heutigen Exponenten im Bereich des Abenteuers präsentieren sich gleichzeitig als Helden außergewöhnlicher Taten und des Verzichtens und Leidens. Grenzgänger wie der Survivalspezialist Rüdiger NEHBERG, der Polarexpeditionist Arved FUCHS oder der Extrembergsteiger Reinhold MESSNER sind Vollprofessionelle ihres speziellen Leistungssektors. Sie verzichten immer wieder für Monate auf die Segnungen der Zivilisation und verausgaben sich unter unsäglichen Strapazen bis an die Grenzen des Menschenmöglichen. Um das Niveau von anerkannten Fachleuten, hochqualifizierten Experten zu erreichen, mußten sie auf bürgerliche Karrieren, die ihnen offenstanden, verzichten. Ihr ureigenes Berufsbild wurde erst durch ihre Persönlichkeit und deren Lebensleistung von ihnen selbst allmählich geschaffen. Es ist individuell einmalig konzipiert. Erst mit dem Erreichen eindrucksvoller Erfolge, deren geschickter Vermarktung und einen über Bücher, Artikel, Vorträge, Fernsehauftritte, journalistische, politische und pädagogische Betätigung steigenden Bekanntheitsgrad wuchsen ihre selbstgestellten Lebensaufgaben zu einem Vollzeitberuf heran, der auch soziales Engagement beinhalten konnte. Ihrer Berufung folgend, haben sie ein Leben ohne vorgegebenes Berufsbild gewagt, gegen äußerste Widerstände durchgesetzt und dabei die Möglichkeit totalen Scheiterns einbezogen.

Es steht dem um Sachlichkeit bemühten Beobachter nicht zu, über die innersten Beweggründe und persönlichen Wertentscheidungen des wagenden Sinnsuchers zu rechten und zu richten. Die sehr unterschiedlichen menschlichen Potenzen, Leistungsebenen und Wertausrichtungen lassen eine ideologiefreie, nicht subjektiv beeinflußte Hierarchisierung kaum zu. Lebenssinn wird nicht verfügt, er wird gefunden. Er läßt sich nicht objektivieren und schon gar nicht generalisieren. Er bleibt Sache des unablässig und ernsthaft sich darum bemühenden unverwechselbaren Individuums.

Wege des Wagens in wissenschaftlichen Risikobereichen

Forschen – der Vorstoß ins Unbekannte

Als CH. KOLUMBUS, der Entdecker Amerikas, 1492 mit seiner kleinen Flotte aus drei Schiffen von Spanien aus über den Atlantik aufbrach, um einen neuen Seeweg in das Handelsland Indien zu erschließen, ging er ein großes Wagnis ein mit zahlreichen Risiken. Von wankelmütigen Herrschern beauftragt, von einer unzuverlässigen Mannschaft begleitet, begab er sich auf unabsehbare Zeit unter unvorhersehbaren Gefahren auf eine Reise jenseits der Grenzen der bekannten Welt, um auf unsicheren Wegen ein erhofftes Ziel zu erreichen. Navigatorische Erfahrungen, gründliche geographische Recherchen, intensive organisatorische Vorbereitungen und eine vertragliche Absicherung ließen das Wagnis verantwortbar erscheinen. Menschliche Unzulänglichkeiten, Untreue, Vertragsbrüche seiner Partner, aber auch eigene Charakter- und Führungsschwächen schmälerten jedoch den Erfolg der Mission, die – ohne daß Kolumbus es bis zu seinem Tode bemerkt hätte – „nur“ bis zum amerikanischen Kontinent geführt hatte (vgl. Madariaga 1966).

Der Expedition von F. MAGELLAN gelang es 1522 unter unsäglichen Schwierigkeiten zum ersten Mal, die Welt zu umsegeln. Der Kapitän selbst war bei diesem Wagnis im Jahre zuvor auf der Philippineninsel Mactá im Kampf mit Eingeborenen ums Leben gekommen (vgl. Hale 1978).

Auch J. COOK, der auf mehrjährigen Entdeckungsfahrten unser Wissen über den australischen Kontinent, Neuseeland und Neuguinea grundlegte und die irrigen Vorstellungen über ein legendäres Südland berichtigte, bezahlte seine wagnisreichen Unternehmungen mit einem vorzeitigen gewaltsamen Tode. Er wurde 1779 auf Hawaii von Einheimischen erschlagen (vgl. Hale 1978).

Die Polarforscher und Konkurrenten R. SCOTT und R. AMUNDSEN haben in mühsamer Kleinarbeit wegweisende wissenschaftliche Erkenntnisse über die Eisregionen der Polargebiete zusammengetragen. Beide wurden schließlich nach zähen Auseinandersetzungen Opfer der übermächtigen Natur, die sie erforschten.

Die Bedeutung dieser historischen Entdeckungen und der Männer, die sie leisteten, für die Kenntnis unserer Erde, für die Geographie, die Schiffahrt, den Welthandel, die Wissenschaft, ist heute weithin bekannt und unbestritten. Weniger verbreitet ist das Wissen um wagnishaltige Forschungsreisen ins Innere des Menschen:

Im Jahre 1929 setzte ein deutscher Arzt, W. FORSSMANN, mit seinen risikoreichen Selbstversuchen einen Meilenstein in der Herzchirurgie (H. McLeare, in Franke 1968, 65–69): Es ging um das Finden einer effektiven Diagnosetechnik der Herztätigkeit, um das Erforschen des Herzstoffwechsels, um das Erfassen von Herzerkrankungen, um das Direktversorgen des Herzens mit Medikamenten, was vor allem bei Unfallpatienten und Operationen eine große Bedeutung zu erlangen versprach.

Der von seiner Idee besessene FORSSMANN erprobte seine neue Technik zunächst an einer Leiche. Da in der kleinen chirurgischen Klinik von Eberswalde jedoch keine Versuchstiere zur Verfügung standen und Patienten oder Kollegen für den gefährlich erscheinenden Eingriff nicht infrage kamen, blieb FORSSMANN für die weitere Erkenntnisgewinnung nur der Selbstversuch.

Nach Vornahme einer Lokalanästhesie öffnete sich der junge Arzt unter Assistenz einer Krankenschwester eigenhändig die linke Armvene und führte einen Katheter ein. Hinter einem Durchleuchtungsschirm stehend, konnte er über einen von der Schwester gehaltenen Spiegel das Vordringen des Katheters verfolgen, den er an der Innenseite des Armes hinauf bis in den Vorhof des eigenen Herzens vorschob. Das Herz behielt bei dieser gefährlichen Aktion seinen gleichmäßigen Schlagrhythmus bei. FORSSMANN entschloß sich daher, mit dem Katheter im Herzen die zwei Stockwerke zur Röntgenabteilung der Klinik hinaufzusteigen, um das Ergebnis seines Experiments für die Darstellung in Fachkreisen und für die eigene Glaubwürdigkeit zu dokumentieren.

Von seinen Medizinerkollegen zunächst verkannt und als Arzt, der sein Leben auf närrische Weise für eine Sackgassentechnik in Gefahr brachte, abqualifiziert, wurde die Bedeutung der Herzkatheterisierung erst mit weiteren Fortschritten auf dem Gebiet der Herzchirurgie allmählich offenbar, so daß FORSSMANN 1956 schließlich der Nobelpreis zuerkannt wurde.

Wege des Wagens in sportlichen Risikobereichen

Rollen / Gleiten / Schweben – die Faszination der Leichtigkeit

Rollen, Gleiten und Schweben verbindet die scheinbare Mühelosigkeit der Bewegung, aber auch das kribbelnde Moment, wagend ein neues Gleichgewicht finden zu müssen. Der Rollende, Gleitende, Schwebende gibt die Sicherheit seines festen Standorts auf und sucht die Unsicherheit einer Bewegung, die, wenn sie beherrscht wird, in ihrer Leichtigkeit fasziniert.

Schon Kinder nutzen jede Gelegenheit, sich den attraktiven Ungleichgewichtszuständen auszusetzen, sie auszubalancieren und den Erfolg auszukosten. Die Auseinandersetzung mit der Bewegungsaufgabe bereitet Vergnügen. Sie reizt zum gegenseitigen Vergleich und zu stetiger Steigerung. Die Risiken sorgen für den gewünschten Spannungsreiz. Sie bergen auf der einen Seite die Gefahr, stürzen, sich verletzen, sich in seiner Ungeschicklichkeit vor den anderen blamieren zu können. Sie eröffnen auf der anderen Seite die Möglichkeit, sich als mutig und geschickt zu erweisen, die Bewegung zu genießen, das Lebensgefühl zu erhöhen. Wer sich ins Rollen, Gleiten, Schweben bringt, wagt sich.

Das **Rollen** charakterisiert sich als Bewegung auf runden Gegenständen. Reifen, Ringe, Röhren, Rollen, Räder ermöglichen Rollbewegungen. Es handelt sich prinzipiell um eine lineare Bewegungsführung. Rotationsbewegungen mittels des eigenen Körpers, die bisweilen auch als „Rollen" bezeichnet werden, sollen als andersartige Wagniskategorie im nächsten Abschnitt zur Behandlung kommen.

Kinder fasziniert nahezu alles, was rollt. Der Mattenwagen in der Sporthalle, eigentlich ein Transportmittel für die Polsterungen unter den Turngeräten, wird zu einem Gefährt umfunktioniert. Kinderwagen, Bollerwagen, Rollstühle verwandeln sich in rollende Spielfahrzeuge. Roller, Dreiräder, Fahrräder, Gokarts zählen zu den beliebtesten Kinderfahrzeugen. Motorisierte Zwei- oder Vierräder gehören zum nahezu selbstverständlichen Bewegungsmittelbestand der Jugendlichen und Erwachsenen. Rollschuhlaufen, Skateboarden oder Rollerbladen finden eine ständig zunehmende Anhängerschaft (Abb. 15). Der Rollende muß auf einer sich bewegenden Unterlage ein neues, ein fahrendes Gleichgewicht herstellen. Dies erfordert um so mehr Wagnis, je weniger Rollen oder Räder das Fahrzeug stabilisieren.

Abb. 15 Bereit zum dosierten Wagnis (Skater)

Auch beim **Gleiten** wird ein sicherer Stand zugunsten einer unsicheren, aber reizvollen Bewegung aufgegeben. Wer gleiten will, muß sich wagen. Was bei einem unbeabsichtigten „Ausgleiten" ein unliebsames Mißgeschick bedeutet, wird beim beabsichtigten Ausgleiten zu einer Kunstform gestaltet. Was sich im Alltagsgeschehen als ein ärgerlicher Unfall darstellt, der meist mit Stolpern, Erschrecken und Stürzen verbunden ist, kultiviert sich im Sport zu einer bewußt herbeigeführten genußreichen Wagnishandlung.

Das Gleiten vollzieht sich auf einer gleitfähigen Fläche. Es kann auf rutschigem Untergrund wie Eis, Schnee, Sand oder Schlamm erfolgen. Es kann rutschende Materialien wie Matten oder Teppichfliesen in Anspruch nehmen oder sich auf einer

Rutsche / in einer rutschigen Röhre realisieren. Gleiten ist auch auf dem Wasser oder in der Luft möglich (Abb. 16).

Abb. 16 Skysurfer beim Landen (Leutkirch)

Das Wagnis Gleiten findet sich bei einer breiten Skala von Betätigungsvarianten wieder, die von einfachen Bewegungsformen bis zu anspruchsvollsten Sportarten reichen:

Wenn Kinder sich eine Schlinderbahn bauen, indem sie eine kleine Eisstrecke präparieren, auf der sie nach einem kräftigen Anlauf zwei, fünf oder auch fünfzehn Meter weit auf ihren Schuhen rutschen, schleifen oder schlindern können, so nutzen sie das Phänomen Gleiten zu einem riskanten Rutschvergnügen, das von Erwachsenen eben wegen der Risikoanteile gern verboten und verhindert wird. Das Kind muß eine selbstbestimmte Laufgeschwindigkeit in Rutschenergie umsetzen, die Gleitrichtung steuern, Drehungen entgegenwirken, Unebenheiten ausgleichen und den sicheren Stand bis zum sanften Ausgleiten des investierten Schwungs gewährleisten.

Sportarten wie Rennrodeln, Bobfahren oder Eislaufen nutzen Eisbahnen zum Gleiten. Skifahrer und Snowboarder bewegen sich gleitend auf Schnee. Beim Bodysurfen, Wellenreiten, Wasserschiern, Surfen, Paddeln, Kajakfahren oder Segeln gleitet der Sportler auf der Wasseroberfläche. Beim Fliegen dienen die Luftmassen zum Gleiten. Die Bezeichnungen Hängegleiten, Paragliding, Gleitsegeln weisen noch in die Anfangszeiten des Drachen- und Schirmfliegens zurück, als die Leistung dieser Luftsportgeräte noch auf das sanfte Hinabgleiten von einem erhöhten Startplatz auf die niedriger gelegene Landewiese begrenzt war. Der „Gleitwinkel“ des Sportgeräts gab die erreichbare Gleitstrecke vor.

Schweben vollzieht sich zwischen den Bewegungen Steigen und Sinken. Dem Schweben fehlt eine Aufwärts- und Abwärtstendenz. Die umgangssprachliche Bezeichnung „abwärtsschweben“ ist sachlich falsch. Sie verwechselt das Schweben mit dem Sinken. Beim Schweben wird weder Höhe gewonnen noch verloren. Es charakterisiert sich durch ein ausgewogenes Gleichgewicht zwischen den widerstrebenden Kräften der Erdanziehung und des Auftriebs. Schweben kann vor allem im Wasser und in der Luft erlebt werden.

Die Physik definiert: Ein Körper *schwebt* im Wasser, wenn sein Gewicht dem des von ihm verdrängten Wassers entspricht. Er *schwimmt*, wenn sein Gewicht leichter ist als die von ihm verdrängte Wassermenge. Er *sinkt*, wenn sein Gewicht die des verdrängten Wassers übersteigt. Der Wassersportler kann sein Körpergewicht durch Einatmen oder Ausatmen verändern und auf diese Weise spielerisch mit den drei Bewegungsformen umgehen. Der Schwebezustand versetzt ihn in die Lage, unter der Wasseroberfläche treibend, zusätzlich die unterschiedlichsten Bewegungsfiguren zu gestalten.

Abb. 17 Wagnis Deltafliegen

In der Luft kann eine Aufhängevorrichtung den menschlichen Körper zum Schweben bringen: Der Drachenflieger klinkt sich im Schwerpunkt seines Delta ein, um sein Fluggerät in einer schwebenden Liegendposition durch Gleichgewichtsveränderungen zu den Seiten, nach vorn oder nach hinten über ein Trapez steuern zu können. Kompensieren die Auftriebskräfte der umgebenden Luft, die der Pilot sucht, die Sinkkräfte des Fluggeräts, so schwebt der Flieger durch den Luftraum, ohne an Höhe zu gewinnen oder zu verlieren (Abb. 17).

In Rümlang bei Zürich befindet sich seit 1991 ein sog. Airodium, welches das Schweben auf einem Luftstrom mit dem bloßen Körper ermöglicht: Bei dem als „Bodyflying" bezeichneten Sport begibt sich der Sportler, mit Helm, Brille, Mundschutz, Handschuhen und vor allem einem speziellen Anzug ausgestattet, in einen Luftstrom, der durch ein Gitter hindurch senkrecht in die Höhe strebt. Ein gewaltiger Propeller erzeugt einen bis zu 185 km/h schnellen Aufwind, der es dem Könner ermöglicht, bis zu 20 Meter hoch im Freien zu schweben und dabei artistische Figuren zu vollführen (Abb. 18).

Abb. 18 'Bodyflying' auf dem Luftstrom (Foto: Airodium Rümlang, Schweiz)

Während sich der Anfänger noch überwiegend mit dem Schwebevergnügen begnügen muß, eröffnen sich dem Fortgeschrittenen bereits weitere Teilelemente des Fliegens. Durch Vergrößerung oder Verkleinerung der angeströmten Körperfläche und eine damit veränderte Inanspruchnahme des Winddrucks läßt sich die Schwebehöhe regulieren. Durch seitwärtige Bewegungen und Gewichtsverlagerungen sind Drehungen, Saltos und Schrauben möglich. Die Landung erfolgt durch Ausstieg aus dem Luftstrom.

Über das **Rollen** erschließt sich der Wagende die faszinierende Welt des Fahrens. Über das **Gleiten** eröffnen sich ihm Möglichkeiten, die Oberflächen des Wassers, des Schnees, des Eises, der Luft für vielfältige Bewegungswünsche zu nutzen und sie bis zu artistischen und künstlerischen Hochformen auszugestalten. Über das **Schweben** wird das Phänomen der Schwerkraftüberwindung erfahrbar, mit dem vielfältige Bewegungen im Wasser und in der Luft zugänglich werden.

Drehen / Kreisen / Überschlagen – der Rausch des Schwindels

Beim Drehen, Kreisen und Überschlagen bewegt sich der Körper kreis- oder ellipsenförmig um verschiedene Achsen. Pirouetten stellen Rotationsbewegungen um die Hochachse dar. Saltos erfolgen um die Querachse. Die seltenen Seitwärtsbewegungen, wie sie etwa beim Geräteturnen oder Skydiven vorkommen, kreisen um die Tiefachse. Schrauben und Überschläge beziehen auch Diagonalachsen ein. Die Drehachse kann sich aber auch, wie bei der Riesenfelge, an der äußersten Peripherie des Körpers befinden.

Im Drehen, Kreisen, Überschlagen manifestieren sich Bewegungsformen, die in besonderem Maße die Gleichgewichts- und Wahrnehmungsprozesse fordern. Bei Drehungen, Kreiselbewegungen, Überschlägen setzt sich der Wagende gegenläufig auf ihn einwirkenden Zieh- und Fliehkräften aus, die eine Zerreißprobe für die Körperfunktionen und das nervliche Durchstehvermögen bedeuten. Der Wagende begibt sich in das Spannungsfeld zentripetaler und zentrifugaler Kräfte, die in ihrer Dynamik die inneren Organe pressen und dehnen, das Atmen erschweren, den Blutdruck erhöhen, den Herzrhythmus irritieren, die Streßregulatoren alarmieren, den Hormonhaushalt mobilisieren, die Wahrnehmungsorgane desorientieren, das Nervensystem strapazieren. Ungewöhnliche Raumlagen, Beschleunigungs- und Bremskräfte, Rotationsenergien setzen die Lebensfunktionen einer starken Belastungsprobe aus. Das Wahrnehmungs-, Entscheidungs- und Steuerungsvermögen wird vor ungewöhnliche Aufgaben gestellt. Es entsteht die Gefahr eines Bewußtseinsausfalls, eines Kontrollverlusts im Schwindel. Dies kann zu rauschhaften Zuständen führen (Abb. 19).

Schon Kinder suchen im Schwingen, Schaukeln, Kreisen, Schleudern Rauscherlebnisse. Das Kind, welches purzelnd, kugelnd, walzend eine Sanddüne, einen Grashügel oder einen schneebedeckten Hang hinunterkullert, benutzt den eigenen Körper für das Vertigoerleben. Jahrmärkte und Vergnügungsparks liefern gesteigerte Reize, mit denen der Thrill-Suchende seine Leidensfähigkeit unter Beweis stellen kann: Schaukeln, die sogar Überschläge gestatten, Karussells, die nacheinander und miteinander um mehrere Körperachsen wirbeln, Achterbahnen, die Sturzstrecken, Steigpassagen, Steilkurven durchfahren, die Loopings

Abb. 19 BMX – Stunt

und Spiralen vollführen. Die lustvolle Panik der rauschhaft Gequälten äußert sich in angstverzerrten Gesichtern und schrillen Schreien. Die Gefühlsmischung aus Schmerz- und Lustempfindungen wird als anregend und aufregend erlebt. Sie intensiviert die Ich-Befindlichkeit. Der vorübergehende Betäubungszustand getrübter Wahrnehmung wird als entlastend vom alltäglichen Wachheitszwang des Berufslebens erfahren, so daß auch der kommerzielle Erlebniskonsum eine gesellschaftliche Funktion erfüllt, den der spannenden Entspannung.

Eine andere, qualitativ höherwertige Kategorie des Vertigoerlebens stellt die aktive, selbstverantwortete Wagnisgestaltung dar: Bei Zirkusakrobaten, Kunstturnern, Eiskunstläufern, Kunstfliegern werden Vertigoerlebnisse Teil einer künstlerischen Gesamtleistung. Das Beherrschen der dosiert und kontrolliert herbeigeführten Schwindelzustände, die gleichzeitig spektakuläre Zuschauerereignisse darstellen, setzt Begabung und intensives Training voraus:

Die Eiskunstläuferin wagt sich ohne Körperschutz auf hartem Eis. Sie wagt sich für ein künstlerisch wertvolles Ereignis. Ihre ausgefeilten Kunstfiguren, Tulups, Rittberger, Axel, Salchos, Pirouetten, Spiralen präsentiert sie im Rahmen einer anspruchsvollen ästhetischen und sportlichen Leistung. Sie werden zum Medium ihres künstlerischen Ausdruckswillens.

Der Skydiver verläßt das Flugzeug wagend in den freien Raum, um in der knappen Minute freien Fallens, unbeeinträchtigt von jeder Bodenhaftung, seine Bewegungsvorstellungen und sein Bewegungskönnen im kunstvollen Solo oder als Glied einer Formation ausleben zu können.

Eiskunstläufer wie Skydiver wagen sich für die Gestaltung eines flüchtigen Körper- und Bewegungskunstwerks. Die Technik ermöglicht es, den vergänglichen Augenblick festzuhalten, aufzubewahren und auch noch zu einem späteren Zeitpunkt einem interessierten Publikum zugänglich zu machen. Die wesentlichen Bewußtseinszustände des Vertigoerlebens eröffnen sich aber nur dem Wagenden und Gestaltenden selbst.

Sich aussetzen – das Abenteuer der außergewöhnlichen Situation

Das Wagnis der exponierten Lage kann viele Gesichter annehmen. Der Wagende kann sich z. B.

- anderen Menschen (etwa beim Tourengehen oder Extrembergsteigen),
- Tieren (etwa beim Reiten oder Stierkämpfen),
- der Natur (etwa beim Fliegen, Wildwasserfahren oder Brandungsurfen),
- ungewöhnlichen Raumlagen (etwa beim Skydiven, Freiklettern, Extremboarden oder Aggressivskaten),
- der Einsamkeit (etwa beim Wildnistrekken, Höhenbergsteigen oder Survival) aussetzen:

1. Der Patient, der sich einer Operation unterzieht, setzt sich anderen Menschen aus. Indem er sich in einen hilflosen Zustand, vielleicht eine Vollnarkose, begibt, liefert er sich, ohne Bewußtsein und Möglichkeit eigener Situationsbeherrschung, total einer fremden Verantwortung und fremder Kompetenz aus. Er wagt sich, um an Lebensqualität zu gewinnen. Er läuft dabei aber Gefahr, daß seine Selbstaufgabe und die übertragene Verantwortung mißbraucht werden. Er ist in seiner Würde verletzbar. Er kann Opfer von Kunstfehlern, Unzulänglichkeiten, Nachlässigkeiten werden. Ärztliches Wissen und Vermögen können versagen. Der erhoffte Wagnisgewinn kann auch in einer Schädigung enden. Der mündige Patient wird daher nicht umhin kommen, die Wagnisaussichten wohl abzuwägen.

   In sportlichen Bereichen liefern sich Menschen für kompetent gehaltenen Trekking-, Skiing-, Canyoning-, Rafting-Führern aus. Beim Extrembergsteigen vertraut der Kletterer den Kameraden seiner Seilschaft, die ihn sichern.

2. Beim Stierkampf (Corrida), dem in südlichen Ländern häufig noch Kultcharakter zukommt und der dort als hohe Kunst betrieben wird, stehen sich Mensch und Tier in einem gefährlichen Zweikampf gegenüber. E. HEMINGWAY, ein profunder Kenner und glühender Verehrer dieses umstrittenen, meist für das Tier, hin und wieder auch für den Menschen tödlich endenden

Schauspiels, hat Historie und Rituale der Stierkampftradition in zwei Büchern ausführlich beschrieben (1950, 1967):

Im Schlußakt des rituellen Kampfspiels, das Spanier und Portugiesen zu Begeisterungsstürmen hinreißen kann, versetzt der Matador (matar = töten) dem gereizten Stier in der Regel gezielt, sicher und rasch den tödlichen Stoß. In Ausnahmefällen kann er jedoch auch selbst zum Todesopfer werden, wie die populären Helden Pepe Hillo, Joselito, Manolette oder El Yiyo. Der Matador muß unter den Augen eines äußerst sachkundigen Publikums, das seine Ehre mit den Schmährufen „malo" oder „mui malo" empfindlich treffen kann, dem Stier echte Chancen einräumen und dabei sein Leben aufs Spiel setzen. Das Wesen des archaisch anmutenden Kampfes besteht in der hautnahen Auseinandersetzung von Mann und Tier, wobei der Mensch den gefahrbringenden Hörnern, der Kraft und der Schnelligkeit des Tieres lediglich seine Psychologie, seine körperliche Geschicklichkeit, seinen Mut und schließlich sein Schwert entgegenzusetzen hat. Durch das Fixieren seines Stands, durch die Körpernähe, durch Niederknien, durch das Berühren des Kopfes, durch das Zuwenden des Rückens gewährt der souverän und stolz auftretende Matador seinem Gegner immer wieder Chancen einer blitzschnellen Attacke. Um dem Tier schließlich im Moment der sog. Estocada den finalen Todesstoß versetzen zu können, muß sich der Matador noch einmal berührungsnah über die Hörner des Stiers beugen und ihm damit seinen ungeschützten Körper zu einem blitzartigen Stoß darbieten. Es ist für beide die gefährlichste Situation des Kampfes, und atemlose Stille beherrscht die Arena.

In Portugal ist eine unblutige Form des Stierspiels populär, bei der alle Kämpfer die Arena lebend verlassen: Eine Gruppe von sieben Männern positioniert sich gegenüber einem jungen Stier, dem die Hörner gestumpft sind. Der Hauptkämpfer der Gruppe reizt das Tier zum Angriff und springt ihm dann mit gestrecktem Körper zwischen die Hörner. Fünf weitere Kämpfer folgen und versuchen, mit ihrem Körpergewicht den Kopf des Stiers niederzudrücken, bevor das überraschte Tier mit einer Bewegung seines starken Nackens den wagemutigen Angreifer in die Luft schleudern kann. Der siebte Mann vollendet am Schwanz des Tieres das Kampfziel, den Stier von den Beinen zu bringen und am Boden zu halten.

Die schon in der Antike bekannten, vor allem aus Kreta überlieferten Stierspiele (Abb. 20), hatten ursprünglich rituelle Bedeutung. Minotaurus, der Stier des Königs Minos, erscheint im griechischen Mythos, auf Vasen und in Skulpturen, als Ungeheuer mit Stierkopf und Menschenleib. Jedes Jahr mußten ihm sieben Jungfrauen und sieben Jünglinge geopfert werden, bis der Held Theseus das Untier tötete. Noch bis heute ist im Mittelmeerraum die profane Sinngebung lebendig geblieben, sich dem gefährlichsten und gefürchtetsten Tier der Region in möglichst fairem Wettkampf überlegen zu erweisen und damit Souveränität zu erlangen.

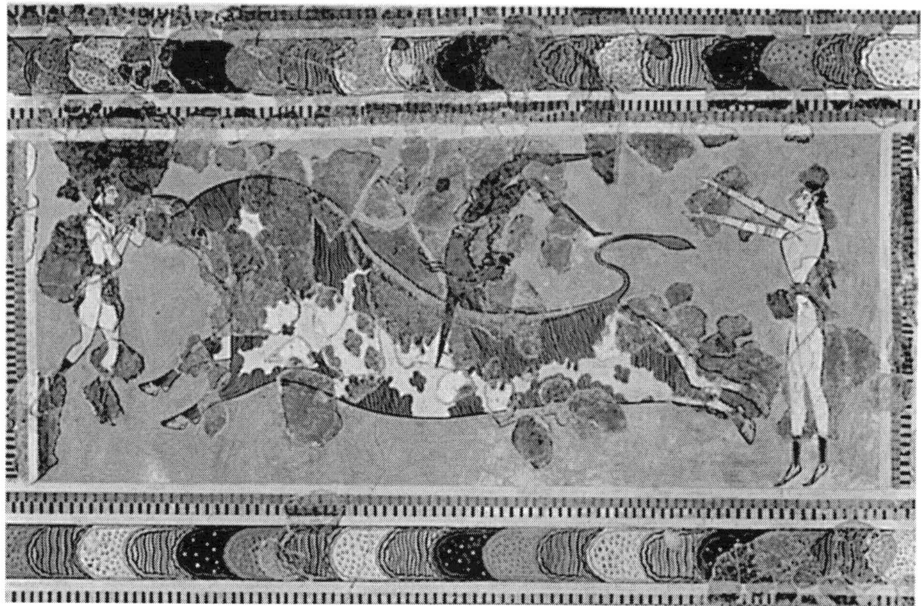

Abb. 20 Stierspiele auf Kreta (Fresko aus dem Palast von Knossos, 16. Jh. v. Chr.)

Indiz für den verbreiteten Wunsch, Wagemut zu demonstrieren und sich über das starke Tier zu profilieren, ist auch das Stiertreiben (Encierro), das am Morgen eines Stierkampftages im spanischen Pamplona oder in anderen Stierkampfzentren die sog. Corredores auf die Straßen zieht. Übermütig mischen sich die jungen Leute unter die Tiere, die zur Arena getrieben werden, um sie zu necken und möglichst zu berühren. Das Wagnis bedeutet für die von mir befragten Jugendlichen mehr als bloßen Nervenkitzel: Der Nachweis, das gefährliche Tier nicht zu fürchten, sondern mit ihm spielen zu können, wird zum Instrument, Macht zu kosten, Souveränität zu demonstrieren, Sozialprestige aufzubauen, das Selbstbewußtsein zu steigern und damit an persönlicher Welt zu gewinnen. Die Bewertung dieses Weges der eigenen Identitätsfindung mag Moralisten überlassen bleiben. Es handelt sich jedenfalls um einen solchen Weg.

3. Bei den Natursportarten setzt sich der Mensch Umwelten aus, deren Gefahren er nur bedingt abschätzen und beeinflussen kann. Er wagt sich. Die Natur ist stärker als der Mensch. Sie bestimmt die Gesetze und widersetzt sich Beherrschungsabsichten. Als Teil der Natur ist auch der Mensch den Naturgesetzen unterworfen, die er entdecken, für sich nutzen, aber nicht außer Kraft setzen kann. Der Umgang mit der Natur erfordert daher sensibles Wahrnehmen und Sicheinpassen, nicht wilde Herrschsucht und Eroberungsmentalität. Der winzige, verletzliche Mensch ist für die übermächtige Natur kein gleichwertiger Gegner.

Die Macht der Natur kann sich in spektakulärer Dynamik äußern, in Kraterausbrüchen, Tornados, Überschwemmungen, Gewitterstürmen, Lawinenabgängen, tosenden Wasserfällen, reißenden Flüssen. Viel beeindruckender aber ist die unscheinbare Macht der Natur, die A. STIFTER in der Vorrede zu „Bunte Steine" (1956, 9–13) „das sanfte Gesetz" nennt. Es ist eine Macht, die sich nicht aufdringlich und gewalttätig präsentiert, sondern im Stillen wirkt. Die Weite der Wüsten oder Meere, die Schroffheit von Felswänden oder Eistürmen, die dichte Lebensfülle der Dschungel oder die Öde und Kälte der Polarregionen entfalten bereits durch ihr bloßes Dasein eine Macht, die für den Menschen tödlich sein kann, der sich leichtfertig mit ihr konfrontiert. Auch die Stetigkeit der Natur, wie sie sich in der pausenlos brausenden Brandung, unentwegt wehenden Winden oder der Dauerstrahlung der Sonne zeigen, offenbaren dem Menschen seine Begrenztheit. Der Mensch vermag nur innerhalb enger Vorgaben zu agieren. Weiß und nutzt er dies, kann er sich neue Welten erschließen:

Abb. 21 Fliegen am 'seidenen Faden': Gleitschirmfliegen

Der Flieger setzt sich einem Naturelement aus, das er nicht sehen kann, für das er nicht geschaffen ist. Er kann es nur mittelbar wahrnehmen, mittels seiner Intelligenz erfassen, mittels eines Flugapparats nutzen. Er wagt sich in eine für ihn nicht gedachte Welt vor. Beim motorlosen Fliegen wird die Notwendigkeit des einfühlsamen Umgangs mit dem flüchtigen, unsichtbaren Element besonders deutlich. Gelingt dieser, eröffnet sich dem Gleitschirm-, Drachen-, Segelflieger der Luftraum als eine neue Welt (Abb. 21).

Der Wildwasserfahrer setzt sich ungezähmten Wassermassen aus, die sich mit wechselnder Geschwindigkeit über Untiefen, Felsen, Strudel, Walzen, Kehrwasser, Stufen, Stromschnellen, Wasserfälle zu Tal bewegen. Bei starkem Schmelzwasser kann sich der Wildbach zu einem reißenden Strom auswachsen, der mit großer Gewalt abwärts drängt. Manche Wildwasser, wie die von Ardèche oder Verdon in Südfrankreich, geben dem Kajakfahrer auf der Strecke keine Chance mehr zum Ausstieg. Läßt er sich aber auf das Abenteuer Wildwasser ein, traut er sich in die quirlende, tosende, gischtende Strömung des Canyons, tut sich ihm eine faszinierende Welt auf, die anders nicht zugänglich ist.

Abb. 22 Skysurfer bei einem Lande-Looping

4. Eine hochextreme Raumlage erreicht der *Skydiver*, der sich kopfwärts aus dem Flugzeug stürzt, um während der knappen Minute des Fallens bis zum Ziehen des Schirms alle nur körpermöglichen Bewegungsfiguren zu gestalten. Es geht um das totale Freisein im Raum. Hierzu muß sich der Skydiver die Luft bewegungs- und falltechnisch erschließen. Dies bedeutet für ihn Weltgewinn (Abb. 22).

Der Freikletterer bewegt sich in steiler Wand. Er verzichtet auch bei höchsten Schwierigkeitsgraden auf technische Hilfsmittel und setzt sich mit seiner reinen Körperlichkeit, der Kraft und Geschmeidigkeit seiner Muskeln, der

Haltefähigkeit seiner Finger und Zehen, dem natürlichen Fels, seinen glatten Wänden, gefurchten Rinnen, sperrigen Überhängen aus. Das Sicherungsseil dient nicht als Aufstiegshilfe, sondern lediglich der Lebensrettung bei einem etwaigen Absturz. Nur wenige Extreme wie der Franzose ROBERT oder der Österreicher BUBENDORFER verzichten auch auf diese letzte Notrettung und wagen sich ohne jede Sicherung über 300 Meter hoch in senkrechte Wände. Ein Fehlgriff oder Schwächeanfall hätte tödliche Folgen. „Ich ziehe ein kurzes, aber intensives Leben einem langen, aber langweiligen vor," meint der Berufsabenteurer Alain ROBERT. Diese Lebensmaxime läßt sich nur mit härtestem täglichem Training, extremem Selbstvertrauen und Glück über längere Zeit durchhalten. Sie verschafft dem Grenzgänger das Bewußtsein absoluter Souveränität in seiner Welt, den Wänden, einer Welt, die er sich täglich neu erwagt.

Der extreme Snowboarder befährt mit seinem Brett nahezu senkrechte Hänge, die von Felsen, Rinnen, Graten durchsetzt sind. Kanten und Abbrüche überwindet er durch Sprünge, die er mit artistischen Bewegungsformen wie Spagaten, Saltos, Pirouetten oder Schrauben ausgestaltet. Als „Freerider" genießt er sein körperliches und technisches Können, seinen Mut, seine Risikobereitschaft, die ihm ein Stück unbegehbar erscheinender Bergwelt in spielerischem Umgang wagend verfügbar machen. Schwung und Geschwindigkeit der Steilabfahrt bieten dabei die Chance von ungewöhnlichen Raumerlebnissen. Über das kunstvolle Bewegungsrepertoire wird in dem zerklüfteten schneebedeckten Steilhang eine eigene sportliche Figurenwelt gestaltet.

5. Beim Wagnis Einsamkeit ist die äußere von der inneren Einsamkeit zu unterscheiden. Nur die erstere wird gesucht:

   Äußere Einsamkeit charakterisiert sich durch Abgeschiedenheit, Isolierung von anderen Menschen, durch Zivilisationsferne, durch eine lebensfeindliche Natur, die jedoch in ihrer urweltlichen Schönheit, ihrer Ursprünglichkeit, ihrer Unerforschtheit, ihrer Geheimnishaftigkeit faszinieren kann. Äußere Einsamkeit kann innerlich erfüllen, kann eine Bereicherung bringen. Diese Einsamkeit suchen Einsiedler, Mönche, Mystiker, Propheten, Philosophen, Extremsportler, Grenzgänger, Abenteurer. In einsamer Umgebung leben, allein sein, bedeutet aber nicht einsam sein. Es gibt Menschen, die sich in Gesellschaft anderer einsam und elend fühlen und erst wieder aufblühen, wenn sie allein sind. Es handelt sich meist um Gesellschaften, die nur Oberflächliches zu bieten haben, die langweilen, Herz und Gehirn veröden lassen. Der in Gesellschaft Einsame fühlt sich um kostbare Lebenszeit bestohlen.

   Unfähigkeit zum Alleinsein und zur Stille ist eine Krankheit unserer Zeit. Viele Menschen brauchen eine ständige Unterhaltung, Berieselung, Ablenkung, um nicht zu sich kommen und das innere Vakuum spüren zu müssen.

Das Alleinsein offenbart leicht die tödliche innere Leere, die Angst macht. Das äußerliche Alleinsein scheint aufgrund dieser geistig-seelischen Verödung zwangsläufig in eine innere Vereinsamung zu münden. Die Unfähigkeit zum Alleinsein ist ein Indiz für das Degenerieren einer elementaren menschlichen Fähigkeit, des erfüllten Bei-sich-Seins.

Innere Einsamkeit äußert sich in einem Gefühl der Verlassenheit, der Kontaktnot, der Hilflosigkeit, des Nicht-geliebt-Werdens, der Sinnlosigkeit des Lebens. Sie lähmt den Lebenswillen. Sie wird nicht gesucht.

Die Situation äußerer Einsamkeit kann ein Testfall dafür sein, wie ärmlich oder reich ein Mensch innerlich ausgestattet ist. Wer sie sucht, setzt sich aus. Er setzt sich vor allem sich selbst aus. Er stellt sich vor die Bewährungsprobe, werterfüllt bei sich sein zu können, Sinn zu erfahren, über innere Stabilität zu verfügen. Der Einsamkeit Suchende läuft Gefahr, mangels Wertsubstanz im Nichts der Sinnlosigkeit zu versinken. Er riskiert, Opfer seiner eigenen Unzulänglichkeit zu werden, an sich selbst zu scheitern.

Ein besessener Forscher kann sich jahrelang zurückgezogen mit einem Erkenntnisproblem befassen, das ihn bewegt. Er setzt dabei Familienleben, Freundschaften, Gesundheit, gesellschaftliche Kontakte aufs Spiel, um ungestört arbeiten, denken, experimentieren zu können und vielleicht in neue geistige Welten vorzudringen. Die Lebensläufe der größten Entdeckergenies sind durch solche Phasen gekennzeichnet.

Der reflektierte moderne Surviver verabschiedet sich von den Standardvorstellungen seiner Zeitgenossen. Er löst sich von allem Überflüssigen, Luxuriösen, Belastenden der Zivilisation, um frei zu werden, zu den Wurzeln seiner Existenz, den elementaren Grundlagen des Lebens zurückzufinden. Er knüpft damit an eine Lebensweise an, die der Kyniker DIOGENES schon vor über 2300 Jahren konsequent praktizierte, jener antike Philosoph, der nach der Überlieferung in einer Tonne gelebt haben soll, um sich in absoluter Bedürfnislosigkeit ganz dem Nachdenken widmen zu können. Als ihn der einflußreiche, mächtige, reiche Feldherr ALEXANDER aufsuchte und ihm einen Wunsch freigab, soll er gewünscht haben, ihm aus der Sonne zu gehen, damit er ungestört weiterarbeiten könne. Der Surviver kann sich in der Nachfolge der Kyniker neue Körper- und Geisteswelten erschließen, die dem Zivilisationsmenschen fremd bleiben.

Der asketische Atlantiküberquerer, der sich, ohne Funkkontakt zur Außenwelt, ohne Radio, ohne Peilsender und Radarüberwachung, in seinem winzigen Boot den Wellen und Weiten des Ozeans ausliefert, hat vor allem mit der Einsamkeit zu kämpfen (vgl. Lindemann 1957, Chichester 1967, Heyerdahl 1975, Lochner 1982). In den Phasen äußersten Leidens bewegt besonders intensiv die Frage nach dem Warum der freiwilligen Menschenferne, der einsamen Selbstkasteiung, der Qualen des Sich-Aussetzens die Gedanken. Nur bei einer Sinnfindung ist in solchen Extremsituationen Überleben möglich. Nur wenn sich neue innere Welten auftun, finden sich befriedigende Antworten.

Rasen – der Rausch der Geschwindigkeit

Die Physik versteht unter Geschwindigkeit den Weg, der in einer bestimmten Zeit zurückgelegt bzw. die Zeit, die für eine bestimmte Strecke benötigt wird. Geschwindigkeit stellt sich als Funktion von Raum und Zeit dar.

Bewegungsgeschwindigkeit kann sich in unterschiedlichen Bewegungsfiguren äußern:

Die *Horizontalgeschwindigkeit* realisiert sich als Distanzgeschwindigkeit. Sie läßt sich mit Stoppuhren messen. So kann eine Fahrzeuggeschwindigkeit etwa mittels Tachometer, eine Fluggeschwindigkeit mittels Staudruckmesser, eine Schiffsgeschwindigkeit mittels Log bestimmt und in Kilometer- oder Meileneinheiten (Knoten) ausgedrückt werden.

Die *Vertikalgeschwindigkeit* stellt sich als Steig- oder Sinkgeschwindigkeit dar. Sie läßt sich mittels Variometer messen, sichtbar und hörbar machen.

Die *Rotationsgeschwindigkeit* versteht sich als Drehgeschwindigkeit, die man als Winkelgeschwindigkeit und als Umlaufgeschwindigkeit erfassen und mittels eines Drehzahlmessers zahlenmäßig bestimmen und darstellen kann.

Frequenzgeschwindigkeit meint Wiederholungsgeschwindigkeit. Sie wird über einen Frequenzzähler quantitativ zugänglich.

Viele weitere Geschwindigkeitsarten wie die *Reaktionsgeschwindigkeit* (die Aktionsgeschwindigkeit neuromuskulärer Funktionseinheiten), die *Sprechgeschwindigkeit* (die Produktionsmenge von Worten in der Zeiteinheit) oder die *Denkgeschwindigkeit* (die Produktion von Gedanken in der Zeit) lassen die Breite des Geschwindigkeitsspektrums erahnen.

Die Geschwindigkeitsarten werden in den verschiedensten sportlichen Sektoren erfahrbar. Sie können auch kombiniert auftreten: Den Rennfahrer interessiert vor allem die Distanzgeschwindigkeit, den Fallschirmspringer die Vertikalgeschwindigkeit, den Eistänzer die Rotationsgeschwindigkeit, den Fechter oder Boxer die Frequenzgeschwindigkeit. Ein Sprinter muß die unterschiedlichen Komponenten Reaktionsgeschwindigkeit, Trittgeschwindigkeit und Distanzgeschwindigkeit optimieren.

Da sich die Geschwindigkeit durch ihre gute Vergleichbarkeit hervorragend für Wettkämpfe eignet und das Geschwindigkeitserleben berauschende Empfindungen auslösen kann, bilden die meisten Sportarten eigene Geschwindigkeitsdisziplinen heraus. Beim Abfahrtsrennen des Schilaufens oder beim Downhill- und Bobbahn-Racing des Inline-Skating werden Geschwindigkeiten von mehr als 200 km/h bzw. 150 km/h gefahren. Unsere Vorstellungskraft von Schnelligkeit endet bei der Geschwindigkeit des Lichtes, die nahezu 300.000 km/sec erreicht. Sie stellt nach EINSTEINs Relativitätstheorie die natürliche obere Grenze aller überhaupt möglichen Geschwindigkeiten dar, mit der sich Materie oder Energie bewegen kann.

Für die Realität des Wagens ist es unerläßlich, zwischen der Geschwindigkeit, die ein Mensch aktiv produzieren und der Geschwindigkeit, die er passiv ertragen kann, zu unterscheiden. Die erste Geschwindigkeitsart betrifft die Leistungsfähigkeit, die zweite die Belastbarkeit. Beide werden in Umgangssprache und alltäglichem Denken nur unscharf voneinander unterschieden. Beide werden gern in Rekordmarken festgehalten und ständig überboten.

Geschwindigkeit fasziniert schon Kinder (vgl. Warwitz 1998, 103f.). Das Verfügen über Raum und Zeit verleiht Macht, deren Erleben sich besonders intensiviert, wenn sie sich mühelos gestaltet oder im Vergleich, etwa im Wettkampf, augenfällig wird. Geschwindigkeitsinstrumente werden zu Kultgegenständen, deren Besitz als potentielle Macht bereits beglückt, deren Nutzung berauscht. Mit einem Aufheulen des Motors, mit einem gebändigten Aufbäumen der Maschine, mit ihrem rasanten Losschnellen läßt sich die Kraft der Beschleunigung, über die man mit einer spielerischen Bewegung verfügt, demonstrieren und genießen. Die Bikersprache verbildlicht das in Bewegungsenergie umsetzbare Potential des fahrbaren Untersatzes in Kultvokabeln wie „Feuerstuhl", „Feuerroß", „Höllenmaschine", „Pulverfaß", „Munitionsschlitten" oder „Rakete", eine Metaphernwahl, mit der Explosivkraft, Beschleunigungsschub, Macht, Souveränität, Potenz signalisiert werden sollen. Je nach Mentalität fühlt sich der Biker als unbeschränkter Herrscher über seine Maschine oder das „Power-Bike" wächst ihm zum eigenen Körperteil heran, was eine totale Identifizierung ermöglicht. Die erreichte Macht und Selbstwertsteigerung ist nicht nur eingebildet, sondern real: Distanzen schrumpfen. Räume werden verfügbar. Allerdings kann der automatische Transfer dieser Bewußtseinslage auf andere Bereiche bzw. die Übersteigerung in Allmachtsphantasien zu einer Abkoppelung von den Realitäten führen.

Die Wirkung der Geschwindigkeit auf den Menschen wurde und wird häufig skeptisch beurteilt:

So sah die medizinische Fachwelt des anbrechenden Industriezeitalters den menschlichen Organismus bereits durch die Geschwindigkeit der Dampfeisenbahn überfordert. Namhafte Ärzte prognostizierten ernsthafte und dauerhafte gesundheitliche Beeinträchtigungen wichtiger Organfunktionen, vor allem des Herz-Kreislauf-Systems. Sie fürchteten das Stocken des Atems, die Erhöhung des Blutdrucks, Frequenzsteigerungen und Rhythmusstörungen des Herzens und folgerten daraus organschädigende Wirkungen. Erst die viel später allmählich sich herausbildende Trainingswissenschaft, die heute eine Teildisziplin der Sportwissenschaft darstellt, war in der Lage, die Leistungs-, Belastungs- und Regenerierfähigkeit des gesunden Organismus sachgerecht zu beurteilen, indem sie den physiologischen Gesetzmäßigkeiten systematisch steigender Beanspruchung jenseits von Spekulationen auf wissenschaftlich-empirischer Basis auf die Spur kam.

Der bereits hoch betagte Geheime Rat J. W. v. GOETHE lenkte die Aufmerksamkeit mehr auf die geistig-seelische Verarbeitung der Geschwindigkeit und die entsprechende Gefährdung des Menschen. Er hielt schon die Postkutsche für zu schnell für die *„mittlere Reisegeschwindigkeit der Seele“* und verwendet in seinen Briefen von 1825 (Goethes Briefe IV, 159, 165) in diesem Zusammenhang die Begriffskonstruktion *„veloziferisch“*, eine Verknüpfung der Wortelemente Eile / Geschwindigkeit und luziferisch / teuflisch. Er war der Überzeugung, daß eine *„Übereilung“* den Menschen in seiner Ausreifung, die Zeit benötige, beeinträchtige, ein Gedanke, der angesichts der Hektik und geistigen Verflachung des modernen Menschen hoch aktuell erscheint.

Interessanterweise spielte die Unfallfrage zur Zeit dieser Geschwindigkeitsdiskussion nahezu keine Rolle.

Die Vorstellung einer zerstörerischen Wirkung der Geschwindigkeit auf die physische Beschaffenheit und Funktionstüchtigkeit des menschlichen Organismus hat sich durch die Realitäten überholt und als Fehleinschätzung erwiesen. Wagende Menschen setzen sich heute nicht mehr der Gefährdung durch die Geschwindigkeit eines galoppierenden Pferdes oder einer gemächlich dahindampfenden Eisenbahn aus, sondern rasen mit mehrfacher Schallgeschwindigkeit um den Erdball und lassen sich mit Raketen ins All schießen. Die Gefahrenvorstellung der Geschwindigkeit hat sich mit der Erfahrung relativiert.

Ernster zu nehmen sind die Bedenken GOETHES, der eine Störung der geistig-seelischen Entwicklung des Menschen befürchtete. P. VIRILIO (1994, 1995) hat sich neuerlich mit den Auswirkungen der steten Erhöhung der Geschwindigkeiten in zahlreichen Lebensbereichen auf die Psyche des Menschen befaßt. Das von VIRILIO gezeichnete, sehr pessimistische Bild einer Geschwindigkeits-Gesellschaft krankt allerdings an einer Pauschalierung und Pointierung des Phänomens. Die von ihm dargestellten Gefährdungen betreffen nur den nicht behutsam und reflektiert mit dem Problem Umgehenden, den sich hektisch Treibenden und Getriebenen.

Geschwindigkeitserleben ist außerdem relativ zu sehen: Den Schnelldenker, den Schnellwahrnehmer, den dynamischen Menschen belastet sie weniger als den beschaulichen. Eine spezifische Geschwindigkeit ist Teil unserer Mentalität. Der Fluggast in 10000 Metern Höhe merkt bei seinem Mittagsmenue oder Nickerchen kaum, daß er mit einer Geschwindigkeit von mehr als 1000 km/h dahinrast, während der Traktorfahrer auf dem Acker sich schon bei 30 km/h gut festhalten muß. Die Erfassung von Geschwindigkeit braucht den Wahrnehmungswechsel, den Vergleich. Dieselbe Geschwindigkeit erscheint in einer engen Straßenflucht weitaus höher als auf einer offenen Wüstenpiste.

Der Mensch kennzeichnet sich ferner als ein hoch lernfähiges und in ungeahntem Maße anpassungsfähiges Wesen. Dies befähigt ihn, einen systematischen Gewöhnungsprozeß vorausgesetzt, ungestraft auch Hochgeschwindigkeiten zu nutzen. Der Umgang mit Geschwindigkeit verändert zweifellos unser Wahrnehmungsvermögen, unser Erleben, unser Bewußtsein, unsere geistigen Potenzen, unsere körperliche Befindlichkeit. Die Nutzung von Geschwindigkeit verzerrt jedoch nicht unser Raum-Zeit-Gefühl, wie VIRILIO meint, sondern erweitert es. Wir verlieren nicht, sondern gewinnen Welt. In einer gesunden Entwicklung werden die Grunderfahrungen von Geschwindigkeit durch die Eigenbewegung geprägt, wie schon Goethe wußte. Sie ermöglicht eine kindgerechte Ausbildung der Selbsteinschätzung und des Umweltverständnisses. Die menschliche Entwicklung bleibt jedoch bei der Beherrschung der Eigenbewegung nicht stehen. Vor allem der wagende Mensch wächst sehr bald über diese Elementarerfahrungen hinaus. Sie genügen ihm nicht. Schon das Reittier erhöhte die Eigengeschwindigkeit des Menschen. Schnelle Pferde, Fuhrwerke, Segler sparten Zeit, erweiterten den Aktionsradius, erschlossen neue geographische Regionen. Die heutigen Jugendlichen nutzen die Motorkraft, um mobil zu werden. Die Instrumente zur Erhöhung der Fortbewegungsgeschwindigkeit eröffnen neue Raum-Zeit-Dimensionen und damit mehr Welt. Die Mißbrauchsmöglichkeiten bleiben davon zunächst unberührt.

Solange er sich nicht durch die Maschine bestimmen läßt, sondern selbst die Maschine bestimmt, kehrt der Mensch immer wieder zu seinem ureigenen Bewegungstempo, das ihm von seiner Anlagestruktur vorgegeben ist, bei dem er sich wohlfühlt, zurück. Die alltäglichen Bewegungsfiguren Gehen, Steigen, Spazieren, Hantieren, Handeln, Sprechen bestimmen den größten Teil des Tagesgeschehens. Der jeweilige technische Entwicklungsstand bietet jedoch darüber hinaus Möglichkeiten, zeitweilig auch höhere Geschwindigkeiten zu nutzen, etwa im Reiseverkehr, im Beruf, im Sport, um sich damit mehr Zeit, mehr Raum, mehr Welt zu erschließen. Es ist nicht logisch, daß diese Welterweiterung, kritisch genutzt, auf Kosten der Erlebnistiefe gehen muß. Die Mißbrauchsmöglichkeit einer Chance kann nicht ernsthaft zu deren zwangsläufiger Folge erklärt werden.

Mit der Ausweitung der Geschwindigkeitsdimensionen wird irgendwann die Leistungsfähigkeit der körpereigenen Wahrnehmungsorgane überschritten. Dieser Vorgang ist jedoch keineswegs dramatisch und darf nicht bereits als Fehlentwicklung beurteilt werden. Bei Überforderung seiner natürlichen Wahrnehmungsorgane konstruiert sich der Mensch technische, z. B. elektronische, Instrumente, die das Wahrnehmungsspektrum nicht verengen, sondern erweitern. Sie werden zu Hilfsorganen mit noch sensibleren, noch weiter reichenden Augen, Ohren, Fühlern. Schon Galileis Fernrohr hat die Sehfähigkeit der Augen nicht verschlechtert, sondern verbessert, die Sehmöglichkeiten nicht eingeengt, sondern ausgeweitet. So kann der Instrumentenflieger mittels seiner elektronischen Wahrnehmungshelfer Funk und Radar auch bei Nacht und Nebel sicher starten, fliegen, landen, Geschwindigkeiten erfassen und beherrschen. Er fliegt nicht „blind“, sondern mit Hilfe seiner elektronischen Augen und Ohren. Beim Sichtflug unterstützen, korrigieren, belehren die Instrumente die Primärorgane. Sie transportieren die Wirklichkeitssicht des Piloten zu neuen Dimensionen der Wahrnehmung. Befindet er sich wieder am Boden, beschränkt er sein Wahrnehmungsspektrum wie die Menschen seiner Umgebung auf das, was seine körpereigenen Sinnesorgane ihm vermitteln.

Kritikfähig am Phänomen Geschwindigkeit ist nicht das Ergreifen der Chance, die menschlichen Erfahrungsräume auszudehnen und die damit verbundenen Glückserlebnisse zu nutzen, sondern nur ein eventueller sich selbst überfordernder, sich und andere zerstörender Umgang. Der Problemkomplex Geschwindigkeit bedarf einer differenzierten Betrachtung.

Klettern – der Drang in die Höhe

Was veranlaßt schon Kleinkinder, auf Stühle, Tische, Schränke, Fensterbänke zu klettern, Treppen, Leitern, Geländer zu erklimmen? Was zieht ältere Kinder unter dem Risiko abzurutschen, schwindlig zu werden, zu stürzen, auf Bäume hinauf, auf Dächer, Gerüste, Strommasten? Was fasziniert Erwachsene an hochgelegenen Orten, an Hochhausplattformen, an Aussichtspunkten, an Türmen, an Burgruinen, an Felsgraten? Was zieht die Bergsteiger hinauf auf die eindrucksvollsten, höchsten, schwierigsten Gipfel? Was beflügelt das Streben dieser Menschen? Warum bleiben sie nicht auf dem sicheren Grund, auf den sie in jedem Fall zurückkehren müssen?

Die Höhe ist kein endgültiges Ziel. Das Hinaufstreben endet irgendwann an einer subjektiven oder objektiven Gefahrenmarke, an der Grenze des technischen Könnens, spätestens am Endpunkt der festen Materie, wo der tragende Untergrund in den luftigen Himmel übergeht (Abb. 23). Der Weg hinauf endet im Nichts. Schließlich wird auch der wagemutigste und versierteste Kletterer zur Umkehr und Rückkehr in die Tiefe gezwungen, die er verlassen hat. Er hat lediglich einen Vorstoß unternommen in neue Regionen. Auch eine Gipfelüberschreitung führt unweigerlich zurück ins Tal. Die Höhe ist gleichzeitig ein Ort des Ausgesetztseins, der keinen dauerhaften Aufenthalt erlaubt. Sie entfernt von den Quellen des Lebens. Je höher und ausgesetzter die Steigstelle gelegen ist, desto schneller muß sie wieder verlassen werden. Die sogenannte Todeszone der Achttausender duldet kein längeres Verweilen. Die Funktionsfähigkeit der Organe reduziert sich. Der Körper baut Substanz ab und regeneriert nicht mehr, auch nicht im Schlaf. Aber auch der Endpunkt einer Baumkrone oder eines Krans isoliert. Höhenpunkte stellen realiter nur Etappenziele dar, Durchgangspunkte im Auf und Ab des Steigens. „Der Weg ist das Ziel,“ sagen die Bergsteiger und

Kletterer. Dennoch werden Bewußtsein und Motivation der meisten Hinaufstrebenden vom Reiz des Umkehrpunktes getragen. Ihn zu erreichen, schafft die eigentliche Befriedigung.

Abb. 23 Der Wanderer über dem Nebelmeer
(Ölgemälde von Caspar David Friedrich, 1818,
Hamburger Kunsthalle)

Der vitale Mensch spürt in sich eine Kraft, die ihn nach oben treibt, fort vom alltäglichen sicheren Grund. Es ist eine Kraft, die Wagnis erfordert, denn das Streben nach der Höhe ist mit Gefahren verbunden, vor allem der Gefahr des Abstürzens. „Wer hoch steigt, kann auch tief fallen," sagt das Sprichwort. Der gesunde Mensch wird von einem Drang angetrieben, sich zu entwickeln, über sich hinauszuwachsen. Dieses Streben nach Höherem ist zu einer Metapher des Lebens geworden, deren Bildkraft auch für andere Lebensbereiche Verwendung findet. In manchen Berufen kann man eine Karriereleiter nicht nur hinaufsteigen, sondern auch 'hinauffallen', wenn der Aufstieg nicht eigener Leistung, sondern eher Zufälligkeiten, Geld, Protektion oder einem bekannten Familiennamen zu verdanken ist. Auch beim Bergsteigen läßt sich heute manch gutzahlender fitnessschwacher Tourist nicht nur auf das Matterhorn, sondern sogar auf den Everest am kurzen Seil hinaufschleppen. Der Bergführer entartet zum Prämienjäger. Die Bergtour dient der Imagepflege.

Schon Kinder wollen „hoch hinaus". Sie sind neugierig auf die andere unbekannte Perspektive, auf den Blick von oben. Auch der Erwachsene, der einem erhöhten Standort zustrebt, sucht den Ausblick, den Überblick. Der „beherrschende Blick", der möglichst viel Welt erfaßt, verleiht Macht. Es ist die Macht des Auges, die die überschaute Weite greifbar, verfügbar macht. Der weitreichende Blick beglückt, wie jeder feststellen kann, der Menschen beobachtet, die an einem Föhntage von einem Aussichtspunkt aus die klare Fernsicht genießen.

Höhe hat, aus der Tiefe gesehen, etwas Magisches, das je nach Wesensstruktur des Menschen auf den einzelnen bedrohlich und abweisend oder aber verlockend und anziehend wirken kann. Der majestätische Bergriese 'ruft' nur den Wagemutigen. Den Ängstlichen schreckt er. Dem einfachen Menschen aller Zeiten und Erdteile, der sich hilflos einer übermächtigen Natur ausgesetzt sah, erschienen markante Berge von jeher als „Thron der Götter". So galt der dreigipflige Olymp den antiken Griechen als „Wohnstatt der Olympier" um den Göttervater Zeus. Die frommen Japaner verehrten den Fujiama als heiligen Götterberg Fujisan. Der Kilimandscharo heißt in der Sprache der Massai und Suaheli „Himmelsburg", „Burg des Lichts" bzw. „Götterberg" (Warwitz 1989, K. 11). Den australischen Aboriginals ist der Ayers Rock, den Tibetern der Kailash heilig. Sie verehren ihn in Ehrfurcht als Berg ihrer Götter und tabuisieren sein Betreten. Auf wagemutige Bergsteiger üben die eindrucksvollen Naturriesen keine geringere Faszination aus. Sie begnügen sich jedoch nicht gern mit einer distanzierten Betrachtung und religiösen Verehrung als Naturgottheiten oder Götterhimmel und empfinden statt dessen eine nahezu unwiderstehliche Verlockung, den Berg körperlich zu berühren, ihn zu besteigen, seinem Geheimnis auf die Spur zu kommen.

Bei manchen Bergsteigern reduziert sich der Drang in die Höhe auf das Sammeln von Gipfeln. Sie identifizieren ihre bergsteigerische Qualifikation damit, die höchsten Gipfel Deutschlands, Europas, Afrikas, der Erde oder möglichst viele Viertausender der Alpen, Achttausender des Himalaya, die höchsten Gipfel der Kontinente oder „die goldenen sieben“ Extremgipfel der Erde erstiegen zu haben. Schon diese veräußerlichte, auf Rekordziffern und Vergleich ausgerichtete Form des Bergsteigens will den Gewinn von bergsteigerischer Welt, bedeutet Welterweiterung für den Bergsteiger. Jeder glücklich erreichte Gipfel vermittelt das Bewußtsein, sich ein nicht jedermann zugängliches, dem Bergsteiger wichtiges Stück Bergwelt unseres Globus selbst erarbeitet und damit zu eigen gemacht zu haben. Die Tatsache macht stolz und selbstbewußt. Symptomatisch für diese gipfelbezogene Erlebnisweise des Höhensteigens ist die Motivationskurve, die sich in zahlreichen von mir geführten Interviews sinngleich wie in der folgenden Aussage offenbart: „*Wenn ich einen Gipfel erreicht habe, sinkt meine Motivation rapide ab. Der Berg hat für mich an Reiz verloren. Mein Traum ist zu nüchterner Realität geworden. So wende ich meine Gedanken schon beim Abstieg neuen Zielen zu*“ (Extrembergsteiger, 38, im Interview). Gedanken wie dieser lesen sich auch bei R. MESSNER (vgl. Überlebt – Alle 14 Achttausender, 1987).

Den unbekannten Gipfel umgibt eine Aura des Geheimnisvollen, die mit der Besteigung verfliegt. Der sensible Gipfelsammler erlebt bisweilen das, was der Religiöse befürchtet, eine Profanisierung, eine Entweihung des heiligen Berges, den Verlust der Unberührtheit und damit der magischen Ausstrahlung. Der Gipfelstürmer sucht das markante Unbekannte. Er hat sportliche Ambitionen. Er will einen Traum körperlich fassen. Mit der Besteigung folgt er einer noch unerfüllten Sehnsucht. Neugier und Euphorie schaffen beim Aufstieg eine gespannte Erwartungshaltung. Mit dem Betreten aber wird der Berg berührt. Sein Tabumantel wird durchstoßen. Die Aura der Unnahbarkeit verweht. Den Sinnen enthüllt sich eine profane Wirklichkeit. Das Geheimnisvolle verliert sich. Der Rausch verfliegt. Nüchternheit greift Platz. Eine innere Öde breitet sich aus. Desillusioniert resümiert R. MESSNER rückblickend über den Aufstieg zu den einst so attraktiven Gipfeln: *„Je höher die Gipfel sind, je steiler und mühevoller der Weg dorthin, um so wüstenhafter wird die Welt, eisiger die Luft, stumpfer auch unsere Sinne. Auf den Achttausendern ist es kalt, meist windig und immer ungemütlich. Der Mount Everest ist der Gipfel der Aussichtslosigkeit. Da oben ist nicht einmal mehr ein klarer Gedanke denkbar“* (Nie zurück, 1996, 109). *„Zweimal stand ich auf dem Mount Everest. Beim ersten Mal war Sturm, beim zweiten Mal Nebel. Keinerlei Sicht. Auch kein Glücksgefühl ganz oben“* (109). Trotzdem lockt es den Bergsteiger, neue Berggiganten zu besteigen. Neue Träume drängen auf Erfüllung. Neue Geheimnisse wollen gelüftet werden.

Viele Gipfelsammler empfinden sich als Bezwinger der Bergriesen, die sie bestiegen haben. In Heldenpose stellen sie ihren Fuß auf den Gipfelpunkt wie der Großwildjäger auf das Haupt des erlegten Löwen. Entsprechende Gipfelfotos, aber auch Redewendungen wie „Kampf mit dem Berg“, „den Berg von der Flanke aus angehen“, „den Gipfel erstürmen“, „einen Gipfelsieg erringen“ verraten eine Denkweise, die nach Macht über den Berg strebt, um damit die eigene Potenz zu erweisen. Die sorgsam registrierten „Opfer“ des Berges verleihen der eigenen Tat den Rang, der Besteigung die makabre Würde, dem Abenteuer den Reiz, dem Bericht die Würze. Der Gipfelfetischist will der Magie des Berges teilhaftig werden. Der Rekordsammler will sportlichen Ruhm. Der Preis, den der Mensch dieser Mentalität zu zahlen hat, ist der Verlust von Illusionen, von Traumwirklichkeiten. Der bestiegene Berg verliert sein Numinosum, das so faszinierte. Er hinterläßt eine innere Leere. Er wird zu einem Stück Fels wie viele andere. Eine solche Entwicklung erlebten etwa der griechische Olymp und der japanische Fujisan, die heute von Touristen überschwemmt werden. Niemand, der das profane Treiben an einem dieser ehemals heiligen Berge erlebt hat, kann ihn sich noch ernsthaft als „Haus der Götter“ vorstellen. Der Mythos Götterburg erhält sich nur für den unberührten Berg. Er nährt sich aus dem Abstandhalten, aus dem ehrfurchtsvollen Aufwärtsblick, aus der Perspektive der Winzigkeit des Menschen. Er stirbt mit der Besteigung. Der im Steigen erreichte erhöhte Standort verführt im weiteren leicht dazu, eine Übertragung auf das allgemeine Selbstbewußtsein vorzunehmen und den Mitmenschen gegenüber ein Überlegenheitsgefühl zu entwickeln, wie schon bei Kindern zu beobachten ist. Der Blick von oben entartet zu einem stolzen Herabschauen auf andere, die diese Leistung nicht erbringen.

Im Unterschied zu den *Bergsteigern* bewegen sich die *Kletterer* vornehmlich in Wänden. Bei ihnen kann eine quantitative Besetzung des Drangs in die Höhe zu einer vergleichbaren Entzauberung der Kletterwelt führen: *„Ein noch nicht geklettertes Stück Fels ist viel inspirierender als ein bereits geklettertes. Es hat etwas Magisches an sich und weckt mein Verlangen, es zu klettern,“* meint der Kletterkünstler J. DAWES (Zak 1995, 68). *„Zwei bis drei Stunden vor dem Solo habe ich Angst und bin nervös. Im Solo denke ich dann nur noch ans Klettern. Wenn ich die Route geschafft habe, bin ich kurz glücklich, bald darauf aber traurig, weil ich einen Traum realisiert habe und dieser somit nicht mehr existiert,“* zitiert ZAK den Freikletterer A. ALBERT (1995, 108f.).

Der verinnerlichte Bergsportler begegnet dem Berg mit Respekt vor der Großartigkeit der Natur. Berg oder Wand sind für ihn nicht Feindesland, das es zu erobern gilt, sondern Freund und Partner: *„Der Klettersport erschließt mir die Möglichkeit, mich meiner Umwelt mitzuteilen und Kontakt herzustellen. Der Fels ist dabei mein Freund. Der Kampf geht immer gegen mich selbst. Das Klettern verlangt Sensibilität, schöpferische Einstellung und die Summe aus geistiger, seelischer und körperlicher Kraft,“* äußert sich der Rock-Star B. ARNOLD (Zak 1995, 205). Im Gegensatz zum veräußerlichten Gipfelsammler fasziniert den beschaulichen Berggeher mehr das Auf-dem-Weg-Sein in der Vertikalen.

Weltgewinn und Wertrealisierung ereignen sich im Steigen. Im Durchschreiten der verschiedenen Klimazonen mit ihrer sich allmählich verändernden Pflanzen- und Tierwelt erfährt der Bergsteiger eine Blick- und Welterweiterung, die gleichzeitig auch eine innere sein kann. Die Begegnung mit der Bergwelt, die vom Meer oder dem dämpfigen, wildwuchernden Dschungel durch die karger werdende Vegetation bis in die Eisregionen der Gletscher führen kann, bietet nur der Aufstieg in der Vertikalen. Das Oben-Sein interessiert lediglich als Aussichts-, Rast- und Umkehrpunkt. Der Abstieg ist ein gleichwertiger Teil des Steigens. Er vermittelt eine umgekehrte Erlebnisfolge und andere Erlebnisart.

Dem Kletterer wird die Begehung einer Wand zu einer körperlichen Entdeckungsreise. Er ist in einer Wand unterwegs, studiert, probiert, gustiert sie. In unmittelbarem Körperkontakt erspürt er ihre Eigenarten, macht er sie sich vertraut. Seine Wände werden ihm zur Heimat, in der er sich wohlfühlt. Wie dem Bergsteiger ist auch dem leidenschaftlichen Kletterer das Ende der Wand lediglich ein Rastplatz und Wendepunkt. Die bedeutsamste Zeit verbringt er im Steigen.

Die wagende Entdeckung des vertikalen Raumes im Steigen läßt sich nicht vorschnell und unreflektiert mit den Etiketten „Abenteuersucht“ oder „Nervenkitzel“ abtun. Die Tendenz, über seinen gegebenen Standort hinauszustreben, folgt einem elementaren Wachstums- und Bildungsimpuls, der im Wesen des dynamischen Menschen veranlagt ist. Diese als Vervollkommnungstrieb bezeichnete sinnvolle Antriebskraft drängt dazu, sich auch in der vertikalen Dimension Welt zu suchen und sich dabei zu entwickeln. Die französische Spitzenkletterin C. DESTIVELLE, bekannt durch ihre Solo-Winterbesteigungen der Eiger- und Matterhorn-Nordwände, erkennt das Klettern als Lehrmeister für eine Lebenseinstellung und neuen Weltgewinn: *„Die Menschen sind heute viel zu sehr daran gewöhnt, in einer horizontalen Ebene zu leben. Das Klettern kann dir eine neue Perspektive von dir selbst geben. Es kann dich lehren, dich zu konzentrieren und dir zeigen, wie du deine Ziele erreichen kannst“* (Zak 1995, 84).

Das Klettern gehört wie das Gehen, das Laufen, das Springen oder das Schwimmen zu den Grundtätigkeiten des Menschen, die Raum erschließen. Es ist vor allem auf Raumgewinn nach oben ausgerichtet. Über die körperlich-physikalische Raumbewegung hinaus setzt das Klettern gleichzeitig auch metaphorisch die mit ihm verbundenen geistigen Ambitionen ins Bild: das Aufwärtsstreben und Über-sich-hinauswachsen-Wollen. Das Bedürfnis, sich vom sicheren Grund zu lösen, der Erdenschwere und Erdverhaftung zu entkommen, korrespondiert tiefenpsychologisch mit dem Wunsch nach Selbstbefreiung aus Lethargie, Langeweile, Alltäglichkeit, aus dem Gefangensein in Angst und Zögern. Das Aufsteigen erlöst aus dieser als belastend empfundenen Befindlichkeit. Es läßt physische und psychische Abgründe überwinden. Kletterer sind erfolgreiche Beherrscher der Tiefe und des Fallens. Sie betätigen sich gleichzeitig mit Erfolg als Krisenmanager innerer Abgründe wie Sinnleere, Hilflosigkeit, Mutlosigkeit oder Lebensangst, wie AUFMUTH ([2]1992) überzeugend dargestellt hat.

Das Sprichwort sagt „Wer hoch steigt, kann tief fallen!“ Es kennzeichnet damit den Wagnischarakter der Vertikalbewegung. Viele Eltern versuchen, den Wagniswillen ihrer Kinder wegen dieser Möglichkeit des Stürzens und Scheiterns zu behindern. Sie behindern damit gleichzeitig die Chance des Zugewinns an neuem Lebensraum, neuen Erfahrungen, neuem Selbstbewußtsein in der Vertikalen eines Berges, einer Wand, eines Berufes, einer menschlichen Beziehung. LYNN HILL, die erfolgreichste Kletterin unserer Zeit, reflektierte am Ende ihrer Karriere: *„In vieler Hinsicht ist Klettern für mich eine Metapher für ein glückliches Leben geworden. Ich glaube, daß man, um glücklich zu sein, Anstrengungen auf sich nehmen muß, sich selbst führen und planen muß, um diese Geisteshaltung zu erreichen. Klettern ist dabei nur ein Transportmittel. Deine Leistungen im Klettern sind weit weniger bedeutend als das, was du in diesem Entwicklungsprozeß lernst. Nicht was, sondern wie du etwas kletterst, zählt! Wenn du in ehrlicher Absicht etwas erreichen willst, wirst du Zugang zu unglaublichen Kräften erlangen“* (Zak 1995, 20).

Die dem Steigen immanente Sehnsucht kann zu körperlichem wie geistigem Höhengewinn führen. C. G. JUNG (1987, 102) interpretiert entsprechende Kinderträume vom Hochsteigen als Ausdruck einer Sehnsucht, vom Bewußtlosen ins Bewußtsein aufzusteigen und deutet *„das Obensein, auf einer Höhe sein als verkörperte Sehnsucht nach Vollkommenheit und Grenzenlosigkeit.“*

Fallen – die Kultivierung eines Traumas

Furcht und Faszination beim Phänomen Fallen

Manche Menschen leiden unter Fallängsten. Sie können keine ausgesetzte Höhe aufsuchen, sich keinem Abgrund nähern, ohne schwindlig zu werden. Die Umwelt beginnt sich zu drehen. Die Organe versagen ihren Dienst. Das Bewußtsein droht zu schwinden. Der so Befallene erlebt sich in einer Situation, die er nicht mehr beherrscht. Panik breitet sich aus. Bei dieser sog. Akrophobie, der Höhen- bzw. Tiefenangst, handelt es sich um ein Phänomen, das über den Verstand nicht erreichbar ist. Es trägt die Züge einer Neurose, äußert sich mit den Symptomen einer Krankheit.

Manche Menschen plagen Alpträume vom tiefen Fallen. Der Träumende sieht sich, oft zeitlupenartig, in Abgründe stürzen. Das entsetzliche Fallen erschüttert bis ins Mark. Es scheint kein Ende zu nehmen. Es scheint in die Katastrophe zu münden. Schweißgebadet erwacht der Träumende meist mit dem erwarteten harten Aufschlag und ist erleichtert, daß das schreckliche Fallerlebnis nur ein Traum war.

Die Psychologie zählt die Angst vor dem Fallen zu den Urängsten des Menschen. Als traumatisierenden Auslöser nimmt die Psychoanalyse das Geburtserlebnis an, die tief erschütternde Erfahrung, aus der schützenden Bauchhöhle der Mutter in eine fremde Welt zu fallen. Tatsächlich kann schon ein harmloses Hinfallen bei ängstlichen Kindern panisches Erschrecken auslösen. Sie schreien mit Entsetzen im Gesicht und gebärden sich, als sei ihr Leben bedroht, wenngleich der Sturz keinerlei bemerkenswerten Schaden hinterließ. Dies spricht für eine hohe Verletzlichkeit und eine beträchtliche Verletzungsangst. Das Kind erschrickt vor der entglittenen Situationsbeherrschung. Kinder fürchten auch besonders intensiv das „Fallengelassenwerden", den Verlust von anderen erwarteter Sicherheitsgarantie. Dies betrifft zunächst die physische Sicherheit mit der Erwartung, bei seinen Freunden Schutz vor körperlichem Schaden zu finden. Es beinhaltet aber auch den psychischen Bereich mit dem Bedürfnis nach sozialer Geborgenheit. Liebesentzug ist eine der schwersten Strafen, die Kindern angetan werden kann.

Unbeabsichtigtes Fallen ereignet sich meist als nicht beherrschtes Fallen. Es zeigt sich in der Regel mit Schreckerlebnissen verbunden und ist daher für jeden Menschen unangenehm.

Auf der anderen Seite stellt beabsichtigtes und gekonntes Fallen für mutige Menschen jeden Alters ein hochattraktives Erlebnis dar. Gewolltes und kontrolliertes Fallen kann zum Sport und zur Kunst mit höchsten ästhetischen Ansprüchen kultiviert werden. Dabei stehen nicht Angst-, sondern Lusterfahrungen im Zentrum des Erlebens (Abb. 24). Der erwartete Genuß motiviert das Handeln: Kinder hüpfen mit großem Vergnügen in alles, was weich ist, vom Schrank in das Bett mit den federnden Matratzen, vom Balken in das nachgebende Heu oder Stroh. Jugendliche lassen sich gerne von Bäumen in den Badesee, von Felsen oder Brücken in Wasserbecken und Wasserläufe fallen. Erwachsene vollführen akrobatische Kunststücke beim Wasserspringen, beim Bungee-Jumping, beim Base-Jumping oder beim Fallschirmspringen. Das kontrollierte Fallen übt auf bestimmte Menschen ganz offensichtlich eine hohe Faszination aus. Was ist das Wesen des Fallens und worin liegt sein Reiz?

Der Fallende erschließt sich eine attraktive neue Welt, die des vertikalen Luftraums. Er nimmt einen erhöhten Standort ein und begibt sich mit dem Verlassen seines tragenden Untergrunds und dem Durchmessen einer Luftstrecke bis zur sicheren Landung in eine Phase der Gefahren. Es geht um das Überwinden von Angst, das Entschließen zum Fallen, das Steuern der Fallbewegung, das Gestalten von Bewegungsfiguren, das Fühlen der Schwerelosigkeit, das Genießen der Hochgeschwindigkeit, das Beherrschen einer sicheren Landung, das Erfahren der Grenzerweiterung, das Erleben von Gemeinschaft (etwa im Formationsspringen). Diese Selbstbegegnungen und Fremdbegegnungen bei der Entdeckung der vertikalen Bewegung sind außergewöhnlich und lustvoll, wenn sie gelingen.

Abb. 24 Glückhaftes Wagnis aus Kindersicht (Bleistiftzeichnung, Junge, 9 Jahre)

Der Fallende gibt sich der Anziehungskraft der Erde hin, die den Körper nach dem Newtonschen Gravitationsgesetz auf den Boden zu vehement beschleunigt, und er genießt dies. Mit dem Entschluß zum Fallen verwandelt er die Lageenergie des erhöhten Standorts in Bewegungsenergie. Entsprechend der Erdbeschleunigungskonstante (9,81 m/s^2) rast er mit fast zehn Metern in der Sekunde, potenziert beschleunigt, in die Tiefe. Dies bedeutet für den Bungeespringer bei einer Fallhöhe von 50 Metern etwa 3,2 Sekunden freien Fallens, bis die Bremswirkung des elastischen Seils einsetzt. Der Fallschirmspringer gewinnt aus 5000 Metern Höhe eine knappe Minute des Fallgenusses, bis er seinen Schirm auslösen muß. Er kann dabei je nach Gewicht und Körperwiderstand Fallgeschwindigkeiten bis 350 km/h erreichen. Je größer die Fallhöhe gewählt, je mehr Luftraum zwischen Start- und Landepunkt aufgebaut, je länger der Weg durch die Luft gestaltet wird, desto eher ist der Beobachter geneigt, von einer „Luftsportart“ zu sprechen.

Der Fallende eröffnet sich eine eigene Bewegungs- und Erfahrungswelt, die Gefahren birgt und daher nur bestimmten besonders mutigen Menschen zugänglich ist, deren Nutzung Können und Sorgfalt erfordert. Der Fallende bewegt sich wie der Fliegende in der Schwerelosigkeit. Es fehlt der Andruck der Schwere, die am Boden jeden Körper belastet und in seinen Bewegungsmöglichkeiten einschränkt. Der Fallende erlebt sich gewichtslos und genießt diese Gewichtslosigkeit als Befreiung.

Der Fallschirmspringer kultiviert den unfreiwilligen Absturz des legendären Ikarus zu einer eindrucksvollen luftakrobatischen Leistung. Ikarus soll in seiner übermütigen Freude am Fliegen mit seinem Fluggerät aus Vogelfedern und Wachs der Sonne zu nahe gekommen sein. Sie brachte das Wachs zum Schmilzen und Ikarus zum tödlichen Absturz. Anders als Ikarus verläßt der Fallschirmspringer gut vorbereitet und absichtlich sein Fluggerät, um das Fallen zu genießen. Mittels seines Schirms fängt er die Kraft der Erdanziehung, bevor sie sich zerstörerisch auswirken kann, sanft ab. Im Unterschied zu dem Bruchpiloten Ikarus erreicht er damit Souveränität über den lebensgefährlichen Vorgang des Abstürzens.

Interessanterweise orientieren sich viele Fallschirmspringer, Skydiver und Skysurfer, bei der Wertschätzung ihres Sports weniger an ihrem ureigenen Luftsporterlebnis, dem Fallen, als vielmehr an dem ihnen offensichtlich attraktiver erscheinenden des Fliegens, einer völlig anderen Luftsportkategorie mit andersartigen Erlebniswerten. Skydiver sprechen gerne vom „Fliegen“. Sie wollen Fliegende, nicht Fallende sein. Möglicherweise behindert hier eine negativ getönte Vorstellung vom Fallen den sachgerechten Zugang zum eigenen Sport, dessen Erlebniswert mit der positiv besetzten Vokabel Fliegen vorteilhafter ins Bild zu kommen scheint. Das Fliegen unterscheidet sich jedoch bereits durch das Kompensieren der Erdanziehung über Auftriebskräfte strukturell wesentlich vom Fallen. Momentaufnahmen und Zeitlupenfilme von Skydivern vermitteln häufig den falschen Eindruck des Fliegens, da sie die charakteristische Vertikalbewegung nicht zum Ausdruck bringen. Außer eventuellen psychologischen Gründen besteht allerdings keine Notwendigkeit, die anspruchsvollen, hoch attraktiven Fallsportarten aus dem Image einer anderen Luftsportkategorie zu nähren. Das Gewinnen des vertikalen Luftraums und das Verfügen über die Schwerkraft mit ihrer Beschleunigungsdynamik beim Fallen stellt eine eigenständige Wagniskategorie dar mit unverwechselbarem eigenen Erlebnischarakter.

Formen des Fallens

Die Formen des Fallens sind vielfältig. Aus der Fülle sollen im folgenden drei Varianten vorgestellt und miteinander verglichen werden. Eine weitere Fallform, der Abfaller, erfährt in einem späteren Kapitel eine eingehende Behandlung (vgl. Abb. 33, Kap. 9):

Abb. 25 Freefalltower-Erleben im Freizeitpark Haßloch

Das Wahrzeichen des Holidayparks bei Haßloch ist ein 70 Meter hoher ***Free Fall Tower*** (Abb. 25). Der vornehmlich jugendliche Besucherstrom wird durch drei Wartekammern, in denen reißerische Filmaufnahmen auf das bevorstehende Ereignis einstimmen, zur Basis des Turms geschleust. Letzte Verhaltensanweisungen schließen mit dem feinsinnigen Hinweis: „Wenn Sie doch noch einen anderen wichtigen Termin wahrnehmen müssen, – ist rechts von Ihnen ein Ausgang." In der Tat wird dieses rettende Angebot nach meinen Beobachtungen etwa bei jeder dritten Gruppe einmal genutzt. Die beherzt Entschlossenen werden zu viert auf eine Sitzbank geleitet und einzeln durch einen Bügel gesichert. Dann bewegt sich der luftige Vierersessel sehr langsam an der Außenwand des Stahlturms hinauf in die Höhe. Die Aussicht auf das Vergnügungsgelände und die umliegenden Pfälzer Berge ist berauschend. Nach einem kurzen Halt in Kirchturmhöhe lösen sich die Bremsen. Der Sitz scheint unter dem Gast wegzubrechen. Das Trägheitsmoment hält den Körper noch einen Augenblick in der Schwebe, bis er dem in die Tiefe rasenden Sitz folgt, drei Sekunden vielleicht, dann spürt er sich heftig in den Sessel gedrückt. Das Magnetbremssystem greift und fängt den Fall knapp über dem Boden sanft auf.

Großaufnahmen von Fallenden zeigen in Schmerz-Lust verzerrte Gesichter. Das plötzliche Fallen raubt den Atem. Die Pressung der Organe schafft sich bei vielen mit einem Aufschrei Luft. Sie klammern sich, Sicherheit suchend, mit ihren Händen an die Halterung. Nach der glücklichen Landung weicht die Anspannung aus den Körpern. Die meisten Vergnügungssuchenden beginnen zu strahlen. Manche reagieren euphorisch, stellen sich gleich zur nächsten Auffahrt wieder an.

Der Free Fall Tower übt eine hohe Anziehungskraft auf die Parkbesucher aus, wie die Nutzerquote beweist. Selbstversuche und systematische Befragungen ergaben jedoch eine rasch abfallende Begeisterung. Der erste Versuch versetzt die meisten Befragten in erhebliche Erregung. Er wird in der Regel mit überschwenglichen Worten gepriesen. Auch dem Folgeversuch haftet noch etwas Besonderes an. Mit dem dritten Fall scheint der Erlebniswert jedoch weitgehend erschöpft. Die Situation erweist sich als voll erfaßt und beherrscht. Die Abläufe gestalten sich identisch. Die übertriebene Filmanimation beginnt zu nerven. Die anfängliche Kickerfahrung weicht der Routine. Das Urerlebnis erstarrt zur Konserve. Mit dem ersten Fall tut sich dem Wagemutigen eine neue Welt auf. Er überwindet einen äußeren und einen inneren Abgrund. Das normierte, immer wieder gleiche, nahezu risikolose Fallvergnügen läßt dem Gast jedoch keinerlei Entwicklungsmöglichkeiten: Die Abläufe sind bis ins Detail vorprogrammiert. Es eröffnen sich keine Selbstbetätigungshorizonte, keine Varianten, keine eigenen Gestaltungsmöglichkeiten, keine Verantwortungschancen. Der Besucher *wird* gefallen. Es ist ein passives Fallen. Hierbei verbraucht sich der Reiz rasch. Der Kicksucher schaut sich nach neuen Reizen um, der Sinnsucher möchte tiefer greifende Erfahrungen.

Eine stärkere Herausforderung stellt das sogenannte ***Bungee-Jumping*** dar: An einem Seil fixiert, läßt sich der Mutige 50, 150 oder auch 500 Meter in die Tiefe fallen. Nach wenigen Sekunden greift die Bremskraft des von ihm ausgezogenen elastischen Seils, das den Körper sanft einfängt und mehrfach wieder aufschnellen und fallen läßt, bis die vertikale Pendelbewegung sich erschöpft hat. Die Auf- und Abbewegungen kann der Könner zur Gestaltung kunstvoller Figuren nutzen.

Die Wurzeln des Bungee-Jumping lassen sich im mittelamerikanisch-pazifischen Raum bis in die Zeit vor den Entdeckungen zurückverfolgen:

Eine Spur führt in den insularen Südwestpazifik. A. KÖPPERN (1993, 21 f.) berichtet von einem Besuch der Insel Pentecost im Archipel Vanuatu, wo noch heute jedes Jahr im April bzw. Mai bei einem Eingeborenenfest das sog. „Landtauchen" den Höhepunkt bildet. Junge Männer stürzen sich, durch ein dehnbares Lianenseil an den Füßen gesichert, von einer etwa dreißig Meter hohen Baumplattform und kommen dabei knapp über dem Boden zum Ausschwingen, ohne sich zu verletzen. Die Sage erzählt, daß sich eine Frau auf der Flucht vor ihrem gewalttätigen Mann als erste an einem Lianenseil von einem Baum gestürzt haben soll. Gingen auch die ursprüngliche Sinngebung und der kulturelle Hintergrund der Bungee-Tradition im Laufe ihrer Geschichte verloren, so wird doch in dem Mutprobencharakter und dem gesellschaftlichen Rahmen des Festes ein Initialritus wahrscheinlich, der den Mannbarkeitszeremonien anderer primitiver Völker entspricht. Es könnte sich um eine Bewährungsprobe handeln, die den Eintritt der Erwachsenenreife markieren und den Initianden rituell an die Gemeinschaft binden sollte.

Eine andere Spur führt in den Kulturkreis der Maya: In Chichicastenango, einer in 2250 Metern Höhe gelegenen Bergsiedlung im Südwesten Guatemalas, konnte ich ein Fest verfolgen, das alljährlich zum Namenstag des Schutzheiligen Santo Tomás am 12. Dezember mehr als 10 000 Indios anzieht. Mit ihren fünf Tage andauernden Feierlichkeiten halten die Quiché, die sich 1524 hier ansiedelten, mit Prozessionen, Maskentänzen, Opferfeiern und rituellen Spielen eine sehr alte Tradition aufrecht. Das heutige Erscheinungsbild bietet eine Mischung aus Kulturelementen der Maya, christlichen Riten und modernen Schaueffekten. Wesentlicher Teil des Festes ist die Errichtung des palo volador (fliegender Mast), dessen Ursprung um das Jahr 500 n. Chr. vermutet wird. Das im dortigen Dominikanerkloster gefundene popol vuh (Buch des Rates) verrät einiges über die Tradition der Quiché, die sich zum Erbe der Maya bekennen. Der dreißig Meter hohe Pfahl diente als Fruchtbarkeitssymbol kultischen Handlungen. Ein am oberen Ende angebrachtes Drehkreuz verkörpert mit seinen vier Ecken das Himmelsgewölbe. Männer mit Kriegermasken gelangen über Leitern zu ihm hinauf, schlaufen sich in Seile ein und lassen sich in die Tiefe stürzen. Die fallenden Körper stellen gefallene Krieger dar, die zur Erde sinken und dabei ihre Wiedergeburt erleben. 26 mal kreisen sie, am Himmelsgewölbe hängend, um das Fruchtbarkeitssymbol. Die magische Zahl ergibt, mit zwei multipliziert, die 52 Jahre einer Runde des mythischen Kalenders Azolkin.

Das von A. J. Hucket verbreitete moderne Bungee-Jumping wird, wie auch das ***Kine-Swinging***, bei dem der Fall in ein Bergsteigerseil in seitwärtigen Pendelbewegungen ausgeschwungen wird, als abenteuerliches Vergnügen, als artistische Herausforderung, als kühne Präzisionskunst, als Mutprobe, als „extremes Training der Seele“ (Köppern 53), als Psychotest verstanden und praktiziert. Der Explorationstrieb drängt die Abenteuerhungrigen dazu, unüberwindbar erscheinende physische und psychische Grenzen zu sprengen und hinter ihnen neue Lebenswelten zu entdecken, die sonst unentdeckt blieben. Es handelt sich um aktive Formen des Fallens.

Die anspruchsvollste Form aktiven Fallens stellt das ***Fallschirmspringen*** dar, das sich in zahlreichen Varianten präsentiert und in seinen Hochformen wie Formationsspringen, Luftballet oder Skysurfing Kunstcharakter erreichen kann.

Als LEONARDO DA VINCI im Jahre 1486 Bewohner eines brennenden Hauses voller Panik in den Tod springen sah, kam ihm der Gedanke, einen Schirm zu konstruieren, der die todbringenden Fallfolgen abfangen könnte. LEONARDO beobachtete die Vögel bei ihrer Technik, mit weit ausgebreiteten Flügeln langsam abzusinken und entwarf einen Fallschirm in Form einer viereckigen Pyramide (Abb. 26), der nach dem 200 Jahre später von Newton formulierten Prinzip der „aerodynamischen Reziprozität“ funktionierte. Er errechnete, zeichnete und behauptete: „*Wenn ein Mensch ein Zelt aus zwölf Ellen langem und ebenso hohem Zeug hat, kann er ungefährdet aus jeder beliebigen Höhe herabstürzen*“

(Cod. Atl., fol. 381). „*Mit einem Ding übt man gegen die Luft soviel Kraft aus als die Luft gegen dieses Ding. Du siehst, wie die Flügel, die gegen die Luft geschlagen werden, bewirken, daß der schwere Adler sich in der höchsten dünnen Luft halten kann. Weiterhin siehst du, wie die Luft, die sich über dem Meer bewegt, das beladene und schwere Schiff dahineilen läßt, wenn sie ihm in die geschwellten Segel stößt. Aus diesen augenfälligen Gründen kannst du ersehen, daß der Mensch die Luft wird unterjochen und sich über sie erheben können, wenn er gegen die Widerstand leistende Luft mit seinen großen von ihm gefertigten Flügeln eine Kraft ausübt und diesen Widerstand überwindet*“ (Cod. Atl., fol. 381). Mit dieser Erkenntnis war LEONARDO auch dem Fliegen bereits auf der Spur (vgl. Abb. 28).

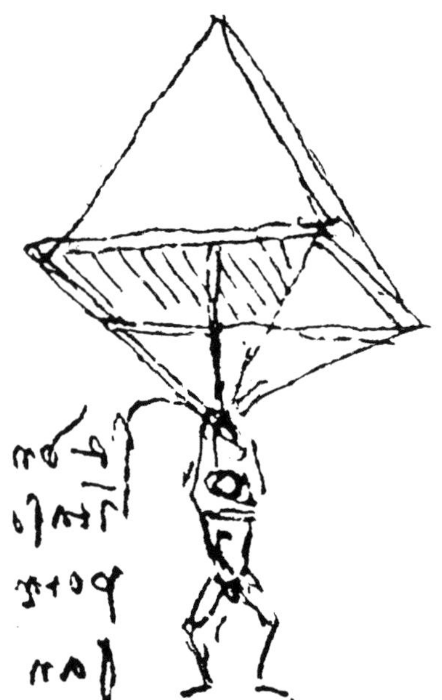

Abb. 26 Entwurf eines Fallschirms für die Notrettung, Leonardo da Vinci, Cod. Atl. fol. 381, 1486 (Leonardo schrieb in Spiegelschrift)

Abb. 27 Fallschirm – Tandemsprung (Foto: FSC Bruchsal)

Aus der Notrettung bei Fallstürzen geboren und noch heute genutzt, avancierte das Fallschirmspringen zu einer eigenen Sportart, die höchste Ansprüche an Selbstdisziplin, Verantwortungsfähigkeit, technisches Können, physische Fitness, psychische Stabilität und Trainingsfleiß stellt. Es kann als Individualsport (z. B. Skysurfen) oder Gruppensport (z. B. Formationsspringen) praktiziert werden. Das Fallschirmspringen fasziniert vor allem durch die Erschließung des ver-

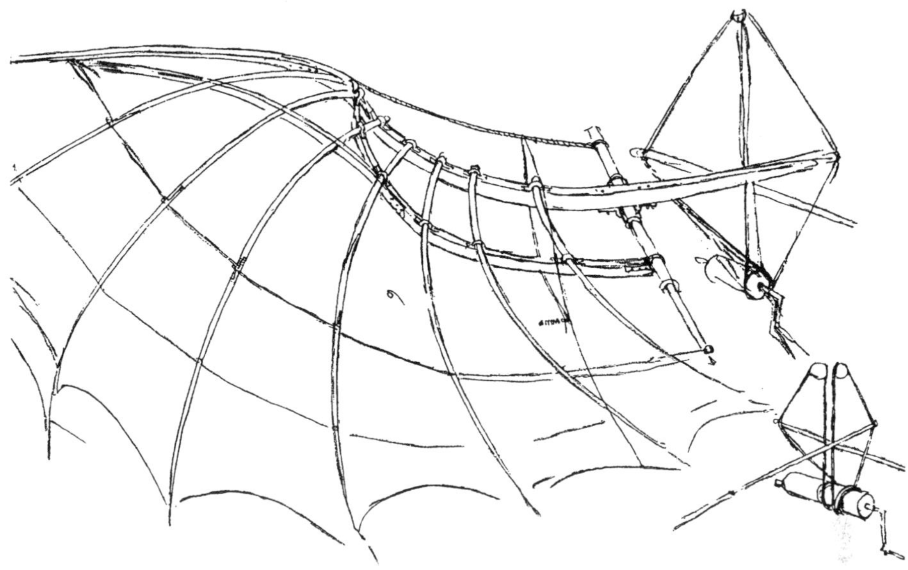

Abb. 28 Entwurf eines kurbelgetriebenen Flügels für den Menschenflug, Leonardo da Vinci, Cod. Atl. fol. 313, 1486

tikalen Luftraums, der sich über mehr als 4000 Höhenmeter sportlich und künstlerisch gestalten läßt, durch die steuerbaren hohen Fallgeschwindigkeiten von bis zu 350 km/h, durch die Möglichkeit einer schwerkraftunbelasteten freien Bewegungsgestaltung. Beim *Tandemspringen* kann der passiv mitfallende Gast, der Verantwortung enthoben, immerhin einige Eindrücke des Fallerlebens gewinnen (Abb. 27).

Weltgewinn und Weltverlust beim Fallen

Bei der Wagniskategorie Fallen geht es darum, die Bewegung in der Vertikalen, das Stürzen, zu wagen, zu beherrschen und zu kultivieren. Hierzu wird eine Fallhöhe aufgebaut, die eine Bewegung durch die Luft ermöglicht. Die gefährliche Endphase des Fallens, die Rückkehr zur harten Erdoberfläche, ist durch Intelligenz und technisches Können zu meistern. Die aufgebauten zerstörerischen Beschleunigungskräfte werden durch einen weichen Untergrund, durch Eintauchen in das Medium Wasser, durch Magnetbremsen wie beim Free Fall Tower, durch einen Pendelschwung wie bei der Schiffsschaukel, durch ein elastisches Seil wie beim Bungee-Jumping oder durch einen Fallschirm wie beim Skydiving sanft neutralisiert und unschädlich gemacht. Das Verfügen über die vertikale Dimension läßt sich kunstvoll und lustvoll gestalten. Es fordert den Menschen heraus und erweitert seine Handlungs- und Erlebnismöglichkeiten. Dies bedeutet Weltgewinn.

Die Grenzen des ethisch noch Vertretbaren werden dabei nicht von der Fallhöhe oder der objektiven Schwierigkeit der Aufgabe gesetzt. Sie sind auch nicht an einer bestimmten Fallform (Wasserspringen, Base-Jumping oder Fallschirmspringen) festzumachen. Die Akzeptanz der Fallrisiken ist vielmehr von der Beherrschbarkeit und Beherrschung der jeweiligen Fallform abhängig. Erst eine Diskrepanz zwischen der Schwierigkeit der Aufgabe auf der einen und der verfügbaren Fallkompetenz und Sorgfalt des Fallenden auf der anderen Seite bringen die Gefährdung und setzen die Grenzen. Diese werden also durch die Höhe des eingegangenen, nicht mehr kalkulierbaren Restrisikos bestimmt. Insofern kann der Sprung eines trainierten Skysurfers aus 5000 Metern Höhe vertretbar sein, der Sprung eines Ungeübten aus 5 Metern Höhe sich aber verbieten.

Indizien für eine Mißachtung der ethischen Pflicht zur Selbsterhaltung sind daher Fallunternehmungen, die den Erfolg weniger von der eigenen Situationsbeherrschung als von der Fügung des Schicksals abhängig machen. Das Fallen muß einen Spielraum für menschliche und technische Unzulänglichkeiten lassen. Wer sich selbst Unfehlbarkeit unterstellt oder mit seinem Tod kokettiert, handelt lebensverachtend. Das Risiko bekommt ein Übergewicht auf der wägenden Wagniswaage. Der Risiker forciert damit die Alternative, Welt zu verlieren statt Welt zu gewinnen. Er spielt verantwortungslos mit dem Leben. Hier sind bestimmte Auswüchse des Fallsports einzuordnen:

Im Jargon des *Base-Jumping* versteht man unter „Uhus“ Sprünge von Brücken oder Talsperren aus Höhen unter hundert Metern. Sie gelten als extem riskant. Nach einem freien Fall von knapp vier Sekunden, der mit akrobatischen Bewegungsfiguren ausgestaltet wird, verbleiben noch etwa acht Sekunden für das Auslösen des Schirms und das Sichern der Landung. Ein absolut zuverlässiges Schirmsystem, eine perfekte Koordination der Abläufe und die richtige Entscheidung in Bruchteilen von Sekunden richten über Leben und Tod, Euphorie oder Unfall.

Beim *Höhlenspringen*, einer hochriskanten Variante des Fallschirmsports, stürzt sich der Risiker aus dem Hubschrauber im freien Fall in eine nach oben offene Erdhöhle. Der Fallschirm wird erst nach Passieren der Öffnung, also erst im Inneren der Höhle, ausgelöst. Hierbei darf kein Fehler unterlaufen. Bei der geringsten Fehlkalkulation oder Fehlhandlung zerschellt der Springer an den Wänden oder am Grund der Höhle.

Die Unfehlbarkeitshoffnung dieser Risiker trägt makabre Züge. Zudem wird bei diesen Veranstaltungen keinerlei Sinngebung und Wertdenken erkennbar.

Die Faszination der Grenzsituation Fallen nährt sich aus dem extremen Spannungsfeld von Vernunft und Unvernunft, Genialität und Wahnsinn, Großartigkeit und Verrücktheit. Sie mobilisiert starke Persönlichkeitskräfte im Widerstreit von Lust und Angst, Wollen und Verweigern, Annäherung und Flucht, Euphorie und Depression. Diese erfassen den Menschen bis in seine Tiefenschichten. Die

Bezeichnung „verrückt“ kennzeichnet sehr treffend die Verschiebung von Maßstäben. Die Alltagswertung verliert im Wagnis ihren Platz. Das Urteil sucht neue Richtlinien.

Wer sich fallen läßt, verliert den Boden unter den Füßen. Er gibt Sicherheit auf. Er scheint ins Nichts zu stürzen. Doch dann greift eine neue Sicherheit. Der Fallende wird durch die vorbereiteten Auffangkräfte, auf die er sein Wagnis gebaut hat, geborgen, durch den Pendelschwung, das elastische Seil, den Schirm, die Menschen, denen er sich anvertraute. Das „Sich-fallen-Lassen“ erscheint auf den ersten Blick als Selbstaufgabe und Verlust an Sicherheit. Es korrespondiert aber mit dem „Aufgefangen-Werden“ und „Sich-aufgehoben-Fühlen“, einer Erfahrung, die neue Welten schafft, die bereichert und beglückt. Aus der völligen Hingabe erwächst das Erleben der Verläßlichkeit der eigenen Fähigkeiten, der Zuverlässigkeit der Technik, der Vertrauenswürdigkeit der Partner. Diese Erfahrung eröffnet neue Handlungshorizonte. In der doppelten Bedeutung der Metaphern „Sich-fallen-Lassen“ und „Sich aufgehoben-Fühlen“ drückt sich eine Strukturverwandschaft und eine Übertragungsmöglichkeit der Grunderfahrungen aus dem physischen und dem sozialen Erlebnisbereich aus. Die Zusammenhänge zwischen den körperlichen und partnerschaftlichen Ereignissen verdeutlichen sich bereits für Kinder in dem wagnishaften Spiel vom hölzernen Männle: Das hölzerne Männle oder Mädle steht inmitten seiner Mitspieler, die es umringen und für seine Sicherheit verantwortlich sind. Wenn es, starr und steif wie ein Baum, umfällt, müssen die Umstehenden den Sturz sanft und sicher abfangen. Das Kind, das sich bereit findet, sich fallen zu lassen und von den Spielpartnern sicher aufgefangen wird, fühlt sich gleichzeitig körperlich gesichert und partnerschaftlich aufgehoben. Es gewinnt damit eine neue Lebensdimension.

Fliegen – die Erfüllung eines Traums

Unerfüllte und erfüllbare Flugträume

Nicht jeder Mensch träumt den Traum vom Fliegen, und nicht für jeden ist er erfüllbar.

Im Jahre 1483 begann sich der einunddreißigjährige LEONARDO DA VINCI in Mailand für ein Phänomen zu interessieren, das ihn bis in seine letzten Lebensjahre als Problem faszinierte, das er aber mit den Mitteln seiner Zeit in der Praxis noch nicht lösen konnte, das Fliegen des Menschen. Er studierte systematisch die Anatomie, die Start-, Gleit-, Steuer- und Landetechniken der Vögel. Er befaßte sich mit den unsichtbaren Luftströmungen, den physischen und technischen Möglichkeiten der Menschen. Er machte Skizzen (Abb. 28), fertigte Beobachtungsprotokolle, konstruierte Apparate und versuchte, wenn auch nicht eindeutig beweisbar, hochwahrscheinlich auch in Eigenexperimenten, den

Geheimnissen der Bewegung im dritten Element, der Luft, auf die Spur zu kommen. Die eigenen Flugversuche LEONARDOS werden von CUTRY (346), soweit sie denn wirklich stattgefunden haben, in die Jahre 1503 bis 1506 datiert. Es drängte LEONARDO, den Weg in eine neue, bisher unzugängliche und unerforschte Welt, den Luftraum, zu finden. Als bevorzugtes Beobachtungsobjekt und Vorbild wählte er dazu wegen dessen Größe und ausgefeilter Flugtechnik den Hühnergeier. LEONARDO erkannte bereits die Wirkung des dynamischen Aufwinds und die aerodynamischen Gesetzmäßigkeiten des Auftriebs und Vortriebs. Er wußte um die Bedeutung der V-förmigen Flügelstellung für den Schnellflug sowie die Funktion der Achsen und Steuerorgane für das sichere Manövrieren in der Luft (Cod. Atl. fol. 381). Seine mechanisch betriebenen Flugmaschinen verlangten vom Piloten eine komplexe, koordinativ anspruchsvolle sportliche Leistung, deren Kraftaufwand LEONARDO auf ca. 200 kg berechnete (Cod. Alt. fol. 276). Bei seinen Experimenten fand er heraus, daß der Mensch über sein Körpergewicht und die Muskelkraft seiner Arme und Beine aber ein Potential von 425 kg mobilisieren kann (fol. 88). Sein Flieger konnte den Flügelapparat aktivieren, indem er mit dem Kopf eine Stange hob, mit den Armen zwei Kurbeln drehte und mit dem Körpergewicht zwei Trittbretter niederdrückte. Die scharfsinnigen Vorarbeiten waren so weit gediehen, daß LEONARDO seinen Traum in eine realitätsgerechte Prophezeiung fassen konnte. „*Vom Monte Ceceri aus wird der wunderbare Vogel sich aufschwingen, der die Welt mit seinem Ruhme erfüllen wird*" (Cutry 346).

Fast dreihundert Jahre später, am 18. August 1771, läßt der zweiundzwanzigjährige J. W. GOETHE seinen Werther wunschtrunken ins Tagebuch notieren: „*Ach damals, wie oft habe ich mich mit Fittichen eines Kranichs, der über mich hinflog, zu den Ufern des ungemessenen Meeres gesehnt, ...*"

In einem seiner „Briefe aus der Schweiz" (1779, 1. Abt. Abs. 4), die er Werthers Nachlaß zuschreibt, bekennt GOETHE: „*Daß in den Menschen so viele geistige Anlagen sind, die sie im Leben nicht entwickeln können, die auf eine bessere Zukunft, auf ein harmonisches Dasein deuten, darin sind wir einig, mein Freund, und meine andere Grille kann ich auch nicht aufgeben, ob du mich gleich schon oft für einen Schwärmer erklärt hast. Wir fühlen auch die Ahnung körperlicher Anlagen, auf deren Entwickelung wir in diesem Leben Verzicht thun müssen: so ist es ganz gewiß mit dem Fliegen. So wie mich sonst die Wolken schon reizten, mit ihnen fort in fremde Länder zu ziehen, wenn sie hoch über meinem Haupte wegzogen, so steh' ich jetzt oft in Gefahr, daß sie mich von einer Felsenspitze mitnehmen, wenn sie an mir vorbeiziehen. Welche Begierde fühl' ich, mich in den unendlichen Luftraum zu stürzen, über den schauerlichen Abgründen zu schweben und mich auf einen unzugänglichen Felsen niederzulassen. Mit welchem Verlangen hol' ich tiefer und tiefer Athem, wenn der Adler in dunkler blauer Tiefe, unter mir, über Felsen und Wäldern schwebt, und in Gesellschaft eines*

Weibchens um den Gipfel, dem er seinen Horst und seine Jungen anvertraut hat, große Kreise in sanfter Eintracht zieht! Soll ich denn nur immer die Höhe erkriechen, am höchsten Felsen wie am niedrigsten Boden kleben, und wenn ich mühselig mein Ziel erreicht habe, mich ängstlich anklammern, vor der Rückkehr schaudern und vor dem Falle zittern?"

GOETHE erkennt wie Leonardo die wegweisende Bedeutung des Fliegens für die Eröffnung neuer physischer, geistiger und seelischer Welten des Menschen. Er charakterisiert sein Wunschdenken noch als „Grille" und bedauert zutiefst, daß sich diese technisch noch nicht realisieren läßt. Sein weiterreichendes Denken sagt ihm jedoch wie Leonardo, daß die Zeit reif werden wird, diesen Traum zu verwirklichen, daß der Mensch in die Lage gelangen wird, sich mit seinem gesamten psychophysischen Sein, mit seinem Fühlen, Denken und Handeln, also als Ganzheit, von der beschwerenden Erdverhaftung zu lösen und über der Materie zu schweben. Dieses den jungen Goethe ergreifende Verlangen, sich in den unendlichen Luftraum zu stürzen und über den schauerlichen Abgründen zu schweben, frei zu werden wie der Adler im Äther, beflügelt und bewegt auch die heutigen Delta- und Gleitschirmpiloten, die dank des opferbereiten Wagemuts Lilienthals und anderer Flugpioniere diesen Traum heute zu realisieren vermögen. Sie können sich mit einem relativ geringen Restrisiko dem mittlerweile erschlossenen Luftraum und den ausgereiften Fluggeräten anvertrauen.

GOETHE, in seinen Träumen bereits ein leidenschaftlicher Flieger, verleiht dem Gedanken des Fliegens als komplexer Wirklichkeit, als symbolträchtiger Lebensmaxime und als erträumter Welterweiterung auch in seinen späteren Werken immer wieder Ausdruck. So läßt er den unentwegt nach neuen Horizonten suchenden Magier Faust auf dem berühmten Osterspaziergang mit seinem Gehilfen Wagner auf hohem Niveau einen Dialog führen, der sich, mit geringeren philosophischen Ansprüchen, noch heute an manchen Start- und Landeplätzen zwischen Fliegern und Nichtfliegern wiederholt. Es geht um gegensätzliche Weltanschauungen. Es geht um eine gefahrvolle Welterweiterung über den Mut zum Fliegen auf der einen und eine absichernde Weltbescheidung über das Verharren am Boden auf der anderen Seite (Faust I, Sz. „Vor dem Tor") (vgl. die ausführliche Darstellung S. 265–267)

Zur gleichen Zeit wie Goethe, 1799, dachte ein englischer Adeliger, Sir George CAYLEY, über die Möglichkeiten des Fliegens nach und hielt seine Gedanken in einer utopischen Skizze fest (Abb. 29).

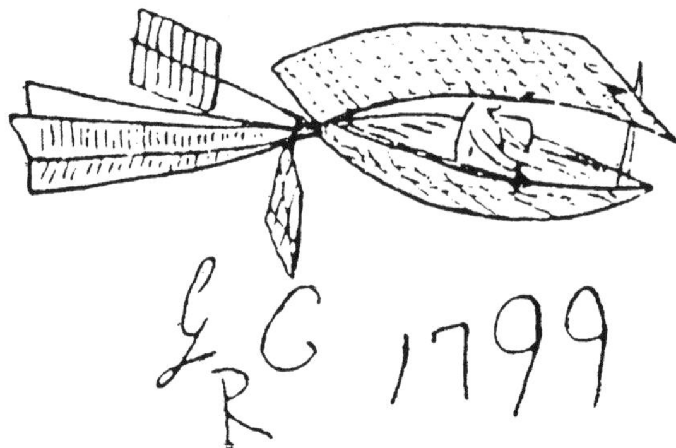

Abb. 29 Flugidee Gleitflugzeug, Federskizze v. G. Cayley, 1799

Die Biographien berühmter Fliegerpersönlichkeiten wie Lilienthal, Lindbergh, Earhart, St. Exupéry, Galland oder Harras verdeutlichen, daß Fliegen zu einer lebenslangen Leidenschaft werden kann. Eine tiefsitzende Sehnsucht treibt den von ihr Erfaßten, das einmal eröffnete Reich der lichtluftigen Höhen mit seinen Winden, Wolken, Wettern und Weiten zum emotionalen Mittelpunkt zu gestalten. Die Freiheit verheißenden Sphären des Äther verlocken, als Raum für die Lebensqualität steigernde Handlungen genutzt zu werden, welche die Erdverhaftung verwehrt. Unbeirrt von der Erkenntnis einer permanenten Gefährdung in einem Lebensraum, für den er mit seinen natürlichen Körperorganen nicht geschaffen ist, strebt der Flieger über sich hinaus und handelt nach dem Grundsatz: Träume nicht dein Leben, sondern lebe deinen Traum. Er will im Wagnis Welt gewinnen. Das Bewußtsein, daß sich das eigentliche Leben des Fliegers im dritten Element abspielt, wird in Fliegerkreisen gern selbstironisch als Spruchweisheit kolportiert: „Die Zeit am Boden ist lediglich ein Warten aufs Fliegen!“ „Das Schlafen ist eine unliebsame Unterbrechung des Fliegens!“ „Leute wie wir hätten eigentlich als Vögel auf die Welt kommen sollen!“

Der Traum von Fliegen kann jedoch bei Fehlen der physischen, psychischen und/oder intellektuellen Voraussetzungen auch zu einer quälenden Selbstbeschädigung führen. Niemand muß fliegen, wenn er es denn nicht selbst will. Eignet ein Mensch sich nicht fürs Fliegen und praktiziert es trotzdem, kann der Flug zu einer lebensgefährlichen Unternehmung und Horrorvision werden. Der Traum vom Fliegen verwandelt sich in einen Albtraum. Ein literarisch belegtes eindrucksvolles Beispiel hierfür bietet uns F. W. KORFF in Form einer Darstellung seines eigenen Falles. In dem 1986 erschienenen Buch „Sport-Eros-Tod“ schildert KORFF einen / seinen Flug mit einem Drachen, der sich zu einem qualvollen Erlebnis auswächst:

Bereits die Anfahrt zum Startplatz erfüllt den Piloten mit starken Erwartungsängsten: „*Schon die Neigung der Straße zum Tal verursacht Schwindel*“ (254).

„Bei jedem Kind, das hier spielt, möchte man aussteigen und es ins Haus tragen. Was hier ins Rollen gerät, ist nicht mehr aufzuhalten“ (254). Am Startplatz angelangt, treibt eine Windbö dem zum Fliegen Angetretenen Schauder über Körper und Gesicht: *„Solch eine Bö kommt unsichtbar, eine Schlierenschlange, den Berg hoch, reißt den Drachen aus dem Start in die Luft, so daß man den Schreck blinkweiß sieht*“ (254). Unsicherheit und Angst veranlassen, den Startzeitpunkt möglichst weit hinauszuzögern: *„Die anderen sind schon vor mir gesprungen*“ (255). Schließlich aber unvermeidlich geworden, gestaltet sich der Startlauf zu einem halsbrecherischen Abenteuer: *„Als sich der Windsack hebt, nehme ich die Drachennase herunter und renne los. Die Sprünge werden pumpend, das Gewicht auf den Schultern läßt nach, ich drücke heraus, der Drache steigt nach oben weg, meine Füße federn nach vorn, ich ziehe den Bügel an den Magen und werfe mich in die Liegendposition*“ (255). Auch während des Fluges regiert die Angst. Vorstellungen von „Turbulenzen“, „Strömungsabriß“, „Wirbeln und Flattern“ beherrschen das Erleben. *„Wer in diesem Wirbelstrom schwimmt, empfindet ihn als eine gewalttätig mitreißende Kraft. In einem Lee fliegend, greifen jede Ruder ins Leere ...*“ (256) *„Schiebe ich den Bügel nach vorn, dann wird es still und gefährlich. Bevor der Drache, zu langsam geworden, über die Nase abkippt, zittert er*“ (257). Klaustrophobische und agoraphobische Regungen treiben in einen Gefühlszustand aussichtslosen Ausgeliefertseins. *„Ich fühle mich in die Ecke gedrängt (cornered) oder habe mich so in die Weite verloren, daß ich nicht mehr zurückzufinden wähne*“ (257). Neurotische Angstschübe vermitteln das Bewußtsein einer entgleitenden Selbst- und Situationskontrolle. *„Das erlebe ich beim Drachenfliegen: Enge, die mir das Gesicht zusammenpreßt, wenn ich merke, daß ich nicht mehr über diesen Wald oder Bergzug hinwegkomme, so daß ich, wenn ich mich nicht sofort zur Umkehr oder Landung entschließe, in diesem unübersichtlichen Tal oder Hochspannungsnest hängen werden. Weite, die mir mulmig wird, wenn ich in einen Aufwind gerate, der mich mit großer Geschwindigkeit an die Wolke bringt, in die ich nicht hineindarf. Öfters noch ängstigt mich der leere blaue Himmel, aus dem es mit Macht zieht und von dem ich nicht weiß, ob oben eine Welle steht, deren Turbulenz den Drachen zerbrechen könnte*“ (258/259).

Die Landung, der technisch anspruchsvollste Teil eines Drachenflugs, wird nicht mehr geschildert, und der Leser fragt sich, wie der psychisch und wohl auch flugtechnisch total überforderte Mann wohl gelandet sein mag. Noch einmal mit dem Leben davongekommen, findet der Pilot zu dem Schluß, daß er nach Musil mit seinem Flugexperiment *„Wirklichkeit gewonnen, aber Traum verloren*“ hat (259).

Eine Risikohandlung der geschilderten Erlebnisqualität, die auf der Basis vielfältiger und ausgeprägter Ängste erfolgt, ist nicht verantwortbar. Sie zeigt unverkennbare Ansätze zur Panik, einer nicht mehr kontrollierbaren Angstpsychose und ist daher lebensgefährlich. Sie verkehrt die Wertausrichtung einer existentiellen Sinnsuche in ihr Gegenteil, den Sinnverlust. Am Ende eines solchen Weges winkt kein Weltgewinn, sondern droht Weltverlust. Der offenkundig gewordenen Persönlichkeitsstruktur verschließt sich der Zugang zur Welt des dritten Elements. Sinn muß in anderen, in zugänglichen Lebensbereichen gesucht werden.

Phänomen und Faszination des Fliegens und seine Möglichkeiten der Welterweiterung

Unterhalb eines beliebten Gleitschirmberges, in Bezau / Vorarlberg, beobachtete ich im Frühjahr 1997 einen etwa sechsjährigen Jungen, der an einem kleinen Hügel das Aufziehen einer Gleitschirmattrappe übte. Ausgerüstet mit klobigen Bergstiefeln, dicken Handschuhen und einem Fahrradhelm, stieg er mit seiner Zelophanplane, an deren Enden zahlreiche Bindfäden befestigt waren, immer wieder auf eine kleine Geländeerhebung, legte sein Fluggerät sorgfältig aus, ordnete die Schnüren, kontrollierte seine aus Bändern bestehenden Brustgurte und Beinschlaufen, schaute nach dem aufgestellten Windfähnchen und rannte dann voller Eifer den Hügel hinab, die Plane hinter sich herziehend. Der Junge war dabei, sich in phantasievollem Imitationsspiel einen Zugang zu der ersehnten, aber noch nicht zugänglichen Welt des Fliegens zu schaffen, von der er sich eine Bereicherung seines Lebens versprach.

Der vierjährige, technisch interessierte St. Exupéry soll sich ein „Fahrrad-Flugzeug" konstruiert und der zur Bewunderung herbeigerufenen Familie verkündet haben: *„Und wenn ich mit meinem neuen Apparat davonfliege, wird die Menge rufen: Es lebe Antoine de Saint Exupéry!"* (Estang 1987, S. 22)

Unter *Fliegen* (v. ahd. fliogan = fließen, rinnen) versteht man umgangssprachlich die aktive wie passive Bewegung durch die Luft (Wahrig 1295). Demnach bewegt sich der geworfene Ball wie der selbstfliegende Vogel, der Pilot wie sein Passagier nach dem gleichen Sprachbild, das aber nur den äußerlich sichtbaren Vorgang, die Überwindung der Schwerkraft, die freie Bewegung durch den Raum, veranschaulicht. Unter den Aspekten der Welterweiterung und Sinnfindung ist es jedoch von maßgeblicher Bedeutung, ob das Fliegen selbst gestaltet oder nur als Fluggast genossen wird. Der aktiv geforderte Pilot verläßt die Konsumentenrolle. Er ist in seiner Entscheidungs- und Handlungskompetenz gefragt, die er längerfristig aufbauen muß. Er hat die Vorgänge sachgerecht zu beeinflussen, das Risiko zu kontrollieren, die Verantwortung für das Gelingen des Wagnisses Fliegen zu tragen. Der Gast bedient sich lediglich der Leistung des Piloten, dem er sich anvertraut. So ist es erklärlich, daß ein Flug über die Alpen bei dem Nicht-Piloten M. FRISCH *„nach einem anfänglichen Kitzel eine gewisse Leere hinterließ"* (46). Trotz seiner Assoziationen und Reflexionen während des Fluges bleibt dieser selbst für ihn ein passives Konsumerlebnis, das ihn nicht fordert. Viele Touristen erleben den Tansport durch die Luft in einem Großraumjet als einzige Flugerfahrung. Niemand von ihnen würde jedoch auf die Idee kommen, den Transport eines Vogels in einem Käfig als „Fliegen“ zu bezeichnen. Die Bewegungen und Tätigkeiten der Fluggäste in Verkehrsmaschinen ähneln denen am Boden und in einem Reisebus. Es sind keine fliegerischen Handlungen. Es handelt sich bei einem solchen Flug zur Urlaubsinsel oder an den Kongreßort lediglich um eine der Busreise verwandte „Fahrt durch die Luft“, eben um „Luftfahrt“, die nur sehr begrenzte Möglichkeiten der Welterweiterung bietet (vgl. Warwitz 1992, 46). Immerhin vermag auch der aufgeschlossene Passiv-Flieger aus einzelnen Wertschöpfungen des Fliegens neue Horizonte zu gewinnen:

Beim Fliegen verbinden sich die schon ausführlich dargestellten Risikomomente Gleiten, Schweben, Steigen, Sinken mit den Bewegungen um die verschiedenen Rotationsachsen, die man fliegersprachlich als „*Gieren*“ (Bewegung um die Hochachse), „*Rollen*“ (Bewegung um die Längsachse) und „*Nicken*“ (Bewegung um die Querachse) bezeichnet. Ebenso spielen der Faktor Geschwindigkeit und das Phänomen Ausgesetztsein eine bedeutsame Rolle. Mit der Zusammenführung dieser Risikoaspekte steht das Fliegen nicht zufällig am Ende unserer Betrachtung der Wagnisbereiche und nicht zu Unrecht im Blickpunkt extremer Wagnissucher.

Durch die Möglichkeit der Aufwärts-, Vorwärts- und Abwärtsbewegung und die Drehungen um die drei Rotationsachsen im Luftraum entstehen, physikalisch gesehen, sechs „Freiheitsgrade“ der Bewegung, die sich in der Realität des dreidimensionalen Raumes zu zahlreichen Kombinationen und damit weiteren Freiheiten gestalten lassen. Hiervon macht vor allem der Kunstflieger mit seinen Figuren wie Loopings, Steilkehren, Spiralen, Trudeln, Rückenkreisen, Gestoßenen und Gesteuerten Rollen Gebrauch. Sie machen bewegungstechnisch die Freiheit der Bewegung in der Luft aus. Sie beeinflussen das sensitive, emotionale und intellektuelle Erleben und haben entsprechende Auswirkungen auf das Lebensgefühl. Hierzu ist eine Loslösung aus der Schwerkraftbindung notwendig.

Die **Facetten der Welterweiterung** lassen sich in mehrere Punkte fassen:

Fliegen bedeutet Raumgewinn

Der Bewegungsraum *Erde* steht allen, der Bewegungsraum *Wasser* vielen, der Bewegungsraum *Luft* aber nur wenigen Menschen zur freien Verfügung. Zu ihnen gehören die Flieger. Das dritte Element ist das am schwierigsten zugängliche. Es scheint unsichtbar. Es scheint keinen Halt zu bieten. Es scheint unendlich. Es scheint gefährlich. Viele Nichtflieger fürchten sich vor der Leere, der Höhe, der Tiefe, der Weite, in denen sie sich verloren glauben. Sie sprechen von „Luftlöchern“, in die man fallen kann, von unsichtbaren Luftgewalten, von Abstürzen. Der Flieger hingegen genießt den Aufenthalt in dieser Sphäre. Ihn trägt die Luft. Er ahnt, spürt, erkennt die Luftbewegungen wie sein Vorbild, der Vogel. Er liebt das unbeschwerte sanfte Gleiten, spielt mit ihm und fühlt sich aufgehoben im Reich der Lüfte. Der Umgang mit der Luft vermittelt dem Piloten im wortwörtlichen Sinn eine „elementare“ Erfahrung. Die Luft ist sein Element. Er gewinnt das dritte Element als attraktiven neuen Lebensraum.

Fliegen bedeutet Perspektivgewinn

Mit dem Verlassen des festen Bodens und dem Entkommen aus der Erdverhaftung gewinnt der Pilot neue Möglichkeiten der Wahrnehmung und des Erlebens. Ortsschilder, Verkehrsschilder, Verbotsschilder entschwinden dem Gesichtskreis. Schloten, Fabrikgeländen, Autobahnen, Industriezentren verleiht die Höhe eine andere Ästhetik. Dem Flieger bietet sich ein verändertes Landschaftsbild. Was am Boden groß war, wird klein. Was eng schien, weitet sich. Was aus der Nähe abstoßend wirkte, erhält aus der Ferne ein freundlicheres Gesicht. Die Erdoberfläche präsentiert sich mit ihren Wäldern, Seen, Städten und Menschen aus der Luft unter einem neuen Blickwinkel. Der Flieger tauscht die Sicht des Wurms mit der des Adlers. Die „Froschperspektive“ wandelt sich zur „Vogelperspektive.“ Die Höhe gewährt Weitblick und Überblick. Das Gesichtsfeld dehnt sich aus. Fliegersprachlich wird die „Bodensicht“ (die Sicht am Boden) durch die „Luftsicht“ (die Sicht in der Luft) und die „Erdsicht“ (die Sicht zur Erde) ergänzt. Dies bedeutet eine Weitung des Wahrnehmungsspektrums und in der Folge auch des Erlebens. Die Wesentlichkeit verändert sich. Was am Boden grell die Aufmerksamkeit erheischte, verschwindet, aus der Höhe gesehen, in der Bedeutungslosigkeit. Der Perspektivwechsel bringt einen Perspektivgewinn, da die vertraute Sicht der Dinge nicht verlorengeht, die neue die alte aber ergänzt und relativiert.

Die ungewohnte Perspektive verwirrt, ängstigt, überfordert häufig den Neuling. Sie signalisiert ihm Verlorensein, Fallen, Gefahr. Der Experte kann den ausgesetzten Aufenthaltsort in der Luft aus der Sicherheit seiner Kompetenz heraus genießen. Er kann sich sogar weitere Perspektiven eröffnen, indem er seine angeborenen Wahrnehmungsorgane durch leistungsfähigere technische Instrumente ergänzt. So vermag er Informationen aus und über Regionen aufzunehmen, in denen er sich körperlich noch gar nicht befindet. Er kann eine Sensibilität und Genauigkeit der Wahrnehmung entwickeln, die für seine natürlichen Sinnesorgane nicht erreichbar ist. Mittels Radar, Funktechnik und entsprechender Navigationsinstrumente ist es ihm möglich, auch bei Nacht und Nebel zu fliegen und den Luftraum rund um die Uhr sicher zu nutzen.

Fliegen bedeutet Körper- und Bewegungsgewinn

Die Behauptung eines Körpergewinns mag zunächst befremden. Sie erklärt sich als „Einverleibung“ des Fluggeräts in die naturgegebene Anatomie und den Bewegungsapparat des Fliegers. Der Pilot muß seine zur Nutzung des Luftraumes unzulänglichen menschlichen Bewegungsmöglichkeiten erweitern. Dazu integriert der Deltaflieger mit dem Eingurten das Fluggerät in seine Körperlichkeit. Er legt sich sozusagen Flügel an. Mit den so komplettierten Körperorganen kann er gefahrlos die Rampe hinablaufen und sich in den Luftraum begeben. Sein Flügel trägt ihn. Der geübte Deltaflieger verwächst funktionstechnisch und erlebnismäßig so eng mit seinem Fluggerät, daß ihm der angelegte Flügel zu einer Art neuem Körperteil wird, dessen er sich wie eines verlängerten Arms oder einer gut sitzenden Prothese bedient. Über Gewichtsverlagerungen und einfache Körperbewegungen kann er Richtungen und Geschwindigkeiten nach seinen Wünschen bestimmen.

Wegen der Loslösung vom Boden erfordern die fliegerischen Bewegungen und Handlungen eine andere Struktur als die erdgebundenen. Der Flieger bewegt sich frei im Raum. Er muß sich neben der horizontalen auch in der vertikalen Ebene orientieren. Er muß mit Kräften rechnen und arbeiten, die er nicht sieht. Die Höhe über Grund, in der er sich nur bei permanenter Bewegung halten kann, birgt die potentielle Gefahr des Abstürzens. Fliegen verlangt eine ständig wache Bereitschaft zum richtigen Handeln.

Für das Bewegen in der Luft bildet das aktive Fliegen die Grundtechnik wie das Gehen für das Bewegen am Boden und das Schwimmen für das Bewegen im Wasser. Wie die elementaren Bewegungen auf der Erde und im Wasser, so hat sich aber auch das Fliegen weiter ausdifferenziert. Das Deltafliegen trennt so viel vom häufig mit ihm verwechselten Gleitschirmfliegen wie das Rudern vom Kajakfahren. Deltafliegen, Gleitschirmfliegen, Segelfliegen oder Motorfliegen bedürfen sehr unterschiedlicher Start-, Steuer- und Landetechniken. Sie vermitteln sehr verschiedenartige Flugerfahrungen. Das Deltafliegen stellt besonders hohe Ansprüche an die körperliche Leistungsfähigkeit, die physisch-technische Kompetenz, die Geländebeurteilung, das Erspüren von Aufwinden. Der Gleitschirmflieger benötigt Geschicklichkeit für das Aufziehen seines Segels, Sensibilität für das Schirmverhalten im Fluge und die Auf- und Abwindströmungen. Das Motorfliegen erfordert ein beträchtliches navigatorisches Wissen und Können bzw. (beim Kunstfliegen) vestibuläre Belastbarkeit, Raumorientierungsvermögen und feinmotorisches Gespür für den Umgang mit der Maschine. Jede dieser selbständigen Luftsportarten eröffnet in demselben Element eine eigene Welt (vgl. Warwitz 1990, 1991).

Fliegen bedeutet geistigen Gewinn

Beim Fliegen überlistet der Pilot mittels seines Verstandes die Natur, die ihn körperlich nicht zum Fliegen geschaffen hat. Er vermag jedoch nur im Rahmen der Naturgesetze zu handeln. Er kann sie nicht außer Kraft setzen. Die außergewöhnliche menschliche Leistung des Fliegens ist nur mit dem Willen der Natur, nicht gegen sie möglich. Der Mensch hat sich daher ein entsprechendes Wissen und Können anzueignen, das es ihm erlaubt, diese Gesetzmäßigkeiten zu erkennen und zu nutzen. Mittels seines geistigen Vermögens ist der Mensch imstande, Mängel seiner Körperlichkeit auszugleichen, neue Fähigkeiten zu entwickeln und scheinbare Grenzen zu erweitern. Die Natur formte in der langen Evolutionsgeschichte der Lebewesen Einschränkungen und Spezialisierungen, gewährt dem Menschen mit der Anlage zur Kreativität aber gleichzeitig eine Chance, aus eigener Kraft seine Anlagen zu erweitern. Die erworbene und ausgestaltete Flugleistung des Menschen ist damit eine andere als die der Libelle oder des Albatros. Menschliches Fliegen ist in erster Linie eine schöpferische intellektuelle Leistung. Diese intellektuelle Leistung beinhaltet auch die Erkenntnis einer Gefährdungssituation und die Realisierung des Bewußtseins, diese nur über eine hohe Verantwortungsbereitschaft beherrschen zu können. Insofern eröffnen sich auch dem kognitiven Leistungsspektrum neue Dimensionen.

Fliegen bedeutet seelischen Gewinn

Die bisher betrachteten Welterweiterungen lassen auch das seelische Erleben nicht unberührt. Auch die Seelenlandschaft gewinnt durch das Fliegen. Der Schauspieler und Charakterdarsteller Heinz RÜHMANN hat in einem seiner letzten Interviews geschildert, wie das Aufsteigen mit seiner Maschine in den sich schon verfärbenden Abendhimmel ihn häufig aus dem hektischen Trubel eines harten Drehtags löste und der Seele neuen Raum zum Atmen, dem Geist neuen Raum zum Denken gab. Die Lösung aus der Erdverhaftung, der sich weitende Blick, das Schweben über Wäldern und Abgründen, die hautnahe Begegnung mit dem lichten Medium Luft, das Spiel mit den Winden und der Bewegung, das sanfte Hinaufgetragenwerden in die Himmelshöhen, das Spüren von Freiheit, erschaffen eine Hochstimmung, die manchen Piloten Jauchzer entlockt. Mit dem Erheben in höchste Himmelshöhen können sich hehre, erhabene Gefühle einstellen, Gefühle der Ehrfurcht. Mit der Höhe und der Weite des Blicks weitet sich auch die Seele.

Fliegenlernen ist eine Wertschöpfung. Fliegen bedeutet eine Horizonterweiterung, eine quantitative und qualitative Bereicherung der Lebens- und Erlebnismöglichkeiten. Der Pilot muß nicht wie Lilienthal sein Fluggerät selbst konstruieren, seine Flugtechnik neu erfinden, um kreativ sein zu können. Schon der selbsterarbeitete Einstieg in den Lebensraum des dritten Elements bedeutet eine Welterweiterung, die sich als unmittelbar selbst lohnende Tat rechtfertigt. Darüber hinaus können sich über die In-Dienst-Nahme dieser Qualifikation auch noch mittelbar, etwa auf dem Feld der Nothilfe für Tiere und Menschen, weitere wertvolle Horizonte eröffnen. So war es dem Tierschützer Kent CLEGG möglich, mittels seines UL-Flugzeugs, dessen weiße Flächen er mit schwarzen Flügelspitzen versehen hatte, die Rolle einer Kranichmutter zu übernehmen, um neun Jungvögel einer vom Aussterben bedrohten Art, die künstlich ausgebrütet wurden, auf ihre erste 1200 km weite Reise in das neu-mexikanische Winterquartier zu führen. So gelangen Hubschrauberpiloten in die Lage, im Katastropheneinsatz Feuer zu löschen und Leben zu retten, Überschwemmungsopfer wie in Mosambik oder Lawinengefährdete wie in Galtür aus ihrer Notlage zu befreien. Sie gewinnen damit weiter an Welt. Ihr häufig mit Risiken behafteter Einsatz nährt sich aus der Bereitschaft zum Helfen und zum Wagnis.

Wege des Wagens in transzendenten Risikobereichen

Glauben – das Einlassen auf gefühlte Wahrheiten

Glauben heißt, etwas fest für wahr halten, ohne über Beweise für die Richtigkeit des Geglaubten zu verfügen. Wer glaubt, ist überzeugt von dem, was er glaubt. Diese Überzeugung beruht auf einer inneren Gewissheit, die nicht weiter begründet werden kann und muss. Der Gläubige kann seinen Glauben wissenschaftlich nicht rechtfertigen. Das lateinische Wort „credere"/„credo" kommt von „cor dare", was soviel heißt wie „das Herz geben", „sein Herz (auf etwas) setzen".

Der religiöse Glaube entspringt dem Streben nach Sinnfindung, Welterklärung und Existenzorientierung. Er versucht, über die mit den Sinnen wahrnehmbaren Realitäten des alltäglichen Lebens hinaus auch jenseits des Todes noch eine Bestimmung des Menschen zu finden. Zentral geht es beim christlichen Glauben dabei um eine Bejahung Gottes, den man nicht sehen, nur denken, wünschen und erfühlen kann. Der neutestamentliche Autor des Hebräerbriefs definiert Glauben als eine *„feste Zuversicht auf das, was man hofft, und ein Nichtzweifeln an dem, was man nicht sieht."* (Hebräer 11,1)

Der Glaube, dass es einen Gott gibt, bleibt jedoch trotz der Versuche des menschlichen Geistes, sich über sogenannte Gottesbeweise, über intellektuelle Erkenntnisse und logische Schlüsse, Sicherheit zu verschaffen, ein Wagnis. Die Versuche in unserem Kulturkreis von den Vorsokratikern über Platon, Aristoteles, Augustinus, Thomas von Aquin und bis zu Descartes, Leibniz und Hegel wurden spätestens von Kant als in menschlichen Denkkategorien verhaftet und widerlegbar entlarvt. Es handelt sich also nur um Annäherungen auf dem Niveau der begrenzten menschlichen Erkenntnismöglichkeiten. Entsprechend unsicher bleiben für den kritischen Verstand auch alle Folgeannahmen wie die Existenz eines Paradieses, eines ewigen Lebens, einer Vergeltung der guten und schlechten Taten nach dem Tode. Der menschliche Geist zeigt sich von dieser über sein intellektuelles Fassungsvermögen hinausgehenden Frage überfordert. Er muss es wagen zu glauben oder sich einen Zugang zum metaphysischen Bereich, dem Sein nach dem Tode, versagen.

Der Glaube stützt sich auf Gewährsleute, Autoritäten, schriftliche Quellen und Traditionen. Ihnen muss der Gläubige in der transzendenten Wirklichkeit vertrauen. Die Glaubensgemeinschaft bestärkt ihn dabei. Der „unerschütterliche Glaube" lebt von einer inneren Gewissheit, einer gefühlten Evidenz, die über alle Glaubenszweifel erhaben ist. Dennoch braucht der nicht naive Glaube das Korrektiv des Zweifels, wie Mut die Angst braucht. Blinder Glaube birgt nämlich die Gefahr, abenteuerlichen Heilsversprechungen von falschen Propheten zu verfallen, zum willigen Werkzeug zu werden, um glaubensfremden Interessen zu dienen. Der angebliche Gotteswille kann von geschäftstüchtigen Missionaren auch zur Aneignung des Vermögens oder sogar zur Verführung zu menschenverachtenden Mordtaten pervertiert werden. Das Wagnishafte des Glaubens wird dabei bisweilen in großen Qualen spürbar. Es äußert sich in Zweifeln: Was, wenn es doch keinen Gott gibt, kein Leben nach dem Tode, keinen Lohn für ein gottgefälliges Leben, wenn das Erdendasein unser einziges ist? Ist das Leben dann vertan? Ist man an den Realitäten vorbeigegangen? Saß man Illusionen, Wunschträumen, einer Überschätzung der menschlichen Bestimmung, einer Ideologie auf, vielleicht auf Kosten eines genüsslicheren Lebens auf der Erde? Der Zweifel nagt am Glauben. Er kann seine Substanz allmählich aushöhlen und in Verzweiflung führen. Er kann das wohl gebaute Gebäude des eigenen Weltbildes ins Wanken bringen. Vernünftige Zweifel bremsen immer wieder die Tendenz, sich voll auf die Verheißungen einer „ewigen Herrlichkeit", ein „Paradies der Martyrer", einzulassen. Der Mensch glaubt zu gern, was er sich wünscht. Und die Sehnsucht nach einem ewigen Leben in Freiheit, Frieden und Glück ist verlockend. Doch im Namen Gottes werden auch Verbrechen begangen. Kann ein sorgender Gott wirklich wollen, dass ich als Selbstmordattentäter mich und andere Menschen vernichte? Wie glaubwürdig sind meine Gewährsleute, die missionierenden Glaubenswerber? Das Wagnis Glaube darf den nüchternen Verstand nicht ausblenden. Es darf den Boden der allgemeingültigen ethischen Grundsätze wie Achtung vor dem Menschenleben, Toleranz, Mitmenschlichkeit nicht verlassen. Wagen hat mit Wägen, Abwägen zu tun. Es braucht Kritikvermögen, die zahlreichen wohlklingenden Heilsbotschaften zu überprüfen und bremsende Bedenken, sich in einen Irrweg zu verlaufen und statt Gott dem Satan zu dienen.

Der Mensch, der aus seinem Glauben den Antrieb gewinnt, schon im vergänglichen Diesseits gotterfüllt glücklich zu leben, geht weitaus geringere Risiken ein als der rein metaphysisch orientierte, der den Lohn seines Handelns erst im erhofften Jenseits erwartet. Das Wagnis des Glaubens wird umso größer, je kompromissloser der Gläubige sein irdisches Leben auf ein solches im Jenseits ausrichtet: Christen wie Buddhisten, Hindus, Juden oder Muslime haben dazu differenzierte Lebensformen entwickelt, in denen sie ihren Glauben unterschiedlich intensiv leben können. Sie tragen damit dem jeweiligen religiösen Bedürfnis und der unterschiedlichen Wagnisbereitschaft der Menschen nach transzendentaler Ausrichtung Rechnung. So kennt etwa das Christentum die sehr weite Spanne vom Leben des Getauften, der sich nach den zehn Geboten richtet über das Leben der Priester und Nonnen, die sich durch Gelübde dem Glauben stärker verpflichten bis hin zu dem asketisch, weltabgewandt, meditativ ausgerichteten Lebenszuschnitt bestimmter Ordensleute. Der Glaube kann so stark sein, dass Menschen es wagen, dafür weitestgehend auf irdische Genüsse zu verzichten und ihr Leben voll den Glaubenslehren zu weihen wie etwa die strengen Karthäusermönche. Der extrem religiöse Mensch, der seine irdische Existenz voll auf die Karte „Gotteslohn im Himmelreich" setzt, geht ein gewaltiges Wagnis ein, das Wagnis, sein Leben zu vertun. Wenn er sich irrt, hat er alles verloren.

Sein Glaube aber verspricht ihm, alles zu gewinnen. Das Wagnis ist umso größer, je mehr sich der Glaubende für seinen Glauben Erdenglück versagt bzw. je mehr er sich in der vermeintlichen Gottgefälligkeit seiner Taten vergreift.

Es gab und gibt immer wieder Exzesse, wenn Menschen sich mit ihrem Glauben ins Numinose, in radikale Ideologien und religiösen Fundamentalismus verlieren. Im frühen Christentum erlangten skurrile Außenseiter, die ihr Leben über Jahrzehnte almosenernährt, betend und meditierend, auf einer winzigen erhöhten Fläche verbrachten, als sogenannte „Säulenheilige" Verehrung. Flagellanten geißeln und quälen ihr „wollüstiges Fleisch", den ständigen Verführer des „willigen Geistes", noch heute auf dem Jesus-Kreuzweg, um für ihre Sünden zu büßen. Folgen religiösen Wahns sind Kannibalismus, Inquisition, Hexenverfolgungen, Satanskulte, Teufelsaustreibungen oder Selbstmordattentate gegen sogenannte Ungläubige, die etwas anderes glauben als man selbst. Glaubenskriege wie Kreuzzüge oder „Heilige Kriege" sind Irrwege aus Verblendung, für eine gute Sache zu kämpfen. Sie sind nicht ethisch, sondern machtpolitisch motiviert und moralisch verwerflich.

Glaube und Religiosität sind an sich noch nicht von Wert. Sie können auch einfach einer unreflektierten Familientradition oder einem banalen Versicherungsdenken für ein eventuelles Leben nach dem Tode folgen. Der Glaube muss sich an seinen Taten messen lassen. Aus dem Glauben erwachsende Taten müssen den allgemein anerkannten ethischen Grundsätzen der Humanität und Mitmenschlichkeit folgen. Wer im Namen seines Glaubens verbrecherische Handlungen begeht, riskiert, dass ihm statt des erhofften „ewigen Heils" die „ewige Verdammnis" erwartet, sich das Wagnis Glaube ins Gegenteil der Erwartungen verkehrt. Glaube ist ein hochsensibler Wagnisbereich. „Gutgläubigkeit" kann fatale Auswirkungen haben. Die natürlichen Steuerungsinstrumente Gefühl (Zweifel, Bedenken) und Verstand (Ratio, Vernunft) dürfen nicht versagen. Maßstab ist nicht das Streben nach Machterweiterung und Zerstörung, sondern nach einer echten Wertverwirklichung.

Wie es charakteristisch ist für das Wagen, strebt der Glaubende nach mehr Sicherheit (vgl. das Kapitel „Die Theorie des Sicherheitstriebes"). Es geht ihm um eine innere Sicherheit, die psychische Stabilität schafft in einer Welt voller Bedrohungen. Er fürchtet sich vor Krankheiten, vor Unfällen, vor Krieg, vor dem Alter, vor Siechtum, vor dem Alleinsein, vor der Hilflosigkeit, vor der unbekannten Zukunft, vor dem Tod und was ihn danach erwartet. Er sucht dazu einen Halt im Glauben und in der Glaubensgemeinschaft, die ihm klare Verhaltensregeln, Trost im Unglück, ein stimmiges Weltbild, eine ewige glückliche Zukunft im Jenseits versprechen. Der Glaubende will sich im Schutz einer höheren Macht und einer mächtigen Organisation aufgehoben fühlen. Wie bei jedem anderen Wagnis nimmt er damit große Unwägbarkeiten auf sich. Es könnten ja alles nur Wahnvorstellungen sein, reine Fantasiegebilde, Wunschträume, die ihm von Propheten, die auch nur Menschen sind, die für den verheißenen Gotteslohn nicht bürgen können, vorgegaukelt werden. Doch ohne die Risiken des Glaubens können die Verheißungen nicht zuteil werden. Nur das Wagnis Glaube ermöglicht dem Menschen einen Zugang zu den über das physische Leben hinausgehenden Sinnfragen seiner Existenz.

Zusammenfassung und Ausblick

Die Umgangssprache unterscheidet oft nicht zwischen passiv erlebten und aktiv gestalteten Handlungen. So „fliegt" der Fluggast scheinbar in gleicher Weise wie der Pilot. Der Eselsreiter auf Santorin „reitet" wie der Dressurreiter der Hohen Schule der Reitkunst. Selbst ein Holz im Wasser „schwimmt" nach der wortarmen Alltagssprache genauso wie der Spitzenathlet im Wettkampf. Eine ähnlich undifferenzierte Ausdrucksweise findet sich bei der Gleichsetzung von „Pseudo-Abenteuern" unter fremder Verantwortung im Vergnügungspark mit dem selbstverantworteten echten Abenteuer in der Wildnis. Dies behindert die gedankliche Auseinandersetzung mit den bildenden Wirkungen. Die Fachsprache kennzeichnet die „Tätigkeitsworte" daher zusätzlich als „aktives" Reiten oder Fliegen. Der Abenteuerkonsument lässt sich „be-abenteuern". Er frönt in Angstlust dem oberflächlichen Nervenkitzel. Die Bildungswirkung des Wagens erwächst aber aus aktiv gestalteten, persönlich verantworteten, in ihren Folgen akzeptierten Tätigkeiten, die den Wagenden intensiv und ganzheitlich fordern. Der Skydiver *riskiert* nicht zu fallen. Er *wagt* ein kontrolliertes und diszipliniertes Fallen. Der Glaubende *riskiert* nicht sein Leben und Schicksal, sondern *wagt* eine Sinnausrichtung auf metaphysische Welten mit teils gravierenden Konsequenzen für seine irdische Lebensgestaltung. Das sind fundamentale Unterschiede.

Das Wagnis weist Wege in neue Welten und Bewährungsräume. Es prägt dabei den Charakter des Wagenden und leistet Wertschöpfungen. Der Mensch wächst im Wagnis: Der Grenzgänger im Wagnisbereich glaubt nicht voreilig an „gottgegebene" oder „naturgesetzte" Grenzen. Er bescheidet sich nicht vorzeitig und unreflektiert mit dem Gegebenen. Der Grenzgänger denkt und lebt außerhalb verharrender Denkschemata und blockierender Vorstellungen. Als dynamischer Mensch fühlt er sich zur Kreativität und zum Experimentieren berufen. Er spürt Kräfte in sich, die ihm die Entdeckungsmöglichkeiten neuer Lebensräume signalisieren. Der nachdenkliche Grenzgänger weiß, dass scheinbar endgültige Grenzziehungen sich im Laufe der Menschheitsgeschichte immer wieder als nur vorläufig erwiesen haben. So hielt noch der Geheimrat Goethe das galoppierende Pferd für die generell schnellste Fortbewegungsmöglichkeit für den Menschen. Engstirnigkeit, Angst und Trägheit setzen enge Grenzen und behindern den Fortschritt: Der Vorausdenker Lilienthal wurde verspottet, sich wie ein Vogel durch die Luft bewegen zu wollen. Der Grenzgänger wagt es, scheinbare Grenzen anzutasten, zu überschreiten, neu zu definieren. Er sieht sich als Pionier, der das unmöglich Erscheinende möglich machen möchte. Ihn interessieren nicht vermeintliche, er sucht die tatsächlichen Grenzen. Er trachtet darnach, neuen Lebensraum, mehr Welt, zu gewinnen.

Erklärungsversuche für das Streben nach Wagnis

Wenn Wagnis zum Wahn (erklärt) wird

Die Neurosetheorie

(Freud, Balint, Kohut, Argelander u. a. Vertreter der Psychoanalyse und Tiefenpsychologie)

Eine Idee erscheint vielen Menschen so lange „verrückt“, wie sie nicht realisiert ist, wie sie ihnen nicht realisierbar erscheint. Ist sie dann realisiert und hat sie sich durchgesetzt, dünkt sie ihnen normal, ja banal. Sie leben mit ihr wie mit einer Selbstverständlichkeit. So geht es uns beispielsweise mit dem Flugzeug und mit dem Fliegen.

Genies müssen damit leben, daß ihre hochfliegenden Ideen zu Wahnideen werden im Bewußtsein der Allgemeinheit und ihre Erfolge zur selbstverständlichen Alltäglichkeit. Nur wenige Menschen sind in der Lage, sich einen Spielraum der Bewunderung zu erhalten für das unmöglich Erscheinende. Dieses erfordert einen Hauch eigener Genialität – zumindest in der Vorstellung.

„Menschen können nicht fliegen wie Vögel. Die Natur hat sie dazu nicht geschaffen, und wer dieses Naturgesetz mißachtet, macht sich nur lächerlich. Er gefährdet lediglich sein Leben.“

Dieses war die gängige Auffassung, als ein Erfinder, Unternehmer, Konstrukteur, Sportler, mit über 40 Jahren bereits in einem Alter, in dem reife Einsichten jugendliches Risikoverhalten überwunden haben sollten, in Berlin einen 15 Meter hohen Hügel aufschichten ließ, um sich mit verschiedenen selbst gebauten Flugapparaten von seiner Spitze in die Tiefe zu stürzen, um das Fliegen zu lernen.

Hatten nicht vor ihm schon genügend andere Ähnliches versucht, Tagträumer, wie der legendäre Ikarus, von dem OVID uns in seinen „Metamorphosen“ berichtet oder der wirkliche Albrecht Berblinger, den sie den „Schneider von Ulm“ oder Arnold Böcklin, den sie den „fliegenden Maler“ nannten? Waren sie nicht allesamt kläglich gescheitert, so wie es von jedem vernünftigen Menschen vorauszusehen war?

Otto LILIENTHAL war Chef einer Maschinenfabrik, Ehemann, Familienvater. Wie konnte er so verantwortungslos mit seinem Leben spielen, von dem andere abhängig waren?

Fast fanatisch betrieb er seine Flugversuche trotz aller Fehlschläge und Rückschläge. Man nannte ihn den „Verrückten von Lichterfelde“. Damit teilte er das Schicksal anderer Pioniere, Erfinder, Entdecker, Grenzgänger. Sie könnten auch

Kopernikus oder Kolumbus heißen. LILIENTHAL wurde von der Presse verhöhnt, von den Zuschauern verlacht, von den Militärs verkannt, von den Politikern mißachtet.

Man hielt die lebensgefährlichen Flugversuche, die so viel Aufsehen erregten, für die Wahnidee eines Psychopathen, für die krankhafte Überschätzung menschlicher Möglichkeiten. Hier wollte ein Vogel sein, der als Erdenwurm geboren war und der nicht wahrhaben wollte, daß er nicht für die Luft, sondern für den Erdboden bestimmt war. Die Schöpfung hatte es so gewollt. Einem Publikum, das nicht bereit war, Grenzen und Naturgesetze als „vorläufig" oder „vermeintlich" in Erwägung zu ziehen, das schon im Denken und in der Vorstellung nicht in der Lage war, Neues zu wagen, Grenzen zu sprengen, mußten Lilienthals Versuche als Frevel erscheinen, wenn sie denn nicht gar zu lächerlich anmuteten. Das Scheitern galt als vorprogrammiert. So nahm man es denn auch ohne großes Bedauern zur Kenntnis, als sich 1896 ereignete, was jeder erwartet hatte, dass LILIENTHAL (Abb. 47) bei einem seiner Gleitversuche tödlich abstürzte.

Nach Auffassung des Psychoanalytikers H. KOHUT (1974) entwickelt eine neurotische Persönlichkeit, wer nicht in der Lage ist, die eigene Begrenztheit anzunehmen, wer nicht bereit ist, sich auf das normale Maß herabzustufen, mit Unzulänglichkeiten zu leben. Der Mensch muß sich nach KOHUT – will er psychisch gesund bleiben – auf seine Gegebenheiten reduzieren. Dieses bedeutet ein Sich-Bescheiden, ein Verharren in der Ist-Lage. Das Verlassen gesetzter Grenzen, die Grenzsprengung, führt nach KOHUTs Vorstellung in den pathologischen Bereich. Dieser stellt sich am häufigsten in dem komplexen Krankheitsbild der Neurosen dar.

Nach Auffassung der Psychoanalyse, einer Denkrichtung der Psychologie, die von S. Freud begründet wurde, wird das Bestreben, Grenzen zu überschreiten durch ein frühkindliches Trauma, eine tiefe seelische Verletzung, verursacht, die sich daraus ergibt, daß die als glücklich erlebte, schützende, harmonische Mutter-Kind-Beziehung plötzlich endet. Mit der Entlassung aus der Geborgenheit des Mutterleibes (dem sog. „Geburtstrauma"), aber auch etwa beim Hinzukommen von Geschwistern, erfährt die enge Mutterbeziehung einen Bruch. Das Kind muß sich die Mutter mit jemand anderem teilen. Es macht die schmerzliche, oft schockierende Erfahrung der Trennung von Ich und Außenwelt. Es erlebt die Unzuverlässigkeit als sicher geglaubter Beziehungen.

Um neue Sicherheit zu gewinnen, um sich als selbständig, unabhängig, der als feindlich erlebten Außenwelt gewachsen erweisen zu können, muß das Kind eine Bewältigungsstrategie entwickeln. Es erfindet ein „grandioses narzißtisches Selbst". Allmachtsphantasien stützen und überhöhen die eigene Person und ihre Fähigkeiten. Diese kindliche Selbstüberschätzung, die Hypertrophie eines eigenen „Größen-Selbst", wird in einem normalen Entwicklungsverlauf durch Konfrontation mit der Realität und entsprechende Wirklichkeitserfahrungen korrigiert. Sie weicht allmählich einer wirklichkeitsgerechten Selbsteinschätzung.

Gelingt diese Anpassung nicht, wird die eigene Fehleinschätzung vielleicht sogar noch durch falsche Bestätigungen aus der erzieherischen Umwelt gefestigt und gestärkt, kann sich ein Über-Ego ausprägen mit den Erscheinungen von Größenwahn („Ich bin der Größte, mir kann niemand das Wasser reichen."). Die Persönlichkeit wird zum Neurotiker.

Risikosuche kann nach KOHUT dazu instrumentalisiert werden, sich und anderen immer wieder diese Einzigartigkeit und Unverletzbarkeit zu beweisen, sich ihrer zu versichern. Die Auseinandersetzung mit inneren Ängsten wird nach außen getragen. Sie wird auf einem persönlichkeitsfremden Aktionsfeld ausagiert.

Die Folgeüberlegungen von KOHUT werden durch die neueren psychologischen Erkenntnisse und durch die pädagogische Praxiserfahrung gestützt: Schon Lehramtsanwärter können in ihren ersten Unterrichtsversuchen registrieren, daß sich noch viele Grundschulkinder mehr zutrauen als sie leisten können (vgl. auch Warwitz 1998, 40ff.). Aktionsfreudig und optimistisch melden sie sich für Aufgaben, bevor sie noch wissen, was von ihnen verlangt wird. In einem weitgehend egozentrisch und narzißtisch geprägten Weltbild, das der Selbstbehauptung und Selbstfindung dient, verharren Kinder noch bis weit in die Grundschulzeit darin, wenn nicht Erziehung allmählich den ergänzenden Sozialhorizont schafft und eine Werteorientierung anlegt.

Einer anderen Art Wahnidee als Lilienthal folgte 1996 eine Gruppe wohlhabender Amerikaner, deren Schicksal das deutsche Fernsehen am 29.3.1998 in einer Verfilmung zeigte (In eisigen Höhen – Sterben am Mount Everest, USA 1997):

Um einmal am höchsten Punkt der Erde, auf dem 8848 Meter hohen Mount Everest zu stehen, hatten sich die Amateurbergsteiger für 65.000 US-Dollar zwei kommerziellen Unternehmen anvertraut, die sie auf den Berg bringen sollten. Sie kauften sich die Ware Berg – oder ihren Tod? Wenn man der Nachzeichnung des Dramas glauben darf, gingen sie mit erheblichen Defiziten an Professionalität die Aufgabe an. Heldenpathos im Basislager, Sex am Berg, mangelnde psychische und physische Vorbereitung bestimmten die Szene. Mit riesigen Leitern schleusten Helfer durch die steilen Passagen des Berges, ebneten Fixseile, gepäcktransportierende Sherpas, Sauerstoffmasken, am kurzen Seil ziehende Führer den Weg zum Gipfel. Trotzdem starben acht der Touristen qualvoll in Verkennung ihrer Leistungsfähigkeit und der Anforderungen des Berges. Weitere nahmen bleibende Schäden wie Erfrierungen mit nach Hause. Weinend, fassungslos fragt sich ein Überlebender der Katastrophe: „Warum haben wir das bloß getan? Wofür sind die Kameraden gestorben?"

Ähnlich erging es den Bergtouristen am K2 (8616 m). Etwa jeder dritte Bergsteiger, der ihn bisher besteigen wollte, büßte den Versuch mit seinem Leben. Während nur vier Wochen des Jahres 1986 waren es allein sieben.

In seinem Buch „K2, Drama und Schicksal" hat der Extrembergsteiger Kurt DIEMBERGER, selbst Betroffener, die Faszination des Berges, die „wahnsinnsintensiven Momente" der Besteigung, aber auch die Tragödien an diesem Berg geschildert. Nach einem Sturz fünf Nächte in der Todeszone des Berges festgehalten, verlor er seine Seilgefährtin und eine Reihe von Fingern und wurde schließlich auf einer Trage ins Basislager geschleppt. Ein Jahr später aber zog es ihn bereits wieder an seinen Berg, ähnlich wie R. Messner nach der Tragödie mit seinem Bruder an den Nanga Parbat. Was übt diese unwiderstehliche Sogwirkung aus an den Ort des Grauens? Ist es die gleiche Macht, die den noch Lebenden auf den Friedhof zieht, wo seine Angehörigen, seine Freunde, seine Erinnerungen ruhen? Ist es die Magie des Berges, die Sehnsucht, seinen unergründeten Geheimnissen auf die Spur zu kommen? Oder ist es lediglich der krankhafte Wunsch, es „wissen zu wollen", dem Berg seinen Willen aufzuzwingen, ihm den Fuß auf das Haupt zu stellen, ihn zu überragen, sich ihm gewachsen zu zeigen bis zur Selbstzerstörung? Ist es ein Traum oder ein Wahn, der diese Menschen leitet?

Vierhundert Jahre vor Lilienthal träumte bereits ein anderes Genie davon, sich mit einem Fluggerät durch die Luft zu bewegen, LEONARDO DA VINCI. Als gerade Dreißigjähriger begann er, sich für den Vogelflug zu interessieren, Luftströmungen, Auftriebskräfte und Steuerungssysteme zu studieren, Fallschirme und Flugmaschinen zu entwickeln und mit ihnen zu experimentieren (Abb. 28).

Auf der Basis seiner umfangreichen Forschungen und Versuche sieht LEONARDO 1486 erstmals reale Chancen, *„daß der Mensch die Luft wird unterjochen und sich über sie erheben können, wenn er gegen die Widerstand leistende Luft mit seinen großen, von ihm gefertigten Flügeln eine Kraft ausübt und diesen überwindet"* (fol. 381 des Cod. Atl.). Im Anblick des Monte Ceceri, seines Hausbergs in Fiesole, notierte er in seinen Aufzeichnungen: *„Einst wird der große Vogel seinen Flug nehmen vom Rücken des Berges, die Welt mit Erstaunen, das Universum mit seinem Ruhme füllend, und ewige Glorie wird sein dem Ort, wo er geboren wurde."* LEONARDO prophezeite damit ein Ereignis, das er selbst in seinen weiteren 29 Jahren Flugforschung nicht mehr erleben sollte, das aber Lilienthal schließlich Realität werden ließ.

In einem Beitrag von 1910 (Anwendungen der Psychoanalyse, Frankfurt 1978) setzt sich FREUD mit den Tagträumen und dem aviatischen Forscherdrang LEONARDOS auseinander. Bei dem Versuch, die Antriebsquelle für die Flugleidenschaft freizulegen, kommt er zu dem Schluß, *„daß der Wunsch, fliegen zu können, im Traume nichts anderes bedeutet, als die Sehnsucht, geschlechtlicher Leistungen fähig zu sein. Es ist dies ein frühinfantiler Wunsch"* (182). Kinder träumen nach FREUD im Verlaufe ihrer kindlichen „Sexualforschung" davon, etwas zu vermögen, was ihnen noch versagt ist, nämlich, sich sexuell betätigen zu können, *„und sie träumen davon in der Form des Fliegens"* (183). In den Abbildungen und Sprachbildern vom Phallus, den die Alten als geflügelt darstellten, der im Italienischen l'uccello (Vogel) heiße und dessen Betätigung im Deutschen als „Vögeln" bezeichnet werde, sieht Freud ebenso wie in den Kindergeschichten, die davon erzählen, daß ein Storch die Babys bringe, metaphorische und sprachliche Hinweise auf eine Verbindung von Sexualität und dem Traum vom Fliegen in den Köpfen der Menschen: *„So hat also auch die Aviatik, die in unseren Zeiten endlich ihr Ziel erreicht, ihre infantile erotische Wurzel“* (183).

Nach Auffassung des Nervenarztes FREUD hat sich LEONARDO DA VINCI in Anbetracht seiner jahrzehntelangen ernsthaften Befassung mit dem Gegenstand Fliegen als neurotische Persönlichkeit zu betrachten, als pathologischen Fall *„mit regressiven Zügen“*, der seine Schaffenskraft aus Versagungen und Verdrängungen bezieht: *„Nach den kleinen Anzeichen an Leonardos Persönlichkeit dürfen wir ihn in die Nähe jenes neurotischen Typus stellen, den wir als ›Zwangstypus‹ bezeichnen, sein Forschen mit dem ›Grübelzwang‹ der Neurotiker, seine Hemmungen mit den sogenannten Abulien derselben vergleichen“* (186).

Neurosen sind seelische Erkrankungen ohne organischen Befund. Sie stellen sich nach FREUD als Niederschlag dar von Versagungen und Verdrängungen, die er aufgrund der ausgeprägten menschlichen Triebstruktur für unvermeidlich hält. Ihre Therapie besteht darin, sie über eine persönliche Affektbildung abzureagieren. LEONARDO ist es nach FREUD gelungen, seine verdrängten Triebe in geistiger Verarbeitung zu sublimieren, sie als Kraftquelle für seine künstlerischen und wissenschaftlichen Schöpfungen zu nutzen.

Wir wissen heute, daß LEONARDO mit seiner Voraussage des Menschenfluges weder illusionären Wunschträumen nachjagte, noch pathologischen Phantasien unterlag, sondern einer Vision Ausdruck gab, die sich aus seinen wissenschaftlichen und praktischen Erkenntnissen begründete, die er konsequent und realitätsgerecht weiterdachte, die sich mit dem Forschungsstand und den technischen Möglichkeiten seiner Zeit noch nicht realisieren ließ, deren Realisierbarkeit LEONARDO jedoch bereits erkannte. Er sah und dachte seiner Zeit damit mehr als 400 Jahre voraus.

Auch wenn Thematik und Ausdrucksformen der Malerei, der plastischen Kunst, der anatomischen Studien LEONARDOs die Vermutungen FREUDs nach einer libidobestimmten Antriebskraft nahezulegen scheinen, regen sich Zweifel, ob die Deutung geeignet ist, der vielschichtigen Persönlichkeitsstruktur des Universalgenies LEONARDO gerecht zu werden. Die heutige Psychologie geht von einer Vielzahl verschiedener Antriebsquellen aus, von denen das Wollen und Handeln einer ausgeprägten Persönlichkeit gespeist wird, über die sie verfügen kann. Der von FREUD vertretene Sexualismus erregte schon bei seinen berühmten Schülern C. G. JUNG, A. ADLER oder V. FRANKL Widerspruch, die weitere – für den Risikobereich zweifellos näherliegende – Triebformen hervorhoben, wie den Machttrieb oder den Sicherheitstrieb. Das enge, vom Triebleben her bestimmte Menschenbild kritisierten auch M. SCHELER und K. JASPERS. Das eros-zentrierte Denken FREUDs wurde schon in zeitgenössischen Karikaturen verspottet (vgl. Abb. 30). Trotz dieser bedeutenden und berechtigten Einwände erreichten die Lehren Freuds in popularisierter Form, vor allem in den USA, den Status von Selbstverständlichkeiten und Allgemeinwissen, der teilweise bis heute fortwirkt.

Verdrängte, krankmachende Erlebnisse erfahren oft eine indirekte, verhüllende Darstellung in Traumbildern. So wandte sich FREUD bereits früh der Analyse von Träumen zu. Schon in der Publikation von 1900 (Ges. Werke, London 1947), die er „Traumdeutung“ betitelte, spricht FREUD von Träumen, in denen Menschen meinen, ohne jede Anstrengung durch die Luft zu fliegen. Er nannte sie „Flugträume“. BALINT (1994, 61), ein späterer Psychoanalytiker, möchte lieber von „Schwebeträumen“ sprechen, da die Empfindung eines Gewichtes, das getragen werde, völlig fehle. In der Tradition der psychoanalytischen Denkweise stehend, interpretiert er diese Träume *„als Wiederholung entweder der frühesten Mutter-Kind-Beziehung oder der noch früheren intrauterinen Existenz“ ... „während welcher wir wirklich eines mit dem Universum waren und in der Amnion-Flüssigkeit wirklich, ohne daß wir praktisch ein Gewicht zu tragen hatten, schwebten“* (63). Erlebnisse dieser Art sind daher für ihn *„nichts anderes als wunscherfüllende Erinnerungen an diese Zustände“* (64).

Abb. 30 Sexualtrieb-fixierter Freud (Zeitgenössische Karikatur eines unbek. Autors, ca. 1925)

Einige Jahre nach seinem Artikel zu Leonardo stellt FREUD unter der Überschrift „Die beiden Triebarten“ dem Sexualtrieb oder „Eros“ einen weiteren Trieb, den sogenannten „Todestrieb“ gegenüber (Psychoanalyse des Unbewußten, 1923, 307–314). Ist der Sexualtrieb auf Lebenserhalt ausgerichtet, so strebt der Todestrieb darnach, *„das organische Leben in den leblosen Zustand zurückzuführen“* (307). Wird der Erostrieb von der Gefühlsäußerung „Liebe“ bestimmt, so ist es der „Haß“, der dem Destruktionstrieb *„den Weg zeigt“* (309). Beide stehen in einem ambivalenten Verhältnis zueinander, können einander ablösen, ineinander übergehen, sich verwandeln. Das Leben sieht FREUD als einen *„Kampf und Kompromiß zwischen diesen beiden Strebungen“* (307).

Der Todestrieb kann sich nach FREUD (320) verschiedenartig äußern:

- er kann sich mit erotischen Komponenten mischen,
- er kann sich als Aggression nach außen wenden,
- er kann nach innen tätig werden.

Es ist unschwer auszumachen, welcher Triebform nach Freud die Risikobereitschaft vorrangig zuzuordnen ist.

Bei bestimmten (extremen) Erscheinungsformen (Sadismus, Masochismus) scheint sich die destruktive Komponente im Über-Ich festgesetzt zu haben und gegen das Ich zu wüten (309). Das Auftreten des „Destruktionstriebs" wird besonders in schweren Neurosen, etwa der Zwangsneurose, deutlich (308). *„Die gemeinsame Ätiologie für den Ausbruch einer Psychoneurose oder Psychose bleibt immer die Versagung, die Nichterfüllung eines jener ewig unbezwungenen Kindheitswünsche, die so tief in unserer phylogenetisch bestimmten Organisation wurzeln."* (Freud, Neurose und Psychose, 1923, 335).

Mit diesen unerfüllten Kindheitsträumen sind nicht etwa die Tagträume eines Kindes gemeint, das, auf dem Rücken liegend, die Flugkünste der Vögel über sich bewundert und es ihnen gleich tun möchte. FREUD greift tiefer, ins Unterbewußte, Unbewußte. Er meint die frühkindlichen Bindungswünsche des Kindes an seine Mutter und die lebensbestimmende seelische Verletzung, die sich aus dem Trennungserlebnis ergibt.

Mit der Analyse eines konkreten Falles aus seiner psychotherapeutischen Praxis hat ARGELANDER (1972) die Denkstrukturen der Tiefenpsychologie exemplarisch dargestellt:

Es handelt sich um einen leidenschaftlichen Segelflieger, der sich wegen zwischenmenschlicher Probleme in die Behandlung begeben hat. Auf den ersten Blick ein Siegertypus, der Therapeut registriert eine *„strahlende Sicherheit"* (104), leidet der Patient an psychosozialen Persönlichkeitsstörungen. Sein Problem sind massive Kontaktstörungen zu anderen Menschen, eine Neigung, sich anderen zu entziehen, ihnen auszuweichen, Menschen fallenzulassen oder zu manipulieren (93).

ARGELANDER vermutet den Schlüssel für die Sozialprobleme in der schon sehr früh aufgetretenen Leidenschaft für den Flugsport. Nach jahrelangen Gesprächen gelangt er zu der Diagnose „Narzißmus". Der Mann leidet nach seinen Erkenntnissen an einer auf die eigene Person ausgerichteten, autoerotischen Charakterfixierung, einer Art Selbstverliebtheit. Die Entwicklung zu diesem Zustand schreibt er einer traumatischen Erfahrung aus der frühen Kindheit zu: Mit der Geburt seines jüngeren Bruders erlebte der Patient die enge Beziehung zu seiner Mutter, die sein Fühlen, Denken und Handeln bis dahin nachhaltig bestimmte, die seine ganze Existenz ausmachte, gestört, ja zerstört. Er fühlte sich fallengelassen, entwickelte Trennungsängste und gab nun auch seinerseits Bindungen zu anderen Menschen leicht auf, enttäuscht von der mangelnden Tragfähigkeit und Verläßlichkeit menschlicher Beziehungen.

Da der Wunsch nach Sicherheit und Identifizierungsmöglichkeit aber intensiv fortbestand, wendete der Patient nach Deutung des Therapeuten sein entsprechendes Verlangen nun einem *„nichtmenschlichen Objekt"* zu, das geeignet war, ihm das „*Gefühl sicheren Getragenwerdens*“ zu vermitteln, das aber die negativen Momente möglichen Getrenntwerdens nicht enthielt, dem Flugzeug (38–40).

Mit dieser „Objektverschiebung“ gelang dem Patienten nach der Überzeugung von ARGELANDER eine Ich-Erweiterung. Er gewann die Möglichkeit, kraft *eigenen* Wollens, *eigener* Entscheidung, *eigener* Fähigkeiten, *eigener* Kompetenz die gewünschte Objektbeziehung aufrechtzuerhalten. Das Fluggerät ersetzte ihm als jederzeit verfügbarer, steuerbarer Partner allzu unzuverlässige, sich ablösende menschliche Beziehungen. Es gelang ihm auf diese Weise, von fremder Gunst unabhängig zu werden und – im Wege einer Ersatzhandlung – den ersehnten primärnarzißtischen Zustand der frühen Kindheit wiederzuerlangen. Die Bindung an und die Verfügung über das Flugzeug ersetzten die zerbrochene Mutterbindung.

Diese regressive Verhaltensweise, der Rückfall in frühkindliche Zustands- und Denkmuster, der Rückgriff auf Ersatzhandlungen, um die Strukturen früherer Entwicklungsphasen wiederherzustellen, zeigt nach FREUD eine mangelhafte Verarbeitung alter, meist unbewußter Konflikte und wird von der Psychoanalyse als Indiz einer Neurose und Charakterstörung betrachtet (9).

Während die von FREUD geprägte Lehre der Psychoanalyse jedoch bis in die siebziger Jahre noch an einer einseitig psychopathologisch bestimmten Narzißmusvorstellung festhielt, die durch Ichbezogenheit, Überheblichkeit, Abwendung von sozialen Aufgaben und Mangel an sozialer Reife gekennzeichnet war, vollzog sich in den neueren Strömungen ein Einstellungswandel. Die jüngere Psychoanalyse nimmt auch die kreativen Leistungen des Narzißmus und den Wert der menschlichen Eigenentwicklung (Selbstverwirklichung) mit in den Blick.

ARGELANDER kennzeichnet die Charakterentwicklung des Fliegers entsprechend: Er baute aus dem Zustand der Verletzlichkeit und dem Mangel heraus konstruktiv und kreativ eine Ich-Autonomie auf, die ihn sicher und unabhängig machte. Er stellte sich den Problemen und fand aus eigener Kraft Lösungen. Über eine Wandlung seines Charakters mobilisierte er Selbstheilungskräfte und bewerkstelligte eine Neuorientierung. Er arbeitete seine frühen Lebenskonflikte in der Weise auf, daß er die für ihn nicht leistbare personale Beziehungsebene (bei der fremde Subjekte ausschlaggebend mitwirken) zugunsten der leistbaren Sachebene (die nur von der eigenen Persönlichkeit abhängig ist) verließ. Über eine gelungene Kompensationsleistung, über den Ausbau einer souveränen Ich-Kompetenz, gelang es dem Patienten, das psychische Gefährdungspotential im zwischenmenschlichen Bereich zu reduzieren und sein Ziel zu erreichen, „*schwerelos getragen zu werden*“ (93). „*Das Fliegen wurde zu einem Merkmal seines Charakters*“ (107).

Allerdings waren die Sozialprobleme (die den Flieger zum Psychiater führten) damit nicht gelöst. Der neue Zustand wurde außerdem auf Kosten des Rückfalls in frühere Denkmuster erkauft.

Die Nachvollziehbarkeit des Erklärungskonstrukts wird jedoch erschüttert, wenn ARGELANDER konkret wird. Den „narzißtischen Charakteranteil" erschließt er z.B. aus Bemerkungen seines Patienten wie folgender:

„Ich bin in letzter Zeit viel mit meiner Maschine unterwegs gewesen. Einmal bin ich sogar in ein Gewitter hineingeraten und war völlig allein, nur auf meine Instrumente angewiesen. Ein Glücksgefühl kam dabei auf, das mich vollkommen mit der Natur eins werden ließ. Nur der Gedanke enttäuschte mich, wieder landen zu müssen. Ich war lediglich von Instrumenten abhängig, die ich selbst unter Kontrolle hielt ..." (65).

Jeder Pilot weiß, daß seine Cockpit-Instrumente im Gewitter versagen, Funkkontakte abreißen, Peilungen unmöglich werden, Flugzeuge abstürzen können. Der Flieger wird hilflos im Gewitter, ein Spielball der Elemente. An die Stelle der Abhängigkeit von anderen Menschen tritt hier die von den Naturgewalten und von der Technik. Die vermeintliche Kontrolle ist nicht gegeben. Außerdem bleibt zu bezweifeln, daß sich bei einem Gewitterflug in irgendeinem Piloten Glücksgefühle und die Vorstellung vom Einssein mit der Natur einstellen. Der Flieger-Schriftsteller SAINT EXUPÉRY (1932/1953) hat diese Paniksituationen größter Einsamkeit, Hilflosigkeit und Todesnähe mehrfach erlebt und in seinen Büchern kompetent dargestellt.

Abgesehen von solchen fliegerfachlichen Irritationen stellt sich die Frage nach dem Sinn so weit zurückreichender, spekulativer, monokausaler Gedankenkonstruktionen, die der Therapie der aktuellen Probleme nicht helfen.

Über den Einzelfall hinausgehend, versucht BALINT (1959/1994) eine Erklärung dafür zu geben, daß ein Teil der Menschen dem Wagnis zuneigt, ein anderer Teil aber es tunlichst zu vermeiden sucht. Er tut dies in Form einer Typisierung.

BALINT kontrastiert zwei Persönlichkeitsprofile miteinander, die sich in ihrer jeweils charakteristischen Weise, mit gefährlichen Situationen umzugehen, voneinander unterscheiden. Es sind idealtypisch gedachte Extremvarianten, die in ihrer reinen Erscheinungsform sehr selten auftreten, aber Verhaltenstendenzen aufzeigen. Es handelt sich um Charakterprofile, die sich schon bei FREUD in den Eigenschaftsbezeichnungen „narzißtisch" und „anlehnend" finden. BALINT spricht vom „Philobaten" und „Oknophilen".

Der Philobat (dem griechischen Begriff *akrobates = der auf Zehen geht, der das Äußerste besteigt* nachgebildet) ist ein Menschentyp, der Wagnisse genießt.

Der Oknophile (von griechisch *okneo = sich scheuen, sich fürchten, zögern, besorgt sein*) ist ein Menschentyp, der sich vor Wagnissen fürchtet, der Gefahren lieber ausweicht, der sich an einen Halt anklammert, der Schutz sucht.

Die äußere Welt ist für den Philobaten und den Oknophilen die gleiche, die innere jedoch erweist sich als grundverschieden. Beide erleben dieselbe äußere Situation entsprechend ihrer andersartigen Charakterstruktur unterschiedlich. So empfindet beispielsweise der Philobat Schwindelgefühle, die ein Karussell verursacht, als anregend, der Oknophile aber als unangenehm. Da die Außenerfahrungen mit der jeweiligen Innenwelt übereinstimmen, zutreffend und richtig erscheinen, besteht nur eine sehr geringe Möglichkeit, die Persönlichkeit zu ändern. Die Wahrheit ist zweigeteilt. Sie ist subjektiv: das Karussell ist in der Tat für den einen anregend, für den anderen unangenehm.

Die Persönlichkeit des Philobaten kennzeichnet sich durch Unabhängigkeit und hohes Selbstvertrauen. Er ist sich selbst genug und genießt das Bewußtsein, nach Bedarf über Situationen und Personen souverän verfügen zu können. Er fühlt sich allen Anforderungen und Gefahren gewachsen und sucht die größtmögliche Kontrolle über Dinge und Menschen. In der Zuversicht, jederzeit einen Ersatz zu finden, ist er bereit, Objekte, Besitzstände, Personen fallen zu lassen.

Der Oknophile weist sich durch seine Anhänglichkeit aus. Er klammert sich an Objekte und Menschen, von denen er sich Schutz verspricht, die Hilfe zu bieten scheinen. Seine Welt baut sich aus körperlicher Nähe und Berührung auf. Leere Räume und Gefahrenmomente werden erst im Tastkontakt mit schutzbietenden Objekten sicher.

BALINT stuft beide Verhaltensvarianten als *„primitive Haltungen"* (36) ein: Während der Philobat der Illusion unterliegt, aus eigener Kraft alle Probleme lösen zu können, lebt der Oknophile in der naiven Zuversicht, im Kontakt mit einem Schutzgeber sicher zu sein.

Risikohandlungen und Wagnisleistungen erfordern nach BALINTs Typologie eine philobatische Mentalität:

Der *Abfahrtskiläufer* muß bereit sein, sich auf gleitenden Brettern in einen steilen Hang zu stürzen. Der *Kanute* muß sich auf die Gefahren von Felsen, Schnellen und Wirbeln im Wildwasser einlassen. Der *Drachenflieger* muß von der Rampe in den leeren Raum hinein starten und das Abheben vom sicheren Boden wagen. Der *Kletterer* muß sich dem Ausgesetztsein in steiler Wand stellen.

Das Vertrauen in die eigenen Fähigkeiten, in die gecheckte Ausrüstung, in das Gelingen des Problemmanagements tragen die vorherrschende optimistische Stimmung „Ich werde das Ding schon schaukeln! Ich bekomme alles in den Griff!" Die gedankliche Besetzung wird von innen nach außen gerichtet. Angst und Depression haben keinen Platz.

Hinsichtlich des Wagnisniveaus unterscheidet BALINT beispielhaft drei Stufen:

- den *Besucher eines Jahrmarktes oder Vergnügungsparks*, der sich ganz auf die TÜV-geprüfte Sicherung des Veranstalters verläßt und sich eher passiv dem gebotenen Erlebnistaumel hingibt, *„ein Kind im Gewande eines Helden"* (92),

- den *Sportler*, der die Gefahren, die er eingehen will, weitgehend selbst abschätzen, kontrollieren, meistern muß, dem dabei „wohlwollende Wächter" in Form von Ausbildungsvorschriften, Lizenzen, Gerätechecks, Verwendungsgarantien hilfreich zur Seite stehen und
- den *Professional*, der als Stuntman, Testfahrer oder Testflieger die Sicherheitsmaßstäbe erst finden und schaffen muß und sich auf dem Wege dorthin schwer kalkulierbaren Risiken aussetzt, den Berufsrisiken des Pioniers.

Auch BALINTS Typologie erwächst tiefenpsychologischen Überlegungen:

Ausgangspunkt für den Psychoanalytiker ist die Erfahrung der Harmonie von Ich und Umwelt, von Subjekt- und Objektwelt, von Innen- und Außenwelt, die in der Frühkindheit vorherrscht. Das Erkennen der getrennten Existenz, der auseinanderstrebenden Ansprüche von Ich und Welt wird als traumatisches Erlebnis gedeutet. *„Die traumatische Entdeckung der Existenz von getrennten Einzelobjekten"* (73) mit Interessenkonflikten zwischen der eigenen Person und anderen aber erfordert eine Bearbeitung und Verarbeitung durch die werdende Persönlichkeit. Entsprechend ihrer sehr verschiedenartigen Charakterveranlagung kommen dabei der Philobat und der Oknophile zu unterschiedlichen Ergebnissen:

Der *Philobat* akzeptiert die neue Realität einer Trennung von Ich und Welt. Er läßt sich auf sie ein und entwickelt über die Aneignung von Fertigkeiten (skills) eine wirklichkeitsgerechte Anpassung. Durch einen den Anforderungen entsprechenden Kompetenzaufbau wachsen sowohl das Vertrauen in die eigenen Kräfte als auch eine begründete Erwartung an die Bereitschaft der Welt, sich erobern zu lassen („Warte Welt, ich mache dich mir verfügbar!"). Der Philobat strebt einen neuerlichen Harmoniezustand an zwischen sich und seiner Umwelt auf der Basis eigenen Könnens. Unablässige Realitätsprüfung, Selbstkritik, Arbeit an sich, führen zu einer Perfektionierung der Umweltkontrolle, die alles Mögliche machbar machen möchte. So wird ein Teil des Identitätsbegehrens, der ursprünglichen Harmonie der Subjekt-Objekt-Beziehungen, wiederhergestellt. Probleme treten nur auf, wenn Realitätssicht und Selbsteinschätzung auseinanderdriften. Dann können sich z. B. Allmachtsgefühle und Omnipotenzanwandlungen einstellen.

BALINT beschreibt die gelungene Art der Daseinsbewältigung des Philobaten als *„Bewältigung der Welt durch die Entfaltung der Ich-Kräfte und ihre Integration"* (72).

„Der Preis, den er dafür zu zahlen hat, scheint ein Zwang zu einer nie endenden Wiederholung des ursprünglichen Traumas zu sein, eine Art traumatischer Neurose", meint BALINT (73) und gelangt zu dem Schluß, *„daß ein Weg, vielleicht sogar der wichtigste, um sich mit den Folgen eines Traumas auseinanderzusetzen, der ist, es aktiv und absichtlich hervorzurufen. Die Voraussetzung dafür ist,*

daß wir Umstände schaffen können, in denen die von uns erworbenen Fähigkeiten mit Sicherheit genügen, um eine Wiederholung des Schocks zu verhindern, den das ursprüngliche Trauma hervorgerufen hat.

Vielleicht ist die an die traumatische Neurose erinnernde endlose Wiederholung ein Versuch, uns dessen zu versichern, daß unsere Geschicklichkeit endgültig ausreicht, um jede Wirkung eines neuen Traumas, das uns je treffen könnte, abzuwehren. Die Tatsache, daß der Philobat diese Versicherung wieder und wieder erzwingen muß, legt uns die Vermutung nahe, daß er die Thrills braucht, um seine Zweifel an der Verläßlichkeit seiner Fertigkeiten zu kontrollieren" (97/98).

Der *Oknophile* erlebt das gleiche Trauma einer Entzweiung des Ich von den Objekten der Umwelt. Aber er erlebt es anders und reagiert anders darauf. Seine erste Reaktion ist ein Verleugnen der Tatsache. Durch Anklammern an seine Objekte versucht er, sich der Untrennbarkeit zu versichern. Er will die Trennung nicht wahrhaben.

Auf die selbst gestellte Frage, welche der beiden Charakterausformungen nun „gesünder" sei, meint BALINT *„Die Antwort ist klar: beide Haltungen sind mehr oder weniger pathologisch"* (74). Es handelt sich um *„posttraumatische Zustände*" (76/77), die dadurch gekennzeichnet sind, daß die Probleme mangelhaft aufgearbeitet sind, was sich in Form von Neurosen äußert. Balint betont noch, daß beide Charakterausformungen in gleicher Weise Sportler, Wissenschaftler, Künstler oder weitere menschliche Gruppierungen betreffen können und daß sie im physischen wie im psychischen Bereich anzutreffen sind (75).

Bewertung

Wie auch bei den weiteren Erklärungsmodellen, sollen folgende Fragen die Überlegungen zu dem psychoanalytischen Denkansatz leiten:

- Wo und wie ist das Modell einzuordnen?
- Wie steht es um seine Objektivierbarkeit, seine empirische Absicherung?
- Welche Evidenz kommt ihm zu? Wie plausibel ist es?
- Welche Akzeptanz findet es bei den Betroffenen?
- Welche Auswirkungen hat es auf die Praxis?
- Welche Bedeutung im Sinne einer Breitenwirkung kann es erreichen?

Hierbei sollen auch die Ergebnisse einer Befragung einbezogen werden, an der zwischen 1997 und 1999 insgesamt 1221 Nichtrisiker und Risiker (Risikosportler, Extremsportler, Stuntmen, Grenzgänger) in Form von Interviews bzw. halboffenen Fragebögen beteiligt waren.

Der Psychoanalyse kommt das Verdienst zu, erstmals ein schlüssiges Konzept entworfen zu haben, das die Hintergründe und das Entstehen wagnishafter Charakterhaltungen zu erklären versucht. Die berufliche Prägung FREUDs als Nervenarzt und sein entsprechendes Umfeld legten es nahe, daß er in den Kategorien „krank“ und „gesund“ dachte und daß sich seine Überlegungen aus Fallanalysen seiner psychotherapeutischen Praxis ergaben.

Nicht die Freude an der Leistung, der Wunsch, sich auszuprobieren, sich etwas abzuverlangen, Außergewöhnliches zu gestalten, leiten nach Auffassung der Psychoanalyse das Denken und das Handeln des wagnisbereiten Menschen, sondern der innere Zwang, frühkindliche Verletzungen zu reparieren. Nicht das Angenehme, Reizvolle, emotional Lohnende der Anstrengung regen ihre stete Wiederholung an, sondern ein zwanghaftes Muß, sich seiner Fertigkeiten immer wieder zu versichern, die Notwendigkeit, einen früheren Harmoniezustand, der verlorenging, wiederzugewinnen. Lebenslange Selbstheilungsversuche, nicht Selbstverwirklichungswünsche, bestimmen die Charakterentwicklung. Diese ist also vorrangig therapeutisch bedingt.

Mit der Kontrastierung zum Oknophilen wird der Risikofreudige an den Rand des Verhaltensspektrums gestellt. Er findet sich in den Erscheinungen des „Narzißten“ oder „Philobaten“. Die Extremvarianten aber werden als pathologisch klassifiziert und dem Krankheitsbild der Neurosen zugeordnet. Nur wer ein ausgewogenes Verhältnis zwischen den Extremverhalten des Oknophilen und des Philobaten lebt, ist nach BALINT psychisch gesund. Der Bereich des Gesunden wird im Mittelfeld angesiedelt, Gesundheit damit auf Normverhalten und Mittelmaß begrenzt. Wagnisverhalten wird „ausnormalisiert“. Hinsichtlich des Wagnisbereichs kennzeichnet sich das psychoanalytische Konzept damit als pathologisches Erklärungsmodell. Bei diesem Erklärungsversuch mit den Einstufungen von „gesund“ und „krank“, „normal“ und „extrem“ wird übersehen, daß sich der Wagnisbereite nicht in ein Schema einfügen läßt, das aus dem Blickwinkel des Normalen stammt, daß er nicht mit den Maßstäben des Normalen zu messen ist, daß er vielmehr eigene Beurteilungskategorien schafft. Aus der Perspektive des Wagenden können sich – gerade umgekehrt – Risikobereitschaft und Wagemut als eigentlich gesunde und normale Charakterzüge darstellen, kann gerade ihr Mangel als ein Defizit erscheinen, das pathologisch ist und einer Behandlung bedürfte. Es wird verkannt, daß die Vorstellung von dem, was normal und gesund sei, meist nicht viel mehr bedeutet als die verallgemeinernde Projektion des eigenen Zustands und der eigenen Befindlichkeit. Sie präsentiert sich häufig als Maß der Mehrheit (der Quantität). Sie entpuppt sich oft als ein Ausdruck für Mittelmaß. Alle drei Möglichkeiten aber werden der Bewertung des Wagnishaften nicht gerecht. Es ist daher erforderlich, Begriff und Bereich des Gesunden zu objektivieren, jedenfalls erheblich weiter zu fassen.

Die *Beschreibung* des wagnisbereiten Menschen, d. h. die phänomenologische Bestandsaufnahme durch die Psychoanalyse, erscheint gelungen. Die Typisierung der Extremvarianten des Oknophilen und des Philobaten erreicht eine hohe Evidenz und Akzeptanz bei den von uns befragten Risikern und Nichtrisikern. Den Charakterbezeichnungen wird eine große Treffsicherheit bescheinigt. Viele können sich in ihnen tendenziell wiedererkennen.

Die tiefenpsychologischen *Deutungen* können jedoch nur von wenigen nachvollzogen werden. Die Gedankenkonstruktion von frühkindlicher Heile-Welt-Erfahrung, Trennungstrauma, langwierigen Kompensationsanstrengungen, unvollständiger Verarbeitung und Herausbildung von neurotischen Störungen erscheint zwar in sich stimmig, wird aber in ihren Prämissen und im Resultat kaum akzeptiert. Das Phantom einer die gesamte Entwicklung bestimmenden schützenden Mutter trägt skurrile Züge wie die Schrumpfung der Antriebskräfte auf den Libidoeffekt, den Sexual- oder den Todestrieb. Das Denkmodell bewegt sich innerhalb sehr enger eigener Vorgaben, die weitgehend hypothetisch, empirisch nicht verifizierbar, bleiben und die Offenheit für alternative Möglichkeiten beeinträchtigen. Die Variantenvielfalt der menschlichen Antriebsquellen (Bewegungstrieb, Spieltrieb, Erfindungstrieb, Leistungstrieb, Gestaltungstrieb, Darstellungstrieb, Vervollkommnungstrieb u. v. a. m.) wird zugunsten letzter Urtriebe reduziert, was die Lebensnähe beeinträchtigt und die Wirklichkeitssicht verengt. Nur wenige Psychoanalytiker verfügen über fundierte eigene Erfahrungen in Risikobereichen. Vielleicht erklärt dies die Kluft, die sich bei zahlreichen Talkshows im Fernsehen zwischen den Theorien der eingeladenen Psychologen und den Eigenerfahrungen der damit konfrontierten Risiker offenbart. Die Erklärungen erscheinen seltsam wirklichkeitsfremd und abenteuerlich.

Der Risikofreudige wird von der Psychoanalyse zum pathologischen Fall erklärt, auch wenn er sein Kranksein selbst nicht wahrnimmt, sich im Gegenteil vital und psychisch gesund fühlt. Die Tatsache, daß bei seinem „Patienten“ nur selten ein Leidensdruck besteht, daß er sich entsprechend auch nur selten in psychotherapeutische Behandlung begibt, ist für den Psychoanalytiker jedoch nicht relevant. Sie besagt ihm lediglich, daß der Patient seine Psychose ins Unbewußte / Unterbewußte „verdrängt“ hat: *„Während die Hemmungen des Oknophilen allzu sichtbar sind, sind die des Philobaten meist geheim, und oft ist er sich ihrer selbst nicht bewußt*“ (Balint 113). Der Widerstand gegen das Bewußtmachen der unterstellten Krankheit wird selbst als ein wichtiges Krankheitssymptom gedeutet. Es stellt sich sperrend gegen die Aufarbeitung der verdrängten Erlebnisse.

Einer nicht nachprüfbaren Spekulation wird damit viel Raum gegeben. Der Risiker ist krank, ohne es zu wissen / wissen zu wollen und ohne es zu spüren. Damit verdichtet sich bei diesem der Eindruck, daß ihm ein Kranksein aufgedrängt und eingeredet werden soll. Es stärkt sich der fatale Verdacht, daß nicht gesund sein darf, was krank sein muß. Dies fördert nicht gerade die Evidenz und die Akzeptanz der Theorie bei den Betroffenen. Lediglich bei den Nichtrisikern, also in der Fremdeinschätzung, ergibt sich bei unserer Befragung eine, wenn auch nicht erhebliche, Zustimmungsquote.

Schon aufgrund der geringen Akzeptanz durch die Betroffenen, aber auch wegen seiner mangelnden empirischen Absicherung und Objektivierbarkeit kann dem psychoanlaytischen Erklärungsmodell keine große Breitenwirkung und Praxisrelevanz zugeschrieben werden. Es hat wenig Einfluß auf die Deutung der aktuellen gesellschaftlichen Probleme und Massenphänomene. Das wachsende Abenteuerbedürfnis, die zunehmende Bereitschaft zu Risikosport, Extremsport und Grenzgang finden in den als wirklichkeitsfern eingestuften Theorien keine befriedigenden Antworten. Für die Wagniserziehung sind angesichts der Befangenheit in pathologischen Denkvorstellungen keine entscheidenden Impulse und Hilfen zu erwarten. Dies schließt jedoch nicht aus, daß sich in Einzel- und Randfällen therapeutische Möglichkeiten aus dem Denkmodell ergeben können.

Wenn Wagnis zum Wahnwitz wuchert

Die Ordaltheorie
(Le Breton u. a.)

In seiner Novelle „Der Zweikampf" verdichtete H. v. KLEIST ein Ereignis, das in das ritterliche Mittelalter zurückreicht. Es handelt sich um eine Begebenheit des Jahres 1387, die er in einer alten Chronik aufgezeichnet fand:

Ein leichtlebiger Graf wird des Mordes an seinem Bruder angeklagt. Als Alibi für die Mordnacht gibt er jedoch an, bei einer bis dahin unbescholtenen Dame die Nacht verbracht zu haben. Alle Indizien und Beweismittel sprechen für die Richtigkeit seiner Behauptung. Das Vorkommnis scheint zweifelsfrei. Selbst die Brüder wenden sich von der Schwester ab und vertreiben sie aus dem Schloß. Ihr Ruf ist ruiniert, die Aussicht auf das Amt einer Äbtissin zerschlagen. Sie ist mittellos und entehrt, gesellschaftlich geächtet und allein.

In dieser Situation größter menschlicher Erniedrigung und seelischer Zerstörung findet sich ein Ritter, der an ihre Unschuld glaubt und das Wagnis einzugehen bereit ist, sie vor dem Gericht in Basel zu verteidigen. Angesichts der erdrückenden Beweislage sind die offensichtlich berechtigten Anschuldigungen jedoch nur noch über ein Gottesurteil zu entkräften. Der Einsatz ist hoch. Der Ritter muß den Beschuldiger zu einem Zweikampf auf Leben und Tod fordern. Siegt er, ist seine Klientin über jeden Zweifel erhaben, unanfechtbar unschuldig. Unterliegt er im Kampf, steht ihm und seiner Dame der schmähliche Tod auf dem Scheiterhaufen bevor. Ihre Güter verfallen dem Staat. Alle Beteiligten sind wie die Zuschauer von der Verläßlichkeit und Gültigkeit des göttlichen Schiedsspruchs überzeugt.

Der Ausgang des Kampfes in Anwesenheit des Kaisers scheint die Erwartungen zu bestätigen: Während der Graf nur eine leichte Hautverletzung davonträgt, wird der Rechtshelfer der Dame lebensgefährlich verwundet. Das Gottesurteil scheint eindeutig.

Wider Erwarten regeneriert der schwerstverwundete Ritter jedoch in kurzer Zeit vollständig, während die leichte Verletzung des Grafen sich vergiftet und in der Folge zu Amputationen und schließlich zum Tode führt. Das Gottesurteil gestaltet sich anders, als die voreiligen Deutungen der Menschen annahmen. Wie zur Bestätigung des göttlichen Spruchs stellen sich nachträglich auch weltliche Beweismittel ein: Der Graf bekennt, vom Tode gezeichnet, den Mord an seinem Bruder veranlaßt zu haben, während die Nacht im Schlosse sich als eine Täuschung aufklärt. Der Graf hatte die Nacht im Schlosse nicht, wie er glaubte, mit der Dame verbracht, sondern mit deren Zofe, die das Liebesabenteuer für sich selbst eingefädelt hatte und dabei schwanger geworden war.

Gottesurteile dieser Art waren ein fester Bestandteil der Rechtsordnung des Mittelalters. Im römischen Recht unbekannt, waren sie im fränkischen Recht ausdrücklich als Beweismittel vorgesehen. Sie liefen nach einem strengen kirchlichen Ritual ab. Man nannte sie „Ordalien".

Ordal (aus mlat. *ordalium = Urteil*) bedeutet „Gottesgericht", „Gottesurteil". Beim Ordal wird die Entscheidung einer übernatürlichen Instanz, einer Gottheit, einer Schicksalsmacht angerufen. Das Ordal wurzelt im Orakel, bei dem die Götter um ihre Meinung befragt werden. Angesichts fehlender menschlicher, irdischer Beweismöglichkeiten erschien dem gläubigen Menschen in schwerwiegenden Rechtsstreitigkeiten, bei Fragen tiefer Schuld und Verstrickung, bei Antastung der persönlichen Ehre nur die Gottheit noch Gerechtigkeit schaffen zu können. Man war davon überzeugt, daß die alles wissende, gerecht waltende Gottheit die Unschuld schützen, den Frevel offenbaren, der Wahrheit zum Siege verhelfen werde. Der Schiedsspruch war endgültig, unanfechtbar. Ein Schuldspruch besiegelte die gesellschaftliche und meist auch die physische Vernichtung in Form von Ächtung, Verbannung oder Hinrichtung. Ein Freispruch dagegen bedeutete göttliche Legitimation, Auserwähltsein, Unantastbarkeit. Er reinigte nicht nur restlos von allen Verdächtigungen und Vorwürfen, sondern führte darüber hinaus zu einer gesellschaftlichen Aufwertung. Wer sich dem Ordal unterzog und dabei siegte, ging mit Gewinn aus der Prüfung hervor.

Der in irdische Beweisnot Geratene unterzog sich meist freiwillig diesem Ritual der Rechtsfindung. Er mußte seine Unschuld beweisen, hatte nichts mehr zu verlieren und konnte das Ordal als letzten Trumpf, als äußerst wirksames und eindrucksvolles prozessuales Beweismittel einsetzen.

Im Laufe der Jahrhunderte bildeten sich folgende **Hauptarten von Ordalien** in unserem Kulturkreis heraus:

- ***Die Blutprobe*** (das Bahrgericht): Sie beruht auf dem uralten Volksglauben, daß der Leichnam eines Ermordeten zu bluten beginnt, wenn der Mörder sich ihm nähert. Diese Ordalform ist beispielsweise im Nibelungenlied überliefert. Als Hagen an die Bahre des toten Siegfried tritt, beginnt Siegfrieds Wunde zu bluten. Der Mörder ist damit überführt.
- ***Die Giftprobe:*** Bei dieser Ordalform werden unbekömmliche Substanzen, meist Giftgetränke, verabreicht. Dabei leitete die Überzeugung, daß ein reines Gewissen die tödlichen Stoffe unwirksam macht. So gebietet der Herr im Alten Testament (4. Mos. 5, 11–28) dem Moses, daß die Frau bei Verdacht auf Ehebruch vom Priester ein „Fluchwasser" zu trinken bekommen soll. Mit den Worten „Amen! Amen!" gibt sie ihre Zustimmung zu dem Reinigungsritual. Ist sie schuldig, werden ihre Eingeweide anschwellen, wird ihre Hüfte einfallen, wie der Bibeltext voraussagt. Ist sie unschuldig, wird die Prozedur für die Frau folgenlos bleiben und sie kann wieder schwanger werden.

- ***Der Probebissen*** (iudicium offae): Dem Angeklagten wird ein Stück Brot in den Mund geschoben. Muß er den Bissen wieder von sich geben, gilt er als schuldig. Diese Ordalform findet sich noch in der christlichen Abendmahlsprobe, die davon ausgeht, daß ein Sünder ohne Absolution nicht ungestraft das Abendmahl zu sich nehmen kann (er „ißt und trinkt sich das Gericht").
- ***Die Feuerprobe:*** Bei dieser Ordalform mußte der Beweispflichtige mit bloßen Füßen über glühende Pflugscharen gehen oder ein glühendes Eisen in der ungeschützten Hand tragen. Sie war sehr populär und kam in Hexenprozessen häufig zur Anwendung.
- ***Die Wasserprobe:*** Gefesselt ins Wasser geworfen, mußte der Körper absinken. Blieb er an der Wasseroberfläche, bedeutete dies, daß das „reine Wasser" ihn abwies. Es war der Schuldspruch für den Angeklagten.
- ***Der Kesselfang:*** War der Beschuldigte in der Lage, mit bloßen Händen und Armen unversehrt einen Gegenstand aus siedendem Wasser zu holen, so bedeutete dies den Freispruch von allen Vorwürfen. Die Alternative hieß Verurteilung, körperliche Schändung, Verstümmelung, Kerkerhaft, gesellschaftliche Verachtung.
- ***Der Zweikampf*** (Duell): Bei dieser Form der Beweisführung setzten sich die Kontrahenten unmittelbar körperlich miteinander auseinander. Es handelte sich meist um eine persönliche Streitsache, bei weiblichen Beteiligten oft um Stellvertreterkämpfe. Entscheidungen dieser Art wurden zu allen Zeiten in allen Kulturen ausgetragen.

  Ordalbestimmte, rechtlich relevante Zweikämpfe begegnen uns bei den Auseinandersetzungen der Griechenfürsten vor Troja, von denen uns Homer in der Ilias berichtet. Sie tauchen in den altgermanischen Heldenliedern auf, etwa im Hildebrandlied, das von dem tragischen Kampf des Vaters handelt, der den eigenen Sohn im Zweikampf töten muß, um seine durch Spott zutiefst verletzte Ehre, das höchste Gut des Germanenkriegers, wiederherzustellen. Sie werden in den mittelalterlichen Ritterkämpfen „vor den Schranken des Gerichts" sichtbar, wie H. v. KLEIST einen eindrucksvoll und in seinen Abläufen historisch getreu geschildert hat. Sie dokumentieren sich noch in den ritualisierten Kämpfen der indianischen Stammeskrieger und – in pervertierter Form – der Pistolenhelden des Wilden Westens. Sie reichen schließlich bis ins 20. Jahrhundert, bis zu den Duellen der höheren Stände, die einem besonderen Ehrenkodex huldigten und den Austrag ihrer Ehrenhändel lieber in die eigenen Hände nahmen, als sie Anwälten und Richtern zu überlassen.

Ordalien fanden immer vor Zeugen statt. Das strenge kirchliche Ritual wurde mit der Auflösung religiöser Bindungen durch ebenso verbindliche, genau überwachte weltliche Regelungen ersetzt. Der Schiedsspruch hieß klar alternativ „schuldig" oder „nicht schuldig", Verurteilung oder Freispruch. Die Attraktivität dieser Art Urteilsfindung war so stark, daß sie sich auch gegen gesetzliche Verbote und härteste Strafandrohungen hielt. So wurden Gottesurteile noch bis ins späte Mittelalter, etwa bei Hexenprozessen, angerufen, obgleich das Laterankonzil diese 1215 bereits verboten und mit Exkommunikation (Kirchenausschluß) bedroht hatte. So fanden noch Jahrzehnte, nachdem sich bereits eine rechtsstaatliche Gerichtsbarkeit etabliert hatte, Revolverduelle in den USA und Pistolenduelle in Europa statt.

Was macht das Faszinierende dieses Ordals aus? Welche Mentalität trägt es? Was hält es bis heute am Leben? In welchen Wagnis- und Risikobereichen wird es noch erkennbar? Eignet es sich auch als Erklärungsmodell für jugendliche Mutproben, Abenteuersuche, Risikosport und Grenzgängertum?

D. LE BRETON (1995), französischer Humanwissenschaftler an der Universität Straßburg und entschiedener Verfechter der Ordaltheorie, mißt diesem Erklärungsversuch für das Wagnisstreben und die Risikobereitschaft eine breite Gültigkeit zu. Er glaubt, mit diesem Denkmodell nicht nur den gesamten Bereich des sog. Risikosports, des Extremsports, des Grenzgängertums, des Abenteuertrekkings, Rallyefahrens und Überlebenstrainings erfassen zu können, sondern schließt ausdrücklich auch Erscheinungen wie die Computerleidenschaft für Risikospiele, die Toxikomanie (Giftstoffsucht) oder Anorexie (Magersucht) und jugendliche Selbstmordversuche in diesen Interpretationsansatz ein. Bungeespringern und Drachenfliegern wird pauschal eine Ordalmentalität unterstellt. Es wird zu überprüfen sein, ob die Totalisierung dieses Erklärungsansatzes berechtigt erscheint, die Begründungen dazu sich als tragfähig erweisen, sich nicht näherliegende Erklärungsmodelle anbieten.

Nach Auffassung von LE BRETON unterziehen sich die Risiker aller Kategorien einer Art Sinnprüfung ihres Lebens. In einer Gesellschaft allgemeiner Richtungslosigkeit und Werteverunsicherung, fehlender kollektiver Normen und versagender Sinnweiser ist das Individuum darauf angewiesen, selbständig auf die Suche zu gehen und sich eine persönliche Legitimationsquelle zu erschließen, die seiner Existenz Sinn verleiht. Das Schicksal, Gott oder eine andere numinose Macht wie der personifizierte Tod scheinen dabei Instanzen zu sein, denen man sich in dieser Frage anvertrauen, von denen man sich eine kompetente Auskunft erhoffen kann. So versucht der Risiker nach LE BRETON in Form eines Orakels, einer Probe, einer Anfrage an die Schutzmacht herauszufinden, ob diese seinem Leben noch einen Sinn zuerkennt oder ob ihm dieser aberkannt wird. Im Unterschied zum mittelalterlichen Ordal handelt es sich nach LE BRETON hierbei nicht um eine gerichtliche, sondern um eine existentielle Entscheidung.

Im Gegensatz zu LE BRETON (51) vertrete ich die Auffassung, daß auch dem mittelalterlichen Ordal eine *existentielle* Bedeutung zukommt, wie sie etwa aus der historisch getreuen Kurzerzählung von KLEIST ersichtlich wird. Andererseits wird auch die persönliche Ordalentscheidung als *Gerichts*entscheid erfahren, als Urteil des angerufenen Gottes- oder Schicksalsgerichts. Die Tradition des Ordals wird damit nach meiner Überzeugung bruchlos und konsequent im privaten Bereich fortgesetzt.

Die Schicksalsanfrage im Sinne eines Ordals setzt den Glauben an eine übernatürliche Macht voraus, die das Handeln bestimmt, die über die Werthaftigkeit des Lebens wacht und über die Sinnhaftigkeit zu entscheiden bereit ist. Der blinde Zufall kann diese Funktion nicht erfüllen, sondern nur eine denkende, wertende, waltende Ordnungsmacht. Der Ordaliker ruft sein transzendentales Gericht aus einer Art „religiöser" Überzeugung an. Er sieht sich in einem engen Bindungs-, Verpflichtungs-, Verantwortungsverhältnis zu seiner übernatürlichen Instanz, die Lebenssinn zuerkennt oder aberkennt.

Die Schicksalsprobe ist eine Entscheidung auf Leben oder Tod, Sein oder Nichtsein, eben eine existentielle Entscheidung. Die Antwort der Schicksalsmacht ist dabei nicht gleichgültig. Der Proband wirft sein Leben nicht weg wie ein Selbstmörder. Der Ausgang der Probe wird im Gegenteil mit hohen Erwartungen verbunden. Der Grenzgänger ist für LE BRETON ein Sinnsucher: *„Jede Suche nach Grenzen ist in ihrem tiefsten Beweggrund ein Versuch, den Tod zu bewegen, die Existenz zu bekräftigen"* (16). Der Erfolg des Versuchs, der Fall des Überlebens, wird wie eine Neugeburt erlebt. Rauschartige Jubelzustände stellen sich ein, wenn das Schicksal die Daseinsberechtigung bestärkt. Der positive Ausgang der Probe wird als Sinnzusage erfahren, als persönliche Aufwertung, als Startsignal für einen Neuanfang mit einem von der zuständigen Instanz nun sinnbekräftigten Dasein. Diese Sinnzusage erweist sich für den Ordaliker aber nur als vorläufig, als zeitbegrenzt. Er bleibt ein ständiger Sinn*sucher*, wird nicht zum endgültigen Sinn*finder*.

Auch der **Selbstmordversuch** kann für LE BRETON Ordalcharakter annehmen, wenn er nicht unbedingt auf das Sterben angelegt ist, sondern eine Überlebenschance *„eingebaut wird"* (91–97). Je größer die Diskrepanz zwischen Suizidversuch und Erfolgsaussicht gestaltet wird, je deutlicher Rettungsmöglichkeiten eingeplant werden, desto wahrscheinlicher offenbart sich eine Ordalabsicht. Das Ordal enthält ein Moment des Spiels mit dem Risiko (18). Es zeugt vom Ausbleiben anderer Antworten auf die Frage nach der Bedeutung der Existenz. Es ist ein Hilferuf, eine selbst gewährte letzte Chance, weiterexistieren zu können. Es beweist einen mangelhaften Halt im sozialen Umfeld und ein instabiles Identitätsgefühl. Häufig lösen kleinste Frustrationen des Alltags die unterschwellig wartende Bereitschaft zum Ordal aus. Die Geringfügigkeit des Anlasses kontrastiert oft aufs grellste mit der Dramatik der Folgen.

Lebensgefühl und Verhalten des Risikers werden nach LE BRETON vom Endpunkt her bestimmt, vom äußersten Horizont des Lebens, vom Tode. Er unterscheidet hierbei zwischen einer nur *„metaphorischen Berührung mit dem Tod"* und einer *„reellen Lebensgefahr"* (13). Die *„Seinsidentität"* wird dabei um so stärker erlebt, je größer die wirkliche Todesnähe ist: *„Das Risikoverhalten ist ein Liebäugeln mit dem Tod: Geschwindigkeitssuche, Sprünge in die Tiefe, Durchquerungen von Packeis oder Wüste, Besteigungen von Steilhängen, Märsche quer durch Kontinente, Raids oder Survivalspiele, in allen Fällen wird metaphorisch dem Tod getrotzt, geht es darum, mit tödlicher Bedrohung in Tuchfühlung zu kommen, ihr aber durch geeignete Vorkehrungen zu entgehen. Indem man sich auf diese Weise dem Tod stellt, wird der Tod selbst gestellt und werden die Grenzen seiner Macht aufgezeigt; das Identitätsgefühl des Herausforderers wird durch die erfolgreich bestandene Prüfung gestärkt“* (16).

„Bis zum Äußersten zu gehen, erfüllt mit Sinn,“ sagt LE BRETON (16), wenn dieser Sinn auch nur im Einzelnen beschlossen bleibt und lediglich einen vorläufigen Charakter erreicht, denn die Grenze ist nie endgültig. Hinter ihr wartet immer noch eine andere, weitere Grenze. *„Die Suche nach der Grenze ist ein Spiel ohne Grenzen. Die Grenze herauszufordern ist eine Weise, sich dem Tod zu nähern ...“* (16).

Bei dieser Grenzsuche unterscheidet LE BRETON **vier Hauptfiguren des Risikoverhaltens**, die alle den Keim des Ordals in sich tragen:

Die Vertigo-Erfahrung (von lat. *vertex = Drehung, Wirbel, Strudel*) ist das Erleben von Taumel und Schwindel. Sie ist mit einer Hingabe an die Umweltkräfte verbunden. Der Vertigobedürftige liefert sich den Schwerkräften und Fliehkräften aus, überläßt sich ihnen als „Spielball“ (20). Es geht um das Erzeugen eines tranceähnlichen Betäubungszustands und einer Art *„wollüstiger Panik“*, die das klare Bewußtsein vernebelt und der Realität enthebt. *„Der Akteur gibt sich dem Rausch der Sinne hin“* (20).

Die Lust am Taumel schlägt sich für LE BRETON in so unterschiedlichen Phänomenen nieder wie dem Geschwindigkeitsrausch, dem Sprung ins Nichts, extremem Nervenkitzel, Gleit- und Schwebeerlebnissen oder in der Sucht nach Giftstoffen. Sie betrifft so unterschiedliche Sportarten wie Autorallye, Windsurfen, Gleitschirmfliegen oder Skiabfahren.

In Dramatisierung des Schwindelerlebnisses, indem er die Möglichkeit eines schweren Unfalls zur Wahrscheinlichkeit befördert, die Ausnahme zur häufigen Größe macht, den Extremfall zum Regelfall erhebt, meint LE BRETON: *„Durch alle Aktivitäten, die auf die Erzeugung eines Schwindelgefühls hinzielen, scheint der Tod als heimliches Motiv, als verdrängte Sehnsucht durch“* (22). *„Nur im Schatten des Todes weht jener Hauch von Sinn, der kurzweilig* (ist „kurzzeitig“ gemeint?) *das Leben beseelen kann“* (21).

Das Schlüsselerlebnis für diese Art von Gefahrensuche sieht LE BRETON in dem Wunsch, *sich auseinanderzusprengen*, die beengenden Grenzen der eigenen Identität aufzubrechen. Dies reicht bis zum wortwörtlichen „Explodieren“, zum Bersten, also bis zum Todesrisiko. Die Sinngebung besteht in einer Erhöhung der Lebensenergie, einer Wertschöpfung, die anderweitig nicht erreichbar erscheint.

Die Konfrontation, eine zweite Hauptfigur, bedeutet Auseinandersetzung mit sich selbst, Herausforderung der eigenen Höchstleistungen an Kraft, Ausdauer, Körperbeherrschung, Überwinden von Schwächen. Es geht darum, vor sich selbst zu bestehen, den eigenen Ansprüchen zu genügen, sich zu bewähren, über sich selbst hinauszuwachsen, sich voll zu spüren. Es geht um Kampf gegen sich selbst.

Das Schlüsselerlebnis besteht im *„Sich-Ausschöpfen“* (26). Der Sinn dieses Risikoverhaltens erschließt sich darin, sich selbst zu entdecken, sich neu zu finden, neu zu definieren. Auch hierbei ist der Tod ein ständiger stiller Begleiter, dessen akuter Eingriff stets zu gewärtigen ist, wenn der Ordaliker unter der olympischen Formel *„citius, altius, fortius“* immer neue Rekorde anstrebt bei der Durchquerung von Ozeanen, Wüsten, Polarregionen, Dschungeln oder steilen Felswänden.

Die Entkörperung als dritte Hauptfigur steht für LE BRETON im Kontrast zu den Risikovarianten ‘Sich-auseinandersprengen’ oder ‘Sich-ausschöpfen’. Statt eines Mehr an Lebensintensität wird eine Rücknahme der Vitalität, ein Rückzug der Sinne, eine Entkörperung angestrebt: *„Anstrengungen werden tunlichst gemieden, die Verbindung zur Umwelt auf das Nötigste reduziert, und die Identität ist zeitweilig in Autismusschüben aufgelöst“* (30).

Dieses Erlebnis ist in der Welt der elektronischen Spiele, der Spielhallen und Spielhöllen, der Video- und Computerarrangements erfahrbar.

Dem Risikosuchenden bietet sich der subjektive Eindruck, am Abgrund zu stehen. Fehler bedeuten eine Katastrophe, bedeuten Absturz, Zerschellen, Untergang. Real körperlich, existentiell, bleibt jeder Fehlgriff, jede falsche Entscheidung folgenlos. Man beginnt unversehrt ein neues Spiel. Man kann sich dem (nur scheinbar) gefährlichen Spiel der Sinne jederzeit entziehen. Man kann sich jederzeit in das Abenteuer ein- und ausklinken. Das Gefahrenpotential wie das Gefahrenmanagement bewegen sich in imaginären Welten, deren Gegebenheiten auf wenige Variablen reduziert, deren „Handling“ mit kargen Handgriffen möglich ist. Der Körper befindet sich nicht dort, wo die Sinne sind. Vorstellung und Bewußtsein bewegen sich in einer anderen Welt als der Körper. Beide leben, voneinander abgelöst, in unterschiedlichen Realitäten. In dem Kosmos, der die Vorstellungskraft des Individuums voll vereinnahmt, erübrigen sich Mitmenschen, menschliche Partner. Der spielende Abenteurer versinkt ganz in seiner Medienwelt.

Die Sinnsuche entpuppt sich nach LE BRETON hiermit als Ersatzsuche. Angesichts nicht zugänglicher realer Abenteuerszenarien wird das latente Bedürfnis nach Spannung, Gefahrenbewältigung und Selbstbewährung auf einem zugänglichen Abenteuerfeld ersatzbefriedigt. Meine Befragung von mehreren tausend Kindern und Jugendlichen zwischen sieben und neunzehn Jahren (noch unveröffentlicht) erbrachte, daß bei fast einem Drittel der Befragten die Unterschiede zwischen realen und fiktiven Abenteuern bereits verschwimmen, daß „Abenteuer im wirklichen Leben" mit solchen in der Vorstellung häufig gleichgesetzt werden.

Das Überleben und sein Training als vierte Hauptfigur schließlich sieht LE BRETON als Willen und Weg, in der Überflußgesellschaft das Lebensnotwendige auszuloten und asketisch, aber selbstbestimmt zu beherrschen.

Nach LE BRETON wird beim Survivaltraining eine Flucht nach vorne angetreten. Durch Vorwegnahme und Inszenierung einer Katastrophensituation des extremen zivilisatorischen Mangels wird eine Kontrolle über diese potentielle Gefahr angestrebt. Aus seinen – wissenschaftlich nicht sehr seriösen – spöttischen Bemerkungen (39) wird deutlich, daß LE BRETON zu dieser Risikovariante persönlich keinen Zugang findet.

Der von mir eingehend befragte Survivalspezialist RÜDIGER NEHBERG sieht den eigentlichen Sinn des Überlebenstrainings darin, zu den vitalen Wurzeln zurückzufinden. Es geht darum, unterscheiden zu lernen zwischen dem, was existentiell notwendig und was verzichtbar ist. Ziel der Entbehrungen ist es nach NEHBERG, sich seiner elementaren Lebenskräfte bewußt zu werden, seinen unabweisbaren Bedürfnissen auf den Grund zu kommen, seine entscheidenden Energiequellen kennenzulernen und sich ihrer zu versichern. Der weitgehend verwöhnte, verzärtelte, wehleidige, unselbständige, in seinen Ansprüchen pervertierte Zivilisationsbürger soll sich zum Kern seiner Persönlichkeit vorwagen, ein ungeschminktes Bild von sich selbst gewinnen. Er soll an den Punkt kommen, wo er – bar aller zivilisatorischen Hilfen und Fremdfürsorge – erfahren und erproben kann, was es bedeutet, den Überfluß abzustreifen, sich auf sich selbst zu stellen, mit sich selbst und der Natur in Einklang zu kommen, sich selbst und das Alleinsein zu ertragen. Das Erlebnis, die eigene Überheblichkeit, den Selbstbetrug, die unangemessene Selbstzufriedenheit sich entlarven zu sehen, ist lehrreich. Es objektiviert die Selbsteinschätzung. Die Erfahrung, mit wenigem auskommen zu können, sich selbst helfen zu können, autark und unabhängig sein zu können, schenkt Selbstvertrauen und Identitätssicherheit. Es stabilisiert die Psyche gegen Schwankungen in mitmenschlichen und gesellschaftlichen Bereichen. Es wirkt der zunehmenden psychischen Degenerierung entgegen, dem Meditieren unter Völlegefühlen beispielsweise oder dem Jammern in einer luxuriösen „Armut" mit Telefon, Auto, Fernsehen und staatlicher Fürsorge. Es macht die Persönlichkeit vital und lebensfähig. NEHBERG erinnert auch an Große der Weltgeschichte wie Moses, Jesus oder Buddha, die sich in entscheidenden Phasen ihres Lebens in Wüsten zurückzogen, um am Rande des Existenzminimums bereit zu sein, in sich zu gehen.

„Wo überlebt wird, ist auch tödliche Bedrohung," sagt LE BRETON (35) und knüpft damit wiederum die Verbindung zum Ordal. Wert hat das, was verlierbar ist. Wohl unbewußt bestätigt der Extrembergsteiger REINHOLD MESSNER den Ordalcharakter seiner bergsteigerischen Unternehmungen, wenn er einem seiner Bücher den Titel gibt: *„Überlebt. Alle 14 Achttausender"*.

Es stellt sich nun die Frage, in welchen Risikobereichen die Ordaltheorie, der Le Breton eine breite Gültigkeit zuerkennt, bei deren Beweisführung er jedoch leider weitgehend in Hypothesen und Etikettierungen steckenbleibt, Bestand und Plausibilität aufweist.

Jugendliche Mutproben

Am 7.4.1998 brachten die Nachrichten des Deutschen Fernsehens Bilder vom Wrack eines Autos, auf dessen Armaturenbrett zu lesen stand „In diesem Auto schnallt man sich nicht an – man stirbt wie ein Mann!" Der neunzehnjährige Fahrer war noch am Unfallort gestorben. Er selbst hielt sich für einen Helden. Der Zuschauer sah ihn wohl eher als Hasardeur, als einen Amokläufer.

Autorennen und Mutproben mit Fahrzeugen sind spätestens seit dem Kultfilm „Denn sie wissen nicht, was sie tun" unter Kindern und Jugendlichen verbreitet, die man im Fachjargon *Crash-Kids* nennt. Mit seiner Rolle in diesem Film und dem frühen spektakulären Unfalltod wurde James DEAN zu einer Kultfigur für Kinder und Jugendliche, die sich über Jahrzehnte und Generationen lebendig erhielt. Das Lebensgefühl ist offensichtlich identisch, das Vorbild identifizierbar geblieben: In dem Film unterziehen sich zwei Sechzehnjährige einer ritualisierten Mutprobe. Sie wird Mann gegen Mann ausgetragen. Das in der Clique gängige Risikospiel mit gestohlenen Autos nennen sie *„Hasenfußrennen"*. Das Reglement schreibt vor, daß die beiden Probanden nebeneinander in ihren Autos auf einen Abgrund zurasen und erst möglichst knapp vor dem Absturz ihr Fahrzeug verlassen. Wer als erster aussteigt, gilt als Hasenfuß. Die Zeugen beleuchten mit den Scheinwerfern ihrer Wagen die gespenstische nächtliche Szene. Ein Mädchen gibt das Startzeichen.

In dem James-Dean-Film bleibt der Herausforderer mit seinem Jackett an der Tür hängen und stürzt über die Klippe ab. Auf die Frage an die geschockten Jugendlichen „Warum macht ihr das?" kommt die hilflose Antwort „Irgendwas muß man doch machen!" „Ich hatte keine andere Wahl," meint James DEAN, „hätte ich nicht mitgemacht, hätten sie mich ausgelacht." Es geht um die Akzeptanz in der Peergroup und die Selbstachtung durch Erfüllen der gestellten Anforderungen.

Die heutigen Kinder und Jugendlichen modifizieren diese Art von Ordal in verschiedenen Varianten: In nächtlichen Autorallyes rasen sie frontal aufeinander zu. Wer zuerst ausweicht, ist ein Feigling und hat die Probe verloren. In höchstem Tempo muß eine Kreuzung gleichgültig welcher Ampelanzeige überfahren werden. Am Landesteg von Kressbronn am Bodensee konnte ich eine Mutprobe von Kindern beobachten, die dem Ordal des James-Dean-Films sehr nahe kommt: Die Zwölfjährigen rasten mit ihren Fahrrädern auf das Ende des Landestegs zu. Ziel war es, möglichst knapp vor dem Absturz in das etwa zwei Meter tiefer gelegene Wasser die Fahrt durch eine Kehrtwendung zu stoppen. Als Sieger galt, wer die Nerven hatte, als letzter die „Notbremse" zu ziehen.

Auch das Bahn- und Auto-Surfen gehört zum Repertoire der *Crash-Kids.* In den südamerikanischen Großstädten aufgekommen, wo es schon immer zum Sport der Straßenjugend gehörte, auf den hoffnungslos überfüllten öffentlichen Verkehrsmitteln mitzufahren und dabei zum Zeitvertreib Akrobatenstücke zu entwickeln, griff es auch nach Europa über und wurde hier zunächst als U-Bahn- und S-Bahn-Surfen bekannt. Das Reglement ist einfach und führt bei den Meistern dieses Sports zu einer hohen Anerkennung in der Szene: Man schwingt sich in einem geeigneten Moment auf ein langsam fahrendes Fahrzeug und vollführt auf dessen Dach oder an dessen Flanken Stunts verschiedener Art. Zu den Spitzenleistungen zählt es, stehend auf einem Bahnwaggon oder Ferntransporter mitzufahren und sich erst möglichst knapp vor Erreichen einer niedrigen Brücke flach fallen zu lassen oder sich an den Seiten weit hinauszuhängen und erst im letzten Moment sich nähernden Masten und Schildern auszuweichen. Die Alternative bei diesen Auseinandersetzungen der Jugendlichen, in denen es darum geht, sich weitestmöglich zu wagen, heißt: „Gewinnen oder Verlieren", „Siegen oder Versagen". Es wird mit vollem Einsatz gespielt. Das Urteil soll eindeutig sein, ein Ordalurteil, zu dessen Ausgang man allerdings durch Mut und Geschick beitragen kann.

Einen Todesfall, den ich ebenfalls als unglücklich ausgegangene jugendliche Mutprobe, als Ordal, einordnen möchte, hatte ich im April 1997 in Kressbronn am Bodensee parallel und unabhängig von den polizeilichen und staatsanwaltlichen Ermittlungen zu recherchieren:

Es war Schulschluß vor dem Wochenende. Auf dem Bahnsteig warteten zahlreiche Schüler verschiedener Schulen auf die Ankunft des Zuges, unter ihnen der vierzehnjährige Realschüler G. und sein Freund. Als der Zug sehr langsam in den Bahnhof einrollte, stürzte der Jugendliche auf die Geleise. Die Lok erfaßte ihn. Kopf und Glieder wurden vom Rumpf getrennt. Der Schüler war sofort tot. Die Ermittlungen schlossen ein Fremdverschulden aus. Der erste Eindruck sprach für einen Suizid.

In der Folgezeit spielten sich unter den Mitschülern dramatische Szenen ab: Unter der schwarzen Fahne im Schulgebäude wälzten sich Mädchen schreiend am Boden und rauften sich die Haare, unter ihnen auch solche, die G. nur flüchtig oder gar nicht kannten. Am Ort des Geschehens entstand eine Kultstätte. Mahnleuchten auf dem Bahndamm, Gedenksprüche an den Wänden, Happenings bestimmten die Gleisszene. Weinende und singende Kinder und Jugendliche lagerten bis in die Nacht auf dem Bahngelände.

Trotz der letzten Sätze „*Hier hast du meinen Anorak und meine Zigaretten. In sechzig Jahren sehen wir uns wieder*!" schloß ich einen schlichten Suizid aus: Es waren keine der üblichen Motive und Anlässe erkennbar, keine unglückliche Liebe, keine schlechten Schulnoten, kein Zerwürfnis mit den Eltern, keine menschliche Isolierung, keine depressive Gefühlslage. Es lag kein Abschiedsbrief vor. Im Gegenteil bekräftigten eine große Kontaktfreudigkeit, Akzeptanz bei den Gleichaltrigen, langfristige Pläne, neue Anschaffungen den Lebenswillen des Jungen. Ein gezielter Suizid als Momentlaune, als Willkürakt oder als Kurzschlußhandlung aus heiterem Himmel machte keinen befriedigenden Sinn, ergab keine nachvollziehbare Erklärung. Eine unterschwellige Todessehnsucht war zumindest nicht belegbar. Vor einer Resignation vor dem Unerklärbaren, vor der Unterstellung einer sinnlosen Tat muß zunächst nach einem Sinnansatz geforscht werden, der geeignet erscheint, die Motive für solch ein schwerwiegendes Verhalten der freiwilligen Selbstvernichtung aufzuhellen. Kinder sind ausgeprägte Sinnsucher. Insofern ist auch bei diesem unglückseligen Vorfall zunächst nicht von einem Wegwerfen des Lebens auszugehen, sondern von einer – wenn auch hilflosen, vielleicht pervertierten – Sinnsuche, die in einem tödlichen Unfall endete. Für diese Interpretation gibt es gewichtige Gründe:

Die Mentalität des Vierzehnjährigen kennzeichnete sich durch einen ausgeprägten Darstellungsdrang, ein ständiges Bestreben aufzufallen, mit spektakulären Überraschungen aufzuwarten, durch Extravaganzen zu imponieren. Der Freund berichtete, daß es um eine Wette über 2.000 DM ging und die Tollkühnheit, vor den Zug zu springen. Cool soll G. noch kurz vor dem Ereignis gesagt haben: „*meine Eltern können das Geld dann ja für die Beerdigung ausgeben*!"

Nach meinen Recherchen möchte ich die folgenden Motive und Abläufe als wahrscheinlich zugrunde legen:

Der sehr geltungsbedürftige Schüler G. ging eine hochgefährliche Mutprobe ein, bei der er sich jedoch eine gute Chance zu überleben ausrechnete. Er wollte möglichst knapp vor dem einfahrenden Zug auf die andere Seite gelangen und mit dieser Tat die zahlreich versammelten Zuschauer schockieren. Er brauchte ein möglichst großes Publikum. Das gelungene Bubenstück hätte ihm eine erhebliche Aufmerksamkeit gesichert und einen gewaltigen Ansehensschub verschafft. Aber auch ein mißglückender Versuch war geeignet, ähnlich der Mystifizierung anderer junger Unfallopfer wie James Dean oder Lady Diana, zur Mythenbildung zu verhelfen. In seinen Phantasien mag er die Glorifizierung (die dann ja auch tatsächlich eintraf) vorweggesehen und vorweggenossen haben.

Die durchaus realistische Chance, die Mutprobe unbeschadet zu überstehen, könnte durch mehrere unglückliche Faktoren vereitelt worden sein:

Nach Aussage des Freundes besorgte sich der Junge kurz vor dem Ereignis durch mehrere tiefe Lungenzüge aus der Zigarette einen Flash, der seine Entscheidungskraft geschwächt und seine Wahrnehmungsgenauigkeit getrübt haben dürfte. Durch die unterschiedliche Sehfähigkeit der beiden Augen waren zusätzlich das Raumerfassungsvermögen und die Antizipationsfähigkeit beeinträchtigt. Eine mangelnde körperliche Tüchtigkeit und die Anspannung des Augenblicks mögen im weiteren die Verhängniskette komplettiert und dazu geführt haben, daß sich der Junge auf Entfernung und Geschwindigkeit des Zuges falsch einstellte, beim Versuch, die Gleise noch vor dem einfahrenden Zug zu überqueren, stolperte, fiel und dabei ungewollt von der Bahn erfaßt wurde. Der sehr langsam und gleichmäßig einrollende Zug und der Raum auf der anderen Seite hätten ein Überleben der Mutprobe durchaus möglich gemacht. Dies war wohl geplant und erwartet.

Ein vergleichbares (allerdings glücklich ausgegangenes) Mutprobenszenario begegnete mir auf einer Schnellstraße in Karlsruhe:

Ein etwa fünfzehnjähriger Junge startete mit Blickkontakt zu mir aus einer Gruppe von Jugendlichen mit voller Beschleunigung in die Fahrbahn vor mir, stoppte erst im letzten Moment vor einem Aufprall seinen Lauf und wich wieder zurück. Ein Ausrutschen hätte seinen Tod bedeuten können. Es handelte sich zweifellos um ein Ordalexperiment, dessen Sinn eine Identitätssuche ist und der Wunsch nach Aufwertung in der Peergroup. Diese Sinnfindung schien über eine Konfrontation mit einer Gefahr und die Beweisführung kühner Entschlossenheit erreichbar.

Charakteristisch für die beiden geschilderten Mutproben ist der hohe Anteil eigenen Könnens, eigenen Mutes und eigenen Geschicks für den Ausgang der Prüfung. Sie erscheinen zunächst als eine Art Selbstbewährung, und es stellt sich die Frage, welche Rolle bei dieser Urteilsfindung der Schicksalsmacht zukommt.

Auch der mittelalterliche Zweikampf, den KLEIST uns schildert, hängt vordergründig von der Qualität der Waffentechnik, von der Kampfbereitschaft und Kampftüchtigkeit der streitenden Ritter ab. Wie jedoch dort die hinter den Kulissen waltende Gottheit letztendlich das Waffenglück zuteilt, den Erfolg des Zweikampfs bestimmt, so auch die numinosen Mächte bei den Proben der Jugendlichen. Holte sich der mittelalterliche Ritter seine übernatürliche Hilfe mit der Absolution, im Gebet, mit dem Empfang der Sakramente, so versichert sich der moderne Jugendliche in kritischen Situationen der Hilfe seiner magischen Schutzmacht durch religiöse Rituale wie das Schlagen eines Kreuzzeichens, das Murmeln eines Stoßgebets oder einer Zauberformel, die Präsenz eines Maskottchens, eines Fetisch oder eines Talisman. Immer wenn solch ein transzendentaler Hintergrund erkennbar wird, liegt die Vermutung eines Ordals nahe, aber eben nur unter dieser Bedingung.

In der russischen Literatur, etwa bei OSSENDOWSKI, findet sich eine Ordalform beschrieben, die noch einen Schritt über die Spiele der *Crash-Kids* hinausgeht, die die Notrettung in letzter Sekunde kraft eigenen Könnens, eigener Kompetenz ausschließt, bei der sich der Ordaliker rückhaltlos in die Hände des Schicksals begibt. Es handelt sich um ein Hasardspiel, dessen Erfindung weißrussischen Offizieren zugeschrieben wird, die nach dem Scheitern der Gegenrevolution zur Untätigkeit gezwungen waren und in Südrußland nun mit der Langeweile zu kämpfen hatten. Gemeint ist das sogenannte

Russische Roulette

Einer der Offiziere lud die sechs Kammern eines Revolvers mit einer Kugel und drehte die Trommel mehrfach. Ein anderer setzte sich dann die Mündung der Waffe an die Schläfe und drückte ab. Die Chance zu überleben stand fünf zu eins. Das Schicksal hatte die Entscheidung.

Das Russische Roulette ist vielen heutigen Jugendlichen bekannt, wie unsere Befragung ergab. Sie praktizieren es selbst in modifizierter Form mit abgeschwächten Folgen nach eigenen Regularien noch heute, worüber in einem späteren Buch zu berichten sein wird.

Auch der britische Romanschriftsteller GRAHAM GREENE bekennt in seiner Autobiographie (Eine Art Leben, Wien 1971) persönliche Erfahrungen mit dem Russischen Roulette:

„Ich setzte den Lauf an mein rechtes Ohr und zog durch. Es klickte leise, und als ich die Trommel betrachtete, sah ich, daß der Revolver jetzt schußbereit war. Bei der nächsten Kammer hätte es mich erwischt. Ich erinnere mich an ein überwältigendes Glücksgefühl, als flammte plötzlich Karnevalsbeleuchtung in einer finsteren, trostlosen Straße auf. Mein Herz hämmerte gegen die Rippen, und das Leben hielt eine Unzahl von Möglichkeiten für mich bereit.“ (147).

Es ging GRAHAM GREENE nicht um eine Mutprobe, sondern um ein Entkommen aus seiner tiefen Einsamkeit, aus Versagensgefühlen, aus einer Langeweile, die ihn Zeit seines Lebens quälte. Der Neunzehnjährige sah sich nicht als Selbstmörder, sondern als Spieler, der die Chance 5 : 1 *„gegen die Leichenschau“* wahrnimmt. Das Roulette ist ihm einer der *„Fluchtwege“*, seinen Depressionen zu entkommen, der Adrenalinschub, der ihn aus der Trostlosigkeit und Lethargie hervorholte, der Schuß, der ihn ins Leben zurückversetzte. Das Pokern mit dem Tode gab ihm das Leben zurück: *„Die Entdeckung, daß man die Welt des Sichtbaren wieder genießen kann, weil man gewagt hat, sie ganz und gar zu verlieren, mußte ich früher oder später machen.“* (146/147).

GREENE verschaffte sich, wie er schreibt, dieses Erlebnis noch einige Male, wenn ihn *„das heftige Verlangen nach der Adrenalinspritze“* (147) trieb. Das nicht mehr steigerbare Rouletteerlebnis aber verlor allmählich seine aufputschende Wirkung und führte zur Aufgabe dieses Fluchtwegs: „*Als ich zum fünften Mal meine Dosis nahm, womit meiner Meinung nach die Chancen zwischen Tod und Leben ausgeglichen waren, stellte ich fest, daß ich nichts mehr empfand: ich drückte so gleichgültig ab, als schluckte ich eine Tablette Aspirin. Ich beschloß, dem Revolver, der sechs Kammern hatte, eine sechste und letzte Chance zu geben. Ich drehte die Trommel und hielt die Waffe noch ein zweites Mal an mein Ohr, dann hörte ich das gewohnte Klicken beim Einrasten der Kammer. Damit war ich mit der Droge fertig ...*“ (148).

Das Russische Roulette ist eine Extremvariante des Ordals, bei welcher der Ordalist auf jede Möglichkeit verzichtet, die Schicksalsentscheidung selbst zu beeinflussen. Er riskiert ein Glücksspiel, bei dem er sein Leben aufs Spiel zu setzen bereit ist. Es geht um Sein oder Nichtsein, Leben oder Sterben. Die Entscheidung liegt allein beim Schicksal, dessen Urteilsspruch der Ordalist sich blind und untätig anvertraut. Wegen der eingebauten Chance zu überleben handelt es sich dabei nicht um einen Suizidversuch. Dem Außenstehenden mag die Proportion fünf zu eins oder fünf zu zwei für das Leben (zu) gering erscheinen. Der Ordaliker empfindet sie – je nach der Intensität des Sinnzweifels – als faire Chance einer Sinnzuweisung für das Weiterleben.

Ganz anders als die Schicksalsanrufung im Russischen Roulette, die sich aus dem Empfinden der Langeweile, des Versagens, des Sinnverlustes ergibt, motiviert sich eine Ordalform, die aus dem Bestreben nach einem außergewöhnlichen, komprimierten, hochintensiven Leben erwächst.

Das intensive Leben im Augenblick

Es geht bei dieser Ordalversion darum, Möglichkeiten des Lebens bis an die Grenzen des Machbaren auszuschöpfen und bis in die letzte Faser des eigenen Wesens zu spüren. Es geht gleichzeitig darum, sich seiner Einzigartigkeit und Unverwechselbarkeit als Persönlichkeit zu versichern. Die Vorstellung von dieser Einzigartigkeit unterscheidet sich wesentlich von dem als phrasenhaft empfundenen Gedanken „jeder Mensch ist einzigartig und unverwechselbar“. Sie basiert auf einem anspruchsvollen persönlichen Leistungsbegriff. Einzigartigkeit muß sich durch außergewöhnliche Taten legitimieren. Derjenige, der meint, auch ohne Beweisantritt etwas Besonderes zu sein, der glaubt, den Nachweis seiner Besonderheit nicht nötig zu haben, wird nur mit verächtlicher Geringschätzung bedacht. Auf die Einzigartigkeit und Unverwechselbarkeit eines jeden Menschen angesprochen, antwortete mir in einem Interview ein Grenzgänger: „*Nach diesem Begriff ist jede streunende Katze einzigartig. Ich möchte mehr sein als eine streunende Katze, und zwar durch eigenes Zutun!*“

Leistung, die sich nicht offenbart, realisiert, beweist, gilt als Selbsttäuschung und Arroganz des Schwachen. Der Ordalist dieser Richtung fühlt sich stark, leistungsfähig, zu Außerordentlichem berufen. Ein Leben im Mittelmaß und in der

Namenlosigkeit ist ihm unerträglich. Er will sich aus dem Heer der Ungenannten, der nicht Erwähnenswerten herausheben. Er will sich einen Namen machen, der Achtung einflößt, den möglichst viele kennen, der unvergessen bleibt, weil er mit einer unvergeßlichen Tat verknüpft ist.

Diese Lebensmaxime verlangt einen hohen Einsatz, den nicht jeder zu geben bereit ist. Auch dies dokumentiert Einzigartigkeit. Das intensive Leben muß möglicherweise mit einem kurzen oder unfallträchtigen Leben erkauft werden. Das eigene Können und letztlich das Schicksal entscheiden darüber. Schon die Buchtitel des Extrembergsteigers REINHOLD MESSNER verraten den unterbewußt oder bewußt empfundenen Ordalcharakter seiner Unternehmungen: „*Die Herausforderung*“, „*Grenzbereich Todeszone*“, „*Überlebt. Alle 14 Achttausender*“. Der Einsatz ist das Leben und die Gesundheit des Ordalikers. Für den Nachweis seiner Einzigartigkeit, für die persönliche Wertverwirklichung, für die Selbstwertsteigerung, für die Hebung des sozialen Ansehens, für den Nachruhm setzt er seine vitale Existenz aufs Spiel, oftmals auf eine Karte. Er riskiert viel oder alles, um viel oder alles zu gewinnen. Die Realisierung der in Aussicht stehenden Werte erscheint jedoch wichtiger, bedeutsamer als der unbedingte Erhalt der Existenz. Das Überleben rangiert nicht an erster Stelle. Der Ordaliker ist zu Opfern für seine Wertvorstellungen bereit.

Als Potential ist diese Ordalform in jedem vitalen Kind und Jugendlichen angelegt. Die Wesensverwandtschaft und daraus erwachsende Wünsche erklären die große Sympathie und Bewunderung für Helden dieser Lebensform und ihre Vorbildwirkung. Die Vorbilder präsentieren sich in so unterschiedlichen Erscheinungsformen wie den Extremsportlern verschiedener Sportarten, den Grenzgängern verschiedener Todeszonen, den Abenteurern verschiedener Leistungsfelder aber auch den Hooligans, Schlachtenbummlern zwischen Fußballarenen, bei denen gewisse Züge der mittelalterlichen Landsknechtmentalität unverkennbar sind.

Die Ordalform des intensiven Lebens offenbart sich historisch denn auch am markantesten und häufigsten in Kriegergestalten, bei Landsknechten, Soldaten, Revolutionären, Entdeckern, Eroberern, die ihr Leben für etwas wagen, das ihnen attraktiver oder wertvoller erscheint als die Sicherung ihrer irdischen Existenz. Dies können soziale und gesellschaftliche Wertausrichtungen sein wie die Treue zu einem Land oder Herrscher und die entsprechende Verteidigung seines Territoriums, der Freiheit seines Volkes, des Erhalts seines Kulturerbes oder das Erkämpfen von Recht, Gerechtigkeit und Demokratie. Es kann sich aber auch um die Verwirklichung sehr persönlicher Wertvorstellungen handeln wie die Ausschöpfung der eigenen Persönlichkeit und ihres Leistungspotentials, das Verdienen von Ehre, Anerkennung und Ruhm, die – so erwartet man – den eigenen Tod überdauern. Zahlreiche Heldenlieder, Legenden, literarische Verdichtungen, geschichtliche Berichte, Chroniken, Rekordüberlieferungen seit der Antike pflegen in der Tat die Erinnerung an Ausnahmepersönlichkeiten, denen – im Gegensatz zum Durchschnittsmenschen – das Leben und Überleben nicht das wichtigste ihrer irdischen Existenz war. Sie sind Persönlichkeiten des öffentlichen Interesses. Sie liefern den Stoff für Dramen. Sie erscheinen der Aufmerksamkeit, der Erinnerung, der Namensnennung wert.

Als früheste Inkarnation dieser Ordalmotivation in unserem Kulturkreis findet sich die Gestalt des *Achilles*, die uns der griechische Dichter Homer in seiner *Ilias* nahebringt. In dem etwa 800 v. Chr. entstandenen Versepos charakterisiert HOMER den tapfersten und erfolgreichsten Helden der Schlacht um Troja in seiner Lebensmaxime und seinen Taten: Von seiner göttlichen Mutter Thetis vor die Wahl gestellt, ein langes, aber ruhmloses Durchschnittsleben oder ein kurzes, aber ruhmreiches Heldenleben zu erhalten, entscheidet sich der junge Achilles für das außergewöhnliche Leben, das ihm Unsterblichkeit in der Erinnerung der Menschen sichern soll.

Das Emporstreben aus der Masse der Menschen, Machtgier, aber auch der Einsatz für die Freiheit seines Volkes bestimmen in seltsamer Mischung auch die Ambitionen und den Lebensweg des historischen Grafen *Egmont*, dessen Persönlichkeit J. W. V. GOETHE in seinem gleichnamigen Drama eindrucksvoll herausgearbeitet hat. In den Äußerungen des Revolutionärs Egmont und seines Sekretärs spiegeln sich die kontrastreichen Denkweisen des wagnisbereiten und des wagnisscheuen Menschen:

Vor dem Risiko, sich gegen die spanische Vorherrschaft in den Niederlanden aufzulehnen, von seinem väterlichen Freund Oliva gewarnt, antwortet Egmont im zweiten Aufzug: *„Der treue Sorgliche! Er will mein Leben und mein Glück und fühlt nicht, daß der schon tot ist, der um seiner Sicherheit willen lebt.“ „Leb ich nur, um ans Leben zu denken?“* sagt Egmont im weiteren Gespräch mit seinem Sekretär. *„Wenn ihr das Leben gar zu ernsthaft nehmt, was ist dann dran? Wenn uns der Morgen nicht zu neuen Freuden weckt, am Abend uns keine Lust zu hoffen übrig bleibt, ist's wohl des An- und Ausziehens wert?“* Der Sekretär, der die Mentalität des Nichtrisikers verkörpert, entgegnet Egmont: *„Es wird dem Fußgänger schwindlig, der einen Mann mit rasselnder Eile daherfahren sieht.“* Der ehrgeizige und tatendurstige Egmont jedoch ist bereit, für den Aufstieg zu Macht und höchster Bedeutung seine Existenz zu wagen: *„Ich stehe hoch und kann und muß noch höher steigen; ich fühle in mir Hoffnung, Mut und Kraft. Noch hab ich meines Wachstums Gipfel nicht erreicht, und steh ich droben einst, so will ich fest, nicht ängstlich stehen. Soll ich fallen, so mag ein Donnerschlag, ein Sturmwind, ja, ein selbst verfehlter Schritt mich abwärts in die Tiefe stürzen, da lieg ich mit viel Tausenden.“*

Egmont verabscheut wie der heutige Grenzgänger die Massenexistenz. Er sucht die große, möglichst einmalige Tat. Dabei ist er sich des Einsatzes durchaus bewußt.

Goethes Drama ist als Tragödie angelegt. Der literarische Egmont endet wie der historische, im Untergang als Hochverräter. Ohne Bedauern oder Reue bekennt er sich zu der existentiellen Entscheidung, die er in einem Ordal herausgefordert hat. Dem modernen Grenzgänger vergleichbar, sagt er im 5. Aufzug zu den Soldaten, die ihn zur Hinrichtung abholen: *„Ich bin gewohnt, vor Speeren gegen Speere zu stehen und, rings umgeben von dem drohenden Tod, das mutige Leben nur doppelt rasch zu fühlen."* Er akzeptiert den Ausgang des Ordals.

Ähnliche Gedanken äußert MESSNER über den Grenzgang: *„Zwischen Überleben und Nichtüberleben ist ein messerscharfer Grat. Und auf diesem Grat unterwegs zu sein, ist schwierig, aber gibt sehr viel Erfahrung." „Mit jedem Schritt kann man umkommen, mit jedem Schritt wehre ich mich dagegen. Das gibt ein starkes Selbstwertgefühl und Selbstverständnis"* (Talkshow des Bayerischen Fernsehens vom 16. 10. 1997). Bei meiner Befragung 1997 bestand MESSNER darauf, nicht als Risiko-*Sportler* oder Extrem-*Sportler*, sondern als *Grenzgänger* verstanden zu werden. Seinem Handlungsimpetus kommt damit eindeutig Ordalcharakter zu. Denn der Grenzgang ist durch das Ordal gekennzeichnet.

Wie Egmont wird auch die Feldherrenpersönlichkeit *Wallenstein*, die uns der Geschichtsgelehrte F. SCHILLER in seiner gleichnamigen Trilogie facettenreich nahebringt, durch Macht- und Aufstiegsdenken geprägt. Seine Ordalbereitschaft äußert sich in der weitreichenden Schicksalsanfrage, ob er die Durchsetzungskraft seiner Armeen und die Verehrung seiner Soldaten statt für seinen obersten Dienstherrn, den Kaiser, für die eigene Machtsteigerung einsetzen soll. Hierzu befragt er die Sterne, also das Schicksal selbst, durch einen Astrologen. Wallenstein möchte den Spruch des Schicksals schon im Vorhinein erfahren, was ihm allerdings nicht gelingt. Er wird ermordet, bevor er seine Ziele realisieren kann.

Die Anziehungskraft des intensiven Lebens kann sich aber auch im puren Lebensgenuß erschöpfen.

Aufschlußreich für die Ordalversion nach dem Muster des intensiven Lebens im Augenblick ist das sogenannte *Reiterlied*, das SCHILLER die einfachen Soldaten im Wechsel verschiedener Dienstgrade am Ende von *„Wallensteins Lager"*, dem ersten Teil der Trilogie, rezitieren/singen läßt. Es ist das Freiheitslied des lebenshungrigen, bindungslosen, gewalttätigen Landsknechts, die Lebensphilosophie des Haudegen und Vagabunden. Ihn motivieren keine hehren Ziele. Ihn treibt die pure Kraft und Lebenslust zu seinen riskanten Abenteuern. Als Absolventen der herzoglichen Militärakademie und Forscher des Dreißigjährigen Krieges war SCHILLER die Landsknechtmentalität bestens vertraut. Das Lied der Soldaten gipfelt in dem Ordalgedanken, der das Leitmotiv der ganzen Trilogie markiert. Es ist die Lebensdevise auch des heutigen Grenzgängers: *„Und setzet ihr nicht das Leben ein, nie wird euch das Leben gewonnen sein."*

„Wohlauf, Kameraden, aufs Pferd, aufs Pferd!
ins Feld, in die Freiheit gezogen!
Im Felde, da ist der Mann noch was wert,
da wird das Herz noch gewogen,
da tritt kein andrer für ihn ein,
auf sich selber steht er da ganz allein.

Aus der Welt die Freiheit verschwunden ist,
man sieht nur Herren und Knechte;
die Falschheit herrschet, die Hinterlist
bei dem feigen Menschengeschlechte.
Der dem Tod ins Angesicht schauen kann,
der Soldat allein ist der freie Mann.

Des Lebens Ängsten, er wirft sie weg,
hat nicht mehr zu fürchten, zu sorgen.
Er reitet dem Schicksal entgegen, keck,
trifft's heute nicht, trifft es doch morgen,
und trifft es morgen, so lasset uns heut
noch schlürfen die Neige der köstlichen Zeit.

Von dem Himmel fällt ihm sein lustig Los,
braucht's nicht mit Müh zu erstreben.
Der Fröhner, der sucht in der Erde Schoß,
da meint er den Schatz zu erheben.
Er gräbt und schaufelt, so lange er lebt
und gräbt, bis er endlich sein Grab sich gräbt.

Der Reiter und sein geschwindes Roß,
sie sind gefürchtete Gäste.
Es flimmern die Lampen im Hochzeitsschloß,
ungeladen kommt er zum Feste.
Er wirbt nicht lange, er zeiget nicht Gold.
Im Sturm erringt er den Minnesold.

Warum weint die Dirn' und vergrämt sich schier?
Laß fahren dahin, laß fahren.
Er hat auf Erden kein bleibend Quartier,
kann treue Lieb nicht bewahren.
Das rasche Schicksal, es treibt ihn fort,
Seine Ruhe läßt er an keinem Ort.

Drum frisch Kameraden, den Rappen gezäumt,
die Brust im Gefechte gelüftet!
Die Jugend braust, das Leben schäumt,
frisch auf, eh der Geist noch verdüftet!
Und setzet ihr nicht das Leben ein,
nie wird euch das Leben gewonnen sein."

Die Kerngedanken dieses Ordalliedes, dieses leidenschaftlichen Bekenntnisses zu einer möglichst grenzenlosen Freiheit im Augenblick, auf die Jahre 1618 bis 1648 bezogen, 1799 zu Papier gebracht, entsprechen auch dem Lebensgefühl und den Rechtfertigungsgründen des Großteils der weltbesten Freikletterer, über deren Motive zum Ausstieg aus dem bürgerlichen Milieu ZAK in seinem Buch (1995) berichtet:

- das Ausbrechen aus den Fesseln des geregelten Lebens, der Drang ins Freie, in die Natur, die Freiheit bedeutet
- das Bedürfnis, ganzmenschlich, total gefordert zu werden, sich dabei bewähren zu müssen, sich seines Könnens, seiner Selbständigkeit und Unabhängigkeit versichern zu dürfen
- das Entkommen aus den einengenden, die Persönlichkeit verkürzenden Karrierestrukturen, den Hierarchien des Oben und Unten, den damit verbundenen menschlichen Schwächen
- die Sehnsucht nach uneingeschränkter Freiheit, die sich nur dem erfüllt, der auch dem Tod gelassen ins Auge schauen kann
- das totale Freisein von Angst, das nur der erleben kann, der nichts zu verlieren hat, der nicht im morgen, sondern voll im Augenblick lebt
- der mühelose Lebensgenuß im großen Wurf, der sich kontrastreich abhebt von der mühseligen alltäglichen Kleinarbeit, die sich langsam, aber stetig dem Tode zu bewegt

Die Landsknechte des Reiterliedes wissen allerdings auch um die Kehrseite ihres Lebensentwurfs und den Preis, den sie zu zahlen haben:

- den selbstbezogenen, oft gewaltsamen Lebensgenuß auf Kosten anderer
- die Unrast und das Unbehaustsein, die Heimat- und Bindungslosigkeit des von seinem unsteten Schicksal Getriebenen

Auch der Abenteurer MESSNER bekennt sich zum Typus dieses ewig Getriebenen, der unentwegt unterwegs sein muß, der *„daheim von der Wildnis träumt und in der Wildnis sich nach dem Zuhause verzehrt, der da, wo er ist, nicht zufrieden ist“* (Talkshow des Bayerischen Fernsehens vom 16.10.1997).

Die Schlußstrophe des Landsknechtsliedes mit der Aufforderung, sich der Gefahr zu stellen, sie herauszufordern, offenbart das Ordaldenken, das nicht einer Langeweile, sondern einem Überschuß an Kraft, überschäumender Vitalität entspringt, die sich ausagieren möchte und dabei ein Mehr an Leben erwartet.

Moral, Ethik, überhaupt die Frage übergreifender oder sogar transzendenter Werte spielt keine Rolle. An soziale Lebensaufgaben wird kein Gedanke verschwendet. Ein egozentrisches Weltbild beherrscht das Denken und Fühlen und Handeln. Der Lebenssinn ergibt sich im Ausleben der eigenen Fähigkeiten, im Auskosten der Möglichkeiten des Hier und Jetzt. Die Frage nach einem längerfristigen Sinn hat in diesem kurzfristig orientierten Leben keinen Platz. Sie erscheint sinnlos. Das Schicksal wird dabei nicht erlitten. Es wird aktiv, selbstbestimmt, sogar aggressiv angegangen.

Erlebnissport und Abenteueraktionen

Auch der große Bereich des sogenannten „Risikosports“ und „Risikospiels“ bringt seine Ordalformen hervor, wenn diese auch seltene Ausnahmen bleiben und für die als Sport und Freizeitvergnügen betriebenen Aktivitäten als untypisch zu gelten haben. Nach der in meiner Befragung erkundeten öffentlichen Meinung zählen – mit welchem Recht und welcher Begründung auch immer – die Extremformen des Bergsteigens, Skifahrens, Snowboardens und Skatens, die unterschiedlichen Fallschirmsportarten, die Flugsportarten Gleitschirm-, Drachen- und Segelfliegen, die Wildwassersportarten, Formen des Tiefseetauchens wie Wracktauchen und Haitauchen, aber auch das Bahnsurfen und das Bungee-Jumping zu den meistgenannten spielerisch-sportlichen Betätigungen mit hohem Wagnischarakter.

Die Zuweisung einer gewissen Gefährlichkeit beinhaltet aber noch keine Unterstellung einer Ordalabsicht. Ob eine solche vorliegt, kann nicht so pauschal beantwortet werden, wie es LE BRETON tut. Sie ist angesichts der sehr unterschiedlichen Strukturen und Motivationsansätze für jede Sportart, jeden Sportler und jede Situation gesondert nachzuweisen, will man zu einer Tendenzanalyse kommen, die Aussagewert hat. Dabei besteht eine unterschiedliche Bereitschaft, sich einer wissenschaftlichen Untersuchung und Objektivierung dieser Phänomene zu stellen.

Während die *Extrembergsteiger* sowohl in ihren Veröffentlichungen als auch in ihren Auskünften bei meinen Befragungen eine große Offenheit und ein hohes Reflexionsniveau gegenüber diesen Problemstellungen beweisen, offenbart sich bei vielen anderen Risikogruppen noch ein erheblicher Nachholbedarf an Selbstkritik und Bereitschaft, das Gefahrenpotential der eigenen Sportart unvoreingenommen objektivieren zu lassen. Dem stehen offensichtlich Befürchtungen eines ungünstigen Untersuchungsausgangs und entsprechende Imageprobleme im Wege.[1]

Die Feststellung von Ordalien im Wagnissport muß sich im Rahmen dieses Buches auf wenige Beispiele beschränken:

---

[1] So teilte mir der Vorsitzende des Deutschen Hängegleiterverbandes, der Interessenvertretung der Gleitschirm- und Drachenflieger, mit, er möchte meinen Fragebogen zur Risikoproblematik nicht den Mitgliedern zugänglich machen, da der Verband gerade mit höchster Anstrengung dabei sei, „den früheren Ruf des Selbstmordsports loszuwerden“ (Schreiben v. 7.11.1996). Angesichts dieser Verweigerungshaltung mußte der beschwerlichere Weg am Verband vorbei direkt an die Flugschulen und die Flugsportler vor Ort gegangen werden, um zu den notwendigen Informationen zu kommen. Hierbei erwies sich als vorteilhaft, daß auch zahlreiche nichtorganisierte Piloten erfaßt werden konnten.

Im *Flugsport* kann sich z. B. eine Ordalsituation andeuten, wenn ein Pilot auf seinen Gerät- oder Startcheck verzichtet, wenn ein Paragleiter bei Föhn oder aufziehender Gewitterfront einen Flug wagt, wenn ein Drachenflieger in ein Wolkenfenster startet (das sich jederzeit schließen kann), wenn ein Segel- oder Motorflieger trotz Wetterwarnungen einen Überlandflug angeht. Sie alle verlassen sich darauf, daß ihr Schicksal es schon richten wird, daß ihr Todeszeitpunkt noch nicht gekommen ist.

Im *Fallschirmsport* ist z. B. eine Ordalsituation gegeben, wenn der Springer (wie in dem Spielfilm „Die den Hals riskieren" von 1969 mit Burt Lancaster) möglichst spät die Reißleine zieht oder ohne Überprüfung einen gerade daliegenden fremdgepackten Schirm benutzt.

Dies alles sind jedoch Verstöße gegen die Sicherheitsregeln der jeweiligen Sportart, verpönte Fehlhandlungen. Sie charakterisieren Einzelsportler und Einzelhandlungen, nicht die Sportart. Sie können auch durch Hast oder Gedankenlosigkeit verursacht sein. Die geringe Quote tödlicher Unfälle in den beiden Sportbereichen spricht für eine geringe Bedeutung des Ordals als Handlungsmotiv.

Beim *Bergsteigen* offenbart sich ein mehr oder weniger bewußtes Ordaldenken im Zählen der Toten eines Berges: Viele Berge entwickeln mit dem Ansteigen der Zahl ihrer Opfer eine wachsende Ordalmagie. Die Höhe der Todesrate weist dem Berg seinen Ordalanspruch zu. Sie wird oft sorgfältig registriert. Die Anziehungskraft des Berges steigt für den Ordaliker mit seiner Gefährlichkeit. Wenn der Aspirant auf den K2 weiß, daß etwa jeder dritte der Herausforderer des Berges nicht zurückkam, so stellt er sich – eine vergleichbare Qualifikation als Bergsteiger vorausgesetzt – einem Ordal mit der statistischen Überlebenswahrscheinlichkeit von etwa 66 Prozent.

Auch das *Wasserspringen* bringt Ordalformen hervor: Wenn die Indianerjungen hoch über der Quebradaschlucht bei Acapulco in Mexiko vor ihrem Sprung in die Tiefe niederknien, beten und sich bekreuzigen, so dokumentieren sie damit den Ordalcharakter ihres Tuns. Sie erbitten für ihren gefährlichen Sprung die Hilfe eines Schutzpatrons, an den sie glauben. In der Tat müssen sie bei ihren Sprüngen von den Felsen die Strömungsverhältnisse in der 45 Meter unter ihnen liegenden engen Schlucht richtig taxieren, die ein- und ausflutenden Wassermassen sowie die zum Zeitpunkt des Springens herrschenden Windverhältnisse richtig beurteilen, ihre Nervenkraft auf eine optimale Körperbeherrschung und Sprungabwicklung konzentrieren, Faktoren, bei deren Kalkulation Fehler unterlaufen können, die den Tod bedeuten (Abb. 31). Die Springer sind sich dieser Gefahr bewußt.

Abb. 31 Sprung in die Quebradaschlucht (Mexiko)

Den Anfänger einer wagnisbehafteten Sportart, aber auch den ambitionierten Athleten in Laufwettbewerben, Turnerwettkämpfen oder bei Fußballmeisterschaften sieht man bisweilen magische Rituale zelebrieren. Dies kann bei gläubigen Menschen ein flehentlicher Blick zum Himmel in Gebetshaltung, das Anrufen eines Schutzheiligen, das Schlagen eines Kreuzes, das Küssen einer Reliquie, das Murmeln eines Stoßgebets oder Opferversprechens sein. Der nicht christlich Orientierte versichert sich mit ähnlichen Gesten und Formeln der Hilfe seines Ullr (nordischer Schutzgott), seines Maskottchens, eines Amuletts, eines Ringes, einer Kette. Das Ritual hat einen magischen Beschwörungscharakter, der ordale Züge annehmen kann. Der Schutzsuchende versichert sich auf diese Weise seines stillen Helfers. Er weist ihm eine Schutzengelfunktion zu.

Jede magische Beschwörung einer übernatürlichen Hilfsmacht in kritischen Situationen, jede Orakelanrufung bei jugendlichen Mutproben trägt bereits Züge eines Ordals. Für die Gemeinschaft und den einzelnen wirklich bedeutsam wird das Ordal aber erst, wenn es um das Entkommen aus einer existentiellen Sinnkrise bzw. um den tatsächlichen Einsatz des Lebens geht.

Bewertung

Nach dem Ordalgedanken erhält Wert, was verlierbar ist. Das Verlierbare wird einer Schicksalsmacht zur Entscheidung übergeben. Der gesuchte Wert aber ist meist der Lebenssinn, eine kompetente Antwort darauf, ob das eigene Leben (noch) für sinnvoll erachtet wird. Der Ordaliker braucht und wünscht eine elementare Bestätigung seiner Daseinsberechtigung. Es handelt sich für ihn also um eine Frage von grundlegender, von existentieller Bedeutung.

Damit der Wert sich offenbaren, der Sinn des Lebens unmittelbar erfahren werden kann, muß nach dieser Auffassung das Leben selbst zur Disposition gestellt werden. Das alte, mit Sinnzweifeln behaftete Leben ist der Preis. Sein Verlust muß gewagt werden, um die Chance eines neuen Lebens höherer, weil bestätigter Sinngebung zu erhalten: *„Und setzet ihr nicht das Leben ein, nie wird euch das Leben gewonnen sein,“* läßt SCHILLER die Soldaten in *„Wallensteins Lager“* resümieren. Heutige Jugendliche kommentieren diese Hingabe an die Entscheidung ihres Schicksals über Leben und Tod bei ihren **Mutproben** mit der Redewendung *„Ich habe dem Schicksal ein Angebot gemacht“* (Warwitz, Forschungsvorhaben Risikospiel, noch unveröffentlicht) und sie quittieren den positiven Ausgang einer entsprechenden Probe mit der Bemerkung *„Das Schicksal wollte mich (noch) nicht!“* Der Sinn des Lebens wird von seinem durch die angerufene Instanz akzeptierten oder nicht akzeptierten Ende, also vom Tode her, definiert.

Auslöser für diese Schicksalsbefragung kann eine tiefe Sinnkrise und eine aus ihr erwachsende verzweifelte Sinnsuche sein. *„Das Ordal ist die letzte Chance desjenigen, der sonst alle Chancen verloren sieht.“ „Das Ordal ist die soziale Ant-*

wort auf eine ausweglose Situation" (LE BRETON 48). Dieses Lebensgefühl wird nicht von einer *Todes*sehnsucht bestimmt, sondern von einer *Lebens*sehnsucht, die einen Sinngrund braucht und sucht.

Das Ordal hat seine Wurzel auch häufig in einer lethargischen, fast apathischen Bewußtseinshaltung, wie sie sich etwa beim **Russischen Roulette** der gelangweilten weißrussischen Offiziere, des depressiven Graham Greene oder versagensgeplagter Jugendlicher äußert. Es handelt sich dabei um eine klassische Ordalform. Sie unterscheidet sich vom Suizid markant durch ein letztes Aufbäumen des Überlebenswillens.

In krassem Gegensatz zu dieser Ausgangslage kann sich der Anlaß für das Anrufen von Ordalentscheidungen auch aus einer überschäumenden Vitalität, aus einem unbändigen Lebenswillen, aus dem Anspruch auf Macht, Einfluß, Lebensintensität ergeben. Beispielhaft hierfür wurden die Lebensentwürfe herausragender Persönlichkeiten wie die des antiken Kriegshelden Achilles, des Revolutionärs Egmont, des Heerführers Wallenstein und die seiner dem Lebensgenuß frönenden Landsknechte analysiert. Letztere ist die Mentalität, die sich auch bei den modernen „Schlachtenbummlern" zwischen den Sportarenen, den Hooligans findet. Sie kann in jugendlichen Mutproben sichtbar werden und sich in Einzelfällen auch im sogenannten Risiko- und Extremsport zeigen. Zentrale Bedeutung kommt dem Erklärungsmodell jedoch heute beim extremen **Survival-Abenteuer** und beim **Grenzgang** zu:

Survival heißt überleben. Wo aber überlebt wird, muß eine tödliche Bedrohung vorausgegangen sein. Der Survivalkünstler NEHBERG unterzieht sich bewußt härtesten Proben seiner Überlebensfähigkeit am Rande des Existenzminimums, um zu den elementaren Lebenswurzeln zurückzufinden, sich kraft eigenen Wissens und Könnens in diesem Gefahrenbereich zu behaupten. Der Grenzgänger MESSNER testet seine Überlebensfähigkeit in lebensfeindlichen Höhen und Weiten und resümiert das glückliche Überstehen einer Reihe dieser Ordalien unter dem Buchtitel „*Überlebt. Alle 14 Achttausender*".

Das Ordal trägt Züge des Spektakulären. Seine Abläufe sichern eine tiefe persönliche Betroffenheit und eine hohe öffentliche Aufmerksamkeit. Es ist das Modell der existentiellen Sinnkrise und der verzweifelten und gewaltsamen Sinnsuche. Es liefert die Stoffe und Gestalten, aus denen Dramen und Tragödien entstehen.

Die Anwendbarkeit des Erklärungsmodells auf den **Wagnissport** ist auf Ausnahmen begrenzt, die sich im wesentlichen auf regelwidriges Verhalten einzelner beziehen. Gewisse Gefahren werden als Teil der Sportausübung, die anderen Motivationen folgt, inkaufgenommen, nicht aber intendiert. Sie werden weitestmöglich reduziert, bis nur noch ein vertretbares sogenanntes „Restrisiko" übrigbleibt. Diese Tendenz schließt eine Ordalmentalität aus, auch eine solche des Unterbewußtseins. Sport unterscheidet sich, selbst in den Modifikationen des

Wagnis- und Extremsports, strukturmäßig wesentlich vom Grenzgang. Dies wird von LE BRETON verkannt. Wagnissport rechtfertigt und motiviert sich aus anderen Beweggründen als dem Ordal, wie spätere Erklärungsmodelle noch verdeutlichen sollen:

Ebensowenig wie der Autofahrer, der sich anschnallt und in den Verkehr begibt, sich einem Ordal unterzieht, tut dies der Drachenflieger, der sich in sein Fluggerät einhängt und die Rampe hinab in den Luftraum startet. Es geht weder dem Autofahrer noch dem Piloten um eine sinnentscheidende Schicksalsbefragung, um Tod oder Leben, weder bewußt noch unbewußt. Der Gedanke an einen Unfall liegt beiden in der Regel fern. Sie gehen davon aus, die notwendige Kompetenz zu besitzen, sich sicher auf der Straße bzw. in der Luft bewegen und die jeweilige Aktivität unversehrt beenden zu können. Wie der Autofahrer vor allem daran interessiert ist, das Fahren zu genießen, ein bestimmtes Ziel zu erreichen oder ganz einfach mit seinem Fahrzeug in der Landschaft unterwegs zu sein, so will der Pilot das Fliegen genießen, ein geplantes Streckenziel erreichen oder ganz einfach mit seinem Fluggerät in der Luft unterwegs sein. Beide verfolgen andere Absichten, als LE BRETON ihnen unterstellt. LE BRETON nimmt sekundäre Motivationen an (die Instrumentalisierung des Sports zu Ordalzwekken), wo sich primäre Motivationen (z. B. die Lust am Fliegen) als plausibler anbieten. Er bemüht fernerliegende Beweggründe, die den Beweis schuldig bleiben, wo es näherliegende gibt, die authentisch beweisbar sind.

Gegen die Berechtigung einer Ordalannahme spricht auch der objektive Gefährdungsgrad: Bei den von mir untersuchten Wagnissportarten Bergsteigen, Fallschirmspringen, Gleitschirm-, Drachen-, Segelfliegen und Bungeespringen wird – gemessen an der Anzahl der Einzelaktionen, der Betätigungsdauer und der Schwere der Verletzungen – ein Gefährdungslevel unterschritten, der in anderen gesellschaftlichen Bereichen (z. B. im Straßenverkehr) oder in Volkssportarten (Fußball, Abfahrtski) allgemein toleriert wird.

Der Ordaltheorie widerspricht weiterhin das Bestreben der Sportler, alles für die Sicherheit in ihrem Sport zu tun, das Gefahrenpotential möglichst gering zu halten. Hierzu zählen Sicherheitsüberprüfungen der Sportgeräte in Form von Zulassungsbestimmungen und regelmäßigen Gütesiegelvergaben, Ausbildungsverordnungen, Prüfungen und Lizenzen für die Sportler, Wetter- und Geländeinformationen, Vorstartchecks vor jeder einzelnen Betätigung in der Sportart, Verhaltensregeln im Sportbetrieb oder Kompetenzerweiterungen durch Fortbildungskurse.

Die Sicherheitsstandards haben sich inzwischen denen des Straßenverkehrs weitgehend angenähert. Das Risiko des Straßenverkehrs aber wird heute auch von Nichtrisikern allgemein als tragbar akzeptiert, obgleich es Alternativen und Verzichtmöglichkeiten gäbe. Insofern ist die verbreitete Bezeichnung „Risikosport" kritischer anzuwenden.

Gegen die Berechtigung einer Ordalannahme spricht letztendlich auch das empirisch ausschöpfbare Bewußtsein der Wagnissportler: Maßgeblich für den Ordalcharakter einer wagnishaften Unternehmung sind nicht die Empfindungen und Vermutungen eines außerhalb des Geschehens stehenden Beobachters. Maßgeblich ist zum einen der objektiv gegebene Grad der Gefährdung, der im wesentlichen von den Sachanforderungen des Sports und dem Können des Akteurs abhängt. Maßgeblich ist zum anderen die bewußt oder unbewußt verfolgte Absicht eines Ordals. Diese Faktoren sind aber nicht spekulativ, sondern nur empirisch erfaßbar. Sie erfordern ein kompetentes Sachwissen über die jeweilige Sportart sowie eine objektive Datenerhebung über den gesamten Vorgang einschließlich der Motive des Sportlers. Auch die Annahme, daß die Ordalabläufe sich im Unbewußten / Unterbewußten abspielen, entbindet nicht von der Beweispflicht, der Notwendigkeit eines Nachweises der Schicksalsanfrage. Die Ordalhypothese ist zu verifizieren oder zu falsifizieren. Erst in dieser wissenschaftlichen Prozedur werden Vermutungen zu Fakten, Meinungen zu Wissen. Das wurde bisher nicht geleistet.

Bei den befragten Wagnissportlern stößt die krasse und pauschalisierende Ordalthese, wie sie sich etwa in der Behauptung von LE BRETON *„nur noch das Nein des Todes kann dem Akteur die Lebenslust zurückgeben“* (49) artikuliert, auf Unverständnis und nahezu einhellige Ablehnung. Der Versuch, das Ordal ins Unterbewußtsein zu verlagern, wird als etwas hilfloser Versuch gewertet, der Beweisnot zu entkommen und der abwegigen Theorie eine beweisfreie Zone zu sichern. Auch die Annahmen einer „symbolischen“, „metaphorischen“, oder „imaginären“ Ordalhandlung, also Ordalvollzügen in der Vorstellung, wird eine Absage erteilt. Sie werden als wenig nachvollziehbare Hilfskonstruktionen bewertet, die seltsam wirklichkeitsfremd erscheinen und sich der empirischen Faktenkontrolle entziehen, die Beweisführung schuldig bleiben. Der Wagnissportler sieht sich dem Leben zugewandt, nicht dem Tode. Er schöpft seine Kraft aus Lebensenergien, nicht aus dem möglichen Ende. Er empfindet sich nicht mehr vom Tode bedroht, als es das Memento Mori des Barock **allen** Menschen als Bewußtseinslage empfiehlt: *„Mitten in dem Leben sind wir vom Tod umfangen.“* Er möchte sich keine schizophrene Haltung zum Leben suggerieren lassen, wo ihn nach seinem Empfinden eine eindeutige Lebensbejahung leitet.

Dennoch ist eine Ordalhaltung auch bei Wagnissportlern in Ausnahmefällen und Ausnahmesituationen latent oder offenkundig vorhanden und nachweisbar. Hierzu wurden Beispiele aus unterschiedlichen Sportarten vorgeführt. Ordalische Züge können die Handlungen von Sportartanfängern ebenso bestimmen wie die von Routiniers, von Testpiloten, Stuntmen oder Extremsportlern, die sich in die Nähe des Grenzgangs begeben. Das Ordal setzt die tatsächliche Herausforderung des Todes und den Wunsch nach einem Urteil voraus.

Wenn der Sportler nach einem riskanten Manöver, nach einer Fehleinschätzung zu dem Eindruck gelangt, „zu viel gewagt" zu haben, mehr gewagt zu haben als verantwortbar, das Schicksal herausgefordert zu haben, gerade noch einmal davongekommen zu sein, dem Tod von der Schippe gesprungen zu sein, war die Grenze zum Ordal überschritten. Er muß sich als Ordaliker erkennen. Die Abenteuersportarten werden aber in der Regel nicht als Mittel zum Zwecke (des Ordals) betrieben, sondern als Sport praktiziert, der seinen Sinn in der Betätigung selbst findet, der primärmotiviert ist. Hier greifen andere Erklärungsmodelle.

Noch weniger Geltung als für den Wagnissport kann die Ordaltheorie für abenteuerliche Freizeitaktivitäten wie den **Sprung vom Free-Fall-Tower oder von der Bungee-Plattform** beanspruchen. Diese beiden von uns untersuchten spielerisch-sportlichen Betätigungen tendieren bei ihrer Unfallerwartung gegen Null. Die Wahrscheinlichkeit, in einem ICE-Zug bei 280 km/h umzukommen, ist statistisch inzwischen größer als die, an einem Bungeeseil zu sterben. Kein Schnellzugreisender aber unterstellt sich einem Ordal.

Der Gedanke vom *„Ordaliker, dessen ganzes Leben vom Vexierbild des Todes zehrt"* (LE BRETON 49), die Auffassung, *„man setzt sein Leben aufs Spiel, um es besser retten zu können"* (46) mißversteht und verzerrt die Beweggründe des durchschnittlichen Wagnissportlers wie die des Abenteuersuchenden im Vergnügungspark. Dem Bungeespringer oder dem Free-Fall-Tower-Abenteurer droht höchstens der Vorstellungstod des ängstlichen Zuschauers, der die Sicherungen nicht wahrnimmt. Es ist die Sicht des Außenstehenden, der den tatsächlichen Gefährdungsgrad und die Beherrschbarkeit der Anforderungen einer Sportart nicht durchschaut, dem das in kleinen Schritten erworbene Könnensbewußtsein fehlt, der einen für ihn zu großen Schritt von der eigenen Vorstellungsfähigkeit zu der Leistungsfähigkeit des Sportlers tun muß, der deshalb seine eigenen Ordalängste auf diesen überträgt: Das Hängen und Pendeln am Seil in der senkrechten Wand wirkt nur auf den Kletterunkundigen halsbrecherisch und ordalverdächtig. Der Kletterspezialist sieht sich in einem ihm geläufigen Gelände mit mäßigem Anforderungscharakter. Es wird weder bewußt noch unbewußt eine existentielle Sinnfrage auf Tod oder Leben gestellt. Das Terrain wird weitestgehend beherrscht, für den Sport genutzt.

Dieser Perspektivwechsel vom unkundigen Zuschauer zum kundigen Akteur muß vom Beurteiler geleistet werden. Dazu bedarf es des Einbezugs des Akteurs in die Analysen. Dazu bedarf es auch zumindest partieller Eigenerfahrungen. Beides ist bei vielen Psychologen, die sich bei der Thematik zu Wort melden, leider nicht oder in nicht zureichendem Maße gegeben.

Das Phänomen der **Fallsportarten** wird (in Anlehnung an einen Terminus der Sexualkunde) bisweilen als „suicidus interruptus", als unterbrochener Selbstmord, interpretiert. Als makabres Gedankenspiel noch tolerierbar, geht diese Bezeichnung jedoch fehl, wenn sie Wirklichkeitsanspruch erhebt oder sogar als wissenschaftlicher Fachausdruck verwendet wird:

Ein „unterbrochener Selbstmord" setzt voraus, daß überhaupt eine Selbsttötung beabsichtigt und eingeleitet wurde, die dann abgebrochen werden kann. Die eindeutige Vorwegsicherung bei diesen Abenteueraktivitäten und die damit klar bekundete Bewußtseinshaltung und Einstellung zum Leben schließen diesen Gedanken aber bereits von Anfang an aus.

In der Tat mag der äußerlich sichtbare Ablauf, der Sturz in die Tiefe und sein plötzlicher glücklicher Abbruch dem oberflächlichen Beobachter als unterbrochener Selbstmord erscheinen. In der Tat wäre der Sturz ohne das Auffangen durch die Preßluftanlage des Free-Fall-Tower, ohne die Fixierung an das Bungeeseil, ohne Absicherung durch zwei sorgfältig präparierte Fallschirme eine Selbsttötung. Diese Situation ist aber gar nicht gegeben. Der Fall wird von Anfang an mit der entscheidenden Lebenssicherung gedacht, geplant, gefühlt und gestaltet. Es ist logisch unzulässig, Teile aus einem ganzheitlichen Handlungskonzept herauszulösen (Sprung **mit** dem Fallschirm) und diese im Zusammenhang eines ganz anderen Handlungsentwurfs (Sprung **ohne** Fallschirm = Suizid) zu interpretieren. Absicht, Gefühlslage und Handlungserfahrung bestimmen sich aus dem Gefüge des jeweils Ganzen. Die vorausgeplante Sicherung bei einem sportlichen Sprung schafft eine völlig andere Bewußtseinslage und Erlebnisqualität, als sie der Selbstmordbereite mitbringt, der sich in den Tod stürzen möchte, tatsächlich stürzt und im letzten Augenblick durch ein ausgebreitetes Feuerwehrtuch oder eine andere nicht geplante glückliche Wendung gerettet wird. Im Vordergrund steht nicht der Selbstmord, sondern die Lust am Fallen, das sich Hingeben an den freien Raum. Dies ist ein andersartiges Erlebnis. Es geht nicht um den Tod. Es geht um das Leben. Das Leben wird auch nicht durch den Tod definiert oder legitimiert. Der Stürzende schöpft lediglich intensiver und extensiver seine Lebensmöglichkeiten aus, zu denen auch das Fallerleben gehört. Sprachbilder wie „dem Tod von der Schippe springen", „dem Tod ein Schnippchen schlagen" oder „mit dem Tode pokern" entbehren des Realitätssinns und sind unangemessen, die Erlebnissphäre beim freiwilligen Fallen, das schon Kinder genießen, zu illustrieren oder gar zu deuten. Die von mir ausgewerteten Großaufnahmen von geübten Springern und Kindern bei Fallspielen zeigen nicht Todesangst oder Lethargie, sondern wache Entschlossenheit, Konzentration und Freude am freien Fall.

Bleibt die symbolische Handlung, der imaginäre Selbstmord:

Wer sich trotz der vorausgeplanten lebenssichernden Maßnahmen in die Rolle des Selbstmörders hineinphantasiert, betrügt sich selbst. Niemand kann sich außerdem im Denkspiel, in der reinen Vorstellung ernsthaft umbringen. Dies ist schon dem Kinde bewußt, das sich auf ein Kriegsspiel einläßt. Anders als mancher Erwachsener meint, ist ein Kriegsspiel kein Krieg. Das Kind weiß um die

Folgenlosigkeit des Spiels in der Als-Ob-Wirklichkeit. Es tötet oder stirbt als Rollenspieler und weiß dabei, daß weder der andere noch es selbst dabei zu Schaden kommt. Die Alltagswirklichkeit wird nach dem Rollenspiel wieder hergestellt.

Spiel kennzeichnet sich durch seine simulierte Wirklichkeit. Das „Völkerballspiel" beispielsweise ist, auch pazifistischen Eltern selten bekannt, eine ritualisierte Schlacht zweier Völker mit ihrem König bis zur vollständigen Vernichtung eines Volkes. Hierbei läßt das Regelwerk aus didaktischen Gründen auch die Wiederauferstehung und das Weiterschießen, Treffen und Töten der Gefallenen zu.

Wie beim „Völkermord" des Völkerballspiels erreicht auch die Fiktion des „Selbstmörders" beim Fallsport nicht die physische Realität. Sie bleibt folgenlos, harmlos, unwirklich, im Bereich von Spiel und Sport. Der phantasierte Selbstmord gibt keinerlei Auskunft darüber, was ein Selbstmörder beim Sprung von einem Hochhaus oder einer Brücke empfindet. Ausgangslage und Bewußtseinszustand sind strukturell verschieden. Es handelt sich nicht um eine Ordalstruktur, sondern um eine Spiel- und Sportstruktur mit andersartiger Sinngebung.

Auch im **Videospiel** oder im **Cyberspace** kann sich kein Ordal entfalten. Der Imitator des Ordals im imaginären Spiel ist auch kein Sinnsuchender in einer existentiellen Krise. Er ist ein Vergnügungssuchender. Es geht nicht um eine Entscheidung auf Tod oder Leben, sondern um Unterhaltung. Daher ist auch die Ordalzuordnung in diesem Spielbereich der Als-Ob-Handlungen abwegig.

Der Erklärungsansatz Ordal ist geeignet, Zugänge zum bewußten und unbewußten Verhalten einer spezifischen Kategorie Abenteuersuchender verschiedener Wagnisfelder zu schaffen. Hierbei kann die Selbstauskunft der Akteure jedoch in der Regel nicht außer Betracht bleiben. Der Wagnisbereite sollte soviel Selbstbewußtsein und Souveränität entwickeln, sich auch unangenehmen Fragen stellen zu können. Der Analytiker von Wagnishandlungen aber darf sich nicht mit Vermutungen und Thesen begnügen und muß der Verführung zu Pauschalierungen zugunsten seiner Theorie widerstehen. Nur über eine wissenschaftskritische Sachanalyse wird auch der Weg frei, für Wagnisverhalten Verständnis zu entwickeln und es emotionsfrei zu betrachten. Die größte Trefferquote kann die Ordaltheorie nach meinen bisherigen empirischen Untersuchungen bei den jugendlichen Mutproben, bei Survivalaktionen und beim Grenzgang erwarten.

In dem Filmdrama „Das weiße Band" (2009) von Michael Haneke sagt der verzweifelte, durch Prügel und Demütigungen gequälte Bub Martin zu seinem Lehrer am Brückengeländer über der Schlucht: *„Ich wollte Gott die Gelegenheit geben, mich sterben zu lassen. Aber er hat es nicht gewollt."*

Wenn Weh und Wonne wechseln

Die Angst-Lust-Theorie
(Dollard & Miller, Balint, Zuckerman u. a.)

Das Phänomen

Wir alle kennen seit unserer Kindheit Situationen, Begegnungen, Erlebnisse, die uns gleichzeitig mit Angst und mit Lust erfüllen. Es sind Erlebnisse, die unsere Gefühlswelt aufwühlen, die uns stark erregen, oft bis ins Innerste betroffen machen. Es handelt sich um Situationen, bei denen wir häufig nicht recht wissen, ob wir sie uns wünschen oder lieber nicht wünschen, ob wir uns ihnen stellen oder ihnen lieber ausweichen möchten. Sie haben die Eigenart, uns zu erschrecken, abzuschrecken und gleichzeitig nahezu unwiderstehlich anzuziehen. Sie stürzen uns in ein Wechselbad von gegensätzlichen, einander widerstreitenden Empfindungen von Unlust und Lust. Sie irritieren unsere Willensstrebungen gleichzeitig oder abwechselnd in die unvereinbaren Richtungen Abwehr oder Annäherung, Meidung oder Zuwendung. Diese eigenartige Gefühlsmischung, die gleichzeitig Unwohlsein und Wonne verursacht, dieser widersprüchliche Antriebszwitter, der gleichzeitig abstößt und verlockt, wird im Deutschen als **Angst-Lust** bezeichnet. Die Reizkonstellation Angstlust kann eine hohe Faszination auslösen.

Schon kleine Kinder tasten sich in diese ambivalente Gefühlswelt vor, suchen und genießen die Reizspanne der Kombination von Angst und Lust, wenn sie heimlich auf das unbekannte Nachbargrundstück vordringen, den dunklen Keller erkunden oder sich fremden Tieren nähern. Es sind abenteuerliche Entdekkungsfahrten der Seele, mit Wagnis verbunden, mit dem Wagnis nämlich, sich dem Unbekannten, dem Bedrohlichen auszusetzen und den mit dieser verwegenen Unternehmung verbundenen zwiespältigen Gemütsregungen.

Wir kennen das anrührende Szenario des Kleinkinds, das sich im Schutz der Mutter vorwagt, um den Fremden vorsichtig zu beäugen, zu taxieren, zu erkunden. Das Auf und Ab, das Hin und Her der Gefühlswallungen läßt sich in seinem Gesicht und Verhalten noch unmittelbar ablesen.

Einerseits möchte es möglichst nahe am Geschehen sein, alles mitbekommen. Andererseits fürchtet es sich vor dem Unbekannten. Angeklammert an den Rock der Mutter, hält sich die Angst in erträglichen Grenzen. Der taktile Kontakt zur Mutter, ihr Körperschutz, bietet Sicherheit. Das angespannt vorlugende Gesicht verrät eine Mischung aus Befangenheit, Neugier und Besorgnis. Und wenn dann der kecker werdende Blick das Wachsen der Zuversicht anzeigt, wenn sich die Neugier gegenüber der Angst durchsetzt und ein kurzes Loslassen von der Mutter, ein Annähern, vielleicht sogar Berühren des Fremden erlaubt, bleibt immer noch die Möglichkeit des fluchtartigen Rückzugs hinter den

Schutzschild Mutter, falls die Angst doch wieder die Oberhand gewinnt über die Entdeckungslust. Mit dem zurückkehrenden Mut, einem vorsichtigen Blick aus der Deckung, einem schon vertrauteren Lächeln, kann das Spiel der Gefühle, diesmal in rascherer Folge, dann erneut beginnen.

Mimik und Gestik, Haltung und Verhalten sind unmittelbare Ausdrucksformen der emotionalen Befindlichkeit. Sie offenbaren vor allem bei Kindern noch unverstellt das innere Erleben. Sie machen das Denken und Fühlen des Kindes durchsichtig, lassen uns in seine Seele schauen. Diese Transparenz erleichtert dem Betrachter den Zugang zur kindlichen Gefühlswelt und das empirische Erfassen seines Erlebens der Angst-Lust. Sie erfüllt gleichzeitig mit Sympathie, die ja aus der Nachvollziehbarkeit der Gefühle, dem Mitempfinden erwächst.

Angstlust-Gefühle und Angstlust-Erlebnisse sind nicht für jedes Kind gleich attraktiv. Das wagnisbereite Kind findet sie auf mannigfache Art, beispielsweise

- im Aufsuchen besonders aufregender Orte: Dunkle Gänge, unterirdische Anlagen, Baustellen, verlassene Häuser, stillgelegte Zechen, Fabrikgelände, Bahndämme, Burgruinen, Schiffswracks können eine magische Anziehungskraft entwickeln
- in der Begegnung mit fremden Tieren: Hunde, Pferde, Reptilien, Vögel erscheinen zugleich gefährlich oder ekelerregend und verlockend
- im Umgang mit Schwindel auslösenden Spielgeräten: Schaukeln, Karussells, Achterbahnen verschiedenster Art bilden die Hauptattraktion auf den Jahrmärkten und in den Vergnügungsparks
- im Streben nach Geschwindigkeit: Wettfahrten, Bergabfahrten mit Seifenkisten, Rollerblades oder Bikes lassen den Temporausch erfahren
- im Hantieren mit gefährlichen Materialien und Geräten: Feuer, Sprengstoff, Munition, Gifte, Drogen, Waffen reizen wegen ihrer Bedrohlichkeit
- im Experimentieren mit neuen Bewegungen und Sportarten: Kopfsprünge ins Wasser, Überschläge ins Heu, Bodysurfen in der Brandung, Tricks und Sprünge mit dem Board oder den Skates, Bungeejumping schaffen das ungewöhnliche Bewegungserlebnis
- im Herantasten an Grenzsituationen: das Klettern in einen Baumwipfel, auf einen Dachfirst, auf einen Strommasten, auf eine Turmruine, der Sprung von einer Kanalbrücke, das Durchschwimmen eines Baggersees können Mut und Durchhaltevermögen bis zum Äußersten fordern
- im Herstellen von Risikokonstellationen: Beim Zündeln, Sprühen, Sammeln von Mercedessternen, beim Provozieren von Erwachsenen, Kaufhausdiebstahl, Raub in der Bande, bei gefährlichen Verkehrseingriffen können sich die Ambitionen auf Angstlust schließlich bis in den kriminellen Bereich erstrecken

Unsere Befragungen erbrachten, daß die meisten dieser Inszenierungen von Angstlust mit Initialriten in Verbindung stehen. Die Kinder unterziehen sich dem geforderten Ritual oft nur ungern, freiwillig / gezwungen sekundär-motiviert, weil der Eintritt in die Clique oder Bande der Gleichgesinnten reizt. **Mutproben sind das klassische Erlebnisfeld der Angstlust**. Hier sammeln Kinder ihre ersten persönlichen Erfahrungen bei selbstgestellten Aufgaben. Hier kristallisiert sich das psychophysische Potential heraus, das die Gemeinschaft, der man zugehören möchte, in der verordneten Bewährungsprobe erwartet. Die Mutprobe wird als Test der Kongenialität mit der Gruppe, als Nachweis der Aufnahmewürdigkeit gesehen.

Wie grundsätzlich nicht jedes Kind und jeder Jugendliche zum Genuß von Angst-Lust tendiert, wie die Wagnisbereitschaft und Risikofreude ein sehr breites Spektrum von Möglichkeiten und Intensitäten aufweist, so unterscheiden sich auch die Erlebnisweisen und Ablaufformen beträchtlich.

Angstlust kann sich sehr langsam aufbauen, während der langen intensiven Vorbereitung einer gefährlichen Trekkingtour, im Laufe einer risikoreichen Expedition oder beim Studium einer Wand von höchstem Schwierigkeitsgrad, deren Gefahrenpotential sich erst allmählich offenbart. Sie kann wellenförmig auftreten im Auf und Ab der Erkenntnis von Risikofaktoren und der Entwicklung von entsprechenden Fertigkeiten (Skills), diese zu bewältigen, beispielsweise bei der Aneignung einer wagnisbehafteten Sportart wie dem Drachenfliegen oder der Bewältigung einer Wildwasserschlucht mit dem Kajak. Angstlust kann aber auch in kürzester Zeit entstehen, sich zuspitzen und explosionsartig entladen, beispielsweise bei den beliebten Jahrmarktsattraktionen und den Highlights der Vergnügungsparks. Immer wird eine eher negativ getönte, unangenehme Gefühlslage riskiert, um über sie eine positiv besetzte, angenehme zu erreichen. Es wird eine Angstspannung erzeugt, deren Auflösung Lust verspricht. Eine Phase der Angst mündet in eine solche der Lust.

Hierbei stehen Angst und Lust in einem unmittelbaren Abhängigkeitsverhältnis. Sie bedingen einander und bestimmen in ihrer Wechselbeziehung meist auch die Intensität des Erlebnisses. Je größer die noch beherrschbare Angst, desto heftiger kann sich das nachfolgende Lusterleben gestalten. Die Angst ist der Preis, der für den Lustgewinn zu zahlen ist. Und ein tiefer Abschwung in die Angst erzeugt – wenn sie denn gemeistert wurde – häufig einen entsprechend hohen Aufschwung in die Lust. Der Lustgewinn erweist sich als umgekehrt proportional zum Grad der vorausgegangenen Aufgabe von Sicherheit.

Die Ausdrucksformen des Erlebens sind einerseits charakter- und temperamentabhängig, also personenspezifisch, andererseits durch die Eigenart der Situation bedingt, also sachspezifisch: Die Palette der Gefühlsäußerungen kann von einer tiefen inneren Genugtuung, beispielsweise dem stillen Genuß eines Gipfelsieges, der sich lediglich im Strahlen des Gesichts und einer lebendigeren Motorik äußert bis zum frenetischen Jubelausbruch reichen. Das Hochgefühl der Angstlust kann sich sanft und allmählich entladen. Es kann sich aber auch explosionsartig aus dem Erlebenden herauskatapultieren. Die schrillen Schreie der Jahrmarktbesucher, die spitzen, grellen Laute aus schmerzverzerrten Gesichtern, sind ein Beispiel dafür, wenn die Zerreißprobe zwischen Angst und Lust ein schier unerträgliches Maximum erreicht und die innere Spannung nach Entladung drängt.

Die englische Sprache hat für diesen Moment der höchsten Erregung in der Angstlust den Fachterminus **„Thrill“** geprägt, der nicht exakt ins Deutsche übertragbar ist. Thrill bedeutet eigentlich „durchdringen“, „durchbohren“. Er markiert besonders deutlich das panikartige aggressive Moment dieses Erlebens, das auch den im Augenblick der größten Angstlust produzierten „durchbohrenden“ schrillen Schreien anhaftet. Der englische Begriff „thrill“ erfaßt eindrucksvoll das dynamische Element des Vergnügens im Gipfelpunkt der Erregung, die schmerzhafte Verzückung. Die deutsche Wortkombination „Angstlust“ ist dagegen besser geeignet, den ambivalenten Charakter der Gefühlslage zum Ausdruck zu bringen.

Abb. 32 'Fliegendes' Kind

Das sich im Thrill zuspitzende faszinierende Zwittererlebnis von Angst und Lust ist schon Kleinkindern zugänglich. Entsprechende Spiele können, kritisch verwendet, auch als Test für die Veranlagung zu Wagnisfähigkeit und Wagnisbereitschaft eingesetzt werden. Ein solches Wagnisspiel stellt etwa der **'Fliegende Fisch'** (Abb. 32) dar:

Wenn ein gesundes, schwindelfreies, nicht verzärteltes Kind von den Armen eines Erwachsenen auf- und abgeschwungen, schließlich über Kopfhöhe hochgeschnellt und für einen Augenblick losgelassen, sich im freien Schweben erlebt, reagiert es sichtbar und hörbar mit Angstlust-Empfindungen. In der Lern- und Gewöhnungsphase dominiert zunächst die Angst. Die Erfahrung, nach der lustbetonten Freigabe in den Schwebezustand wieder sanft und sicher aufgefangen zu werden, führt jedoch bald zu einem Überwiegen der Lustgefühle. Das Lachen, die Verzückungsschreie, das Strampeln und Zappeln während der kurzen Flugphase verraten das Hochgefühl, das den kleinen Körper durchpulst. Die schwungvolle Aufwärtsbewegung, das Freikommen aus den haltenden Händen, das Überwinden der Schwerkraft, der Moment des freien Schwebens werden als lustvoll erlebt. Sie müssen allerdings mit der angstvollen Erwartung erkauft werden, nach dem Schwebeerlebnis wieder unbeschadet im sicheren Port der Arme zu landen.

Der Genuß dieses Schwebe- und Flugerlebnisses ist dem philobatisch begabten Kind vorbehalten, das fähig ist, sich loszulassen. Das oknophil veranlagte Kind schafft es auch in kleinen Gewöhnungsschritten nicht, sich den einwirkenden Kräften vertrauensvoll auszuliefern, gefühlsmäßig mitzuschwingen und den Moment der völligen Freigabe zu genießen. Der Klammereffekt der Angst hindert es daran.

Eine ähnliche Gefühlsmischung aus Angst und Lust erlebt das etwas größere Kind, das im **'Fliegerkarussell'** um seinen Vater kreist: Der Vater faßt das Kind an einem Bein und einem Arm und schwingt es im Kreise um sich herum. Dabei schwebt es mit steigender Drehgeschwindigkeit in die Höhe. Die Fliehkräfte wollen es nach außen tragen. Sie zerren an Arm und Bein. Je schneller sich der Vater dreht, desto stärker wird der Zug auf den festgehaltenen Arm und das festgehaltene Bein. Die Zentrifugalkräfte streben nach außen, drohen den Körper in den Raum zu schleudern. Doch der Vater stemmt sich mit einem Bein dagegen, hält das Kind an seinem eigenen Körper, dem Drehpunkt. Mit zunehmendem Vertrauen streckt das Kind auch seinen anderen Arm, sein anderes Bein aus und schwebt nun als lebendes Flugzeug mit Flügeln und Heckflossen durch den Raum. Mit einer zusätzlichen Auf- und Abschwingbewegung erhöht der Vater noch den Genuß des schwindelerregenden Flugerlebnisses.

Im Widerstreit der Empfindungen der einwirkenden Kräfte von beängstigender Zentrifugalkraft und beruhigender Zentripetalkraft, im Gefühlswiderstreit, in den Raum hinausgeschleudert und im Drehzentrum gehalten zu werden und dabei durch die Luft zu schweben, ereignet sich die zwiespältige Erfahrung aus Schmerz und Wonne, Abwehr und Genuß, Angst und Lust. Sie macht die spezifische Erlebnisqualität des Thrill aus, den Nervenkitzel, der Leib und Seele zu zerreißen droht und trotzdem genossen wird. Schmerz und Lust vereinigen sich in einer attraktiven ungewöhnlichen Gefühlspaarung. Je nach Veranlagung reagieren Kinder auf diese Herausforderung eher angstvoll oder lustvoll. Auch hier zeigt sich bereits in Ansätzen die Tendenz zur vermehrten Ausbildung des philobatischen oder oknophilen Charaktertypus. Das philobatisch veranlagte Kind kann nicht genug bekommen von diesem Erlebnis und verlangt nach Wiederholung, während das oknophile Kind sich eher ängstlich dem Spiel verweigert.

Jugendliche befriedigen ihr Bedürfnis nach Angstlust bereits auf anspruchsvolleren Erlebnisfeldern: Die erste Intimbegegnung mit dem anderen Geschlecht, der Auszug aus dem Elternhaus, eine Weltreise ohne Geld. Dramatischer und spektakulärer für die öffentliche Aufmerksamkeit ist das Ausprobieren von Drogen, der Einstieg in kriminelle Delikte wie Autodiebstahl mit anschließendem Autorennen, das „Abklatschen" von Asylbewerbern oder das Führen von Bandenkriegen zwischen den Hooligans im Troß von Fußballspielen oder zwischen verfeindeten Chaotengruppen.

Im Spiel- und Sportbereich kann das Bungee-Jumping als Paradebeispiel für Angstlust-Erleben gelten. Aber schon eine Vorform, der **Abfaller vom Dreimeterbrett** (Abb. 33) ins Wasser, gewährt Einblicke in die Gefühlsabläufe beim Fallen:

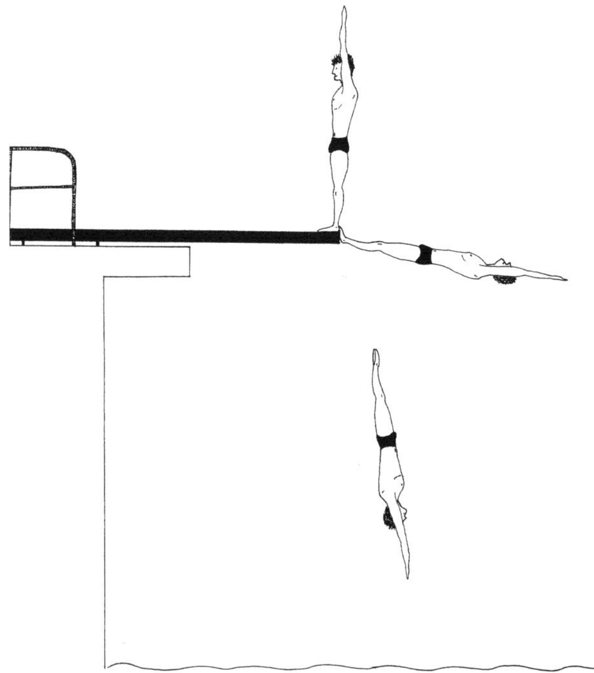

Abb. 33 Der Abfaller, eine klassische Mutprobe (Federzeichnung)

Diese hervorragende Übung der Selbstdisziplin und Selbstüberwindung wurde von mir jahrelang als Mutprobe bei der Abnahme von DLRG-Leistungsschein-Prüfungen eingesetzt. Jeder Rettungsschwimmer muß damit rechnen, auch einmal von einem erhöhten Standort aus zum Einsatz zu kommen. Die Form des Abfallers ist dann, besonders für den im Wasserspringen nicht Ausgebildeten oder wenig Geübten, die schnellste und sicherste Möglichkeit, sich dem Rettungsfall zu nähern. Hierbei wird das Überwinden einer Angstbarriere zur unausweichlichen Notwendigkeit. Dazu in der Lage zu sein, sollte man nicht in naiver Selbstgläubigkeit erst dem Nachweis in einer Ernstsituation überlassen, die dann zu einer zweifelhaften Uraufführung ge- oder mißrät.

Bei genauer Befolgung der wenigen Anweisungen und entsprechender Selbstdisziplin ist der Abfaller leicht auszuführen. Die Übung, die (wie übrigens auch das sog. „Bungeespringen") kein Sprung ist, sondern ein reines Fallen darstellt, setzt keine anspruchsvolle Technik und kein Training voraus wie die Sportart Wasserspringen. Sie kann von jedem Ungeübten auf Anhieb gefahrlos praktiziert werden – wenn er die psychischen Voraussetzungen bei sich entwickelt hat. Diese bestehen in dem festen Willen, das Fallen zu wagen und in der Kraft, diesen Willen gegen innere Widerstände wie das – irrende – Gefühl, auf den Bauch oder Rücken aufschlagen zu müssen, durchzusetzen. Es braucht den Mut, dem Verstand zur Überwindung sachlich unbegründeter Ängste die Leitung und Steuerung des Tuns zu überantworten. Bei Fehlen dieser Voraussetzungen sind allenfalls etwas unangenehme, aber erträgliche Nachteile inkaufzunehmen: ein blamabler Rückzug, begleitet von den hämischen Blicken und Bemerkungen der lauernden Zuschauer oder – weniger peinlich, aber körperlich spürbar – ein etwas schmerzhafter Aufschlag aufs Wasser. Jeder Mißerfolg macht jedenfalls die noch aufzuarbeitenden Defizite deutlich. Und so läßt sich die harmlos / unkomplizierte Angst-Lust-Übung komplikationslos abwickeln:

Der mutige Abfaller steht ganz vorn auf dem Dreimeterbrett. Seine Zehen schließen mit der Brettkante ab. Der Körper ist gestreckt, der Blick geradeaus gerichtet. Die Arme weisen in Verlängerung des Körpers senkrecht nach oben. Eine leichte Körperspannung vermittelt das Gefühl, selbst ein Brett zu sein, ein Baumstamm, der sich nun, starr und steif, fallend, um die Brettkante herum drehend, in die Tiefe ziehen läßt. Der Kopf als schwerstes Körperteil und das Gewicht der hochgestreckten Arme übernehmen dabei nach den Gesetzen des Fallens die Steuerung. Wenn der Abfallende jegliche eigenwillige Störung, jeden Eingriff in den den Gravitätsgesetzen folgenden Fall unterläßt, wird sich sein Körper langsam und unweigerlich um die Brettkante drehen und, von den gewichtigen Körperteilen gezogen, sanft und elegant, mit den Händen zuerst, ins Wasser eintauchen.

Probleme bringen erst der Angst erwachsende, vermeintlich helfende Fehlhaltungen und Fehlhandlungen in diesen Ablauf. So führt ein Abknicken in den

Knien, in der Hüfte oder in den Schultern, ein Vorwärtsbeugen des Körpers oder ein Schwingen des Bretts zum Kontrollverlust der Bewegung und zum Überschlag. Jedes Abspringen oder Wegspringen verlagert den Drehpunkt, verändert die Fallkurve und endet mit dem Aufschlagen auf der Bauchseite, falls nicht mit eingerolltem Kopf und schützend vorgestreckten Knien und Unterarmen noch eine Notrettung besorgt wird. Erst bei einer sehr viel größeren Fallhöhe, wie bei dem berühmten 45-Meter-Sprung in die Quebradaschlucht bei Acapulco in Mexiko, ist eine anspruchsvolle Falltechnik in „Flughaltung" mit in den Nacken gelegtem Kopf, durchgestrecktem Körper und ausgebreiteten Armen erforderlich, mit der das Fallen gesteuert werden kann (vgl. Abb. 31).

Ungleich angstträchtiger, aber auch noch erlebnisintensiver als der Abfaller vorlings vorwärts, gestaltet sich der Abfaller rücklings rückwärts. Er erfordert ein noch höheres Maß an Selbstbeherrschung, ein striktes Einhalten des Selbstbefehls, nichts zu tun, als sich den Naturgesetzen anzuvertrauen und gestreckt fallen zu lassen. Das Gefühl, den festen Boden unter den Füßen zu verlieren, ins Nichts zu fallen, ins Bodenlose zu stürzen, beherrscht das Wahrnehmen und Fühlen von dem Moment an, da der Körper kippt und den sicheren Stand verläßt. Die Angst führt in Versuchung, einem falschen Rettungsreflex nachzugeben, sich abzustoßen, um den Entschluß zu einem Kopfwärtsfaller noch in einen als angenehmer empfundenen Fußsprung umzuwandeln, in Sitzhaltung überzugehen oder sich einzukugeln, um das vermeintliche Überschlagen oder gestreckte Aufschlagen auf die Wasseroberfläche zu vermeiden.

Wie beim Vorwärtsabfaller ist jedoch auch beim Rückwärtsabfaller das sichere und sanfte Eintauchen über die sich haltenden Hände nur gewährleistet, wenn jeglicher Angsteingriff unterbleibt, wenn kein Schwingen, Springen oder Abknicken des Körpers den naturgesetzlichen Fall des von den Füßen über die Hüfte bis in die Fingerspitzen gespannten Körpers irritiert. Verstand und Wille müssen die Angstgefühle beherrschen. Die angsterfüllte Phase des Fallens muß durchstanden werden, damit die genußvolle des Eintauchens gelingen kann. Je stärker die Angst, desto länger scheint sich der freie Fall hinzuziehen. Der Flug durch die Luft erscheint auch deshalb länger, weil die Augen ihn nicht verfolgen, ihn nicht begleiten, das Eintauchen nicht vorhersehen können. Das ersehnte, erlösende Auffangen durch das Wasser wird erst mit der Berührung durch die ausgestreckten Hände erspürt. In den nachfolgenden Sekunden der weichen Bewegung durch das Wasser durchströmt Jubel den Körper. Der Mut hat gesiegt. Der Fall ist gelungen. Die Angst löst sich in Stolz und Lust auf. Erst mit zunehmender Erfahrung und fortschreitendem Angstabbau verlagert sich das Lustempfinden bereits vor in die Phase des freien Falls.

Das **Bungeespringen**, das zutreffender „Bungeefallen" heißen müßte, stellt eine Steigerung des beschriebenen Fallerlebens dar. Diese Steigerung ergibt sich schon aus der größeren Fallhöhe. Üblicherweise wird aus 50, 70 bzw. 120 Metern

Höhe gefallen. Zieht man die Höhe ab, in der das Bungeeseil den Sturz zu bremsen beginnt, so bleiben immer noch etwa 20, 30, bzw. 50 Meter des freien Falls. Gebremst durch den Luftwiderstand, rast der Körper mit einer Geschwindigkeit von etwa 100 km/h in beschleunigtem Fall mehrere Sekunden lang dem Boden oder Wasser zu, bis das gespannte Seil ihn im sog. Rebound wieder aufwärts schnellen läßt auf fast zwei Drittel der Ausgangshöhe, um gleich wieder zu einem zweiten und zu einem dritten Fall anzusetzen.

Angst läßt die Zeit des freien Fallens im Zeitlupentempo erleben. Das Zeitgefühl dehnt sich. Das Fallen erscheint länger, als es in Wirklichkeit dauert. Der Widerstreit zwischen Angst und Lust vollzieht sich in mehreren Wellen:

Schon die Entscheidungsfindung, ob man sich solch einer Mutprobe, solch einer Selbstüberprüfung der Fähigkeit, unbegründete Ängste zu überwinden, unterziehen soll, hat mit Angst und Lust zu tun. Sie läßt die meisten Probanden zögern, abwägen, schwanken zwischen Für und Wider, Wollen und Nichtwollen. Die Warum-Frage scheidet die Geister.

Die Angst bremst: Warum willst du dir das antun? Warum willst du bei einem so unnützen Tun dein Leben und deine Gesundheit riskieren? Warum willst du dich sinnlos einer Gefahr aussetzen? Warum willst du mit deinem Leben spielen? Ein Unfall kann nicht völlig ausgeschlossen werden. Technik kann immer versagen. Die Berechnung der Seillänge kann falsch sein. Du kannst dich ungeschickt verhalten, vielleicht strangulieren. Eine winzige Fehlkalkulation kann tödlich sein. Außerdem kostet der kurze Fall von wenigen Sekunden viel Geld, das du besser verwenden könntest. Was gewinnst du? Tu es nicht! Es ist nicht lebensnotwendig. Hast du es nötig, dir oder anderen irgendetwas zu beweisen?

Die Lust verlockt: Warum willst du es eigentlich **nicht** wagen? Es reizt dich doch. Es könnte dir Spaß machen. Du siehst ja die anderen, die es gewagt haben, euphorisch jubeln, mit strahlenden Gesichtern und sich überschlagenden Worten erzählen. Es könnte ein unvergeßliches Erlebnis werden, dein Selbstbild bereichern. Der Fall in die Tiefe ist etwas Außergewöhnliches, offensichtlich eine grandiose Erfahrung. Die Einrichtung ist TÜV-überprüft. Ein Unfall ist statistisch höchst unwahrscheinlich. Das Geld hast du. Du kannst es, du schaffst das Besondere. Gib dir einen Ruck und beweise dir und allen, daß du den Mut für dieses ungewöhnliche Erlebnis aufbringst. Gönne dir ein paar Sekunden, von denen du noch lange zehren wirst!

Der Zwiespalt der Gefühle und Antriebskräfte, die Frage „Soll ich oder soll ich nicht?!“ flammt bei vielen erneut auf, wenn die Vorbereitungen zum Fall und die Einweisung beginnen. Es spitzt sich zu, wenn der schwankende Aufzug Höhe gewinnt über dem sicheren Boden, die erwartungsvollen Gesichter der Zuschauer allmählich in der Tiefe verschwimmen, die Fahrt in die schwindelerregende Höhe nicht zu enden scheint. „Noch kannst du zurück und den Unsinn beenden!“ rät die Angst. „Du hast dich entschieden. Es wird ein tolles Erlebnis!“ rät die Lust.

Die Angst-Lust-Kontroverse erreicht ihren dramatischen Höhepunkt, wenn der oder die Mutige, ein unabweisbares Kribbeln im Bauch, in luftiger Höhe an den Rand der Plattform tritt. Die endgültige Entscheidung steht an. Allein mit sich und seinen Gefühlen muß man sich wagen oder verzagen. Einer von hundert Männern und eine von dreihundert Frauen geben kurz vor dem „point of no return“ noch ihrer übermächtig gewordenen Angst nach und verzichten auf das Erlebnis. Mit der Einleitung des Fallens wird die Entscheidung unumkehrbar. Sekunden später weicht die Konzentration explosionsartig der Entspannung. Aus dem bis zum Bersten gespannten Körper sprengt sich ein Jubelschrei. Die angstgequälte Seele löst sich in Wonne und Glück. Zufrieden mit sich und der Welt wird der Sieg über sich, über die Angst, über die unheimliche Tiefe des Raumes unter sich lustvoll genossen. Der Fall bedarf keiner weiteren Rechtfertigung. Seine Sinnhaftigkeit wird unmittelbar erlebt.

Diese in erster Linie von Angst-Lust-Gefühlen geprägte Art, Fallen zu gustieren, ist jedoch nicht allein und durchgängig kennzeichnend für das Fallerleben. Sie ist vornehmlich für den Erstfaller und Neuling des „Bungeejumping“ typisch. Den Vielfaller motivieren vorrangig andere Erlebnisweisen, die mehr sportlicher Natur sind und deren Charakter zutreffender von späteren Erklärungsmodellen, besonders dem der wachsenden Ringe, erfaßt wird. Die Angst-Lust-Komponente kann aber auch bei Experten des Fallvergnügens noch einen Teil des Reizes ausmachen und in dem breiter gewordenen Erlebnisspektrum weiterhin mitschwingen.

Ähnlich dem Bungeespringer kann auch der **Gleitschirmflieger** seine Vorbereitungs- und Startphase als Angst-Lust-Erlebnis erfahren. Wie dort ist dies jedoch ein typisches Anfängererlebnis. Es betrifft im wesentlichen den Flugschüler, den wenig Geübten, den Seltenflieger, nicht den Routinier. Die Angst-Lust-Folge der Gefühle kann sich wie folgt darstellen:

Ein Gleitschirmpilot legt seinen Schirm aus. Er tut dies besonders sorgfältig, kleinlich, umständlich. Jede Leine, auch die der hinteren Leinengruppen wird einzeln geprüft, geordnet, gelegt, die Lage des Schirmtuchs wiederholt optimiert, das Gurtzeug mehrfach geprüft. Die Startvorbereitungen sind durch Wiederholungshandlungen, Verzögerungshandlungen, Ersatzhandlungen, Entscheidungsaufschub gekennzeichnet. Wiederholungshandlungen, um sich zu beruhigen, wirklich nichts, aber auch gar nichts versäumt und übersehen zu haben. Verzögerungshandlungen, um den gefürchteten Start noch hinauszuschieben. Ersatzhandlungen, um in Aktionismus die unerträgliche Spannung abzubauen, um die fällige Entscheidung zum Start zu kompensieren: Immer wieder geht der Blick zurück zur Schirmkappe und zum Leinenverlauf. Liegt auch wirklich alles bestens? Das Gurtzeug erfährt die dritte Prüfung. Manipulationen am Variometer helfen, innerlich Zeit zu gewinnen. Der Hubschrauber in gut tausend Metern Entfernung ist längst gelandet und hat den Motor abgeschaltet. Wird er auch nicht wieder starten? Warum startet er nicht endlich, damit der Luftraum frei wird? Eine innere Bremse, die Angst, hindert den startfertigen Piloten am Start, macht ihn zögerlich, obgleich der Check ordnungsgemäß durchgeführt, der Luftraum frei ist, der Wind stimmt. Statt dessen prüft er wieder und wieder, klinkt sich im Extremfall nochmal aus, um noch eine Kleinigkeit bei der Lage des Schirms zu korrigieren. Das innere Stoßgebet, wenn der Start schließlich unausweichlich wird, ist im Gesicht ablesbar. Ist das angstbesetzte Aufziehen des Schirms, der schwierige Startlauf endlich gelungen, hat der Pilot abgehoben und steht sein Schirm mit tragfähigem Profil voll geöffnet über ihm, löst sich oft ein Lustschrei der Erlösung aus der gepeinigten Körperseele. Die Angst ist der Lust gewichen. Der Fluggenuß kann beginnen.

Das Angst-Lust-Erleben findet sich als genuiner Bestandteil des Abenteuersports, des Risikosports, des Wagnissports, des Hochleistungssports, des Wettkampfsports. Es begleitet den schwierigen Abgang des Kunstturners vom Hochreck ebenso wie den Sprung eines Stunt-Skaters über ein beträchtliches Hindernis (Abb. 34), die Seilquerung des Trekkers über den Canyon, den alles entscheidenden Schuß des Elfmeterschützen oder den Kampf des Athleten mit dem Angstgegner. Es charakterisiert aber nicht allein *extreme* Sportbereiche.

Abb. 34 Skate – Stunt

Das Angst-Lust-Erleben kennzeichnet – in unterschiedlicher Ausprägung und Intensität – **Spiel und Sport schlechthin**. Seine Grundstrukturen sind vom Kinderspiel („Schwarzer Peter", „Schwarzer Mann" etc.) bis zum Erwachsenensport (Bikerrennen, Formel 1-Rennen etc.) präsent und nachweisbar. Dabei leben nicht nur Wettspiele, Kampf- und Kriegsspiele, sondern auch Partner- und Friedensspiele von diesem attraktiven Spannungswechsel aus Erwartung und Erfüllung, Besorgnis und Befreiung, Schmerz und Wonne, Angst und Lust. Das von seinem erhöhten Baumhaus als 'Flying Fox' auf einem gespannten Seil zur Erde gleitende Kind schafft sich bewußt diese attraktive Reizmischung aus beengenden und befreienden Gefühlen (Abb. 35). Je ein Kriegsspiel und ein Friedensspiel mögen die These verdeutlichen:

Abb. 35 'Flying Fox' vom Baumhaus aus (Berchtesgaden)

Das Völkerballspiel ist ein sehr altes, beliebtes Ballspiel, auch heute noch fast jedem Grundschulkind bekannt. Nahezu unbekannt dagegen ist die Tatsache, daß wir es, historisch gesehen und intentional betrachtet, mit einem Kriegsspiel zu tun haben: Das Völkerballspiel symbolisiert eine Völkerschlacht, in der sich zwei verfeindete Völker (Parteien) unter ihrem „*König*“ mit einer Schußwaffe (Ball) bis zur totalen Vernichtung eines der beiden Völker gegenseitig bekriegen. Ziel ist es, nach und nach alle Kämpfer des Gegners einschließlich ihres „*Königs*“ „*abzuschießen*“. Fortgeschrittene entwickeln eine „*Taktik*“, wie sie die gefürchtetsten „*Schützen*“ der Gegenseite, z. B. durch ein „*Kesseltreiben*“ „*ausschalten*“ können. Aus didaktischen Gründen wurde das Regelwerk methodisch so verändert, daß „*Gefallene*“ nicht mehr ausscheiden („*tot*“ sind), sondern durch „*Abschießen*“ eines „*Feindes*“ von einer Position außerhalb des Spielfeldes aus (als „*Heckenschützen*“) wieder auferstehen und erneut als vollwertige „*Kämpfer*“ in das „*Kampfgeschehen*“ eingreifen dürfen. Jedes „*Volk*“ findet sich bei diesem Spiel von „*feindlichen Schützen*“ und „*Heckenschützen*“ umringt, „*im Kessel*“ des Spielfeldes von allen Seiten bedroht und bedrängt. „*Sieger*“ der meist erbittert geführten „*Schlacht*“ ist, wer nach der vorher festgelegten Spielzeit noch die meisten „*Überlebenden*“ aufzuweisen hat.

Auch bei Umbenennung verräterischer Begriffe (Volk > Partei, König > Leader, Krieg > Kampf, Feind > Gegner etc.) ist dem Kundigen die militärische Brisanz dieses Kinderspiels offenkundig. Wer sich jedoch nunmehr zur Kritik am Kriegsspiel veranlaßt sieht, möge bedenken, daß ihm der Kriegscharakter des Völkerballspiels möglicherweise mit diesen Hinweisen überhaupt erst aufgefallen ist. Vor übereiltem Befremden müssen wir weiterhin berücksichtigen, daß Kinderspiel zu allen Zeiten, selbstverständlich und kaum beeinflußbar, aus sämtlichen ihm zugänglichen Lebensbereichen seine Spielanlässe schöpft, sogar aus dem Obszönen. Wir müssen zum dritten wissen, daß Kinder ihr Ausgangsmaterial im Spiel verwandeln und auf eine andere, eine metaphorische Ebene heben. Es erhält damit eine neue Qualität. Eine vordergründige Gleichsetzung des Kinderspiels mit der Realitätsebene der Erwachsenen und eine darauf gegründete moralisch-ethische Kritik läuft deshalb ins Leere, weil sie den Als-Ob-Charakter des Kinderspiels übersieht und die metaphorisch überhöhte Quasi-Wirklichkeit des Spiels als vermeintliche Realität mißversteht. Dies ist so, als wenn jemand eine ironisch gemeinte Bemerkung für bare Münze nimmt.

Zu einer sachgerechten Beurteilung bedarf es spezifischen Wissens über das Phänomen Spiel und fundierter lern- und entwicklungspsychologischer Kenntnisse über das spielende Kind. Wir sollten uns davor hüten, auf einer anderen Ebene zu denken und zu moralisieren, als sie das Spiel des Kindes betrifft, sein „Märchen“ mit unserer „Wirklichkeit“ zu verwechseln. Ebenso wenig wie das Kriegsspiel Schach ist das Völkerballspiel für Kinder schädlich. Beide setzen im Gegenteil positiv zu bewertende Lern- und Entwicklungsreize, die näher zu erläutern allerdings einem anderen Buch überlassen bleiben muss (vgl. Warwitz / Rudolf, Vom Sinn des Spielens [3]2014).

So harmlos das Völkerballspiel in seinem *„kriegerischen"* Charakter zu bewerten ist, so auffällig und bedeutsam offenbart sich eine aggressive / defensive Angst-Lust-Mentalität, die das Kampfgeschehen prägt. Großaufnahmen der kindlichen Gesichter und ihr schutzsuchendes bzw. triumphierendes Verhalten dokumentieren den oft abrupten Wechsel zwischen der Angst, von einem (scharfen) Schuß getroffen zu werden und dem Genuß, ihm erfolgreich ausgewichen zu sein, ihn gefangen und damit neutralisiert oder einen Gegner abgeschossen zu haben. Das Kind schwankt in seinen Gefühlen zwischen dem Erleben als Ziel und als Schütze, als Getriebener und als Treibender, als Geängstigter und als Angstmacher, als Opfer und als Täter, als Besiegter und als Sieger. Die Angst zu verlieren und die Lust zu gewinnen, begleiten die Spannungskurve des Spielverlaufs wie das Auf und Ab der Empfindungen, das sich in Worten und Gesten spiegelt. Die symbolischen Kriegshandlungen zeigen Wirkungen im Angst-Lust-Erleben des Kindes.

Das hölzerne Männle, ebenfalls ein altes Kinderspiel, läßt sich – je nach ideologischer Ausrichtung des Betrachters – unter die Abenteuerspiele, die Risikospiele, die Wagnisspiele, die Vertrauensspiele, die Partnerspiele, die Spiele ohne Sieger und Verlierer oder die Friedensspiele einordnen.

Das hölzerne Männle (oder Mädle) steht stocksteif wie ein Stück Holz im engen Kreise seiner Mitspieler. Wenn es sich umfallen läßt, müssen die Umstehenden bereit sein, es sanft und sicher aufzufangen und wieder aufzustellen. Vorwärts, seitwärts, rückwärts fällt es immer wieder um, fest angewurzelt an einer Stelle am Boden. Wenn das Kind starke und verläßliche Partner hat und/oder ein Untergrund aus Matten, Gras, Stroh oder Wasser Sicherheit schafft, kann das Auffangen bis kurz über dem Boden verzögert werden. Noch Erwachsene können in Panik geraten, wenn die senkrechte Standlinie über ihr Vertrauensmaß hinaus verlassen wird und die erhoffte Rettung unerwartet lange ausbleibt. Ein Angstschrei und die Auslösung des Selbstrettungsreflexes beweisen, daß die Vertrauensgrenze überschritten wurde, die Angst die Oberhand gewonnen hat. Andererseits wird das Aufgehobensein bei den Partnern als lustvoll erlebt.

Die Frage nach dem Warum

Über das Phänomen Angst-Lust und die Frage, wie es zu dieser ambivalenten Gefühlsverwirrung aus Unlust- und Lustempfindungen kommen kann sowie über die Methode, auf dem Wege über die Angst Lust zu erleben, ist viel nachgedacht und gerätselt worden. Die geschilderten Beispiele zeigen bereits die Breite des Problemfeldes. Je nach Fachgebiet und Forschungsschwerpunkt der befaßten Gelehrten haben sich verschiedene Aspekte und **unterschiedliche Deutungsversuche** ergeben, die einander nicht unbedingt widersprechen:

Eine biologisch ausgerichtete Forschungsrichtung geht davon aus, daß bei der Entstehung des Phänomens Angstlust physiologische Prozesse die maßgebliche Rolle spielen. Im wesentlichen werden hormonale Ausschüttungen, die in Gefahren- und Streßsituationen die Leistungsfähigkeit erhöhen und ein rasches problemlösendes Handeln ermöglichen, für die Entstehung dieses Gefühlszustandes verantwortlich gemacht: Das körpereigene *Morphin*, in seiner chemischen Zusammensetzung der Droge Morphium verwandt, ist geeignet, Schmerzempfindungen zu dämpfen und Rauschgefühle zu erzeugen. Das *Adrenalin* reguliert eine optimale Durchblutung von Muskeln und Gehirn und setzt damit ungeahnte Kraftreserven frei. Die *Endorphine* haben eine Hemmungen auflösende, befreiende Wirkung. Sie bewerkstelligen z. B. auch den beschwingten Zustand des Verliebtseins. Für FABRY (1990, 10) kommt dem Hormon *Kortisol*, einem Produkt der Nebennierenrinde, eine bedeutsame Funktion dabei zu, die Person in einer Notsituation entscheidungs- und handlungsfähig zu erhalten. Mit dieser Selbsthilfeaktion, im Höhepunkt der Angst körperlich ausgelöst, und der Hormonausschüttung ins Blut ist nach Fabry eine aufputschende Wirkung und in deren Gefolge das Entstehen von Hochgefühlen verbunden. Die starken Lustreize verführen nach FABRY dazu, die zugrundeliegenden Angstsituationen immer wieder aufzusuchen. Die erfahrenen Lustgefühle drängen zur Wiederholung des Angst-Lust-Effekts. Nach dieser Theorie ist also die Produktion körpereigener Substanzen mit euphorisierender Wirkung, die zur Beherrschung einer Notlage und Streßsituation erfolgt, maßgeblich für das Lusterleben.

Dieser biologische Denkansatz erklärt das gekoppelte Auftreten der beiden gegensätzlichen Gefühlsregungen Angst und Lust. Er begründet ihre Abhängigkeit voneinander und ihre Aufeinanderfolge. Er macht auch den Antrieb plausibel, dieses Erlebnis in Erwartung des nachfolgenden Lusteffekts immer wieder zu suchen. Er bleibt jedoch eine Erklärung dafür schuldig, warum dieses Lusterlebnis einem Großteil der Menschen, die wir seit BALINT Oknophile nennen, versagt bleibt und warum es sich auf das Erleben derjenigen beschränkt, die BALINT als Philobaten bezeichnet. Eine rein körperlich induzierte euphorisierende Wirkung müßte alle Menschen in ähnlicher Weise betreffen. Dies ist aber nicht der Fall. Die Realität zwingt uns vielmehr, zwischen den Charakterveranlagungen des Reizsuchers und des Reizmeiders zu unterscheiden. Eine biologistische Betrachtungsweise greift daher bereits nach diesem ersten Einwand offensichtlich zu kurz, als daß sie das Phänomen Angstlust befriedigend zu klären vermöchte. Es gibt jedoch weitere Argumente, die diesem Erklärungsversuch nur eine begrenzte Bedeutung zuweisen.

Nach den Annahmen der Physiologen müßte der hochängstliche Oknophile nicht nur ebenfalls euphorisiert werden. Er müßte sogar das intensivere Angstlust-Erlebnis verspüren, da er die größere Hormonausschüttung erreicht, während der angstärmere Philobat sich auf einem niedrigeren Lustlevel zufriedengeben müßte. Das Gegenteil aber ist der Fall.

FABRY übersieht auch, daß der Körper Kortisol nur in sehr geringen Dosen herzustellen vermag, die allenfalls kurzfristige, auf die Notsituation begrenzte euphorisierende Wirkungen auslösen können. Der Körper ist keinesfalls in der Lage, soviel von dem Hormon bereitzustellen, daß es eine länger anhaltende oder eine mehrfach wiederholte Jubelwirkung zu erzeugen vermöchte. Die körpereigenen Substanzen werden in ihrer verfügbaren Menge und in ihrer Wirkung beträchtlich überschätzt.

Als weiterer Einwand hat zu gelten, daß nicht nur die Vorräte, sondern auch die Reproduktionskapazität des Organismus für diese Substanzen begrenzt ist. Biochemische Prozesse und Veränderungen im Körper benötigen Zeit. Der lustschaffende Stoff muß also nach seiner Ausschüttung erst reproduziert werden und kann folglich nicht sofort und wiederholt zur Verfügung stehen, wie es die rasche Aufeinanderfolge der Angst-Lust-Erlebnisse im Vergnügungspark, beim Wagnissport oder bei Abenteuerunternehmungen erfordern würde.

Schließlich ist neben der häufigen Umkehrung und den Wiederholungen der Angst-Lust-Abläufe die Durchmischung der Gefühle, die sich in der Wagniswirklichkeit immer wieder präsentiert, rein biologisch nicht erklärbar. Nach der Vorstellung von FABRY müßte sich Angst mit der Hormonausschüttung stets linear in Lust verwandeln. Die Lebenswirklichkeit erweist jedoch vielfältige Formen und Abläufe der Rückverwandlung, der gegenseitigen Durchdringung, der Wiederholung und Neuabfolge von Angst- und Lust-Regungen. Angst klingt nicht immer in Lust aus.

K. LEWIN erkannte schon 1935, daß die Begegnung mit Angst-Lust-Situationen meist eine gespaltene Reaktion, eine Verhaltenskontroverse auslöst zwischen einem Zuwendungsverlangen und einer Abwehrhaltung gegenüber dem Risikoereignis. Er sprach vom Widerstreit zwischen einem „Appetenzverhalten“ und einem „Aversionsverhalten“, also den widersprüchlichen Tendenzen, Reizsituationen zu suchen und zu scheuen.

Eine kognitiv orientierte Theorie, die u.a. von LAZARUS (1972) vertreten wird, ist der Auffassung, daß sich Angstlust aus einer Bewertungsunsicherheit in dieser zwiespältigen Lage ergibt: Der von Angstlust Betroffene sieht sich außerstande, eindeutig zwischen Herausforderungs- und Bedrohungscharakter der auf ihn einstürzenden Ereignisse zu entscheiden. Er erfährt sich gleichzeitig angelockt und abgeschreckt von demselben Objekt, demselben Ereignis. Die nicht vereinbaren, einander widerstrebenden Verhaltenstendenzen verursachen die ambivalente Gefühlsmischung aus Angst und Lust.

DOLLARD und MILLER (1950) und andere Angsttheoretiker (vgl. Krohne [2]1981, 37) sehen in dem Annäherungs-Vermeidungs-Konflikt eine gegenseitige Blockierung der Reaktionsmöglichkeiten, insbesondere der Möglichkeit, sich durch den Fluchtreflex, das natürliche Vermeidungsverhalten, vor drohenden

Gefahren zu schützen. Die Lähmung der Entscheidungs- und Handlungsfunktionen wird als starker Angstauslöser erkannt und als unlustbetonter Spannungszustand gedeutet. Die Angstlust-Situation und die von ihr hervorgerufene Gefühlslage erhalten folglich eine im wesentlichen negative Bewertung. Bei diesem Gefühlszustand beherrscht die Angst das Geschehen. Einen Lustgewinn daraus zu ziehen, nimmt masochistisch-perverse Züge an.

Gegen diese Phänomenanalyse spricht eine Reihe von Argumenten: Angst ist bereits an der Tendenz, die Risikosituation zu vermeiden, beteiligt. Wenn diese Angst übermächtig wird, kann es in der Tat zu einer Lähmung der Funktionsorgane kommen, die das Problemmanagement zu leisten haben und in deren Folge zu einem erneuten, verstärkten Angstschub.

DOLLARD und MILLER haben bei dieser Problemsicht jedoch nur *eine* der drei Angststufen nach dem Yerkes-Dodson-Gesetz im Blick. Nach diesem „Gesetz der Angst" lähmt lediglich die übersteigerte Angst, während die geringe Angst wirkungslos bleibt und die mittlere Angst sogar eine anregende, aufputschende, leistungssteigernde Wirkung ausübt. Die beherrschbare mittlere Angst, die sich z. B. im „Lampenfieber" äußern kann, hemmt Hochleistungen nicht nur nicht, sondern beflügelt sie sogar.

DOLLARD und MILLER zeigen sich zudem auf die eine der beiden, später von Balint und Zuckerman differenziert herausgearbeiteten Persönlichkeitsvarianten fixiert, den Reizmeider. Im Gegensatz zu diesem Reiz*meider* fühlt sich der Reiz*sucher* in der Lage, selbstbewußt auf die Gefahrensituation zuzugehen und ihr konstruktiv zu begegnen. Ausgestattet mit den Vorteilen einer geringen Verletzungsempfindlichkeit, einer großen Leidensfähigkeit, eines niedrigen Angstlevels, einer hohen Risikobereitschaft, eines intensiven Stimulierungsverlangens, ist er in der Lage, aus der Angst-Lust-Konstellation einen Mehrwert in Form eines Lustgewinns zu erzielen und aus dem Widerstreit der Gefühle entsprechend zu profitieren.

Aufgrund seiner günstigeren psychophysischen Persönlichkeitsstruktur und seiner Fähigkeit zu einer aktiven Situationseinlassung vermag er die gleiche zwiespältige Streßlage, die den Reizmeider entscheidungs- und handlungsunfähig macht, konstruktiv zu verwerten und dabei sogar noch genußvoll zu erleben. Während beim Reizmeider das Angsterleben die Persönlichkeit beherrscht, überwiegt beim Reizsucher das Lusterleben. Charakter und Erleben der angstbesetzten und der angstarmen Persönlichkeit stellen sich als deutlich unterscheidungspflichtig dar, was von DOLLARD und MILLER vernachlässigt wird. Außerdem läßt sich kritisieren, daß der enge Erklärungsversuch des Forscherpaares der heute bekannten komplexen Wirklichkeit und Dynamik des Phänomens Angstlust nicht gerecht wird. Angstlust hat viele Gesichter, wie schon unsere wenigen Beispiele zeigen.

Die persönlichkeitspsychologischen Theorien begründen das unterschiedliche Erleben von und das Verhalten in Angstsituationen aus bestimmten individuellen, in der einzelnen Persönlichkeit verankerten Merkmalen, aus relativ konstanten Charakterzügen:

So unterscheidet BALINT (1988), wie schon früher ausführlich dargestellt, zwischen Personen, die das Abenteuer suchen, gerne Wagnisse eingehen und die Gefahrenbeherrschung genießen und solchen Personen, die Risiken nach Möglichkeit zu vermeiden suchen. Der wagnisbereite „Philobat" ist sich der drohenden Gefahren bewußt. Er setzt sich ihnen und der mit ihnen verbundenen Furcht willentlich aus. Dabei vertraut er darauf, die äußere Situation und den inneren Zustand bei einem vertretbaren Unsicherheitsrest zu beherrschen. Er erwartet dabei für die eingegangenen Risiken und Strapazen eine Belohnung in Form eines Gewinns an Lust. Den Gegentypus des „Oknophilen" hingegen leiten vorrangig seine Angstgefühle. Furchtsam klammert er sich an Objekte, die Schutz zu bieten scheinen, wenn er seine Sicherheit in Gefahr glaubt. Kritischen Situationen mit Risikocharakter weicht er nach Möglichkeit aus.

Beide als Anlagevarianten typologisierten Extremvarianten des Erlebens werden von BALINT eher negativ eingestuft. Er sieht das „gesunde" Verhalten in mittleren Erlebnisbereichen angesiedelt. Philobatische Spannungsreize (thrills) bewertet er als *„sehr männlich und zugleich sehr kindisch, niemals voll ausgereift"* (39). Dieser Eindruck verdichtet sich in der Tat immer dann, wenn Risikosportler nicht sachlich und objektiv über ihre Erlebnisse berichten, sondern euphorisch übersteigert in Heldentaten schwelgen, wenn „Fliegerlatein", „Bergsteigerlatein", „Trekkerlatein" die Wirklichkeit zu überhöhen versuchen.

ZUCKERMAN (1978, 1979) identifiziert ähnlich Balint hinsichtlich des Erlebens von Gefahren und des Umgangs mit Risikosituationen unterschiedliche, relativ manifeste Merkmale, die die einzelne Persönlichkeit charakterisieren. Mit Hilfe einer von ihm entwickelten „Sensation-Seeking-Scale (SSS)" gelingt es ihm, die Hypothese, daß „sensation seeking" (Reizsuche) eine beständige, die Persönlichkeit tiefgreifend bestimmende Eigenschaft und Handlungsbereitschaft darstellt, empirisch zu bestätigen. Unter „sensation seeking" versteht ZUCKERMAN das Bedürfnis, ungewöhnliche Reize aufzuspüren und dabei vielfältige, abwechslungsreiche, neue Erfahrungen zu machen. Der Risiker wird nach ZUCKERMAN durch ein höheres Stimulationsbedürfnis angetrieben. Seine ausgeprägte Reizsuche und hervorragende Reizverarbeitung ist mit einer überdurchschnittlichen Schmerztoleranz, Leidensfähigkeit und Opferwilligkeit verbunden. Er ist bereit, für die ungewöhnlichen, bereichernden Erfahrungen einen gewissen Preis zu zahlen, das Risiko physischer Verletzung und sozialer Nachteile auf sich zu nehmen, seine Unversehrtheit und soziale Sicherheit zu wagen.

Nach ZUCKERMAN (1978, 16) wird die in seiner Skala als schwacher Reizsucher identifizierte Persönlichkeit in gefährlichen Situationen eher von Angst betroffen. Die als Reizsucher eingestufte Persönlichkeit hingegen empfindet die gleiche Situation nicht nur als weniger gefährlich. Sie verbindet auch eher Spaß als Angst mit ihr, selbst wenn sie zu einer ähnlichen Risikobeurteilung kommt (16). Reizsucher agieren nach ZUCKERMAN auf einer niedrigeren Angststufe.

ZUCKERMAN konnte des weiteren nachweisen, daß sich die Bereitschaft, Risiken einzugehen, in unterschiedlichen Bereichen äußern kann, also nicht auf den Risikosport begrenzt ist. Sie kann sich z. B. auch in der großen Bereitschaft zu sexuellen Abenteuern, zu gewinnträchtigen Geldanlagen oder beruflichen Wagnissen niederschlagen. Ohne sie ausdrücklich zu erwähnen, widerlegt ZUKKERMAN mit Hilfe seiner „sensation scale" auch die Neurosevermutungen der Psychoanalyse. Er kann keine signifikanten Verbindungen zwischen Reizsuche und neurotischen Symptomen feststellen: *„Sensation seeking is unrelated to scales of neuroticism or social anxiety"* (1979, 167). Problematisch an dem empirischen Konzept der „sensation scale" ist allerdings, daß sie ihr Datenmaterial ausschließlich aus den Selbstaussagen der Befragten gewinnt. Dieser Methodenkritik wird mit unserer eigenen mehrschichtigen Untersuchung Rechnung getragen.

Beurteilung

Die Theorie der Angst-Lust kennzeichnet sich durch ihren pragmatischen Charakter. Sie pointiert das in Wagnissituationen unstreitig zentrale Erleben des Zwiespalts von Angst- und Lust-Gefühlen, also die elementaren psychischen Vorgänge, als Hauptmerkmal des Risikoverhaltens. Dieses Erleben wird von einer spannungsgeladenen Situation ausgelöst, die mit Gefahren verbunden ist, die nur mit hohem Einsatz der ganzen Persönlichkeit zu meistern ist, in der man auch scheitern und Schaden nehmen kann und die daher Angst induziert. Sie muß gewagt werden. Dazu ist Mut und eine erhebliche Motivation erforderlich.

Werden beide aufgebracht, wird die Aufgabe gewagt, werden die äußeren Gefahren und die widerstrebenden inneren Kräfte beherrscht, wird das angstbesetzte schwierige Vorhaben erfolgreich zuendegebracht, stellt sich ein Lustgewinn ein, oft von einem Kraft- und Machtrausch begleitet, der in euphorischer Jubelstimmung gipfeln kann. Dieser Lustgewinn ist persönlichkeits- und situationsabhängig, d. h. er ist nicht von jedem bei jeder Art Herausforderung erfahrbar.

Die Angst darf zudem einen bestimmten, subjektiv noch erträglichen Pegel nicht überschreiten. Sie muß vom Individuum beherrschbar sein. Übersteigt die Angst das Toleriervermögen der einzelnen Persönlichkeit, kann es zur Lähmung der Entscheidungs- und Handlungsfähigkeit oder sogar zu chaotischen Panikattacken kommen, Konsequenzen, die lebensgefährlich werden können. Wird die Gefahr noch glimpflich überstanden, wurde vielleicht dem Tod ins Auge geschaut, stellen sich keine Lustgefühle ein. Die Nachwirkungen von Schreck, Schaudern, Schock dominieren statt dessen das Folgeerleben der Angst. Das Einhalten eines mittleren Angstlevels hingegen ist förderlich für die optimale Ausschöpfung der Kräfte, für die bestmögliche Bewältigung der Aufgabe und den ersehnten Lustgewinn.

Probleme ergeben sich in der Regel, wenn der Maßstab für die „gesunde" mittlere Angst noch nicht gefunden ist, wenn ein gruppendynamischer Prozeß die Warnungen berechtigter Ängste überspielt, wenn in einem Wirbel und Taumel gegenseitigen Übertrumpfens immer gefährlichere Mutprobenentwürfe entstehen, wenn Wagnisbereitschaft zur Waghalsigkeit eskaliert, Kühnheit sich zur Tollkühnheit versteigt. Unsere Befragung erbrachte zahlreiche Beispiele dafür, daß sich Kinder und Jugendliche im Sog des Imponiergehabes in Banden und Cliquen häufig auf Mutproben einlassen, die sie eigentlich gar nicht verantworten können und wagen möchten. Ein Flash oder einige Schluck Hochprozentigen betäuben die Bedenken, wenn angereizt und angeheizt wird und „die Ehre" auf dem Spiel steht.

Paradebeispiele hierfür sind die schon früher ausführlich geschilderten Stunts beim Bahn- oder LKW-Surfen, bei denen das „Ziehen der Notbremse" immer knapper vor den drohenden „Crash" hinausgeschoben wird. Charakteristisch sind auch die Fallschirmordale von Brücken, Stauseemauern oder über Wasserfälle, bei denen das Öffnen des Schirms längstmöglich verzögert wird. Kinder besorgen sich diesen Nervenkitzel, indem sie ihre Sprünge ins Heu von immer höheren Balken, die Sprünge in den Fluß von immer höheren Brückenstreben aus ansetzen. Bei den Spitzenkönnern der Risikodisziplinen sind häufig die Rekordliste und/oder die Aufmerksamkeit in der Szene und bei der Presse treibend für die Ausweitung der Risikobereitschaft.

Die Erlebnisfelder der Angstlust sind vielfältig, aber nicht beliebig austauschbar, wie unsere Untersuchung ergab: Wagnissportler sind beispielsweise kaum in der Drogenszene zu finden und nicht sonderlich an den Attraktionen von Vergnügungsparks interessiert. Umgekehrt verhindert das bequeme chemische Erlebnis offensichtlich das Interesse an einer asketischen und aufwendigen aktiven Angst-Lust-Suche. Das jeweilige Erlebnisfeld der Angst-Lust erweist sich als weitgehend kongruent mit der Persönlichkeitsstruktur, der Biographie und der aktuellen Motivationslage des einzelnen Lustsuchenden.

Bei der aktiven Lustsuche erwächst das Lusterlebnis vorrangig aus der unmittelbar erfahrenen Gewißheit, etwas Außergewöhnliches geleistet zu haben. Dies schafft bei Extremwagnissen die Überzeugung, kein Niemand mehr zu sein, sondern sich als eine besondere Persönlichkeit erwiesen zu haben. Die Genugtuung, bei einer gefährlichen Aufgabe nicht versagt, sondern seine Ängste besiegt, sich bewährt, sich ausgezeichnet zu haben, das Bewußtsein, zu etwas Ungewöhnlichem fähig zu sein, kann in einem emotionalen Schub das Ich-Gefühl, das Selbstbewußtsein stärken. Die als bewiesen erlebte Kompetenz, die als verfügbar zutage getretene Potenz schaffen oder bekräftigen eine starke Ich-Identität, ein Einssein mit sich selbst, Zufriedenheit mit sich, Stolz auf die eigene Persönlichkeit. Das mit dieser Bewußtseinslage aufwallende Kraft- und Machtgefühl kann sich bei unreflektierten Personen bis in groteske Allmachtseuphorien versteigen („Ich bin der Größte!" „Ich bin unschlagbar!" „Ich kann alles, was ich will!") und damit gefährlich werden im Hinblick auf die realistische Einschätzungsfähigkeit weiterer Risikosituationen.

Bei der Bewertung der vollbrachten Risikoleistung ist es für den Akteur und seine Bewunderer meist unerheblich, ob die Tat im Dienste einer anderen Sache, einer höheren Wertsetzung oder auch nur im Zusammenhang mit der Programmatik der Zielgruppe steht, der man sich anschließen möchte. Die als Aufnahmeprüfung in die neue Gemeinschaft geforderte Mutprobe wird als „Charaktercheck" verstanden. Die mutige Tat spricht für sich, zählt an sich, als Offenlegung eines Potentials, das bei Bedarf einsetzbar ist und dessen reines Vorhandensein schon ehrt. Die Tat gilt als ein Qualifikationsnachweis, der die „Substanz" des Probanden offenbart. Sie erscheint geeignet, mit der Aufwertung des einzelnen auch das Ansehen der Gruppe zu fördern, der er angehört oder angehören wird, da er gleichzeitig deren Leistungsreservoire steigert.

Die Gefahr des **Selbstzwecks** von Risikohandlungen und ihr Abgleiten in puren Abenteueraktivismus, in hohles Heldentum liegt damit nahe. Sie besteht jedoch nicht zwangsläufig.

Auf der anderen Seite finden sich Tendenzen einer **Instrumentalisierung** von Risikounternehmungen, einer Einvernahme, etwa zu sozialpädagogischen, zu psychotherapeutischen oder zu kommerziellen Zwecken. Diese erfahren eine unterschiedliche Resonanz: Während die Outward-Bound-Schulen Hahnscher Prägung, die abenteuerträchtige erlebnispädagogische Elemente in ihr Erziehungsprogramm integrieren, an Einfluß und Bedeutung für die Befriedigung des Wagnisbedürfnisses von Kindern und Jugendlichen verlieren, verzeichnen die rein kommerziell und konsumptiv ausgerichteten Vergnügungsparks und Freizeitangebote einen gewaltigen Zuspruch und Aufschwung.

Es gibt jedoch noch einen dritten Weg zwischen Selbstzweck und Instrumentalisierung von Risikohandlungen, der interessanterweise weder von den befragten Kindern und Jugendlichen noch von den interviewten erwachsenen Wagnissportlern und Grenzgängern ins Gespräch gebracht wurde, der mir aber – meist unbewußt beschritten – in besonderer Weise geeignet erscheint, die häufige Sprachlosigkeit bei der Sinnbestimmung des wagnishaltigen Tuns zu erklären und dem Phänomen in seiner nutzlosen Attraktivität und seiner attraktiven Nutzlosigkeit auf die Spur zu kommen. Es handelt sich um ein Argument, das auf Wagnisbereite aller Abenteuerfelder zutreffen kann und sie von dem immer wieder aufgedrängten Begründungszwang der Sinnhaftigkeit ihres gefährlichen Tuns befreit: Es ist das **Argument der sinnsuchenden und daher in sich sinnvollen Handlung**.

Zahlreiche Wagnissportler, Mutprobenaspiranten, Grenzgänger sind Sinnsucher, ohne sich dessen immer bewußt zu sein. Ihre Handlungen zeigen deutlich die Wesensmerkmale des Spiels, wie im letzten Kapitel noch nachzuweisen sein wird. **Wagnissport und Risikohandlungen haben häufig Spielcharakter**. Das sinnstiftende Spielen aber bedarf keiner weiteren Begründung:

Der *Skysurfer* spielt mit der Luft, der Fallgeschwindigkeit, mit seinen körperlichen Bewegungsmöglichkeiten, den Partnern, der Höhe im freien Fall. Der *Extremboarder* spielt mit dem Brett, dem Schnee, der Geschwindigkeit, den Bodenwellen, dem Gelände, den Sprüngen, der artistischen Bewegung am steilen Hang. Beide spielen auch mit der Gefahr und den Möglichkeiten, ihr zu begegnen. In Extremfällen kann dies auch ein „Spiel mit dem Leben" sein.

Spielen erhält seinen Sinn vor und außerhalb jeder Zwecksetzung und Instrumentalisierung. Spielen läßt sich nur oberflächlich vereinnahmen für außer ihm liegende ethische, moralische, soziale oder wie immer geartete Absichten. Sein Wert existiert bereits außerhalb jeder Fremdbestimmung. Dies ist auch für den Sport in Anspruch zu nehmen, der wesensmäßig und historisch eng verwandt und verknüpft ist mit dem Spiel. Auch der Sport ist in der Lage, außerhalb der Kategorie des Nützlichen, Verwertbaren, Zweckhaften Sinn zu stiften. Die Sinnfrage unterscheidet sich als „Warum-Frage" wesentlich von der Verzweckung des „Wozu". Sie wird im Tun evident, vom Spielenden und Sporttreibenden unmittelbar erlebt.

Die Frage, ob Völkerballspiel oder Hölzernes Männle, Kriegsspiele oder Friedensspiele, Bungeejumping oder Gleitschirmfliegen, Höhlentauchen oder Wasserfallklettern, Survivalabenteuer oder Vergnügungsparkattraktionen nützlich, lernträchtig, sozial ergiebig, wertvoll, das anstrengende und gefährliche Angst-Lust-Erlebnis lebensnotwendig oder vernünftig ist, interessiert den Spielenden, den Sporttreibenden, den Grenzgänger kaum. Er *erlebt* sein Tun und Handeln als sinnvoll oder nicht sinnvoll. Die Sinnbestimmung ist nicht in erster Linie Sache des Zuschauers und der Beobachtung, sondern des Akteurs und der unmittelbaren Erfahrung. Die Frage nach einem *zusätzlichen* Sinn existiert nur für den, der keine Sinnerfahrung macht oder der Spiel und Sport für seine Zwecke instrumentalisieren möchte als relevante Überlegung. Sie ist nur für den aktuell, der dem Spiel eine Fremdbestimmung zuordnen möchte. Sie ist irrelevant für Geist und Sinn von Spiel und Sport, betrifft nicht deren Existenzberechtigung. Dies gilt auch für die Extrembereiche, etwa den Grenzgang und den Wagnissport.

Wer meint, daß die Besteigung des Matterhorns – wenn er sie nicht schon von vornherein als gänzlich unnütze Tat erachtet und verachtet – erst dadurch einen

Sinn erhält, daß ein Kunde hinaufgeführt oder ein Verletzter geborgen wird, daß ein Fixseil erneuert oder eine Gesteinsprobe entnommen wird, daß sie Geld einbringt oder Ansehen verschafft, hat von dem Phänomen Sport wenig begriffen. Spiel und Sport erschöpfen sich nicht als „Vehicle" für Nutzeffekte. Sport ist in seinem Wesen ein „unnützes" Tun, das außerhalb jeden Nutzwertes seinen Sinn hat. Dieser Sinn kann nur in persönlicher Erfahrung erschlossen werden. Vom Nutzwert her gesehen, steht der Bergsteiger nach vollendeter Tour wieder am Ausgangspunkt seiner Unternehmung, vielleicht verausgabt, müde. Er ist wieder dort, wo andere geblieben sind, ohne Aufwand, ohne Anstrengung. Innerlich, ideell hat ihn das nutzlose Tun jedoch bereichert, verändert, in seiner Entwicklung weitergebracht. Er ist ein anderer geworden. Ein neuer Lebensring ist gewachsen. Hier greift das noch ausführlich darzustellende Erklärungsmodell von den wachsenden Ringen.

Die erfolgreich bestandene Risikosituation wird als Selbstentdeckung, in ihrer Lustwirkung als selbstlohnend und damit als fraglos sinnvoll unmittelbar erlebt. Der Sinn erscheint evident, nicht weiter klärungs- und erklärungsbedürftig. Viele Wagnissportler fühlen sich daher von den „penetranten Sinnfragen" der Psychologen und Journalisten genervt. Die andersartige Bewertung ihres Tuns durch Außenstehende interessiert wenig. Sie wird kaum zur Kenntnis genommen. Man ist sich selbst genug. Zielsetzungen und Bewertungen des Tuns erfolgen aus dem Geiste des selbst gewählten Sozialgefüges, nicht dem der Gesellschaft. Dieses sind überschaubare Kleingruppierungen, die Clique, die Bande, die Peergroup, die Szene. Mit ihnen können und wollen sie sich identifizieren. Hier können sie Einfluß nehmen und Bedeutung erlangen. In diesem Rahmen können sie ihre Fähigkeiten und Interessen ausleben, sind sie bereit, sich zu engagieren, sich sogar total zu verausgaben.

Die mutige Tat, aus dem Angst-Lust-Erleben erwachsen, findet im Kreise der Gleichgesinnten höchste Anerkennung. Sie erhöht das Sozialprestige, den Rang in der Peergroup, die sich durch die Leistung eines der Ihren mit aufgewertet fühlt. Gleichzeitig festigt sie das Selbstbewußtsein und Gruppenbewußtsein, Außenkritik gelassen zu mißachten.

Wagnissportler sehen sich am häufigsten mit dem Vorwurf konfrontiert, einem vordergründigen, kurzlebigen Hedonismus, einer egozentrischen Lustbefriedigung ohne ethisch-moralisch-soziale Wertansprüche zu huldigen, keinerlei echte Wertschöpfung zu betreiben und hierfür Leben und Gesundheit zu riskieren.

Auf Seiten der Kritisierten wird dem entgegengehalten, daß es unredlich sei, an ein Hobby überzogene Wertansprüche zu stellen. Die Kritiker „hedonistischer" Freizeitbetätigung müßten sich fragen lassen, ob sie die gleichen hehren Anforderungen auch an ihre eigenen Hobbies stellten, seien sie nun Pudelzüchter, Kleingärtner, Kegler, Konzertgänger, Romanleser, Tennisspieler, Freunde der Hausmusik, Schriftsteller oder Hobbymaler. „Ethisch-soziales Handeln besteht im Selbertun," wird argumentiert, nicht im Ausleben einer Zeigefingermentalität, die anderen klarzumachen versucht, was sie tun sollten. Im übrigen müsse sich soziales Engagement nicht unbedingt in der Freizeitbeschäftigung äußern. Sie könne auch in den anderen beruflichen, familiären, ehrenamtlichen Lebensbereichen (Feuerwehr, DLRG, Bergwacht, Altenhilfe etc.) zum Tragen kommen. Jedenfalls sei die emotionale Wertstiftung im Angst-Lust-Erleben, die mit ihr verbundene psychische Entspannung, das Schöpfen neuer Lebensenergien, die persönliche Leistungsfeststellung, die Kommunikation in der Gemeinschaft Gleichgesinnter, das Schaffen einer lebensbejahenden positiven Grundstimmung wertvoll genug und motivational hinreichend tragend, sich den faszinierenden Herausforderungen immer wieder zu stellen, zumal sie andere nicht schädigten. Wagnishandeln könne überdies der eigenen Identitätsfindung und der sozialen Einbindung dienen, deren Chancen nicht vorschnell in einer allzu pauschalen Kritik vertan werden sollten.

Die Berechtigung der Angst-Lust-These ist empirisch auch ohne aufwendige Verfahren unschwer verifizierbar. Schon die Methoden des Selbstversuchs und der Fremdbeobachtung bestätigen die Richtigkeit der Annahme, daß es möglich ist, über das Unlustgefühl Angst Wohlgefühle der Lust zu erreichen, Angst in Lust aufzulösen. Mit dem Ausdruck „Nervenkitzel" wird eine Art des Erlebens bildhaft veranschaulicht, bei der die emotionalen Kräfte in hohem Maße gefordert, die Persönlichkeit in eine Zerreißprobe zwiespältiger Gefühle versetzt wird. Wer an ihrer Frucht, der Lust, teilhaben will, muß die Gefühlsspannung wagen und ertragen. Es bedarf erheblicher Nervenkraft, die Strapazen der Angst bis zur Erfüllung der Lusterwartung durchzustehen.

Diese Leistung wurde und wird als typisch „männliche" Tugend verstanden, so daß es nicht verwundern kann, wenn wir sie vor allem in Mannbarkeitsriten finden. Auch der Bungeefall folgt einer entsprechenden Tradition aus dem pazifischen Raum. Schon immer unterzogen sich allerdings auch einzelne Frauen solcherart Mutproben, die hohes Ansehen verschafften.

„I did it!" (ich schaffte, was ich mit zutraute und vornahm) lautet die meist gebrauchte Formel für den bestandenen Leistungstest, der nicht nur als partielle, sondern als eine Art existentieller Herausforderung verstanden wird. Wie das Victory-Zeichen fungiert diese Formel als Stolz ausdrückendes, sich selbst bestärkendes Siegessymbol nach erfolgreicher Initiationsprobe, nach bestandenem Bungeefall oder nach vollbrachter Bezwingung des Kilimanjaro (vgl. Warwitz 1988).

Diese Gefühlslage Außenstehenden begreiflich zu machen, erscheint schwierig, ja unmöglich: „Erklär mal einem, wie eine Lidschi schmeckt," lautet das Argument eines Befragten, „er wird es auch über noch so aufwendige Worte nicht verstehen. Er muß sie kosten und dafür den Gaumen haben!" „Das kann man nicht erklären, das muß man tun und erleben!" meinte ein Zehnjähriger, und ein interviewter Grenzgänger und Extrembergsteiger äußert sich ähnlich: „Wer das nicht selbst erlebt hat, dem wird man es nicht begreiflich machen können!“ Der Literaturkundige sieht sich an das GOETHE-Wort aus Faust I erinnert: *„Wenn ihrs nicht fühlt, ihr werdets nicht erjagen, ...“* (1808, Sz. Nacht). Dieses Bewußtsein schafft eine Esoterik des Auserwähltseins in der Gemeinde der Eingeweihten.

Es läßt sich das Aufklaffen einer Schere beobachten zwischen der in der Streßprobe des Angst-Lust-Erlebens aufgebauten *Selbstachtung* und der *Verachtung* dessen, der diese Leistung nicht zu erbringen in der Lage ist (vgl. Warwitz 1988). Auf der anderen Seite zeigt auch der Nichtrisiker bei unseren Befragungen eine starke Fixierung auf die eigenen Erlebnismöglichkeiten: Fehlt es den einen bisweilen an Toleranz, die Vollwertigkeit dessen anzuerkennen, der die spektakuläre Angst-Lust-Probe scheut bzw. darin keine Befriedigung findet, mangelt es den anderen häufig an der Fähigkeit, das offensichtlich beträchtliche Potential anzuerkennen, das sich – bei entsprechender Motivation – auch in ethisch wertvollen Zusammenhängen sinnvoll und gemeinnützig einsetzen ließe.

„Was man zu heftig fühlt, fühlt man nicht allzu lang,“ meint der junge GOETHE in seinem frühen Drama „Die Laune der Verliebten“ (1768/69, Sz. 3). Auf den Thrill bezogen, wird die Wirkungsdauer des Erlebnisses, z. B. nach dem Bungeefall, unterschiedlich taxiert. Eine Reihe von Faktoren erscheinen dabei maßgeblich. Einige Befragte sprechen von einem „prägenden Eindruck“, von „Minuten der Wahrheitsfindung über sich selbst“. Andere empfinden einen „Wonneschauder, der noch einige Zeit nachwirkt“. Bei wieder anderen klingt der erlebte Gefühlsstreß rasch ab.

Es stellt sich die Frage, ob das Angst-Lust-Erleben, wie häufig praktiziert, auf den Thrill, ein veräußerlichtes Kurzerlebnis, das auf einen spitzen Lustgipfel zusteuert, reduziert werden darf oder ob diese Erlebnisform auch längerfristig angelegt sein kann, beispielsweise in mehreren Erlebniswellen erfolgen kann und dabei tiefergreifende und längerwirkende persönlichkeitsgestaltende Prozesse auszulösen vermag. Wer etwa das Fliegen, Fallen oder Gleiten lustvoll erleben möchte, muß in beträchtlichen Lernetappen immer wieder Phasen der Angst durchstehen, bevor sich das ersehnte Lusterleben einstellt. Hierauf wird im letzten Erklärungsmodell noch einzugehen sein.

Mutproben und Wagnishandlungen mit Angst-Lust-Wirkung werden immer wieder als „kindische“ oder „juvenile“ Durchgangsphase des Erlebens abgetan, als ein Entwicklungsabschnitt, den man dem noch Unfertigen im Rahmen seiner Sturm- und Drangzeit und seines unvermeidlichen Selbstfindungsbedürfnisses zugestehen müsse, den aber eine noch bestehende Unreife kennzeichne. Der Jugendliche müsse sich und seiner Umgebung eben noch etwas beweisen.

Ich halte diese Einschätzung für kurzsichtig und unangemessen. Es wird ebenfalls im letzten Erklärungsmodell deutlich zu machen sein, daß Selbstprüfungen, auch mit Angst-Lust-Charakter, ob in wiederholter oder in veränderter Form, nicht nur lebenslang sinnvoll sind, sondern eine lebensbegleitende Notwendigkeit darstellen. Wer sich ihr entzieht, riskiert den Entwicklungsstillstand, ein vorzeitiges geistiges Altern und ein Leben im Selbstbetrug. Selbstprüfungen befördern unseren Lern- und Entwicklungsprozeß. Sie fordern unsere Leistungsfähigkeit heraus. Auch den Älteren steht es gut an, ihre Selbsteinschätzung hin und wieder einer Realitätsprüfung zu unterziehen, um die eigene Realitätssicht zu objektivieren. Solche Angst-Lust-Proben können auch darin bestehen, einen beruflichen Qualifikationsnachweis zu führen, sich in einer Rede einem kritischen Publikum zu stellen oder seine Leistung einer Öffentlichkeit zu präsentieren. Der Impuls, lebenslang Herausforderungen zu begegnen und an ihnen zu wachsen, sollte erst mit dem Tode erlöschen.

Die Theorie der Angstlust stellt ein die grundlegende Gefühlslage bei Wagnisoperationen erfassendes, plausibles, prinzipiell akzeptiertes, aber keinesfalls zureichendes Erklärungsmodell dar. Viele Abenteuerunternehmungen, aber auch der große und wichtige Bereich des Wagnissports werden von ihr nur partiell, nicht im Kern erfasst: Wer bergsteigen, klettern, extremskaten oder segelfliegen will, tut dies nur selten des Angst-Lust-Erlebens wegen. Die Thrillsuche bildet die Ausnahme. Die Beweggründe des Abenteuersuchenden und des Wagnissportlers sind in der Regel andere. Es bewegen ihn vorrangig sportartspezifische Interessen. Es geht vornehmlich um das Natur- oder Bewegungserlebnis, das die spezifische Sportart bietet, das ihre Attraktivität ausmacht. Ängste werden nicht gesucht, sondern notfalls inkaufgenommen, um des jeweiligen Sportartvergnügens teilhaftig werden zu können. Die sekundäre Bedeutung des Thrills erweist sich auch daran, daß die Sportart selten austauschbar ist und meist in einem aufwendigen Aneignungsprozeß erarbeitet wurde. Angst-Lust-Erleben ist auch keineswegs zwangsläufig mit bestimmten Sportarten verbunden, etwa charakteristisch für den sog. Risikosport oder den Extremsport. Es ist vielmehr ein person- und situationsabhängiges Erleben. Der erfahrene Pilot besteigt sein Segelflugzeug mit nicht mehr Angst als der Autofahrer sein Auto.

Auch der professionelle Grenzgänger hat in der Regel Ambitionen, die als vordergründiges Reizstreben nicht begreifbar sind: Er sucht nach einer Intensivierung seines Lebens. Er sucht die Herausforderung seiner Möglichkeiten an der Grenze des Leistbaren. Er sucht nach seiner Identität.

Insofern kommt diesem Denkmodell nur ein begrenzter Erklärungswert zu. Dieser erstreckt sich vor allem auf Mutproben, Wagnissportarten im Anfängerstadium, eine thrillorientierte Abenteuersuche und Komplikationen in Grenzsituationen.

Wenn Wagnis die Wahrung des Selbstwerts will

Wagnis wider Willen

Die Kontraphobie-Theorie
(Fenichel, Aufmuth u.a.)

Beispiele

Primitive Kulturen unterwerfen ihre Heranwachsenden, die in den Reifestatus der Erwachsenen eintreten wollen, häufig schmerzhaften, körperlich, seelisch und geistig peinigenden Prozeduren, die der Jugendliche durchstehen muß, um sich der Gemeinschaft als vollwertiges Mitglied zu empfehlen, von ihr akzeptiert zu werden und ihre Rechte und Pflichten wahrnehmen zu dürfen.

Die gesellschaftlich vorgeschriebenen, häufig in einer langen Stammestradition stehenden Initiationsriten werden von den Betroffenen meist nicht nur mit gemischten Gefühlen, sondern mit großen Ängsten erwartet. Ohne den ungeheuren Gruppenzwang der Gemeinschaft würden sich nur wenige Initianden den uns bisweilen grausam und unmenschlich erscheinenden Zeremonien stellen, die den Übergang in den entscheidenden Lebensabschnitt physisch und psychisch markieren, die unverkennbar und unveränderbar eine lebenslange Zugehörigkeit zu der religiösen oder ethnischen Gemeinschaft festlegen sollen. Der neue Status muß über Angst und Qualen verdient werden. Schmerzlindernde Drogen und Trancezustände helfen bisweilen den Initianden, das Geschehen zu überstehen. Es geht um das Einbrennen eines unauslöschlichen Brandzeichens, das Setzen eines unverbrüchlichen Siegels, das den Initiierten für immer an seine Gemeinde bindet. Sich dieser Verpflichtung zu entziehen, sich dieser Zeremonie zu verweigern, würde Verachtung nach sich ziehen, Ausstoßung aus der Gemeinschaft, Ächtung bedeuten. Dies gilt für Jungen wie für Mädchen.

Jungen an der Mannbarkeitsgrenze müssen sich z. B. als fähig erweisen, eine längere Zeit fern vom Schutz der Gemeinschaft alleine in einer Höhle zu leben, den Witterungsbedingungen, Hunger und Durst, wilden Tieren, der Einsamkeit, der Angst ausgesetzt. Sie müssen, nur notdürftig bewaffnet, den Kampf mit einem wilden Tier bestehen. Sie müssen Qualen wie eine Beschneidung, eine Verstümmelung wie die Amputation eines Fingergliedes oder eine Auspeitschung lautlos ertragen. Bei den Kopfjägern von Papua-Neuguinea führte noch vor wenigen Jahrzehnten nur der Kopf eines getöteten Feindes in die Akzeptanz der Gemeinschaft.

Mädchen, die in die Rechte einer Frau eintreten wollen, wird das Durchstehen nicht minder schmerzhafter Riten abverlangt: Sie müssen sich einer öffentlichen Defloration aussetzen. Mit der Verformung des Schädels zu einem wasserkopfähnlichen Gebilde, mit ganzkörperlichen Tätowierungen, mit dem Einpflanzen eines Nasenpflocks, mit dem gewaltsamen Aufwölben der Lippen oder dem Vergrößern der Ohren zu tellergroßen Körperteilen wird einem für den jeweiligen Stamm charakteristischen Schönheitsideal gehuldigt. Die Entstellung des natürlichen Aussehens zugunsten gemeinsamer Merkmale dient der Festigung des Gruppenbewußtseins, der Demonstration von Zusammengehörigkeit. Die Initiierten werden dabei zu „Helden wider Willen". Das Bestehen der Prozeduren ist allerdings mit hohen Ehrungen und Achtungsbeweisen verbunden.

In dem **Kultfilm „Denn sie wissen nicht, was sie tun"** wird der Hauptdarsteller, JAMES DEAN, von dem Anführer der Clique aufgefordert, sich im Wettkampf mit ihm einer gefährlichen Mutprobe zu stellen. Es gilt, in zwei gestohlenen Autos nebeneinander auf den Abbruch einer Klippe zuzurasen. Sieger ist, wer als letzter sein zum Absturz verdammtes Fahrzeug verläßt. Interessanterweise nennen die Jugendlichen dieses Hasardspiel nicht „Mutprobe", sondern „Hasenfußrennen". Sie akzentuieren damit ihre Absicht, den Verlierer als Feigling zu brandmarken und beide Kontrahenten so unter einen hohen Erfolgsdruck zu setzen. Denn die „Ehre" entscheidet in der Clique über Bedeutung oder Bedeutungslosigkeit, Sein oder Nichtsein. Allein unter diesem Gesichtspunkt, vor der Gruppe und ihrem Ehrenkodex und damit auch vor sich selbst bestehen zu können, wird die Herausforderung angenommen. Nicht Angstlust, sondern nackte Angst begleitet diese Entscheidung und die nachfolgenden düsteren Szenen. Als der Herausforderer beim Ausstiegsversuch an der Wagentür hängenbleibt und in die Tiefe stürzt, breiten sich Entsetzen und Hilflosigkeit unter den Jugendlichen aus. Von den ebenso fassungslosen Erwachsenen befragt, was ihn zu dieser waghalsigen Unternehmung bewogen habe, antwortet der Hauptdarsteller: „Ich hatte keine andere Wahl. Hätte ich nicht mitgemacht, hätten sie mich ausgelacht." Der Zwang der Gruppe hat ihn zu einer waghalsigen, lebensgefährlichen Tat veranlaßt, die er selbst als wahnsinnig erkannte und eigentlich gar nicht wollte.

In den sog. **„Schlagenden Verbindungen"**, traditionsreichen akademischen Vereinigungen, waren noch in den frühen fünfziger Jahren Kampfpraktiken üblich, die den ritterlichen und soldatischen Zweikampf mit dem Schwert fortführten und dabei blutige Verletzungen nicht nur bewußt inkaufnahmen, sondern teilweise sogar intendierten.

Die rituelle Männlichkeitsprobe der „Schlagenden Studenten" vollzog sich als schauerlich makabrer Akt auf dem „Paukboden" des Verbindungshauses, einem meist unterirdischen, fensterlosen, geräuschgesicherten Raum, zu dem nur Initiierte Zugang hatten. Sie galt als Demonstration eines praktizierten, kriegerisch verstandenen Männlichkeitsideals. Die Verbindungsbrüder hatten sich von Zeit zu Zeit in sog. „Pflichtmensuren" einem Zweikampf auf scharfe Schlagwaffen zu stellen und dabei als „würdig" zu erweisen. Hierfür trainierte man hart und regelmäßig. Bei der entscheidenden Auseinandersetzung wurden alle wichtigen Körperregionen durch Maske und Polsterungen geschützt, bestimmte Stellen jedoch für das Beibringen und Ertragen von Kampfwunden freigehalten. Als beliebteste Partien für das Empfangen des sog. „Schmisses", der den Tapferen lebenslang (aus-) zeichnete, galten Stirn oder Wange. Durch Einlegen eines Roßhaares unter ärztlicher Aufsicht wurde die Fleischwunde gern zu einer markanten Narbe prononciert, die ein verwegenes Aussehen verlieh. Die bedeutendsten Verbindungsmitglieder erkannte man in der Öffentlichkeit nicht nur an ihren „Farben" und „Waffen", sondern auch an ihren martialisch entstellten Gesichtern. Mit dem Verbot und der Illegalität der Schlagrituale wurden die nach wie vor attraktiven Narben vor der ablehnenden Öffentlichkeit unter den Haaren verborgen, indem man die ungeschützten Stellen während des Kampfes auf die Kopfhaut verlagerte.

Auch bei diesen Männlichkeitsproben (Frauen waren nicht zugelassen) ging es nicht darum, Mut und Tapferkeit an einem ethisch hochwertigen Inhalt zu praktizieren. Man begnügte sich vielmehr damit, beide in einem historischen Waffengang als formale Tugenden zu zelebrieren, als reine Potenz zu dokumentieren. Mit dem Erwerb dieser Tugenden sah man allerdings im Sinne des Verbindungskodex eine Wertschöpfung verbunden, die des „männlichen" Mannes. Die Pflichtmensuren wurden als „Charakterprüfungen" verstanden. Hoch angstbesetzt, wurden sie von den jungen Studenten oft nur unter großer Selbstüberwindung und Selbstverleugnung eingegangen. Dies war eingeplant. Der Druck der Familientradition, des Vaters und des Großvaters, die auch schon „Schlagende" waren und sich bewährt hatten, lastete auf ihnen. Sie konnten sich ihm nicht widersetzen, ohne alles zu verlieren, was Ehre, Erbe und Protektion bedeutete. Auch sie wurden meist nicht aus freier Selbstbestimmung zu „mustergültigen Männern", sondern eher zu „Helden wider Willen".

Aus dem **Bereich des Militärs** sind Mut- und Härteproben bekannt, bei denen die menschliche Leidensfähigkeit bis zu Höllenqualen strapaziert, die Prüfungen zu Exzessen eskaliert werden. Weil diese folterähnlichen Handlungen gegen die Menschenwürde verstoßen, oft von teuflischem Sadismus begleitet werden und entsprechend unter härtester Strafandrohung verboten sind, entziehen sie sich meist dem öffentlichen Einblick und verstecken sich in Geheimriten. Aber gerade die Aura des Geheimen, die Magie des Verbotenen, die Exzentrik der verschworenen Gemeinschaft üben offensichtlich auch heute noch eine hohe Anziehungskraft aus. Bestimmte Einheiten bauen auf den tabuisierten Geheimriten ihren spezifischen Ehrenkodex auf. Obwohl deren Verrat streng sanktioniert ist, gelangen immer wieder heimliche Ton-, Foto- und Filmaufnahmen solch ritueller Szenarien zur Kenntnis der Öffentlichkeit:

So berichtete das Heute-Journal des Deutschen Fernsehens am 2.2.1997 mit geheim gedrehten Filmdokumenten von den Aufnahmeritualen einer amerikanischen Fallschirmjägereinheit: Den neuen Rekruten wurde von ihren altgedienten Kameraden ein handtellergroßer Block, der mit Nadeln gespickt war, mehrfach in den Leib gestoßen, was die Initianden unter gewaltigen Schmerzen freiwillig auf sich nahmen.

Am 21.2.1997 brachte der Sender RTL ebenfalls heimlich gefilmte Aufnahmen von einer Äquatortaufe der amerikanischen Navy: Neben der harmlosen offiziellen Taufe an Deck, der sich traditionsgemäß die jungen Soldaten, die erstmals an Bord eines Kriegsschiffes die Äquatorlinie passieren, zu unterziehen haben, wurde unter Deck die „eigentliche" Äquatortaufe vollzogen, ein Marsch durch die Hölle, der die „grünen Jungs" zu „Teufelskerlen" schmieden sollte, der über den Weg von Marter, Folter, Höllenqualen für eine Truppe qualifizieren sollte, die Tod und Teufel nicht fürchtet, die bereit ist, durchs Feuer zu gehen. Die „Grünlinge" mußten auf den Knien das Deck schrubben und wurden dabei nach Art von Galeerensträflingen mit Schläuchen geprügelt. Immer wieder hatte der Rekrut um neue Schläge zu betteln, bis es der Schläger für genug befand. In weiteren Durchgängen mußte der Initiand durch eine Zeltrolle kriechen, in der verdorbene Essensreste gesammelt wurden und sich in eine Kiste mit faulem Fleisch verpacken lassen. Wer zum Schluß das Losungswort nicht mehr wußte, hatte die gesamte Prozedur erneut über sich ergehen zu lassen. In früheren Jahren wurden die jungen Seeleute an einem Seil unter dem Schiff durchgezogen, wobei nicht wenige ertranken oder von Haien angefallen wurden.

Wie der Berichterstatter noch mitteilte, werden diese geheimbündlerischen Praktiken, die aus verweichlichten Zivilisten hart gesottene Soldaten machen sollen, vom Pentagon und der obersten Marineführung stillschweigend toleriert. Außer dem Bewußtsein, von der robusten Truppe nun angenommen zu sein, sich den Alten als ebenbürtig und gleichwertig erwiesen zu haben, bleibt kein Lustgefühl. Die körperlichen und seelischen Narben wurden von einigen als stolze Beweisstücke, als Trophäen getragen der Zugehörigkeit zu einer Truppe, die an Leidensfähigkeit ihresgleichen sucht. Man fühlt sich als Held, wenn auch als ein entstellter. Ein meist lebenslanger Bund der Eingeweihten ist besiegelt.

In diese, durch mehrere Extrembeispiele gekennzeichnete **Verhaltenskategorie** ordnen sich jedoch auch Menschen ein, die wegen ihrer ausgeprägten Ängstlichkeit Probleme mit ihrer Selbstachtung haben und diese auf weniger spektakulärem Wege durch eine Art **Selbstverleugnung** ihrer primären Gefühle, durch die **Annahme eines Kontrastverhaltens** zu den originären eigenen Charaktergegebenheiten gewinnen möchten. Es sind Menschen, die in einem Zwiespalt leben zwischen der Wirklichkeit, die die Natur ihnen mitgegeben hat und der Wunschvorstellung, wie sie gerne wären oder zumindest erscheinen möchten. Sie schämen sich des Makels, ängstlich zu sein und versuchen, dem empfundenen Stigma in der Weise zu entkommen, daß sie sich ein gegenteiliges Image zulegen, indem sie sich also als besonders mutig, ja verwegen präsentieren:

Vor einigen Jahrzehnten galt das **Fliegen**, umstrahlt von der Heldenaura kriegserprobter Jagdflieger und Sturzkampfbomberpiloten (Stukas) zu den Betätigungen, bei denen sich Mut und Draufgängertum am deutlichsten offenbarten. Die tollkühnen Männer in ihren fliegenden Kisten wurden zu Idolen der Männlichkeit. Was lag näher, als an dieser Glorie teilhaben zu wollen, besonders, wenn man nicht mit einem hohen Maß an Mut von Natur aus gesegnet war, sich aber gerade solch eine Heldennatur wünschte. So wurden viele „Mutwillige" Mitglied in den damals wie Pilze aus dem Boden schießenden Fliegerclubs (Abb. 36). Die passive Mitgliedschaft schützte davor, sich unnötig zu exponieren, schmückte aber dennoch nach außen mit dem Image des Insiders, der dazugehörte und dramatische Ereignisse erzählen konnte. Diesen Zulauf von Menschen, die eigentlich in einer konträren Empfindungswelt beheimatet sind, erlebten und erleben auch andere Sportarten und Vereinigungen, mit denen der Nimbus von Abenteuer und Verwegenheit verknüpft ist, etwa Reitervereine, Motorrad-, Wildwassersport-, Alpinisten- oder Drachenfliegerclubs. Schon die Nähe zum Abenteuer macht interessant, nötigt Respekt ab, schafft Identifikationsmöglichkeiten mit den Akteuren, hebt das Selbstbewußtsein. Der Abglanz des Mutigen beleuchtet noch den wenig Mutigen in seiner Nähe. Die Nachbarschaft hat eine aufwertende Wirkung.

Abb. 36 Werbebild eines englischen Fliegerclubs

Unter der Überschrift „Kühn aus Angst" skizziert AUFMUTH (1992, 62) die **Bergsteigerbiographien** von vier Mitschülern, denen Angst von klein an ein steter unliebsamer Begleiter war. Sie fühlten sich schwach und minderwertig mit dieser Angst und wollten sich durch das Bergsteigen, das für sie die Ausstrahlung des Kühnen besaß, von diesem Makel befreien. *„Sie haben äußerlich das ›Stigma‹ ihrer früheren ›Feigheit‹ durch die sichtbaren bergsteigerischen ›Mutproben‹ tilgen können,"* meint AUFMUTH dazu. *„Deswegen sind sie aber keine völlig anderen Menschen geworden. Sie neigen immer noch zur Ängstlichkeit, und auch ihr Bergsteigen ist im oberen Könnensbereich durchsetzt von Angst"* (63). Anders als gewünscht, ereignete sich keine *Heilung* von dem Stigma der Feigheit, sondern nur eine *Verdrängung* der erlebten Minderwertigkeit. Es gelingt lediglich eine neue Imagebildung für die Umwelt und, mit ihr verbunden, eine fragliche innere Stabilisierung auf Zeit. *„Sportliche Kühnheit gibt einen Anstrich von Männlichkeit. Dieser Männlichkeitsbeweis erlangt gerade in solchen Fällen besondere Wichtigkeit, wo es mit dem eigentlichen Mannsein (noch) hapert"* (64).

Bei der **Wahl der militärischen Truppengattungen** durch junge Freiwillige läßt sich Vergleichbares beobachten: Gebirgsjägern, Fallschirmspringern, Jagdfliegern, Bomberpiloten, Minensuchern, Kampfschwimmern oder U-Boot-Soldaten kommt eine imagefördernde Ausstrahlung und eine entsprechende Anziehungskraft auf junge Rekruten zu. Sie werden von einer Aura des Mutigen und des Männlichen umgeben. Dem, der sich zu seiner nicht von Mut geprägten Realmentalität ein Kontrastimage verschaffen möchte, bietet es sich an, eine solche Truppengattung zu wählen, um aus ihrer Umfeldausstrahlung zu profitieren und sich im Abglanz der Einheit als wagemutiger Typ zu präsentieren. Wurden dem Soldatenstand früher sogar insgesamt besonders männliche, mutige, tapfere, charakterbildende Züge zugeschrieben, so ist dieser Ruf aufgrund einer langen Friedensepoche, einer politischen Zähmung und einer eher technisch-handwerklichen Verteidigungsausbildung nahezu verschwunden.

Es bleibt zu bemerken, daß nur eine Minderheit von Menschen unter dem Bedürfnis nach einem Kontrastimage Sportarten, Sportvereinigungen oder militärischen Einheiten zustrebt, die das Ansehen des Wagemutigen versprechen. Der Wunsch, Heldentaten zur Schau zu stellen, *kann* ein Beweggrund für Mutproben, kompensatorische Ambitionen *können* Anlaß für riskantes Handeln sein. Sie stellen aber eher Ausnahmen dar. Um die tatsächlich zutreffenden Motive herauszufinden, sind umfangreiche und komplexe Recherchen notwendig.

Bei unserer **Befragung von 1096 Kindern und 954 Jugendlichen** im Jahre 1997 reagierte jeder fünfte Junge und jedes sechste Mädchen im Alter zwischen sieben und vierzehn Jahren und jeder dritte der 15- bis 21-Jährigen auf die Frage, ob sie sich den Mutproben „freiwillig" (aus freien Stücken) oder „unfreiwillig" (von außen gedrängt) ausgesetzt hätten, mit dem Eingeständnis, sich nur widerwillig der geforderten Aufgabe gestellt zu haben. Jeder zehnte der Befragten markierte die Doppelantwort „freiwillig / unfreiwillig“. Aus den Kontrollfragen und Kommentaren wird deutlich, daß die Mutproben oft nicht gesucht wurden. Man unterzieht sich ihnen ohne primäre Motive und unmittelbares Vergnügen, absolviert sie eher unter einer Sekundärmotivation, etwa, eine Herausforderung der Ehre bestehen zu wollen oder die Akzeptanz einer Clique zu finden.

Wie schon die geschilderten Mutproben der Primitivkulturen, der Schlagenden Studenten, der Soldaten oder des Kultfilms um James Dean, erscheinen auch die Aufnahmerituale der heutigen Jugend ernsthaften und gesetzten Erwachsenen häufig unreif, sinnlos, destruktiv, unappetitlich oder gar barbarisch. Den Kindern und Jugendlichen selbst hingegen bedeuten sie offensichtlich viel auf ihrem Weg der Selbst- und Gruppenfindung. Nur eine verschwindende Minderheit, weniger als 1 % der heutigen Jungen und Mädchen, kommt nach unserer Befragung mit Mutproben nicht in Berührung:

Die Kinder bekennen sich dazu, widerwillig einen lebendigen Regenwurm oder eine Handvoll Fliegen verspeist zu haben. Daneben gehören Kaufhausdiebstähle, das Abknicken von Mercedessternen, das Besprühen einer frisch gestrichenen Wand, das Knacken eines Fahrrads zu den meistgenannten unfreiwilligen Mutbeweisen. *Die Jugendlichen* betätigen sich in der Veranstaltung von Rennen, im Öffnen und Wegfahren von Autos, in der „Versklavung“ von Jüngeren oder Mädchen, die meist als „Geldbeschaffer“ in Dienst genommen werden, aber auch im „Abklatschen“ eines fremdrassigen Opfers, im „Verführen“ einer festgelegten Kandidatin oder in einem Nikotin-, Alkohol- oder Drogen-„Test“. Daneben gibt es Geheimpraktiken, die Kinder wie Jugendliche auch in einem anonymen Fragebogen und mit verstellter Schrift ausdrücklich nicht bereit sind preiszugeben.

Die ausgeführten Beispiele weisen auf eine Kategorie von Wagnisakteuren hin, die man **Kontraphobiker** nennt.

Das Phänomen und seine Symptome

Einige Kennzeichen mögen das Phänomen charakterisieren:

- Der Kontraphobiker ist ein Mensch von Ängstlichkeit, mit wenig Selbstbewußtsein. Im Kontrast zu dieser seiner Veranlagung präsentiert er sich aber gerne als der Mutige, der keine Angst kennt.
- Der Kontraphobiker empfindet seine tatsächlichen Gefühle der Unsicherheit und Angst als Belastung, als Schande. Er hält sich für feige und damit für minderwertig. Um diesen Mangel und Makel nicht offenkundig werden zu lassen, in dieser vermeintlichen Stigmatisierung nicht entdeckt zu werden, nicht permanent unter dieser Schwäche und dem von ihr ausgehenden Ansehensverlust leiden zu müssen, maskiert er seine Gefühlswelt und nimmt eine Tarnrolle an.

- Der Kontraphobiker verachtet und unterdrückt seine eigentlichen Gefühle und verschafft sich eine Wunschidentität. Er baut sich ein Kontrastimage auf zu seinem wirklichen Wesen.
- Der Kontraphobiker empfindet seine Angst als ungute Mitgift, als Trauma, dem er entgehen, entfliehen möchte. Er versucht diese Flucht aber nicht auf dem Wege des Meidens von Bedrohungen, des Ausweichens vor Gefahren, sondern bedient sich umgekehrt einer Art Vorwärtsstrategie. Er wendet sich dem Gefahrenpotential, dem Gefahrenmilieu bewußt zu. Er begibt sich in Risikerkreise, sucht das Abenteuer in der Hoffnung, den Alptraum Angst auf diese Weise loswerden, verdrängen oder gar therapieren zu können. Zumindest der Erfolg des ersten Schrittes, der Soforteffekt einer positiven Außenwirkung, die Herstellung eines anderen Image, erscheint ihm dabei gewiß.

Wir alle tragen Keime des Kontraphobikers in uns, die sich im Alltag unterschiedlich äußern können:

- ***Das Kind***, das sich in einen dunklen Keller, in eine schwach beleuchtete Tiefgarage begeben, durch einen finsteren Park oder Wald gehen muß, verhält sich häufig besonders laut. Es singt, redet energisch mit einem imaginären Gesprächspartner, ruft seinen fiktiven Freund oder Hund, bewegt sich forsch und scheinbar selbstsicher, um sich selbst Mut zu machen, seine Gefühle zu stabilisieren und potentiellen Angreifern wie Räubern, Geistern, Gespenstern Stärke, Mut und Abwehrbereitschaft zu signalisieren.
- ***Der Jugendliche***, der Angst hat, kann – ähnlich dem Hunde, der voller Angst laut bellend sein Revier verteidigt – ungewöhnlich ausfallend, frech, aggressiv werden. In seiner Not der Selbstbehauptung treibt ihn der Instinkt in eine Art dreister Vorwärtsverteidigung, die seiner eigentlichen Gemütslage zu widersprechen scheint und denjenigen, der ihm Angst verursacht, seinerseits unsicher machen soll.
- ***Der Erwachsene***, der unter der übersensiblen Warnanlage seiner Ängste leidet, unterzieht sich bisweilen immer neuen Mutproben, um sich und den anderen zu beweisen, daß die Ängste nicht ihn, sondern vielmehr er die Ängste beherrscht.
- ***Der besonders Ängstliche*** neigt zu einer besonders heroischen Tat, mit der er ein für allemal den Makel der Feigheit von sich abzustreifen hofft, zu einem Bungeefall etwa oder einer riskanten Bergtour. Er schmückt sich danach gerne mit einem Abzeichen, einer Urkunde, einer trotzigen Aufschrift „I did it" auf dem T-Shirt, um – ähnlich dem „Tapferen Schneiderlein" aus dem Märchen mit seinem Gürtel „Sieben auf einen Streich" – der Umwelt zu demonstrieren, daß er zu der angesehenen Elite der Mutigen gehört.

Bestimmte **Symptome** geben der Vermutung einer kontraphobischen Veranlagung und der Ausbildung kontraphobischer Verhaltensstrukturen eine hohe Wahrscheinlichkeit:

- *Das Auftreten als Verbalheld*
  Ähnlich dem Verbalerotiker, der sich dadurch kennzeichnet, daß er in erotischen Phantasien kommuniziert und ein ersehntes Image als Frauenheld, Salonlöwe, Traumliebhaber oder Potenzkanone zur Schau trägt, damit aber meist nur eine Kompensationsleistung vollbringt, charakterisiert sich auch der Verbalheld (volkstümlich „Maulheld" genannt) als ein Akteur mehr des Mundes als der Tat. Er neigt dazu, durch ein aufgesetztes Heldengehabe und eine übertriebene Selbstdarstellung die als unzureichend empfundene Realität entsprechend seinem Wunschbild aufzubessern. Er stilisiert sich selbst als „coolen Typ" hoch, der allen Anforderungen gewachsen und zu jeder Großtat bereit ist.

- *Das heftige Abweisen von Angstgefühlen*
  Der Satz „Jeder hat Angst" ist als eine etwas naive Verallgemeinerung bzw. als eine psychologisch motivierte Schutzbehauptung von Ängstlichen und ihren gutwilligen Helfern zu verstehen, die von dem Wunsch getragen wird, sich mit seinen Angstgefühlen im Feld des Normalen und Gesunden erleben zu können. Die heftige Abwehr jeglichen Angstempfindens, die strikte Leugnung nach der Devise „ein Mann kennt keine Furcht", die Wunschvorstellung, ein „Ritter ohne Furcht und Tadel" zu sein, kann jedoch umgekehrt als Indiz für einen Kontraphobiker gelten.

- *Die Empfindlichkeit gegen fremde Ängste*
  Wer nicht nur sich selbst bei jedem Anflug von Angst beschimpft und zur Ordnung ruft, sondern das Aufkommen dieses Gefühls auch bei anderen nicht ertragen kann, setzt sich dem begründeten Verdacht aus, an einem wunden Punkt berührt zu werden. Es verdichtet sich die Vermutung, daß die fremde Schwäche so empfindlich wahrgenommen wird, weil sie schmerzlich an die eigene, schon überwunden geglaubte Schwäche gemahnt, deren Rückkehr man latent fürchtet.

- *Die Passivmitgliedschaft in Risikerzirkeln*
  Jeder von uns hält sich gerne in seinen Wunschkreisen auf, verkehrt gerne mit Menschen, die seine Träume teilen. Da der Kontraphobiker es liebt, in Abenteuerphantasien zu schwelgen und an Heldentum möglichst hautnah teilhaben möchte, die Realität seines Charakters die aktive Abenteuersuche und Wagnisbeteiligung aber nicht zuläßt, ist eine Passiv-Mitgliedschaft in einer Risikervereinigung mit ihrer unmittelbaren Nähe zum bewunderten Geschehen und ihrer vorteilhaften Außenwirkung eine Lösung, die den beiden Seelen in der Brust des Kontraphobikers optimal gerecht zu werden scheint: Er bewegt sich unter Menschen, bei denen Angsthaben und Angstzeigen, seine Traumata,

keine Themen sind bzw. – sollten sie trotzdem einmal zur Sprache kommen – durch den hohen Risikograd der Ereignisse, mit denen man es zu tun hat, sich als gerechtfertigt und durchaus ehrenvoll erweisen. Nach außen gewinnt der Kontraphobiker zudem durch das Image der Gruppe, der er angehört.

- *Widersprüche in der Selbstdarstellung*
  Eine Diskrepanz zwischen Sein und Wollen, Vermögen und Wünschen läßt sich nicht auf Dauer bruchlos durchhalten, nicht völlig vor der Umwelt verheimlichen. Wenn Reden und Tun nicht harmonieren, sich Widersprüche auftun, der angebliche Mut sich nie beweist, Erzählungen die Realitätsbasis mangelt, entstehen Zweifel an der Selbstpräsentation, erscheint die Rolle nicht glaubwürdig. Der Kontraphobiker steht vor der Entlarvung.

- *Der Knick in der Biographie*
  Ein ängstliches Gemüt verwandelt sich nicht leicht in einen Helden aus Berufung. Bisweilen ist aber gerade das lebenslang wirksame Gefühl der Stigmatisierung der entscheidende Impuls, seiner Gefühlswelt und seinem Leben eine Wende zu geben. Kontraphobiker dieser Kategorie tragen berühmte Namen: *Lord Byron*, der englische Dichter, durch einen verkrüppelten rechten Fuß gezeichnet und durch diesen Körperfehler physisch und psychisch zeitlebens hart betroffen und beeinträchtigt, erregte Aufsehen durch sein wildes Draufgängertum, seine spektakulären Abenteuer, seine waghalsigen Expeditionen, die ihn schließlich in den griechischen Freiheitskampf trieben. *F. L. Jahn*, der „Turnvater“, war in frühen Jahren ein schwächlicher, kränklicher Knabe. Er kompensierte diese als minderwertig empfundene Konstitution durch intensive körperliche Abhärtung und Übung, wurde zum Begründer der deutschen Turnkunst, Revolutionär, Freiwilligen des Lützowschen Freikorps.

- *Die Anfälligkeit für Panikattacken*
  Der Kontraphobiker behält in der Regel trotz aller Umerziehungsversuche und einer gegenteiligen Außenwirkung lebenslang seine tief verwurzelten Ängste. Sie sind ein Teil seiner Veranlagung, seiner Persönlichkeit. Begibt er sich nun in Gefahren, die er seinem Naturell entsprechend eher meiden sollte, weil sie sein psychophysisches Potential zum Problemmanagement überfordern, kommt es leicht zu Überreaktionen in Form von panischer Angst, die ihn hilflos und wehrlos machen und tief erschüttern. Panikanfälle in frei gewählten Risikosituationen sind daher ein zuverlässiges Zeichen für kontraphobische Charakterstrukturen. Das brüchige Gebäude angstfreien oder souveränen Heldentums bricht plötzlich und heftig in sich zusammen.

Je deutlicher sich die skizzierten Indizien bei einem Menschen darstellen und häufen, desto stärker verdichtet sich der Verdacht, daß wir es mit einem Kontraphobiker zu tun haben.

Erklärungsversuche

Zur Überwindung tief wurzelnder Ängste hält FENICHEL den Sport für das geeignete Mittel. Folgt man FENICHEL (1954), so kennzeichnet sich der Sport geradezu als ein „*kontraphobisches Phänomen*". Nach FENICHEL versetzt der Sport über die Mobilisierung der ständig von ihm geforderten Selbstüberwindungskräfte in die Lage, überflüssige Ängste, die sich seit der frühen Kindheit festgesetzt haben, abzutrainieren und zunehmend zu beherrschen. Der Sport befähigt nach FENICHEL dazu, die unerträglichen Spannungen der Angst allmählich abzubauen und angemessen mit ihnen umzugehen. Das Bewußtwerden dieser inneren Veränderungen erzeugt Lustgefühle, Zufriedenheit, Selbstvertrauen.

Wie sich schon in den Hinweisen zum Lebenslauf Jahns andeutete, gibt es tatsächlich diese von FENICHEL dem Sport zugeschriebene wundersame Wandlung in der Struktur der Gefühle. Die Beherrschung von Ängsten ist prinzipiell lernbar. JAHN (1816) selbst bestätigt mit seinem berühmten Ausspruch auch die Lustempfindung, die dieser Wandlungsprozeß mit sich bringt: „*Es ist ein göttliches Gefühl in der Brust, wenn man weiß, daß man etwas kann, wann immer man will.*"

Diese Wirkung des Sports ereignet sich jedoch nicht zwangsläufig und nicht automatisch beim Sporttreiben, wie auch die zitierten Mitschülerbeispiele von Aufmuth zeigen. Eine Reihe von Faktoren, insbesondere personspezifische, angstspezifische, situationsspezifische, methodenspezifische Bedingungen, sind dafür verantwortlich, ob eine solche Wandlung gelingt. Vor allem wissen wir heute, daß Furchtlosigkeit und Angstfreiheit, soweit sie als diese Extreme überhaupt erstrebenswert sind, nicht als formale Eigenschaften lernbar sind, die, einmal als Qualifikation irgendwo erworben, auf allen möglichen Feldern zum Tragen kämen. Wer angstfrei ins Wasser springt, muß deshalb nicht auch angstfrei als Redner vor seinem Publikum stehen können. Der wettkampferprobte Sportstudent geht in der Regel mit nicht weniger Ängsten in sein Theorieexamen als der Student anderer Fächer. Die Angstauslösung ist inhaltsgebunden, also z.B. abhängig von bestimmten Situationen, Objekten, Konstellationen. Die Transferproblematik setzt einen Riegel vor die Hoffnung, Ängste punktuell prinzipiell heilen zu können.

Sport oder sein Umfeld können umgekehrt Ängste sogar auslösen, fördern, verstärken. Es sind zahlreiche Beispiele aus verschiedenen Sportbereichen bekannt, die dies belegen: So wurde etwa ein siebenjähriges Mädchen zum Klaustrophobiker, nachdem ihre Klassenkameraden sie eine halbe Stunde lang in einem aus mehreren Einsätzen bestehenden Kasten, der im Turnbetrieb als Sprunghindernis verwendet wird, gefangen gehalten hatten. Ein gleichaltriger Junge entwickelte altophobische Ängste bis ins Erwachsenenalter, nachdem ihn sein Vater zu einem Kopfsprung vom Dreimeterbrett genötigt hatte, bei dem er auf dem Rücken aufschlug. Ein anderer Altophobiker kann den Beginn seiner Höhenangst auf den Tag datieren, da er an einem Steilhang mit seinen Skiern abrutschte und in nicht enden wollenden Überschlägen zu Tal stürzte.

Die idealisierende Vorstellung von einer selbstverständlichen, eigendynamischen Heilungswirkung des Sports geht an den Realitäten vorbei. Der Sport bietet lediglich nutzbare Möglichkeiten.

Bei seiner Suche nach den seelischen Dimensionen, den psychologischen Ursachen und Triebkräften des Extremalpinismus kommt der Bergsteiger und Psychologe U. AUFMUTH (1986, 1992) in scharfsinniger Analyse zu der Überzeugung, daß der extrem wagnisbereite Bergsteiger im wesentlichen aus einer Krise der Ich-Identität heraus handelt.

AUFMUTH registriert zunächst ein gehäuftes Auftreten von Gefühlsverdrängungen (1992, 112), wobei vor allem die weichen Gefühlstöne aus der Skala der Empfindungen ausgeblendet erscheinen, was zu einer Verarmung der Gefühlswelt und zu einem Verlust an Lebendigkeit führe. Da aber gerade der Extreme diese Lebendigkeit in hohem Maße brauche und anstrebe, greife er zu der Methode, *„die intakt gebliebenen Gefühlsbereiche besonders heftig zu stimulieren“* (1992, 112). Zu solchen noch lebendigen Wahrnehmungsfunktionen zählt AUFMUTH *„die elementaren Körperempfindungen wie Hunger, Durst, Kälte, Schmerz, Kraftgefühl und Bewegungslust“* (1992, 112).

Das Selbstgefühl des Extrembergsteigers sieht AUFMUTH von Empfindungen des Mangels beherrscht, dem Mangel an Selbstklarheit, dem Mangel an innerer Einheit, dem Mangel an Selbstgewißheit, dem Mangel an Individualitätsbewußtsein. Diese Mangelzustände drängen nach Kompensation. Sie lösen nach AUFMUTH ein überdimensioniertes Identitätsbestreben, eine übertriebene Suche nach Ich-Gewißheit aus, und er gelangt zu der Auffassung, *„daß das extreme Bergsteigen in sehr vielen Fällen seinen wesentlichen motivationalen Impetus daraus bezieht, daß es im Dienste der Bewältigung akuter Identitätsprobleme steht“* (1986, 191).

Die Identitätskrise, die Störungen eines *„glückhaften In-sich-selbst Seins“* (1992, 114), sieht AUFMUTH an vier Mangelerscheinungen des Ich-Erlebens offenbar werden:

1. Der Extreme wird von Gefühlen der Selbstfremdheit geplagt.

Die Selbstfremdheit erweist sich für AUFMUTH in einer permanenten, diffusen Unruhe, in dem schmerzlichen Gefühl des Unbehaustseins, in einem ständigen Getriebenwerden und Unterwegsseinmüssen, in einer qualvollen Suche nach sich selbst, in der Besessenheit, mit der Extreme wie R. Karl oder R. Messner die Selbstsuche zu ihrem Lebensthema machen (1986, 191; 1992, 115).

AUFMUTH sieht den Grenzgänger bei der dramatischen Suche nach dem eigentlichen Selbst einerseits und der Verdrängung natürlicher Gefühle andererseits in einer existentiellen Notsituation. Er verzehrt sich in der Realisierung und Demonstration von Macht und Stärke, – der Macht und Stärke, äußersten sportlichen Herausforderungen gewachsen zu sein, die Widrigkeiten der Natur in den Griff zu bekommen, die Qualen des gemarterten Körpers zu beherrschen, Herr zu sein über seine Ängste, der Todesbedrohung sich zu stellen, allein die härtesten Lebenssituationen zu meistern. Als Auslöser für diese selbstquälerische Lebensmaxime jenseits normalen Empfindens glaubt AUFMUTH tiefenpsychologische Ursachen zu erkennen: *„Wo aber Macht und Stärke so sehr gesucht werden und offenkundig so existentiell notwendig sind, da müssen wir auf der anderen, der unbewußten Seite, große Angst annehmen, nämlich ein traumatisch tiefes Grauen vor den Gefühlszuständen der Schwäche und des Hilflosseins“* (1986, 192).

In der totalen Beanspruchung am Berg, im vollen Aufgehen in der Aufgabe, lebenssichernde Maßnahmen zu treffen, im harten Ringen um das Überleben in Bedrohung und Gefahr, kommt das Nachdenken über sich selbst zur Ruhe. Es tritt eine wohltuende Erlösung ein. *„Der innere Spiegel, das sich selbst reflektierende Bewußtsein, ist ausgeblendet und damit auch alles, was uns an uns selber unsicher macht“* (1986, 194). Der Extreme lebt hochbewußt, mit wachen Sinnen, aber er denkt sich nicht. Da das Ringen um die Wand, um den Berg nur kurzzeitig von der Bürde der Selbstfremdheit entlastet und keine intellektuelle Bearbeitung stattfindet, wird der Extreme immer wieder von seiner Problematik eingeholt. Immer wieder dann auch sucht er den befreienden Ausweg, im kreatürlichen Momentbewußtsein des intensiven Fühlens und Erlebens am Berg aufzugehen und der Reflexion dabei enthoben zu sein.

2. Der Extreme wird von Empfindungen innerer Zerrissenheit gequält.

Die Befriedigung des Bedürfnisses, mit sich und seinen Gefühlen im Einklang zu leben, ein Ganzheitsgefühl der eigenen Persönlichkeit zu entwickeln, gelingt dem Grenzgänger nur bei der totalen Inanspruchnahme durch die Risikohandlung. Die Desintegration äußert sich in dem schmerzlichen Kontrast, sich im Alltag unausgefüllt, unzufrieden, mit sich uneins zu fühlen und erst in den Strapazen am Berg die Harmonie mit sich selbst zu finden.

Die qualvolle freiwillige Selbstpeinigung im schwierigen Gelände scheint die Ich-Spaltung in einem vitalen Ganzheitsempfinden aufzulösen. Der anstrengende Sport, der gefährliche Grenzgang, die geforderte komplexe Persönlichkeitsleistung führen das Wahrnehmen, Fühlen, Denken und Handeln in einer Art Harmonisierungseffekt zusammen.

Im Alltag quält die Erfahrung, bei der Erledigung der Tätigkeiten innerlich nicht ausgefüllt, als Mensch nicht berührt zu sein, unbeteiligt das Notwendige abzuwickeln, ohne dabei ganzmenschlich oder gar existentiell gefordert zu werden. In den Gefahrensituationen dagegen werden die Entscheidungen, Bewegungen, Handlungen nicht nur getätigt, sondern gelebt. Der Akteur ist identisch mit ihnen. Er ist, was er tut. Dem Grenzgänger vermittelt sich entsprechend das Erlebnis, als Ganzheit zu agieren und mit der vitalen Ganzheitserfahrung von Ich und Tun, Person und Welt stellt sich das gewünschte Gefühl ein, mit sich in Einklang zu leben, Identität zu besitzen.

3. Der Extreme leidet an einer Sinnkrise,

in der sich die Sinnhaftigkeit des eigenen Daseins, die Einbettung in eine höhere Ordnung, permanent infragestellt.

„Wer imstande ist, im alltäglichen Leben die kleinen und großen Gelegenheiten zu Genuß und Lust auszukosten, der verfügt über eine kaum versiegende Quelle von Sinn," meint AUFMUTH (1986, 199). Es erwächst ihm daraus *„eine Art fundamentaler und fragloser Daseinsgewißheit"* (1986, 199). Der Extreme jedoch findet zu den „normalen" Sinnbezügen des Alltags (Beruf, Karriere, Familie, Besitz, Religion u. a.) keinen rechten Zugang. Es fehlt ihm damit die sichere Sinngrundlage als Basis seiner Existenz. Er muß sich seinen Lebenssinn mit großen Anstrengungen immer neu aktiv suchen. Mangels anderer Sinnbezüge wird nach Aufmuth das Klettern oder Bergsteigen so zum beherrschenden Sinnspender, der im Dasein des Extremen die bürgerlichen Sinngeber ersetzt.

„Stützt sich die fraglose Sinngewißheit der gelungenen Identität gewöhnlich auf mehrere Bezugspunkte, so konzentriert sich das Sinnerleben bei vielen Extremen in einer radikalen Einseitigkeit auf den Berg" (1986, 200). Sie machen damit ein an sich nutzloses Tun zum Sinnzentrum ihres Lebens und Erlebens. *„In den Momenten ganz starker emotionaler Lebendigkeit ist Daseinssinn von selbst vorhanden"* (1986, 201). Dabei sind Qual und Entbehrung als kraftvolle Gefühle in ähnlicher Weise wie Lust und Erfolg geeignet, eine elementare Seinsgewißheit zu schaffen. Der Extreme spürt sich in seinen Lebensfunktionen und weiß damit, daß er lebt. *„Das große Ziel des Lebens ist, Empfindung zu spüren, daß wir da sind, wenn auch mit Schmerzen,"* sagt LORD BYRON, selbst ein Extremer (1985, 97).

Das Beherrschen tödlicher Gefahren, das Überleben in Todesnähe, erweist sich dabei als ein sinnstiftendes Moment ersten Ranges. Das physische Überleben zu sichern, wird zur bewußt erlebten Leistung, vermittelt unmittelbare Sinnerfahrung. Die auf diese Weise gewonnene Identität wird mit Entbehrungen, Schinderei, Angst, Einsamkeit, Verletzung, Gefahr des Lebensverlustes erkauft. Die intensive Empfindung zu leben, die vital gespürte Daseinsgewißheit, ist für den Extremen jedoch wesentlicher und wichtiger als physische Unversehrtheit.

Wer in äußerster Mobilisierung all seines Könnens und Wollens in extremer Gefahren- und Notsituation damit beschäftigt ist, sein Fortexistieren zu garantieren, ist Sinnfragen und Sinnproblemen intellektueller Art enthoben. Im Angesicht des Todes zählt zielgerichtetes Entscheiden, präzises sachlogisches Denken und Handeln, nicht die Frage, warum oder wozu der Kletterer lebt oder leben sollte. Diese elementare Seins- und Sinnerfahrung am Berg stellt sich jedoch nur als eine vorübergehende Erlösung heraus. Sie leistet keine prinzipielle und andauernde Befreiung aus der Sinnkrise. Die Sinnerfahrung des Grenzgängers ist handlungsimmanent und handlungsbegleitend. Sie verschafft wirksam eine Atempause von der quälenden Sinnproblematik, trägt aber nicht dauerhaft als zuverlässiges Sinnfundament. So treibt es den Extremen zu immer neuen Abenteueraktivitäten. Bereits nach Durchsteigen der Wand, nach Erreichen des Gipfels, nach überstandener Gefahr, nach erfülltem Traum, oft schon im Abstieg stellt sich bei vielen Extremen erneut die so schrecklich und tief empfundene Leere ein, die die nächste Wand, den nächsten Gipfel, die nächste Herausforderung braucht. Die Flucht vor dem ständig drohenden inneren Vakuum löst den unablässigen Aktionsdrang aus, bewirkt die unverkennbare Unstetigkeit und Unrast, das permanente Unterwegsseinmüssen, das bei vielen Grenzgängern zu beobachten ist, als eine Art *„Hantieren gegen die Sinnlosigkeit"* (Aufmuth 1986, 197).

In dieser radikalen Einseitigkeit der Sinnsuche und des Sinnerlebens, im totalen Engagement für eine Aufgabe ohne ökonomischen oder sozialen Nutzen, in seiner Tendenz zur Todesnähe, entfernt sich der Extreme von den Normen der bürgerlichen Gesellschaft, die seine Höchstleistungen aufmerksam registriert und mit einem Kopfschütteln bewundert, die ihn als stellvertretenden Erfüller ureigener Wünsche beneidet, gleichzeitig aber als Nur-Abenteurer belächelt oder sogar verachtet.

4. Der Extreme zweifelt an seiner Unverwechselbarkeit und Einzigartigkeit.

Diese Problematik äußert sich nach AUFMUTH in einem überdimensionierten Individualitätsbedürfnis des Extrembergsteigers, in seinem starken Drang zum Anderssein, zum Abgehobensein von der Masse. Es macht ihn zum Einzelgänger, zu einem Wesen innerer und äußerer Menschenferne. In spektakulären Taten will er sich vom Nobody oder Jedermann-Sein unterscheiden und damit Ich-Bewußtsein schaffen. Mit jedem Griff und Tritt schreibt er Berggeschichte, wagt er sich vor, wohin sich noch niemand gewagt hat, graviert er seinen Namen ein in das Bewußtsein als Erstbesteiger, als Erstbezwinger. Er ist damit kein Namenloser mehr.

Der Gang in die Einsamkeit, in die absolute Unwirtlichkeit und Menschenfeindlichkeit von Fels, Schnee und Eis stärkt das Individualitätserleben. ***Die Weite des menschenleeren Raumes*** von Gebirge, Wüste, Meer gibt dem Ich ein besonderes Gewicht. Es ist hier konkurrenzloser, unangefochtener Herrscher. Es ist hier einmalig. ***Das Oben-Sein am Berg,*** höher und herausragender als jeder andere, wird zur Metapher der Einzigartigkeit. Die räumliche Höhe wächst im Bewußtsein zum Symbol der menschlichen Erhabenheit, Besonderheit und Größe (Abb. 23). ***Die unvergleichliche Tat*** macht das Ich bedeutsam. *„Alle Aktionen sind absolut spürbar und sichtbar auf das Ich dessen bezogen, der sie vollbringt"*

(1986, 204). Daher ist nicht das Eingebundensein in eine Gruppe, eine Expedition, eine Seilschaft, was die Ich-Wirkung einschränken würde, sondern der Alleingang das höchste Ziel der Ich-Bestätigung, der klarste Beweis der Einzigartigkeit.

Bewertung

Der Kontraphobiker findet in seiner Anlagestruktur bestimmte Eigenschaften und Verhaltensmuster vor, die gesellschaftlich nicht auszeichnen, im Gegenteil Ansehen schmälern und eher Mitleid erzeugen: Schwäche macht unansehnlich, Feigheit gilt als schwächlich, „Unmännlichkeit“ ist verpönt, schon bei Kindern. Es braucht viel Selbstbewußtsein (oder Gleichgültigkeit), zu diesen Charakteranlagen zu stehen und mit ihnen zu leben.

Die meisten so Strukturierten weichen daher Situationen, die diese Eigenschaften offenbaren, aus. Der Kontraphobiker stellt sich ihnen. Er will seine Ängste überwinden, sich als mutig erweisen, da er das Image des „Angsthasen“ als unerträglich empfindet. Bei diesem Bestreben nach einer gesellschaftlich hoch bewerteten Persönlichkeitsausstrahlung baut er häufig eine brüchige Fassade auf. Die Möglichkeit, als „doch nicht ganz so mutig“ entlarvt zu werden, ist jedoch weniger schimpflich, denn als Feigling zu gelten. So riskiert er das Spiel in der Kontrastrolle, vor sich selbst und anderen.

Indem er das Problem, zeitlebens den Makel der Feigheit tragen zu müssen, auf diese Weise zu lösen glaubt, geht der Kontraphobiker jedoch neue Risiken ein:

- Mit der Einnahme einer Rolle, die seinem innersten Wesen widerspricht, begibt er sich in die *Gefahr einer Persönlichkeitsspaltung.* Wer ständig seiner Anlagestruktur zuwider lebt, unentwegt kompensieren muß, gerät in eine zwiespältige Bewußtseinslage, in eine Situation der Ich-Spaltung. Es droht ihm das Abgleiten in ein uneigentliches Leben. Hierbei stellen sich zwangsläufig Identitätsprobleme ein oder verschärfen sich. Der Kontraphobiker kann die angenommene Identität, die Wunschexistenz des wagnisbereiten Helden nur unter größter Anstrengung, Verleugnung wesensgemäßer Gefühle, Selbstaufgabe aufrechterhalten. Er führt einen ständigen Kampf gegen sich selbst, um sich mit seinem Wunschbild der Öffentlichkeit präsentieren zu können. Dies führt zu Brüchen in der Verhaltenskontingenz. Durch die Inkongruenz von Können und Wollen, Fühlen und Tun, Sein und Erscheinen will sich keine dauerhafte Zufriedenheit einstellen. Die Glaubwürdigkeit ist ständig bedroht, was Unsicherheit auslöst.
- Indem sich der Kontraphobiker seinen Ängsten, seinen wirklichen Gefühlen nicht stellt, ihnen statt dessen ausweicht, sie verdrängt, kuriert er an den Symptomen seines Problems. Er verschafft sich zwar eine vorübergehende Entlastung, versäumt aber auch gleichzeitig die Chance einer dauerhaften intellek-

tuellen Verarbeitung. Er schiebt das Problem vor sich her, verfällt der *Gefahr einer Zementierung seiner Angstpsychose.*

- Die Methode des Kontraphobikers, „den Stier bei den Hörnern zu nehmen" und sich in die eigentlich gefürchtete Situation zu begeben, beschwört die *Gefahr von Panikattacken* herauf. Der Versuch, seine überdimensionierten Ängste zu zähmen, indem er gerade das tut, was er fürchtet, kann zu einer Überforderung in den Gefahrensituationen führen. Wenn der Damm der Gefühlsressourcen bricht, kann es zur Katastrophe kommen. Die gestauten, plötzlich mit aller Wucht ausbrechenden Ängste lähmen die Entscheidungsorgane oder entladen sich in unbeherrschten Reaktionen, die todbringend sein können.

Die Verhüllung seiner Gefühle deutet auf die hohe Verletzlichkeit des Kontraphobikers hin. Er versteckt seine eigentliche Seele und möchte sie nicht entdeckt wissen. Dies macht es so schwierig, ein Bild über die Verbreitung der Kontraphobie zu gewinnen. Nur wenige Kontraphobiker sind bereit, ihren wunden Punkt berühren zu lassen und ihre wirkliche Gefühlslage preiszugeben. Sehr viele sind sich des kontraphobischen Hintergrunds ihres Handelns überhaupt nicht bewußt. Eine wissenschaftliche Analyse fordert dem Befrager eine hohe Sensibilität ab. Diese verbietet einen direkten Problemzugriff, setzt vielmehr eine behutsame, indirekte Fragetechnik voraus, bei der die Maskierung des Befragten respektiert wird. Der Befrager muß auf Umwegen zu den heimlichen Gefühlen und Impulsgebern finden und seine Erkenntnisse durch Kontrollfragen absichern. Nach unseren **Befragungen** lassen sich etwa 18 % der Mutproben-Kinder, 34 % der wagnisbereiten Jugendlichen und ca. 16 % der erwachsenen Extremsportler und Grenzgänger, also eine erhebliche Minderheit, deutlich in die Kategorie des Kontraphobikers einordnen. Aufgrund der prekären psychologischen Sachlage (Neidkomplexe auf der einen, Schamkomplexe auf der anderen Seite), erfährt dieses Erklärungsmodell bei den Nichtrisikern einen überdimensionierten, bei den Risikern selbst einen unterrepräsentierten Zuspruch, also eine deutlich unterschiedliche Akzeptanz.

Weitere Hinweise liefert die **Methode der Beobachtung und Handlungskontrolle**: Der Kontraphobiker wird beispielsweise nicht vorrangig von einem Naturerlebnis angezogen. Der Typus des Kontraphobikers ist kein stiller, selbstgenügsamer Genießer, der sich damit zufrieden gibt, unauffällig unterwegs zu sein, unentdeckt seinen Mut und seine Tatkraft zu beweisen. Der Kontraphobiker braucht das eindrucksvolle Ziel, die vorweisbare Leistung, die öffentlichkeitswirksame Darstellung. Es geht ihm darum, namhafte Gipfel zu bezwingen, gefährliche Wände und Durchstiege zu sammeln, Alleingänge zu präsentieren, seinen Erfolg zur Schau zu tragen. Dazu sucht er die Selbstdarstellung, die Buchveröffentlichung, die Berichterstattung, die Bewunderung der Medien und Massen.

Hilfreich für die Identifizierung des Kontraphobikers sind auch **freiwillige Selbstoffenbarungen**, wie sie allerdings meist nur dem erfolgreichen Kontraphobiker möglich sind. Der renommierte Kontraphobiker verfügt über das notwendige Selbstvertrauen, sich die kleine Blöße geben zu können, die eine bereits „bewältigte" Vergangenheit betrifft. Die bewundernde Öffentlichkeit registriert zudem mehr das Ergebnis der Kompensationsleistung und kann den menschlich machenden unbedeutenden Schwächen und dem damit nahbar gewordenen Helden sogar Sympathie abgewinnen. Auf solche kontraphobischen Selbstenthüllungen können wir für das Bergsteigen etwa bei Karl (1980), Messner (1978, [2]1991, 1994) oder Aufmuth (1992), für das Fallschirmspringen bei Semler (1994), für das Drachenfliegen bei Korff (in Hortleder 1986) zurückgreifen.

Der kontraphobische Erklärungsansatz sollte jedoch nicht überschätzt werden. AUFMUTH weist seinen Überlegungen ausdrücklich den *„Charakter von persönlichen Gewißheiten"* (1992, 7) zu, die er aus den eigenen Bergsteigererfahrungen, den Kontakten mit anderen Alpinisten und den Erlebnisberichten von Extremen wie R. Karl, W. Bonatti, E. G. Lammer oder R. Messner gewinnt. Er möchte im wesentlichen die eigene Seelenlandschaft darstellen (1992, 106), in der die Angst, seiner Auffassung nach *„das zentrale Thema aller Bergsteiger"*, die Hauptrolle spielt.

Hierbei setzt er dem Klischee des strahlenden Helden der alten Bergliteratur ein subtiles Portrait entgegen, das nicht gerade schmeichelhafte, teilweise schon pathologische Züge trägt (1992, 218–222):

AUFMUTH meint eine Verwandtschaft zu erkennen zwischen der Innenwelt des leidenschaftlichen Berggängers und der grimmigen „Todeslandschaft", in die es ihn immer wieder zieht. Das mühevolle Unterwegssein erinnert ihn *„an das unruhevolle Verstörtsein des Kindes, das die Mutter sucht"*. Er registriert eine Sucht nach dem Ganz-oben-Sein. *„Es ist uns ein Gegenbeweis gegen alles Niedergedrückte und Gedemütigte in uns." „Das Leben war für uns ein Problem von Anfang an"*, stellt er fest, *„wir sind die Ungesättigten, die Ungestillten"*, die nicht auf der Glücksuche sind, sondern nur auf der Suche nach der erträglichen Existenz. Folgerichtig kommt AUFMUTH zu dem Schluß, daß Bergsteigen wesentlich eine Antwort auf die Probleme des gesellschaftlichen und persönlichen Daseins ist, *„ein Vorgang der Realitätsbewältigung"*. Er sieht das extreme Bergsteigen *„in aller Regel"* als Weglaufen vor dem eigenen Selbst, als *„Mittel zur Ausschaltung tieferer Selbstbegegnung"*, weniger als Instrument der Selbstfindung. Symptomatisch für diesen pessimistischen Denkansatz von AUFMUTH ist seine Interpretation des Klettererlebens:

Man kann dasselbe Glas Wasser bekanntlich als „halbvoll" oder auch als „halbleer" bezeichnen, ohne sich einer falschen Aussage bezichtigen lassen zu müssen. Beide Aussagen können nebeneinander als objektiv richtig bestehen. Sie kennzeichnen allerdings eine Einstellung des Aussagenden. Während die erste

Feststellung einen positiven Befund konstatiert, betont die zweite einen negativen Aspekt. Sie legt den Akzent auf das Fehlende, den Mangel.

AUFMUTH wählt die Sicht des halbleeren Glases. Er deutet Klettern als permanente Abwehr des Fallens: *„Im Grunde ist eine schwierige Klettertour ein beständiges Sich-Wehren und Sich-Vorsehen gegen das Stürzen. Kletterer sind Spezialisten in der Bewältigung sturzträchtiger Situationen, als da sind glatte Wände, scharfe Grate, jähe Eisfluchten und lawinenbedrohte Schneeflanken. Nahezu alles, was wir in schwerer Wand an Handgriffen ausführen, steht mehr oder minder im Zeichen der Bemühung, ein tödliches Stürzen zu verhindern. Wenn wir sagen, wir wollen eine Wand sicher hinaufkommen, dann ist das ja gleichbedeutend mit der Aussage: Wir wollen uns vor dem Fallen schützen"* (1992, 136).

Aus dieser seiner Sicht, einer Prämisse, leitet AUFMUTH seine Gedankenfolge ab:

Fallen / Stürzen heißt: den Halt verlieren, hilflos werden, eventuell sterben müssen. Dies verhindern bedeutet: Halt gewinnen, stark sein, sich dem Tode überlegen erweisen. Daraus drängen sich Fragen auf: warum es denn so wichtig ist, Halt zu haben, stark zu sein, die Todesgefahr zu beherrschen. In ihrer Beantwortung glaubt AUFMUTH den Schlüssel finden zu können: Frühkindliche Traumen des fehlenden Halts bei der Mutter, des Ausgeliefertseins, des Alleinseins, grausamer Bestrafung sieht er als Auslöser, am Berg das nachzuholen, was an Erleben so dringend gebraucht wird, die Selbstgewißheit, nicht ohnmächtig, sondern stark zu sein, jeder Gefahr, selbst tödlichem Entsetzen, sich gewachsen zu zeigen. Der Drang nach dieser Selbstbestätigung ist offensichtlich so stark, meint AUFMUTH, daß auch Bergunfälle nicht davon abhalten, die Gefahr zu suchen, um sichtbar und spürbar über sie triumphieren zu können. *„Das ist es, was wir brauchen"* (1992, 142).

Diese logisch erscheinenden Folgerungen brechen jedoch in sich zusammen, wenn die Prämissen nicht zutreffen, – wenn den Kletterer *nicht* das ständige Gefühl leitet, ein Stürzen verhindern zu müssen, wenn *nicht* die Angst, der Situation nicht gewachsen zu sein, das Geschehen beherrscht, wenn Kindheitstraumen fehlen oder anders verarbeitet werden, wenn überwiegend positive Gedanken, Wünsche und Antriebskräfte das Tun bestimmen.

Der Kletterer kann auch vorrangig dem Impuls folgen, eine interessante Wand zu durchsteigen, einen verlockenden Grat oder Gipfel zu erreichen, die tänzerische oder kraftvolle Bewegung beim Klettern zu genießen, eine Herausforderung des technischen und konditionellen Könnens anzunehmen, ein Abenteuer zu erleben. Wie der Bergwanderer *nicht* von dem Gedanken beherrscht wird, bei jedem Schritt die Knie durchzudrücken, um nicht zu fallen, sein Gehen im Bewußtsein also kein permanentes Verhindern des Stürzens darstellt, so ist auch der Bergsteiger, Kletterer, Biker, Motocrossfahrer oder Drachenflieger in der Regel *nicht* vorrangig auf die technischen Probleme des Selbsterhalts, auf sein

Handwerkszeug, fixiert. Viele Kletterer gehen wie in Trance ihren Weg durch die Wand, wickeln nahezu unterbewußt das Notwendige ab, sachlich, handwerklich. Die Beherrschung der Bewegung in Fels und Eis, die Unfallsicherung, ist ein in die totale Handlung integriertes, nachrangiges Problem. Für sie stellen sich entsprechend andere Fragen, die in den nächsten Kapiteln zu behandeln sein werden. Die angstdiktierte Einstellung kennzeichnet nur den Typus des Kontraphobikers, einer Minderheit in der Wagnisszene.

Der Kontraphobietheorie kommt nach unseren Befragungen und differenzierten Beobachtungen nur eine begrenzte Bedeutung bei der Erklärung von Wagnisproblemen zu. Sie trifft vor allem auf Anfänger im Risikosport zu. Sie betrifft den angstbesetzten Akteur im mittleren Wagnisfeld, und sie kann für einzelne Extreme gelten, die an den Grenzen ihrer Möglichkeiten in Todesnähe agieren.

Der Kontraphobiker ist ein Verdrängungskünstler. Er tut das Gegenteil von dem, was er seiner genuinen Gefühlsstruktur nach tun möchte und sollte. Dies macht ihn in hohem Maße verletzlich. Es macht ihn, wenn er erfolgreich ist, zu einem Helden wider Willen und ohne Berufung.

Wenn Wagnis der Bewältigung von Angst erwächst

Die Angstbewältigungs-Theorie
(Zuckerman, Semler, Epstein, Aufmuth u. a.)

Unter der Hypothese, daß die Angst und der gekonnte Umgang mit ihr als eigentlicher Beweggrund dafür zu gelten hat, daß Menschen auf Reizsuche im Risiko gehen, lassen sich mehrere Theorieansätze zusammenfassen, die sich wiederum in eigenen Varianten präsentieren:

1. Das Ausleben eines Angsttriebs

Die Evolutionsforschung geht davon aus, daß der Mensch wegen seiner vergleichbar geringen Instinktausstattung eine hochgefährdete Spezies darstellt. Um sich gegenüber den aus der Umwelt drohenden Gefahren behaupten zu können, verblieb ihm nach dieser Theorie jedoch ein Schutz- und Warnsystem in Form eines Restinstinkts, der Angstinstinkt oder Angsttrieb genannt wird. Dieser Trieb drängt wie auch die anderen Triebe auf Betätigung und Befriedigung, die er in Angstsituationen sucht und findet.

M. ZUCKERMAN (1978, 1979), der dieser Denkrichtung zuneigt, hält die Tendenz zur Reizsuche mit 50–65 % Anteil für überwiegend genetisch veranlagt. Er stützt diese Vermutung auf eine relativ hohe Konzentration der Neurotransmitter und der Sexualhormone, welche die Erregungszentren steuern und den Reizhunger auslösen.

Der vitale Organismus tendiert zur Tätigkeit und zum Ausagieren seiner Potentiale. Dies ist dahingehend gedeutet worden, daß der Mensch aus seiner Entwicklungsgeschichte noch Raubtierpotentiale in sich trage, die er in Risikosituationen zu aktivieren und zu trainieren trachte. Den Beweis für diese These scheinen Survivalkünstler wie Nehberg zu liefern, die die menschen- und lebensfeindlichen Regionen unserer Erde aufsuchen, um mit einer Minimalausstattung an zivilisatorischen Hilfsmitteln elementares Überleben zu erleben. Aber auch die sinnlos anmutende Überquerung des Grönlandeises, der Atacamawüste oder des Pazifischen Ozeans scheint hier eine nachvollziehbare Begründung zu finden. Immer geht es um die Befriedigung des angeborenen Angsttriebs, wobei die gewählte Aufgabe sekundär und auswechselbar erscheint. Es ist auch völlig unbedeutend, ob die trainierte Situation – z. B. in Form einer Katastrophe – für den Survivalspezialisten jemals zum Ernstfall wird, in dem er sein Können zum Überleben braucht. Es geht einfach um das Ausleben eines im Menschen angelegten Triebes, des Angsttriebes, was keiner weiteren Rechtfertigung bedarf.

Die Triebbefriedigung wird vom Organismus biologisch / psychologisch begleitet und unterstützt, indem er bestimmte Substanzen, z. B. morphium- oder opiatartiger Struktur, freisetzt, die dem Körper kurzzeitig übermenschliche Leistungen ermöglichen sowie schmerzfreie, sogar lustvolle Zustände schaffen. Diese physiologischen Vorgänge können betäubende, stimulierende oder auch berauschende Wirkungen auslösen. Die dabei sich einstellenden angenehmen Empfindungen drängen nach Wiederholung der Triebbefriedigung.

2. Die Hemmung der Angst

Auch ein zweiter – lern- und verhaltenstheoretisch bestimmter – Ansatz geht von einer tief im menschlichen Wesen und Erleben verankerten Grundangst aus. Diese Grund- oder Urangst äußert sich in einer ständigen Angstbereitschaft, wenn die Kontrolle in Risikosituationen zu entgleiten droht. Während jedoch der Angstneurotiker mit seiner überdimensionierten, hochsensiblen Angstbereitschaft leicht und oft auch ohne ersichtlichen Anlaß in Angstzustände gerät, bedarf es erheblicher Risikoreize, um das Angstpotential des Risikosuchers zu aktivieren. Seine Reizschwelle wird meist erst bei existentieller Gefährdung erreicht, in Situationen also, bei denen es um Leben und Tod geht.

Der Risiker sucht nach dieser Theorie die Angstsituation, um sich und anderen zu beweisen, daß er in der Lage ist, diese zu meistern. Er strebt die Konfrontation mit der Angst an, um sich als stark und souverän zu erfahren, um zu demonstrieren, daß er trotz Angstbelastung in einer hochgefährlichen Prüfung handlungsfähig und erfolgreich sein kann. Sein Motiv für die Risikosuche ist die Bewältigung von Angst.

Als interessantes Beispiel dieser Risikokategorie kann SEMLER gelten. Der Psychologe und aktive Fallschirmspringer G. SEMLER (1994) hat in seinem während eines Inselurlaubs verfaßten Buch eine eindrucksvolle Analyse seiner eigenen Fallschirmspringerentwicklung vorgelegt. Semler berichtet, daß es ihm bis zu seinem 24. Sprung nicht gelingen wollte, die Öffnung seines Schirmes länger als zwei Sekunden hinauszuzögern. Dabei gilt der freie Fall als das eigentliche große Erlebnis beim Fallschirmspringen. Trotz intensiven Bemühens und trotz „*wachsenden sozialen Drucks*“ seiner Freunde (89) zwingt ihn seine Angst unwiderstehlich, gleich nach Verlassen des schützenden Flugzeugs den wiederum schützenden Aufziehgriff seines Hauptschirms zu suchen. Er erwirbt sich damit in seinem Verein das Image eines Angsthasen, wie er bekennt.

Risikosituationen sind dadurch gekennzeichnet, daß sich der Risiker Grenzen seiner Leistungsmöglichkeiten nähert. Es besteht die Gefahr, diesen nicht gewachsen zu sein. Das löst Grundängste aus, die immer dann wach werden, wenn sich der Mensch seiner Verletzbarkeit bewußt wird. Seine eigene Befindlichkeit verallgemeinernd, folgert SEMLER daraus: „*Insofern können wir sagen, daß unser Leben durch seine Begrenztheit und der aus ihrem Erkennen resultierenden Grundangst primär angstbestimmt ist*“ (93), und er schließt daraus, daß generell gilt, was für ihn selbst Gültigkeit hat, daß nämlich das Bestreben, seine

Angst zu bewältigen, ein zentrales Motiv des Risikoverhaltens sei (94). Hierbei geht es ihm in erster Linie darum, die Konsequenzen der Angst zu überwinden, wozu besonders die Angst vor der Angst gehört.

„*Angst ist also immer mit im Spiel, auch bei sehr erfahrenen Risikosuchern*", meint SEMLER. „*Denn die Angst, mit der sie es zu tun haben, ist nur vordergründig die Angst vor der Höhe, vor der Tiefe des Meeres oder vor der Geschwindigkeit. Tatsächlich verbirgt sich hinter ihr immer unsere Grundangst, also die Angst, den Anforderungen des Lebens nicht gewachsen zu sein, oder vielmehr die Angst vor dessen Folgen – in letzter Konsequenz die Angst vor dem Tod*" (155).

SEMLER sieht die Angst angesichts unserer Begrenztheit als unvermeidlichen Bestandteil des Lebens in jedem Lebensalter. Der Mensch hat sich ihr zu stellen. Der „Risikosucher" gewinnt Selbstsicherheit im Umgang mit der Angst, wodurch die Bereitschaft gestärkt werden kann, sich auch mit seinen Ängsten im Alltag zu konfrontieren, meint SEMLER (160).

Als ihm bei seinem 34. Sprung – unfreiwillig – der erste freie Fall gelingt, überfällt ihn die Befreiung aus der Beengung der Angst als euphorisches Erlebnis: Beim Sprung aus dem Flugzeug ereignet sich ungewollt ein Salto, der seine Angstfesseln sprengt: „*Phantastisch! Ich bin bei vollem Bewußtsein! Luft und Naturgesetze spielen ihr Spiel mit mir – und ich lasse sie gewähren. Ich spüre jede Veränderung meiner Position, registriere, wie ich immer schneller falle – und ich tue nichts dagegen. Nein, ich träume nicht!*" (102). Als er nach etwa zehn Sekunden freien Fallens den Schirm ausgelöst hat, fühlt er: „*Die ganze Anspannung der letzten Monate löst sich plötzlich auf. Warme Wellen durchfluten meinen Körper. Es ist so, als würde sich jede einzelne Zelle mit mir freuen und einen Tanz aufführen. Ich möchte schreien, bringe aber keinen Ton heraus. Ich fühle mich ausgelaugt und schwach – aber unendlich erfüllt und glücklich. Ich hab's geschafft. Ich hab' meine Angst besiegt. Ich habe mich fallen lassen können.*" (103).

Mit der Überwindung seines Angstreflexes ist SEMLER der Durchbruch gelungen, seinen Sport genießen können: „*Jetzt weiß ich endlich, warum die Springer vom Fliegen reden und nicht vom Fallen. Denn es ist Fliegen pur, wenn man mit 170 Stundenkilometern auf die Erde zurast, wenn man durch kleinste Bewegungen mit dem Oberkörper, den Schultern, den Armen, den Beinen, ja selbst mit den Händen und den Füßen die Richtung, die horizontale und die vertikale Geschwindigkeit verändert. Und das erfährt man erst durch den Partner, den Bezugspunkt in der Luft. Ohne ihn fällt man, mit ihm aber fliegt man – ohne irgendwelche Hilfsmittel! Der Traum der Menschheit erfüllt sich für eine kleine Ewigkeit von ein paar Sekunden*" (148).

Dieser vom Lernen bestimmte Vorgang, bei dem sich die Reduktion der Angst in einem streßreichen, strapaziösen Erfahrungsprozeß als eine Art „Durchmarsch durch die Hölle der Angst" vollzieht, realisiert sich gewöhnlich in der Sequenz „Annäherung – Abwehr – Annäherung." Sie ist von Gefühlsschwankungen begleitet wie „Ich möchte es sehr gerne!" – „Ich habe große Angst!" – „Ich will es trotzdem wagen!" Das erfolgreiche Durchstehen dieser Wunsch- und Entscheidungsdramatik mündet meistens in die Bewertung „Es war großartig!" „Ich bin froh, es gewagt zu haben!" „Der Lernprozeß hat mich innerlich weitergebracht, reifer gemacht." „Ich bin ein anderer geworden!" Hier klingen erneut Momente an, die dem später vorzustellenden Theorieansatz des „Lebens in wachsenden Ringen" charakterisieren.

Dieser dornenreiche Lernprozeß über die Angst enthält aber auch Katastrophenpotentiale, die ihn zu einem Wagnis werden lassen: DOLLARD und MILLER (1950) sahen den mit einer Wagnissituation Konfrontierten in einer spannungsgeladenen Zerreißprobe zwischen dem vorhandenen Reiz, sich dem Wagnis zu stellen und dem Bestreben, der gefahrvollen Begegnung auszuweichen. Dieser Annäherungs-Vermeidungskonflikt versetzt den von ihm Betroffenen nach DOLLARD und MILLER in einen Zustand der Hilflosigkeit, in dem die notwendigen Entscheidungs- und Handlungsfunktionen blockiert, die erforderlichen Rettungsmaßnahmen be- oder sogar verhindert werden. Als Begleiterscheinung dieser Angstblockade stellen sich auf psychischer Ebene unangenehme Empfindungen des Ausgeliefertseins ein. Der Betroffene fühlt sich gelähmt, unfähig, der bedrohlichen Situation sinnvoll zu begegnen. Es erwacht in ihm die Urangst des Lebens, die Angst vor dem Tode. Und in der Tat ist diese Angst in einer ernsthaften Risikolage nicht unbegründet. Wie der Blockierte auch reagiert, mit Erstarrung, die den Rettungsausweg wahrzunehmen verhindert, oder durch unkontrollierte Panikattacken, welche die gefahrvolle Lage nur noch verschlimmern, – er trägt damit selbst zur Vollendung der gefürchteten Katastrophe bei.

Welche sinnvollen Maßnahmen gibt es, dem Zirkel der Angst zu entkommen, der sich nach mehreren solcher Angsterfahrungen zu einer Spirale der Angst, zu der Angst vor der Angst, ausweiten kann? Wie läßt sich die Entwicklung einer Angst verhindern, die schon vor Erscheinen einer bedrohlichen Situation ihre Wirkung entfaltet, einer Angst, die neurotische Züge annimmt?

Diese Frage hat EPSTEIN (1977) stark bewegt. Auf den Theorien von Dollard und Miller aufbauend, widmete er sich der Problemstellung, wie man die selbstzerstörerischen Kräfte der Angst zähmen könnte, und er entwarf eine Angsttheorie, in welcher er die sog. *Angsthemmung* in den Mittelpunkt der Überlegungen rückte:

Nach EPSTEIN baut sich bei Annäherung an eine gefährliche Situation eine Angsthemmung auf, die eine Reihe von Abwehrmechanismen auslöst. Das normale Wahrnehmungsspektrum verengt sich, d. h. die Aufnahmeorgane begrenzen ihre Aufmerksamkeit auf wenige wichtig erscheinende Details der Umgebung. Angstauslösende Reize werden ignoriert bzw. angstauslösende Reaktionen gebremst. Angstempfindungen erfahren eine Triebverschiebung und äußern sich in Ärger- und Wutausbrüchen.

Bei seinen Untersuchungen an 66 Fallschirmspringern registrierte Epstein am Sprungtag eine signifikant höhere Quote von Wahrnehmungsfehlern gegenüber einem Kontrolltag ohne Sprünge. Mit der Annäherung an die gefahrbringende Situation setzt nach Epstein ein Angst- hemmungsmechanismus ein, der sich in einer Art „Wahrnehmungsabwehr" (214) äußert, d.h. die Wahrnehmung bedrohlicher Reize wird verleugnet, ignoriert.

Bei wiederholter Konfrontation mit angstauslösenden Reizen sieht EPSTEIN sich eine zunehmende Angsthemmung aufbauen, die sich allmählich auch auf Angsterreger ausweitet, die zum ursprünglichen Angstauslöser wenig Verbindung haben. Dies heißt für EPSTEIN, daß der im Umgang mit Angst Erfahrene nach und nach ein Angsthemmungssystem entwickelt, das in bedrohlichen Situationen den Erregungsanstieg bremst und vor einer Übersensibilität und entsprechenden Überreaktion der Angstpotentiale bewahrt. Dies bedeutet, daß nach EPSTEIN Ängste verlernt, abtrainiert werden können.

In einem weiteren Schritt glaubt EPSTEIN, deutliche Unterschiede zwischen dem unerfahrenen und dem erfahrenen Risiker hinsichtlich der Angstkurve zu erkennen: Nach seiner Auffassung findet mit der Risikoerfahrung eine zunehmende Fortverlagerung, sprich Vorverlagerung des Erregungshöhepunktes der Angst vor die eigentliche Gefahrensituation statt. Im Gegensatz zum Risikoexperten erlebt der unerfahrene Risiker eine spätere Angsthemmung und einen steileren Anstieg der Angstkurve.

Erreicht dann das Erregungsniveau ein psychophysisch nicht mehr beherrschbares Ausmaß, kommt es zu biologischen Notfallreaktionen wie Schwindel- und Ohnmachtsanfällen. Solch organisch gesteuertes Lahmlegen der Aktionspotentiale schützt zwar vor panischen Fehlreaktionen, verhindert aber auch gleichzeitig sinnvolle eigene Rettungsmaßnahmen und kann daher in Risikosituationen lebensgefährliche Auswirkungen haben (216).

Mit der zeitlichen und räumlichen Vorverlegung des Erregungsgipfels der Angst vor die eigentliche Gefahrensituation gewinnt der Risikoexperte den Vorteil, effektiver mit seiner Angst umgehen zu können. Er schafft sich einen Spielraum für die technische Bewältigung der anstehenden Gefahren und den Einsatz geeigneter angstreduzierender Strategien.

Auf der Grundlage der Angsthemmungstheorie Epsteins setzten WIELAND / ECKARD / KESSLER (1993) mit wiederum 66 Fallschirmsportlern eine empirische Kontrolluntersuchung an. Ihre drei Vergleichsgruppen umfaßten Springer ohne Erfahrung (Anfänger), Springer mit bis zu 25 Absprüngen (Fortgeschrittene) und Springer mit mehr als 100 Absprüngen (Experten). Sie kamen zu folgenden, den Thesen Epsteins im wesentlichen widersprechenden Ergebnissen (77–127):

- die erfahrenen und unerfahrenen Fallschirmsportler der Untersuchung unterschieden sich *nicht* hinsichtlich ihrer Verletzungsangst (94, 124). Ihre Angst vor physischer Beeinträchtigung erwies sich aber sehr signifikant niedriger ausgeprägt als bei Nichtspringern (116, 119). WIELAND und Kollegen schließen daraus, daß diese spezifische Eigenschaft nicht erst im Laufe der Sportausübung erworben, sondern bereits zu dem Sport mitgebracht wird (125).
- Bezüglich der Wahrnehmungsabwehr ergab sich *keine* Steigerung mit der Annäherung an die Gefahrenquelle (122).
- Auch die Hypothese, daß sich mit zunehmender Erfahrung die Wahrnehmungsabwehr gegenüber Angstreizen effektiviert, bestätigte sich bei der Untersuchung *nicht* (123).

Hatte schon KROHNE (1981, 107) gegenüber der empirischen Absicherung der Basistheorie von Epstein methodische Bedenken geltend gemacht und die zu kleinen Versuchsgruppen sowie die Begrenzung auf eine Sportart und eine untypische Situation kritisiert, so treffen ähnliche Vorbehalte auch auf die noch weiter aufgesplittete Erhebung der Forschergruppe um Wieland zu. Außerdem erscheint die Validität der Untersuchung nicht ausreichend gesichert, da die zugrundegelegten Portraitaufnahmen keineswegs eindeutig den ihnen unterstellten Gesichtsausdruck widerspiegeln, wie ein Kontrollversuch meines Psychologieseminars mit 75 Teilnehmern ergab. Die objektivierende Beweisführung für EPSTEINs Annahmen steht also noch aus.

3. Die Überwindung innerer Leere

Ein dritter Ansatzpunkt der Angstbewältigungstheorie ergibt sich aus der Verwendung der Risikoangst zur Psychohygiene und zu seelischen Heilungszwecken. Grenzgänger und Extremsportler aller Kategorien, so behaupten ihre Vertreter, instrumentalisieren das spannende Erlebnis und die von ihm ausgehenden Angstreize als Therapeutikum gegen das unerträglich gewordene Gefühl des Unausgefülltseins und der inneren Leere in unserer Zivilisationsgesellschaft.

Der Wunsch, Abenteuer zu bestehen, Spannungsreize zu suchen, sich extrem zu fordern, alle seine stillen, ungenutzten Potentiale zu einer großen Tat zu mobilisieren, befällt vor allem dynamische junge Menschen mit Leistungsfähigkeit und Leistungsbereitschaft. Sie fühlen sich in unserer arbeitsteiligen Gesellschaft, die weitgehend in Routine erstarrt ist und sie nur einseitig und partiell beansprucht, unterfordert. Sie fühlen sich zu Großem berufen, das ihnen die Massengesellschaft mit ihren programmierten Karrieren nicht bieten kann. Sie spüren Kräfte in sich, die im bürgerlichen Berufsleben nicht gefragt sind, Potenzen, die brachliegen, aber zur Erweckung drängen. Die Verantwortung, die man ihnen zutraut, erscheint dürftig, unbefriedigend. Sie betrifft nur Teile, nicht den Kern ihrer Persönlichkeit und ihres Leistungsvermögens. Sie erleben ihr Leben fremdbestimmt, reglementiert, in einem faden Alltag träge dahinfließen, arm an Aufgaben und Herausforderungen, die ihnen gemäß sind, arm an Höhepunkten, für die es sich zu leben lohnt, arm an intensivem Leben. Eine lähmende Sinnlosigkeit beschleicht das Lebensgefühl, das auch auf keine Zukunftsperspektive in dieser Gesellschaft zu bauen vermag. Die Aussicht auf ein Dahinsiechen im Mittelmaß erschlafft die Schaffenskraft, schwächt den Lebenswillen. Der Augenblick ist das einzige, was sicher scheint. Ihn zu ergreifen und in vollen Zügen zu genießen, scheint der Imperativ des Lebens, nicht das Warten oder Zuarbeiten auf eine ungewisse Zukunft.

Diese existentielle Sinnkrise, eine Art „horror vacui“, ein Grausen vor dem Abgrund der Bedeutungslosigkeit und Sinnlosigkeit des eigenen Daseins, läßt nach Auswegen suchen, auf anderen Wegen doch noch seine Träume zu realisieren, – den Traum zum Beispiel, etwas Bedeutsames, eine historische Tat, zu vollbringen, – den Traum, seine Persönlichkeit total gefordert zu sehen und dabei als einmalig zu erleben, – den Traum, für sich und andere in einer Situation akuter Lebensbedrohung Verantwortung zu übernehmen und sich dabei als verantwortungsfähig zu erweisen, – den Traum, mit Gleichgesinnten selbstgewählte Lebensformen zu gestalten, – den Traum, mit seiner ureigenen Leistung und seiner Art als Mensch voll akzeptiert und anerkannt zu werden.

Diese Mentalität des leistungsstarken und leistungswilligen Aussteigers, der sich als Einzelgänger oder Teil einer Szene außerhalb der üblichen gesellschaftlichen Karrierevorstellungen seinen Weg sucht, finden wir in erster Linie bei den Grenzgängern und professionellen Abenteurern, Rüdiger NEHBERG (1991) z. B., dem Survivalexperten, der eine wohlsituierte Existenz als erfolgreicher Konditormeister und Unternehmer aufgab, um unter primitivsten Verhältnissen im tiefen Dschungel unter den Yanomami-Indianern zu leben und ihre Kultur und Lebensweise verstehen zu lernen oder Arved FUCHS (1994), der seinen sicheren Beruf als Seemann aufgab, um seine nautischen, navigatorischen und organisatorischen Fähigkeiten in Eigenregie und Eigenverantwortung auf gefährlichen Fahrten mit einem winzigen Schiff durch die Eismeere der Polarregionen zu beweisen.

In seinem Buch „Rock Stars – die weltbesten Freikletterer“, bietet uns ZAK (1995) ein interessantes Kaleidoskop der Kletterszene. Die geschilderten Biographien illustrieren eindrucksvoll die Flucht dieser hochkarätigen Leistungsspezialisten aus ihrem als beengend empfundenen Routinedasein, ihr Ausklinken aus den bürgerlichen Verhältnissen, um sich total und professionell ihren selbstgewählten Aufgaben in den anspruchsvollsten Kletterwänden zu verschreiben. Ähnliche Lebensläufe weisen einige um die Welt und ihre Abenteuerschauplätze reisende Gleitschirmpiloten, Surfer oder Hochseesegler auf.

Eine besonders bemerkenswerte, feinsinnige Analyse hat der gelernte Psychologe und aktive Bergsteiger U. AUFMUTH in seinem Buch „Zur Psychologie des Bergsteigens“ (^{2}1992) für das Extrembergsteigen vorgelegt:

Auf Schriftdokumente und persönliche Kontakte mit Extremen seiner Branche gestützt, aber auch im Blick auf die eigene Seelenlandschaft, glaubt AUFMUTH in der Psyche des Extrembergsteigers krankhafte Züge einer inneren Leere zu erkennen. Der Alltag füllt ihn nicht aus. Die herkömmliche bürgerliche Existenz motiviert ihn nicht zur Freisetzung seiner Fähigkeiten, die er so sehnlich wünscht. So zieht es ihn immer wieder in die Berge, wo er seine unbefriedigten Triebe ausleben kann. Es ist die Flucht aus einer tiefen Sinnkrise.

Die Ursachen für diese Sinnkrise sieht AUFMUTH in einem abgestumpften Sinnempfinden, in einer mangelnden Sensibilität für die feineren Sinntöne des normalen Lebens. Der Extreme braucht erhebliche Reize, um sich selbst zu spüren. Er benötigt Reize an den Grenzen des Erlebbaren, um noch Sinn empfinden zu können.

Die Flucht vor der Qual der Sinnlosigkeit des täglichen Lebens führt in die menschenfeindlichsten Landschaften der Erde, in das vegetationslose Hochgebirge mit seinem ewigen Eis und Schnee, seinen unsichtbaren Gletscherspalten, seinen abweisenden Wänden und Graten, seinen gefährlichen Steinschlägen und Lawinen, seiner mörderischen Kälte und Hitze, seinen Stürmen und Wetterschlägen. In dieser Situation setzt sich der Extreme äußersten physischen, psychischen und intellektuellen Strapazen aus, Höllenqualen der Selbstüberwindung, der Askese, der Selbstdisziplin, der Einsamkeit, des technischen Könnens, um in der Grenzsituation des Lebens, in der Todesnähe, sich selbst zu finden, das eigene Leben zu spüren und damit Sinn zu erfahren.

In dieser Sinnsuche am Abgrund des Lebens, in dieser totalen Herausforderung der ganzen Persönlichkeit unter tödlicher Bedrohung sieht AUFMUTH den Extremen eine Art Selbsttherapie ansetzen. Es handelt sich um den Versuch, in der fast übermenschlichen Leistung, im Über-sich-Hinauswachsen das innere Gleichgewicht zu stabilisieren.

Da das Extremerlebnis aber nur kurzzeitig leistbar ist und nur eine kurzfristige Befreiung aus der Sinnkrise verschafft, die Wirkung wie bei einer Droge also nicht anhält, muß es – fast suchtartig – immer wieder und meist in verstärkter Reizdosis erneuert werden, meint AUFMUTH. Die Biographien vieler Extrembergsteiger wie z. B. die von Karl oder Messner, scheinen sich denn auch geradezu als Paradebeispiele für den von AUFMUTH beschriebenen Typus des Extrembergsteigers anzubieten.

Bewertung

Es ist aufschlußreich zu beobachten, daß die Angstthematik vornehmlich Theoretiker und Praktiker beschäftigt, die selbst angstbesetzt sind, die also dem oknophilen Menschentypus zuneigen. Ihnen ist sie ein wichtiges, oft zentrales Anliegen. Beispiele dafür sind etwa die Psychologen und aktiven Wagnissportler Semler und Aufmuth, die sich klar zu ihren Angstneigungen bekennen.

Im Gegensatz hierzu zeigt sich der philobatisch strukturierte Wagnissucher, – dies ist der weitaus häufigere Vertreter im Risikobereich, – meist wenig an Angstfragen interessiert. Sie spielen sowohl in seinen Gesprächen als auch in seinen Publikationen eine unbedeutende, untergeordnete Rolle (vgl. z. B. Chichester, Diemberger, Edwards, Fuchs, Greene, Goethe, Heyerdahl, Heller, Karl, Lochner, Lilienthal, Lindbergh, Messner, Nehberg, Ritter, Warwitz, Zak).

Diese Diskrepanz zwischen der oknophilen und der philobatischen Denk- und Fühlweise tritt immer wieder in den beliebten TV-Talkshows vor Augen, wenn engagierte, von der Angstproblematik faszinierte Befrager (meist Journalisten oder Psychologen) von den Befragten (meist Risikern verschiedener Wagnisfelder) relativ wenig reflektierte, oft formelhafte Höflichkeitsantworten zu Angstfragen erhalten. Dies liegt nach meinen jahrzehntelangen eigenen Erfahrungen aus Risikerkreisen verschiedener Sparten und meinen systematischen Befragungen der letzten Jahre weniger daran, daß die Wagnissuchenden ihre Angst nicht wahrhaben wollten, verleugneten, verdrängten oder sich ihrer Angst schämten. Die Angstthematik ist heute längst enttabuisiert. Erfolgreiche Risiker können es sich sogar leisten, mit zugegebenen Ängsten zu kokettieren und gewinnen dabei Sympathiepunkte. Sie werden dadurch zu Helden zum Anfassen. Angst ist für den philobatischen Wagnissucher vielmehr ein weniger wichtiges Thema von nachrangiger Bedeutung, von nachgeordnetem Aufmerksamkeitswert. Es bewegt ihn einfach weniger. Die Sachbeschäftigung mit seinem Sport steht für ihn deutlich im Vordergrund des Interesses. Das Ausschöpfen seiner psychophysischen Möglichkeiten, das Optimieren von Leistung und Lusterlebnissen, technische Fragen und soziale Bedürfnisse rangieren sehr eindeutig vor Problemen der Angst, der Angstentstehung und Angstbewältigung.

Mit dem oknophilen und philobatischen Menschentypus prallen zwei gegensätzliche Persönlichkeitsstrukturen und Fühlwelten aufeinander, die BALINT (1959) schon vor einem halben Jahrhundert unterschieden hat. Es erscheint unfruchtbar für die wissenschaftliche Diskussion, hinter diesen Erkenntnisstand zurückzufallen und einen bestimmten Charaktertypus zu generalisieren, die jeweils eigenen Erlebnisweisen von Wagnissituationen als allgemeingültig zu unterstellen:

Als ich vor einigen Jahren bei einem *Drachenflug* mit einem Gleitschirm, der beim Hangsoaren die Vorflugregeln mißachtete, kollidierte und aus 250 Metern Höhe abstürzte, erwarteten viele meiner oknophilen Befrager eine Angststory höchster Brisanz. Sie erwarteten von einem, der dem Tode unmittelbar ins Auge geschaut hat, das Bekenntnis einer totalen Angstlähmung, das Vergehen in existentiellen Nöten, den Blick über die Grenze zum Jenseits, das blitzartige Resümee des ganzen Lebens, den Schwur, niemals mehr zu fliegen. In Erwartung des Sensationellen, in der Meinung, das eigenen Lebensgefühl bestätigt zu erhalten, war es für sie unverständlich, stattdessen ganz unspektakuläre Fakten und nüchterne Gefühlsabläufe zu erfahren. Was ereignete sich wirklich im Denken und Fühlen des Abstürzenden? Welche Wahrnehmungen, Gedanken und Empfindungen begleiteten den Absturz?

Kurz vor dem Zusammenstoß sah ich das erschreckte Gesicht des Gleitschirmpiloten, der mir den Flugweg zwischen sich und der Felswand abschnitt und hörte seinen Schrei „Au Scheiße!" Der nachfolgende Aufprall mit einer Wucht von mehr als 100 km/h gegen die Leinen des Gleitschirms war so heftig, daß das Querrohr des Hängegleiters und ein Drahtseil der Unterverspannung barsten. Zeugen sprachen später von einem explosionsartigen Knall in der Luft. Ich habe ihn nicht wahrgenommen. Mechanisch zog ich mein Rettungssystem und sah, wie auch der Gleitschirmflieger seinen Rettungsschirm auslöste. Der Drache war in horizontaler Fluglage von den Leinen des Gleitschirms eingewickelt. Ich schaute dem eigenen Absturz fast gelassen zu und wunderte mich, wie langsam sich der Absturz vollzog. Es stellte sich nicht die Spur von Angst ein. Ich sah den Gipfel einer Fichte auf uns zukommen, registrierte, wie er den Fall abfing und uns relativ sanft über die Zweige abgleiten ließ. Die Rettungsschirme verfingen sich in den Bäumen. Als ich etwa einen Meter über dem Waldboden hängend zur Ruhe kam, dachte ich: „Das ist ja glimpflich abgegangen! Ein ärgerlicher Absturz! Kann ich mich noch bewegen? Wie komme ich jetzt nur aus dem Leinengewirr heraus?" Ich sah den Gleitschirmflieger, der sich inzwischen ausgeklinkt hatte, unruhig hin und her gehen, hörte ihn ständig den Satz wiederholen: „Mein schöner Gleitschirm! Wer zahlt mir nun meinen schönen Gleitschirm!?" Ein Rettungshubschrauber hob mich an einem langen Seil aus dem Steilgelände. Erst auf dem Flug ins Krankenhaus löste sich der traumatische Schock und alle meine Glieder begannen unwiderstehlich zu zittern, die Zähne klapperten, mich fror in einem Schüttelfrost. Die Gewalt des Zusammenpralls hatte eine heftige Stauchung des Körpers, ein Schleudertrauma, verursacht. Ein Schreck war mir in die Glieder gefahren. Jetzt, wo alles vorbei war, löste sich die hohe psychische Anspannung, verschaffte sich die Verspannung des Körpers Luft. Der Tod stand in den entscheidenden Sekunden überhaupt nicht vor Augen. Es ging um das Leben. Das Bewußtsein gab Angstgefühlen keinerlei Raum. Es war voll damit beschäftigt, das notwendige Krisenmanagement zu leisten. Nicht Angst, sondern eine extrem konzentrierte Handlungsbereitschaft beherrschte die Gefühle.

Obgleich auch zur Bedeutung der Angstbewältigungstheorie für die Erklärung der Wagnissuche verläßliches statistisches Zahlenmaterial noch aussteht, scheint mir die Tendenz meiner eigenen Untersuchungsergebnisse von mehreren tausend Risikern und Nichtrisikern anzudeuten, daß wir es wiederum mit einem nur für eine Minderheit in der Wagnisszene zutreffenden Denkmodell zu tun haben.

Unterschiedliche Vorstellungen von der Entstehung der Angst nötigen zu unterschiedlichen Folgerungen:

1. Geht man von einer *Veranlagung des Menschen zur Angst*, von einer weitgehend genetischen Festlegung der Angstdispositionen aus, wie es etwa die Forschungsarbeiten von BALINT oder ZUCKERMAN nahelegen, so resultiert daraus, daß wir es mit relativ stabilen Persönlichkeitsstrukturen zu tun haben, mit Eigenschaften also, die sich nur wenig verändern lassen. Die anlagebedingte Angst bestimmt dominant und stringent das psychophysische Befinden und Verhalten des Individuums in der Risikosituation. Verhaltensmodifikationen sind nur bedingt möglich, Veränderungen schwierig. Obwohl die von BALINT herausgearbeiteten Charaktertypen des Oknophilen und des Philobaten nie auf breiter empirischer Basis abgesichert wurden, erscheinen sie aus der praktischen Erfahrung als Anlagetendenzen unabweisbar. Die Lebensläufe der meisten Risiker offenbaren schon von Kindheit an ein spezifisches Erleben und Verhalten bei der Begegnung mit Risikosituationen.

In dieses Denkschema der genetischen Vorbestimmung gehört die Annahme eines „Angsttriebs". Als Mitgift unserer Natur haben Triebe zunächst grundsätzlich eine Bestimmung und sind damit positiv zu bewerten. Sie haben einen Sinn in der ontogenetischen Entwicklung. Triebe drängen gleichzeitig nach Befriedigung. Eine Unterdrückung dieser Befriedigungstendenz führt zu Verzerrungen im Triebgefüge, zu Triebverschiebungen etwa in Form von Ärger-, Wut und Zornausbrüchen oder zu einer Passivierung und zu Krankheitssymptomen wie Depression oder Lethargie.

Ähnlich dem von Freud angenommenen „Todestrieb" handelt es sich bei dem „Angsttrieb" um ein Konstrukt, das bis zu seiner noch ausstehenden empirischen Absicherung Spekulation bleibt. Die unbewiesene Prämisse ist aber geeignet, bestimmte Phänomene im Wagnisbereich schlüssig zu erklären. Sinnlos erscheinende Risikohandlungen wie die Überquerung des Ozeans in einem Schlauchboot, der Fußmarsch zum Südpol oder der Sprung an einem Seil von einer Talbrücke, werden mit ihr nachvollziehbar: Es handelt sich schlicht um das Ausleben eines naturgegebenen Triebes.

Die Gegebenheit eines solchen Angsttriebes hätte darüber hinaus gesellschaftliche und didaktische Konsequenzen: Naturtriebe verbürgen das Recht, auf Betätigungsfeldern, die für das Individuum und seine Umwelt unschädlich sind, ausagiert werden zu dürfen. Daran knüpft sich die Verpflichtung der Gesellschaft, Einrichtungen und Aktivitäten, die diese Triebableitung leisten, die eine Ventilfunktion wahrnehmen, zuzulassen, zu legitimieren. Mehr noch, es bestünde sogar ein Anspruch auf pädagogische Förderung und Kultivierung dieses Urtriebes. Ähnlich dem Spieltrieb, dem Bewegungstrieb, dem Leistungstrieb oder dem Gesellungstrieb, müßte er Einzug halten in den schulischen Bildungsbereich, damit ihm wertvolle Aufgabenstellungen erschlossen werden können.

2. Geht man von der Annahme aus, daß *der Mensch im wesentlichen von seiner Umwelt geprägt* wird, daß wir Kinder unseres Milieus, Produkte unserer Um-

welt sind, so ergeben sich andere Konsequenzen: Was gelernt wurde, kann auch wieder verlernt oder umgelernt werden. Dieser Ansatz impliziert eine erhebliche Beeinflußbarkeit der Angststrukturen und damit eine beträchtliche Veränderbarkeit. Der Mensch wird hier im wesentlichen als Lernwesen begriffen mit einer hohen Bildsamkeit. Eltern, Lehrern und Erziehern, Vorbildern, Spielkameraden, dem gesamten sozialen Umfeld des Individuums, kommt damit die entscheidende Bedeutung für das Angsterleben und Angstverhalten zu.

Nicht das Erbgut, sondern der Lernprozeß wird bei diesem Denkansatz als entscheidender Faktor für die Angstentwicklung herausgestellt. Es versteht sich, daß mit diesem Interpretationsversuch der Gesellschaft und ihrem Erziehungs- und Bildungssystem eine zentrale Rolle und Aufgabe zuwächst. Es geht nicht mehr nur um das Sicherstellen einer kathartischen Ableitung wie beim Ausleben des Angsttriebs. Das Lernen der richtigen Angstdosierung und des angemessenen Angstverhaltens würde als ein essentieller Teil des Bildungsprogramms im öffentlichen Ausbildungswesen zu verankern sein. Hiervon sind unsere heutigen Schulen noch weit entfernt.

Der Ansatz der *Angsthemmung* basiert auf diesem Verständnis des Menschen als Lernwesen. Das Prinzip ist die Konfrontation mit der Angst, um in Begegnungen und Erfahrungen mit ihr sich den optimalen Angstumgang anzueignen:

Geschieht dies in krasser Weise nach dem Grundsatz „den Teufel mit Beelzebub austreiben“ oder über den berüchtigten „Sprung oder Stoß ins kalte Wasser“, kann genau das Gegenteil von dem eintreten, was beabsichtigt war, eine sich tief einnistende Angstblockade. Das Lernen nach dem martialischen Spruch „Was uns nicht umbringt, macht uns härter!“, mit dem so mancher Turmspringer den schmerzhaften Aufprall auf die harte Wasseroberfläche und den Schock des Schlages, der ihm den Atem raubt, wegzustecken versucht, eignet sich ebenso wenig für sensible Gemüter wie die Dressurmethode beim Springreiten, ein verweigerndes Pferd unverzüglich mit Sporen und Peitsche über das angstbesetzte Hindernis zu treiben, damit kein Lernprozeß des bequemen Weges einsetzt.

Auch Phobien sind nur in seltenen Fällen über eine krasse Anwendung der Konfrontationsmethode zu heilen. So verbietet es sich beispielsweise, die Beherrschung der Höhenangst über das Drachenfliegen anzugehen, da der gegenteilige Effekt einer Verstärkung der Altophobie der wahrscheinlichste ist.

Geschieht die Verabreichung der Angstreize jedoch in zuträglichen Dosen, indem der Lernende gefordert, aber nicht überfordert und nicht unterfordert wird, kann mit einer hohen Erfolgsquote gerechnet werden: In einer Art *homöopathischem Effekt* mobilisiert die wagnis- und angsthaltige Situation die personeigenen Kräfte der Psyche. Sie lockt die Schutzmechanismen, in Aktion zu treten. Die dosierte Herausforderung von Angst soll dabei nur zu den notwendigen, nicht zu überschießenden Reaktionen führen.

Mit zunehmender Wagnis- und Angsterfahrung kann eine allmähliche Regulierung auf den angemessenen Angstpegel stattfinden. Der Umgang mit der Angst wurde gelernt. Ihre Funktion beschränkt sich auf die eines Kontrollorgans für den leistbaren Risikolevel. Die Angst wird zu einer Art emotionalem Gewissen, das warnt, die kritische Gefährdungsgrenze nicht zu überschreiten.

Der Lernprozeß ist also von einem *Zuwachs an Kompetenz* im Umgang mit der Angst und mit Risikosituationen begleitet. Das Problemmanagement wird qualifizierter, die Situationsbeherrschung souveräner. Was vorher gefahrenträchtig war, gerät zunehmend unter Kontrolle. So kann sich bei gleichbleibendem Schwierigkeitsanspruch der Situation der Angstpegel senken. Dieser Vorgang ist charakteristisch für den Aneignungsprozeß von Sportarten, die Außenstehende in Verkennung dieser Abläufe gern als „Risikosportarten" bezeichnen. Die Beherrschung des Board, der Abfahrtski, des Mountainbike, des Gleitschirms ist Ziel eines differenzierten Ausbildungsprogramms, das eine sichere, angstarme und genußreiche Ausübung der Sportart gewährleisten soll.

Mit der Erfahrung des Risikers ereignet sich auch ein *Wandel im Angsterleben*. Die Angst verändert ihre Struktur:

Die Affektzustände des Anfängers im Wagnisbereich sind durch diffuse Ängste gekennzeichnet. Die Vielfalt des Neuen verunsichert, vage Vorstellungen von möglichen Gefährdungen belasten die Psyche. Mit zunehmender Risikoerfahrung konkretisiert sich die unbestimmte *Angst* in *Furcht* vor etwas bereits Bekanntem, Bestimmtem. Kann ich vor der aufziehenden Gewitterfront noch den sicheren Biwakplatz erreichen? Habe ich ausreichend Höhe, um mit dem Drachen bis in das Aufwindband jenseits des Talkessels zu gelangen? Werden mich die Navigationsinstrumente meiner Cessna trotz der Sichtbeeinträchtigungen sicher an meinen Landeplatz leiten? Der Wagnisexperte behält mit der Umwandlung seiner Angst in Furcht den Vorteil eines funktionierenden Gefahrenwarnsystems. Er gewinnt aber zusätzlich den Vorteil eines präziseren Gefahrenblicks und einer Gefühlsnuance, mit der sich erfolgreicher agieren läßt. Bekannten, genau definierbaren Gefahren kann man besser begegnen.

Wie die Erfahrung lehrt, ereignet sich mit zunehmender Angstgewöhnung in der Regel auch eine *Verringerung des Angstausschlags:* Mit einer erwarteten, in der Ausbildungsphase meist schon trainierten Gefahrensituation läßt sich leichter umgehen als mit kaum greifbaren Ängsten. Dies schafft einen Sicherheitsvorsprung, der sich noch dadurch vergrößert, daß die Erfahrung den Gipfelpunkt der Furcht vom eigentlichen Gefahrenpunkt und Gefahrenmoment fort-, sprich vorverlegen kann. Hierdurch entsteht eine zeitliche Dehnung des Furchterlebens, ein Spielraum, der Gelegenheit gibt, ein sachgerechtes Gefahrenmanagement einzuleiten. Unsere Seelenkraft läßt überdies das Aufrechterhalten extremer Gefühlsspannungen nicht über einen längeren Zeitraum zu. Die Gefühlsausschläge schwächen sich ab. Die Gefahr unkontrollierter plötzlicher

Panikanfälle sinkt. Damit sind wichtige Voraussetzungen gegeben, daß sich mit einer allmählichen Gefahren- und Angstgewöhnung die oft heftigen Gefühlswallungen des Risikoneulings in einer ausgeglichenen Affektlage harmonisieren.

Den *Umkehrpunkt der Angst* siedeln die von mir befragten Risiker in ihrer großen Mehrheit in dem Augenblick an, wo das Warten endet und das Handeln beginnt: Immer wieder werden die Zeiten als die streßhaltigsten benannt, in denen sich der Wagnisbereite vor einer gefahrenträchtigen Aktion zur Untätigkeit gezwungen sieht. Das zielgerichtete Handeln im Rahmen der Wagnissituation lenkt offensichtlich nicht nur ab, sondern bestärkt auch das Bewußtsein, an der Minderung der Gefahren konstruktiv tätig zu sein, der Angst also Gründe zu nehmen. Die Konzentration verlagert gleichzeitig ihren Schwerpunkt vom Empfinden auf das Tun und entlastet damit die Gefühlsspannung.

3. Gehen wir schließlich davon aus, daß wir es bei der Angst mit einem komplizierten *Mischphänomen* zu tun haben, daß also multikausale Momente in wechselnden Anteilen und Koppelungen die Angststrukturen bestimmen, so gestaltet sich das Problemfeld vielschichtiger und schwieriger. Mehrperspektivische Betrachtungsweisen werden erforderlich, um dem Phänomenkomplex gerecht werden zu können. Zu der genetischen Veranlagung zur Angst und zu der milieubedingten Lernprägung des Angstcharakters kommt etwa ein weiterer wesentlicher Aspekt hinzu, die sogenannte *Ich-Bestimmung*.

Diese in öffentlichen Diskussionen selten reflektierte bedeutsame Komponente der Angstentwicklung stellt eine Art selbsterzieherische Einflußnahme dar. Es ist der anspruchsvollste Aspekt der persönlichen Angstentwicklung, der dem einzelnen abverlangt, für sich selbst Verantwortung zu übernehmen und sich nicht hinter seinen Genen oder der Gesellschaft zu verstecken, die für alles verantwortlich sein sollen. Es ist der Entwicklungsaspekt, der den Menschen über das Tier erhebt, der ihn als Mensch fordert. Er ermöglicht uns etwa, bei Begabungsmängeln oder ungünstigen Milieueinflüssen autodidaktisch und kompensatorisch tätig zu werden. Er veranlaßt uns, an unserer Angstschwäche zu arbeiten.

Der multikausale Interpretationsansatz zwingt uns auch zu unterscheiden, mit welcher Form der Angst wir es zu tun haben, ob wir uns beispielsweise mit neurotischen Ängsten, mit einer Furcht oder Phobie auseinandersetzen müssen. Es macht nämlich in der Praxis des Angstumgangs einen Unterschied, ob der Verunsicherte seine Angstquelle nicht kennt oder aber genau identifizieren kann, ob sich einfach eine handlungslähmende Fessel über ihn legt oder ob er sich von einem aufziehenden Gewitter bedroht sieht, ob er hilflos einem unergründlichen Spannungszustand des Unterbewußtseins ausgeliefert ist oder aber Maßnahmen zur sachgerechten Problembeseitigung möglich sind. Das breite Spektrum der Angst (vgl. Abb. 9, S. 36) nötigt uns, sehr unterschiedliche Entstehungsursachen, Auswirkungen, Folgen, Bewältigungsstrategien in Betracht zu ziehen.

Der heutige Stand der *Transferforschung* gibt uns keinerlei Anlaß, an einen generellen Angst-abbau über punktuelle Umerziehungsmaßnahmen zu glauben: Schon die Vielfalt möglicher Angstformen, Angstursachen, Angstpersönlichkeiten, Angstausprägungen legt die Erkenntnis nahe, daß Erwartungen zu optimistisch und wirklichkeitsfremd sind, die sich etwa von einem oder vielen gelungenen Bungeesprüngen die Heilung von ihren neurotischen Ängsten erhoffen. Die Angst vor einem möglichen Atomkrieg, die Furcht, als Redner vor einem erwartungsvollen Publikum bestehen zu können oder das Schwindelgefühl, das beim Blick in einen Abgrund befällt, haben wenig mehr gemeinsam als eine tiefe innere Beunruhigung, Verunsicherung, Erschütterung. Unsere Sprache stellt zu Recht unterschiedliche Begriffe für diese unterschiedlichen Phänomene bereit.

Es erscheint illusorisch zu meinen, die tief in unserem Wesen verankerte Grundangst, die unser Leben schützt, die unser Wagnishandeln reguliert, wegtrainieren oder auch nur in erheblichem Maße beeinflussen zu können. Es erscheint ebenso abwegig, an einen stellvertretenden Angstabbau zu glauben. Überdimensionierte Ängste müssen vornehmlich dort angegangen und abgebaut werden, wo sie auftreten. Sie müssen hauptsächlich mit den Mitteln bekämpft werden, die der jeweiligen Angstform gemäß sind. Dieses näher auszuführen, muß einem weiteren Buch vorbehalten bleiben. Dem, der von zahlreichen unterschiedlichen Ängsten geplagt wird, der also eine spezifische Unsicherheitsstruktur charakterlich herausgebildet hat, bleibt jedoch der Trost, bei der Verarbeitung seiner störenden Ängste nicht immer wieder am Nullpunkt beginnen zu müssen: Das Erlebnis, bereits an einer Stelle erfolgreich gewesen zu sein und das Vertrautsein mit grundlegenden Angstbewältigungstechniken können die Zuversicht erhöhen und die Motivation beflügeln, die gelungene Therapie auf einem Nachbarfelde zu wiederholen.

Im Rahmen dieses mehrdimensionalen Verständnisses von Angst wird auch der Versuch verständlich, das Wagnis zur *Überwindung einer inneren Leere* im Alltag zu instrumentalisieren: Die Extremen, die für eine Spezialkarriere in ihrem Hobby ihre bürgerliche Existenz hinter sich lassen, sind allerdings seltene, wenn auch oft bemerkenswerte Ausnahmen. Das Motivationsspektrum reicht von der bloßen Ablenkung und Betäubung des Alltagsfrust bis zur neuen Sinnsuche. Die negativ besetzte Angst, sich in der Bedeutungslosigkeit eines nicht lebenswerten bürgerlichen Dahinvegetierens zu vergeuden, wird mit einer positiv besetzten Angst vertauscht, sein Leben bei etwas zu wagen, das groß und bedeutend macht, das total fordert, das Ich-Identität aufbaut, das persönlichen Sinn schafft.

Der anspruchsvolle Grenzgänger am Scheideweg von Leben und Tod lebt in krassen Antinomien, die dem Durchschnittsbürger sein Verständnis erschweren: Eine Sinnkrise im Alltag oder Berufsleben kann für den dynamischen Menschen und Sinnsucher ein fruchtbarer Moment, ein Auslöser sein, auf die Entdekkungsreise nach Alternativen zu gehen. Sinnsuche ist die Suche nach einer neuen

Heimat. Diese muß nicht auch die Heimat der anderen sein. Das Weglaufen vor dem unbefriedigenden Zustand, vor dem Versinken in der Sinnlosigkeit, ist für die meisten der von mir befragten Extremen dabei nur ein erster Schritt. Nicht so sehr das *Wovor*, sondern vielmehr das *Wohin* und *Wozu* sie flohen, scheint mir der entscheidende Beweggrund und Motor des Handelns, auch wenn es meist keine bürgerlich akzeptierten Werte sind, die sie anstreben. *Nicht innere Leere, die lähmt, sondern innere Fülle, die antreibt, ist die entscheidende Kraft, die den Grenzgänger bewegt, das bequeme abgesicherte Dasein zu verlassen, um auf ungebahnten Wegen einer eigenen Berufung zu folgen.*

Der beflügelnde Impuls ist ein positiver, wie in dem Erklärungsansatz vom Leben in wachsenden Ringen darzustellen sein wird. Die *Flucht von etwas weg* (von der als unbefriedigend empfundenen bürgerlichen Lebensweise) läuft nicht wahllos ins Leere. Sie formiert sich vielmehr als *Flucht zu etwas hin*, zur Erfüllung eigenster Sehnsüchte und Träume, zu einer kreativen Selbstverwirklichung. Dies erklärt auch die große Empfindlichkeit mancher Grenzgänger, wenn diese ihnen wichtigen Wertsetzungen von Außenstehenden infragegestellt oder sogar verspottet werden. Es macht ihre Abkapselung verständlich. Der positiv und konstruktiv ausgerichtete Impuls einer Traumerfüllung erweist sich auch dann als der eigentlich tragende, wenn für diese Lebensentscheidung härteste Opfer bis zum existentiellen Wagnis gebracht werden. Man kann diese Fakten nicht einfach übersehen oder bagatellisieren. Meine Befragungen von Grenzgängern wie Nehberg oder Fuchs ergaben, daß diesen Richtungsentscheidungen meist Jahre qualvoller Selbstprüfungen vorausgehen. Es sind selten unbedachte Entschlüsse aus einer Situation momentaner Frustration.

Die vom bürgerlichen Standpunkt aus befremdliche Art der Szenenbildung und Absetzung von gesellschaftlich üblichen Lebensweisen ist durchaus charakteristisch für jugendliches Streben nach Selbstverwirklichung und historisch nicht ohne Vorbilder:

So flohen etwa auch die Schüler und Studenten der sogenannten „Jugendbewegung" zu Beginn des 20. Jahrhunderts unter dem Kopfschütteln der Erwachsenen „aus grauer Städte Mauern", um „auf Fahrt" zu gehen. Sie flohen aus den als blutleer und erlebnisarm erfahrenen Ballungsräumen in die als lustvoll und erlebnisträchtig empfundene Natur, aus der Enge der Städte in die Weite der Welt draußen. Im Kontrast zu der intellektuell überfrachteten Schule und den autoritär erziehenden Elternhäusern schufen sie einen eigenen Jugendstil und neue Lebensformen, die schließlich einschneidende pädagogische Reformen in Gang brachten und die kulturellen und gesellschaftlichen Entwicklungen des Jahrhunderts nachhaltig beeinflußten. Ansätze hierfür sind auch in der modernen, nicht kommerzialisierten Abenteuerszene erkennbar.

Wenn Wagnis sich in Wohlgefühl wandelt

Die Flow-Theorie
(M. Csikszentmihalyi)

Zwei Dokumente der Jugendbewegung

Wenn wir erklimmen schwindelnde Höhen,
steigen dem Gipfelkreuz zu,
in unsren Herzen brennt eine Sehnsucht,
die läßt uns nimmermehr in Ruh.

Herrliche Berge, sonnige Höhen,
Bergvagabunden sind wir, ja wir.

Mit Seil und Hacken, den Tod im Nacken,
hängen wir an der steilen Wand.
Herzen erglühen, Edelweiß blühen,
vorbei geht's mit sicherer Hand.

Herrliche Berge, sonnige Höhen,
Bergvagabunden sind wir, ja wir.

Fels ist bezwungen, frei atmen Lungen,
ach, wie so schön ist die Welt!
Handschlag, ein Lächeln, Mühen vergessen,
alles aufs Beste bestellt.

Herrliche Berge, sonnige Höhen,
Bergvagabunden sind wir, ja wir.

Beim Alpenglühen heimwärts wir ziehen,
Berge, die leuchten so rot.
Wir kommen wieder, denn wir sind Brüder,
Brüder auf Leben und Tod.

Lebt wohl ihr Berge, sonnigen Höhen,
Bergvagabunden sind treu, ja treu.

(Text: E. Härtinger, Musik: H. Kolesa, o. J.)

Ein anderes Bergwandererlied des frühen 20. Jahrhunderts endet mit der Strophe:

Wo die blauen Gipfel ragen, lockt so mancher steile Pfad,
immer vorwärts, ohne Zagen, bald sind wir dem Ziel genaht!
Schneefelder blinken, schimmern von ferne her,
Lande versinken im Wolkenmeer.

Zschiesche, Wenn die bunten Fahnen wehen, o. J.)

Anders als bei den bisherigen Erklärungstheorien für die Suche nach dem Wagnis spielt das Thema „Angst“ in diesen Liedern keine Rolle. Auch hier geht es um Risiken: schwindelnde Höhen, gefährliche Gipfelpfade. Schwindelnde Höhen markieren das Vertigoerleben, das Hängen an der steilen Wand die Erfahrung des Ausgesetztseins. Beim Durchsteigen der Wand wird der Tod „im Nacken“ spürbar. Doch das Gefühl wird nicht von Angst bestimmt. Es herrscht vielmehr die Gewißheit vor, „mit sicherer Hand“ das Abenteuer im Griff zu haben.

In der schwärmerischen Sprache der Zeit wird zum Ausdruck gebracht, was die Bergwanderer und Kletterer bewegt: eine lodernde Sehnsucht nach *Naturerleben*, nach den Bergen und ihren Gipfeln, ihren Blumen und Blüten, ihren grandiosen Fernblicken und berauschenden Sonnenuntergängen. Die Formulierung als Wir-Erfahrung offenbart die Bedeutung des *Gemeinschaftserlebens*: Man besingt miteinander, was man miteinander erlebt hat oder gern erleben möchte und bestärkt sich damit gleichzeitig in der Gemeinsamkeit des Fühlens und Wollens. In der Zeit der Jugendbewegung zu Beginn des 20. Jahrhunderts avancierten diese sogenannten „Fahrtenlieder“ schnell zu Kultliedern, die das Lagerfeuerleben und die Hüttenabende mitbestimmten, die ein Wir-Gefühl schufen. Mit dem in ihnen ausgedrückten Lebensgefühl konnten sich auch Jugendliche identifizieren, die nie „mit Seil und Hacken“ eine Felswand durchstiegen hatten. Sie charakterisieren die Sehnsucht und das Selbstbild einer tatendurstigen Jugend im Aufbruch. Selbstsicherheit, Vitalität, Kraftgefühl, Stolz und Zuversicht in die eigene Leistungsfähigkeit beflügelten das Fühlen, Denken, Wollen und Handeln. Hierzu gehörte auch das gemeinsame *Abenteuererleben*: Ein heroisches Streben, Gefahren zu trotzen, eine Zuversicht, ihnen gewachsen zu sein, der Wille, sich todesmutig zu erweisen, schwingt in den Fahrtenliedern mit. Das Wagniserleben wird vom Bewußtsein tödlicher Bedrohung begleitet. Diese erfüllt jedoch keinen Selbstzweck. Um dem seltenen Edelweiß an ausgesetzter Stelle begegnen zu können, bedarf es der austarierten Risikobereitschaft: „vorbei geht's mit sicherer Hand.“ Das ersehnte Bergerlebnis ist nur auf dem Wege über ein gewisses Wagnis erreichbar. Der Stolz, dieses im Griff zu haben, bestimmt die Grundstimmung, beflügelt das Lied und die, welche es singen. Natur-, Gemeinschafts- und Abenteuererleben führen auf Gipfelpunkte des Lebens. Es sind glückhafte Momente, die genossen und bejubelt werden. Die Gipfel der Bergwelt werden zu Gipfelerlebnissen der Gefühlswelt. Die Berglandschaft prägt die Seelenlandschaft, baut sie spiegelgleich auf. Die Begegnung wird als höchst lustvoll empfunden.

Ein solches Erleben tendiert zu *Wiederholung*: Dieses Wiederholungsbegehren resultiert nicht aus einer Flucht vor dem Alltag, aus einem Gefühl der Sinnleere und des Überdrusses. Es erwächst auch keinem ausgefallenen Angst-Lust-Bedürfnis, das selbstbefriedigend das Leben aufs Spiel setzt. Es folgt keiner dumpfen Todessehnsucht, die das Leben abstreifen möchte. Es entspringt vielmehr einer positiven Motivation. Als treibender Impuls ist Sucht im Spiel. Dabei handelt es sich jedoch nicht um eine krankhafte, zerstörerische Sucht, wie sie uns heute häufig im Drogenmilieu begegnet. Es handelt sich vielmehr um eine aufbauende, aktivierende Form der Sucht, die als „Sehnsucht" bezeichnet wird: „In unsren Herzen brennt eine Sehnsucht, die läßt uns nimmermehr in Ruh." Die „Bergvagabunden" des Liedes verstehen sich als „Brüder" der Berge, „Brüder auf Leben und Tod." Sie sehen sich in einem personalen Verhältnis zu ihren Bergen und sie bezeichnen diese enge Verbundenheit, die nach immer neuer Begegnung ruft, als Treue. Die Seelenverwandtschaft zwischen Bergen und Bergsteiger erhält anthropomorphe Züge, und die so verstandene menschlich-innige Beziehung wird durch das Versprechen der Wiederkehr und unverbrüchlichen Treue besiegelt.

Der Aufbruch in die Berge ist heute zu einer Massenbewegung geworden. Eine starke Zersiedelung der Landschaft, Bergbahnen, Höhengasthäuser, ausgebaute Bergwege haben dem Abenteuer der frühen Zeit wesentliche Reize genommen. Die Bergsteigerszene ist nüchterner geworden. Die singende Wandergruppe hat sich überlebt. Die Innenwelt wird nicht mehr durch gemeinsame Lieder, Wimpel, Fahnen, Kluft leidenschaftlich nach außen getragen. Dennoch ist das Bestreben, Wagnisse einzugehen und dabei ursprüngliche Natur zu erleben, Gemeinschaft zu entdecken, spannende Abenteuer zu bestehen, sich als Held in gefahrvollen Situationen wahrzunehmen und dabei Glücksempfindungen zu haben, ungebrochen und schafft sich sogar neue Formen.

Das Phänomen des Flow-Erlebens

Flow bedeutet *„fließen", „sich ergießen", „strömen", „fluten". Flow of spirits* bezeichnet den Zustand der Ausgeglichenheit, des inneren Gleichgewichts, der tiefen Freude, des Glücks. Urbild des Menschen im Flow ist das spielende Kind, das sich im glückseligen Zustand des totalen Bei-sich-Seins befindet.

M. CSIKSZENTMIHALYI (1991, 1992, 1993, [6]1996), der diesen Begriff für eine spezifische Form des Erlebens in die Psychologie einführte, hat in zahlreichen Publikationen verschiedene „Kennzeichen" oder „Elemente" des Glücks zusammengetragen, die den Zustand des Flow charakterisieren. Sie lassen sich etwa folgendermaßen fassen:

1. Der Handelnde fühlt sich den Anforderungen voll gewachsen

Das Flow-Erleben erwächst nicht aus einer passiven Beschenkung. Angeborene Schönheit, ererbter Reichtum, ein zugefallener Erfolg verschaffen kein Flow-Gefühl. Flow-Erleben muß erarbeitet werden. Es setzt die Bereitschaft zu Anstrengung voraus. Es resultiert aus einer Aktivierung und echten Leistung des Individuums.

Das Erleben des Flow bedingt, daß der Handelnde in der Lage ist, die Schwierigkeit der Aufgabe und das eigene Können ins Gleichgewicht zu bringen. Es muß sich das Gefühl einstellen, die anspruchsvolle Situation unter Kontrolle zu haben. Sind die Anforderungen höher als die verfügbare Leistungsfähigkeit, ergibt sich eine Überforderung, die in Angst münden kann. Begegnen hoch entwickelte Leistungspotentiale einer leicht zu bewältigenden Aufgabe, ergibt sich eine Unterforderung, in deren Folge sich Langeweile einstellen kann. Beide Ungleichgewichte und Mißverhältnisse sind flow-feindlich. Zur Erzielung eines Flow-Effektes müssen Zielhandlung und Potenzen in Einklang kommen.

Flow-Erlebnisse sind in jeder Lebensphase, in jedem Beruf, im Spiel und bei der Arbeit möglich. Sie können auf unterschiedlichem Niveau und damit in unterschiedlichen Intensitäten erreicht werden: Je höher der erworbene Kompetenzstand, desto größer muß die Herausforderung der Aufgabe sein, um Flow erleben zu können. Dies erklärt die Methode hochqualifizierter Sportler und Grenzgänger, Aufgaben mit Extremanforderungen zu suchen, und zwar mit steigender Tendenz. Risiker und Grenzgänger sind in der Lage, Flow auf höchstem Anspruchsniveau zu erleben. Wer sich Aufgaben äußerster Schwierigkeit stellt und seine Leistungspotentiale unter größten Anstrengungen in den Stand versetzt, diese souverän zu meistern, dem sind Flow-Erlebnisse tiefster Zufriedenheit und höchster Glückseligkeit zugänglich. Es ist das Erlebnis, das den Chirurgen bei einer komplizierten Operation, der er sich gewachsen fühlt, begleitet. Es ist das Erlebnis, das den Schauspieler berauscht, der sich mit seiner anspruchsvollen Rolle, seinen darstellerischen Fähigkeiten und der Resonanz des Publikums im Einklang weiß. Es ist das Erlebnis, das den Piloten beflügelt, der sich mit seiner Maschine, den Navigationsinstrumenten, dem Luftraum, seinen fliegerischen Qualitäten in Harmonie befindet.

Entscheidende Voraussetzung für das Flow-Erleben ist eine Herausforderung, welche die verfügbaren Kräfte des einzelnen auf seinem ureigenen Leistungsniveau aktiviert. Sie darf nicht so groß sein, daß sämtliche Energien dafür verbraucht werden, das reine Überleben zu sichern. Flow setzt die volle Kontrolle der Situation voraus. Dieses Gefühl der Kontrolle in Gefahrenmomenten ist in hohem Maße lustbetont. Es ist nur erlebbar, wenn das Korsett weitreichender Sicherung abgelegt wird. Der Ausgang des Wagnisses muß offen sein. Er muß eine Chance des Scheiterns enthalten. Ein bereits feststehender Ausgang vernichtet die Spannung und das Abenteuer. Die Risikosituation muß Wagnischarakter haben. Sie muß Kompetenz abverlangen für die Lösung der Aufgabe und Gelegenheit bieten, die Souveränität in schwieriger Lage unter Beweis zu stellen. Ein solches Erleben ist in den kommerzialisierten Vergnügungsparks ausgeschlossen.

Unabdingbare Voraussetzung für das Flow-Erleben ist schließlich auch, daß die Aufgabe dem Leistenden wesensgemäß ist: Ein Schachbrett und seine Figurenkonstellation, die den Regelunkundigen kalt läßt, kann dem Schachmeister den

Blutdruck erhöhen. Eine schroffe Felswand, die dem Kletterunkundigen abweisend und uninteressant erscheint, kann dem Kletterspezialisten zum Faszinosum werden.

Bei seiner Untersuchung japanischer Motorradbanden registriert SATO (1991) eine hohe Risikobereitschaft: Die jungen Bosozoku-Fahrer rasen in Verfolgungsrennen von mehreren Wellen mit bis zu hundert Maschinen durch das nächtliche Kyoto. Hierbei bilden neben der Geschwindigkeit akrobatische Einlagen wie Zickzackfahren, Platzwechsel auf dem Motorrad oder „Feuerwerken“ (Funkensprühen durch Berühren des Pflasters mit Metallteilen des rasenden Motorrads) wesentliche Reizelemente. Hinzu kommt der Risiko-Spielgedanke, der verfolgenden Polizei durch Schnelligkeit, Wendigkeit und Listigkeit das Eindringen in die Formationen zu verwehren und Verhaftungen zu entgehen.

Was dem oberflächlichen Betrachter als primitive Suche des physischen Risikos, als Sucht nach dem Kick, als Ausleben einer minderwerigen Geltungssucht, als irrationale Verwegenheit, als mutwillige Gefährdung von Leben erscheint mit jährlich etwa 90 Toten und über 1000 Verletzten, entschlüsselt sich dem seriösen Untersucher bei genauer Analyse als eine jugendtypische Methode der Identitätsfindung, als Versuch von Heranwachsenden, sich selbst und die Freunde in ihren Potentialen und Grenzen auszuloten: Nicht die Gefahr an sich macht den Reiz aus, erfährt SATO, sondern der Nachweis, ihr gewachsen zu sein. Gefahren haben für die Jugendlichen keinen Selbstzweck. Sie werden als Mittel eingesetzt. Das Risiko erscheint notwendig, um das eigene Können herauszufordern und beweisen zu können. So werden beispielsweise Risiken gemieden, die nicht durch eigene Kompetenz zu meistern sind. Kreuzungen werden durch Hupen, Auspuffdröhnen, Schlenkern kurzzeitig blockiert. Vorausfahrende Maschinen halten die Fahrbahn durch Einschüchterung der Verkehrsteilnehmer frei. Eine „schwanzwedelnde“ Nachhut verwehrt den verfolgenden Polizeifahrzeugen das Eindringen in den Rennpulk. Die Polizei wird als Repräsentant der Gesellschaft, der man sich im Alltag ausgeliefert sieht, in einem Spottspiel verhöhnt und ausgetrickst. *„Sobald das Rennen läuft, genießen wir es, von der Polizei verfolgt zu werden. Es macht Spaß, von Polizeipatrouillen gejagt zu werden und den Verfolgern zu entkommen.“* (120)

Das Bewußtsein der Gefahr spielt eine untergeordnete Rolle gegenüber dem Gefühl des Könnens, der Kompetenz und der Kontrolle der Situation, das den Flow bewirkt. Dieses Empfinden leitet nach meiner Untersuchung auch die jungen Männer, die sich bei der alljährlichen Correada im spanischen Pamplona zwischen die Stiere mischen, die durch die Straßen in die Arena getrieben werden. Auch hier geht es um Herausforderung und Verhöhnung des Starken und um den Nachweis, souverän mit ihm spielen zu können.

2. Die Aufmerksamkeit konzentriert sich auf ein begrenztes, überschaubares Handlungsfeld

Der nicht besonders geforderte Autofahrer tendiert dazu, neben dem Fahren noch seine Sonnenbrille zu putzen, mit dem Handy zu telefonieren, die Karte zu studieren. Der voll geforderte Autofahrer aber richtet seine ganze Konzentration auf das Fahren und den Verkehr aus.

Wenn wir von einer Aufgabe in Anspruch genommen werden, die uns schwer fällt, die äußerst gefährlich ist oder unser Interesse in hohem Maße beschäftigt, begrenzt sich unsere Aufmerksamkeit auf das Wesentliche. Unser Bewußtsein engt das Reizfeld ein. Die Wahrnehmungsorgane richten sich auf die notwendigen Informationen aus und versagen sich Ablenkungen, die sich bei einer geringen Beteiligung der Leistungspotentiale gerne einstellen. Die Kräfte werden gebündelt. Die Energien werden der Breite des Wahrnehmungs- und Handlungsspektrums entzogen und der Präzision und Intensität des Managements eines begrenzten Problems nutzbar gemacht. Aufgrund dieser Konzentration auf die der Problemlösung dienlichen Faktoren werden auch anspruchsvolle Aufgaben lösbar:

„Beim Klettern schaust du nicht ständig zum Ende der Wand, wann du endlich oben bist. Nur die nächsten Griffe und Tritte interessieren, welche Linie du nehmen willst. Der Fels um dich herum ist wichtig, wie er geformt ist, wie er sich anfühlt, wo er Halt bietet. Auch der Abgrund unter dir ist kein Thema. Du steigst einfach. Das Klettern füllt dich voll aus.“ (Felskletterer, 19, im Interview)

Der Kletterexperte D. ROBINSON (1969, 7–8) meint: *„Konzentriert klettern heißt, die Welt ausschließen. Wenn diese dann wieder in Erscheinung tritt, stellt sie eine neue Erfahrung dar, fremd und wundervoll in ihrer Neuheit.“*

Von dieser Erfahrung berichten auch Einsamkeitsexperten wie der Survivalspezialist R. NEHBERG oder der Polarexpeditionist A. FUCHS. Aus monatelanger Isolation in der Einöde von Sandwüste oder Packeis in die Zivilisation zurückgekehrt, betrachtet sich die Überflußgesellschaft unter veränderter Perspektive. Aber auch das Leben in der Kargheit und Entbehrung selbst verändert den Blick und das Befinden. Was veranlaßt den Abenteurer, das komfortable Bett zu Hause mit dem Zelt auf staubigem oder steinigem Boden, mit der engen Koje auf See, mit der angeseilten Schlafstelle in ausgesetzter Wand zu tauschen?

Im Zivilisationsalltag wird ein Großteil des Bewußtseins und der Energien von Nichtigkeiten, Förmlichkeiten, Ritualen beansprucht und verzehrt, die uns nicht wirklich betreffen, uns innerlich kaum bewegen, existentiell nicht berühren. In der frei gewählten Wagnissituation wird der Extreme in einem hoch motivierenden überschaubaren Bereich intensiv und ganzmenschlich gefordert. Das Fokussieren des Bewußtseins, das in die Flow-Phase führt, ereignet sich dabei auf zwei Ebenen:

Auf der großräumigen *Makroebene* begibt sich der Flow-Suchende im Risikobereich für eine begrenzte Zeit in eine Umwelt, die reizarm an Ablenkungen und reizreich an Leistungsanforderungen ist, die sich im Kontrast zur komplexen Zivilisationswelt als einfach strukturiert darstellt. Eine solche Umwelt bieten die Bergregionen, Wüsten, Ozeane, Polargebiete, Dschungel, Unterwasserwelten oder Lufträume.

Auf der kleinräumigen *Mikroebene* wird das Empfinden, Wahrnehmen, Denken, Entscheiden, Handeln von wenigen technischen Fertigkeiten beherrscht, die meist einen hohen Kompetenzstand erreicht haben. Es sind dies die bereichsspezifischen Techniken des Kletterns, Segelns, Fliegens oder elementaren Überlebens.

Die Probleme der zivilisatorischen Außenwelt geraten in diesem engen Aktionszirkel, der voll beansprucht, an die Peripherie des Erlebens oder sogar völlig außerhalb des Bewußtseins.

Extreme Anforderungen (Hitze, Kälte, Hunger, Durst, Strapazen, Einsamkeit, Todesangst), wie sie Menschen in Ausnahmesituationen (Krieg, Gefangenschaft, Unfälle in Wüste oder Polareis) begegnen, wurden von FRANKL (1993) als *„Metapher für das Leben"* bezeichnet. Das Leben reduziert sich auf seinen eigentlichen Kern. Der Mensch wird auf seine Grundbedürfnisse zurückgeworfen. Die existentiellen Fragen werden drängender, dringlicher. Freiheit und Vielfalt, wertvolle Aspekte erfüllten Lebens, schrumpfen in dieser Enge. Paradoxerweise erfüllt jedoch gerade dieses Moment der Einengung und Begrenzung eine wesentliche Bedingung des Flow-Erlebens: die Aufhebung der Zerstreuung, die Zentrierung auf ein beschränktes Reizfeld, die Konzentration auf eine wichtige Aufgabe. Es macht Energien frei und eröffnet neue Erlebnisdimensionen. So erklärt sich die erstaunliche Aussage FRANKLS, er habe *„im Konzentrationslager die Freiheit gefunden"* (n. Logan, 1991, 190). Er meint damit die *„innere Freiheit"*, *„die letzte menschliche Freiheit, sich zu den gegebenen Verhältnissen so oder so einzustellen"* (Frankl 1993, 171), sich durch die Umstände physischer Knechtung geistig nicht einengen zu lassen.

Flow scheint sich eher in einer spartanischen, kargen Umgebung einzustellen als im Luxus und Überfluß. Im Wissen um dieses Phänomen haben sich Sinnsucher wie Moses oder Jesus vor ihren großen Vorhaben in die Wüste zurückgezogen, Mönche in eine Zelle, Luther in eine enge Klause auf der Wartburg. Der Grenzsucher C. LINDBERGH (1953) beschreibt eindrucksvoll die tiefe Einsamkeit, aber auch die Beglückung, die ihm während seines gefahrvollen Pionierfluges von Amerika nach Europa über dem endlosen Ozean in seinem engen Cockpit zwischen den vertrauten Instrumenten und Schaltern zuteil wird: *„Ein Raum, der durch die Luft fliegt, das ist mein Zuhause. Ein Raum, der höher liegt als die Berge, ein Raum in den Wolken. Nach vielen Mühen bin ich eingestiegen. Nach monatelanger Planung habe ich ihn mit größter Sorgfalt ausgerüstet. Jetzt kann* *ich mich in dieser einsamen, aber durchaus vorteilhaften Position entspannen und die Sonne scheinen, den Westwind blasen und nachts die Stürme aufkommen lassen*" (228).

Von ähnlichen Momenten wohltuender Entspannung, leistungszufriedenen Bei-sich-Seins, wunschlosen Glücks im Flow-Gefühl des Gelingens berichtet auch der Abenteurer J. LINDEMANN (1957), der in einem Faltboot, alleine, wochenlang von Wasser und Wetter gezaust und genervt, den Atlantik überquerte.

Der Genuß des Flow kann allerdings auch narzißtische Züge annehmen, wenn mit der Konzentration auf die eigene Motorik und Gemütslage die partnerschaftliche Verantwortung aus dem Blick gerät. Die Geschichte des Bergsteigens bietet hierfür drastische Beispiele. Spätestens hier wird das Flow-Streben zu einem problematischen Akt hedonistischer Selbstbefriedigung.

3. Eindeutigen Handlungsanforderungen folgen klare Rückmeldungen

Der Wagnisbereite stellt sich eine spezifische, eng umrissene Aufgabe aus seinem Kompetenzbereich. Er will z.B. eine ihn faszinierende Felswand durchsteigen oder ein schwieriges Dreieck fliegen. Die Anforderungen für das Vorhaben sind dem Sportler aus seinen Vorbereitungen weitgehend bekannt. Sie sind von ihm selbst und der Aufgabenstellung her definiert. Sachangemessenes Verhalten erscheint logisch, zwingend. Es folgt den Regeln und Gesetzen der Natur der Sache. Umsicht und Sorgfalt lohnen sich. Auf Schlamperei folgt die als gerecht empfundene Bestrafung. Der Sportler unterstellt sich einem objektiven, strengen Richter. Er will diese Leistungskontrolle ausdrücklich. Der Zufall, das Glück (des Tüchtigen!) können hinzukommen. Sie werden aber nicht ins Handlungs- und Erfolgskalkül einbezogen. Jede Selbstüberschätzung bei der Aufgabenstellung, jede Fehleinschätzung bei der Planung, jede technische Fehlhandlung, jedes konditionelle oder psychische Versagen bei der Durchführung, aber auch das Gelingen jedes Schrittes, der Erfolg des ganzen Unternehmens werden offenbar und unmittelbar erlebt.

Wenn es gelingt, die brüchigen Gesteinsstellen, die Überhänge, die Wetterprobleme, die Steinschlaggefährdung zu meistern, wenn es gelingt, die Auf- und Abwinde richtig einzuschätzen, den Drachen optimal zu steuern, fehlerfrei zu navigieren, dann stellen sich dem Kletterer und dem Flieger schon während ihrer Tätigkeit positive Rückmeldungen ein, die in einen Flow-Zustand versetzen können.

Für diese Rückmeldungen bedarf es keiner Zuschauer, die Beifall klatschen, keiner Kampfrichter, die gute Noten verteilen und keiner Reporter, die darüber berichten. Das Beherrschen des Kletterns und des Fliegens, die Kontrolle über die Wand oder das Fluggerät, die Souveränität auch bei unvorhersehbaren Überraschungen, wird ständig meßbar und erlebbar. Der Sportler erfährt sie unmittelbar selbst auf kinästhetischem Wege, über seine stetige Handlungskontrolle, bei der sich jede neue Aktion auf dem Ergebnis der vorangegangenen aufbaut. Sie wird nicht reflektiert, sondern aus dem Handlungsablauf intuitiv erfahren. Der Erfolg wird nicht gedacht, sondern gespürt. Dies ist ein lustvolles, glückhaftes Erleben:

„Es gibt Tage, da bist du einfach gut drauf. Da gelingt dir alles. Du weißt: Dies ist dein Tag. Da paßt einfach alles. Du probierst einen neuen Trick, und alles stimmt. Dann bist du high." (Aggressive-Skater, 15, im Interview).

4. Handeln und Bewusstsein verschmilzen miteinander

„Wenn ich fliege, denke ich an nichts anderes. Die Gedanken wandern nicht ab. Ich bin total beim Fliegen, eins mit dem Drachen, mache meine Manöver, fühle den Wind, höre das Fluggeräusch, sehe die Landschaft unter mir. Ich fühle mich als Vogel, dem Adler gleich, der neben mir ruhig dahinschwebt – ein irres Gefühl! Sogar meine Freundin kommt mir erst wieder in den Sinn, wenn ich am Boden bin." (Deltapilot, 28, im Interview)

„Du bist voll konzentriert. Du tust das, was nötig ist automatisch. Du siehst dir nicht zu dabei und überlegst nicht lange, ob dies oder das besser wäre oder weniger gefährlich. Die Griffe, die Tritte ergeben sich von selbst, irgendwie von innen gesteuert. Du bist wie eine Gemse im Fels, ein Teil der Wand, nicht ihr Bezwinger oder Eroberer, einfach ein Teil von ihr. Der Schreck, wie gefährlich das war, kommt dir erst hinterher, wenn du nachdenkst: Na ja, nochmal gut gegangen! Aber toll war's schon!" (Felskletterer, 19, im Interview)

Beim *Kyudo*, dem Bogenschießen der japanischen Zen-Buddhisten, verschmilzen Schütze, Pfeil und Ziel miteinander. In einem anspruchsvollen Trainings- und Selbsterziehungsprozeß wird der fliegende Pfeil von der gespannten Sehne des Kyudomeisters zu einem Teil seiner selbst, das sich in einem globalen Vorgang mit dem Ziel vereinigt. Die Grenzen verlieren sich. Der Schütze eilt mit seinem Pfeil ins Ziel und verschmilzt mit diesem.

Der Flow-Erlebende ist in einer Art gedankenfreier Konzentration voll bei der Sache. Er integriert sich in seine momentane Tätigkeit. Andere Lebensbereiche wie die Familie, das Zuhause, der Beruf sind nicht gegenwärtig. Sie verlieren sich in seinem Bewußtsein. Die Wirklichkeit, in der er gerade handelt, ist die einzig gegenwärtige. Er befindet sich geistig nicht woanders. Die Aufgabe findet eine ungeteilte Aufmerksamkeit und Zuwendung. Alle Wünsche, Gedanken, Gefühle zentrieren sich im Hier und Jetzt auf das Geschehen. Die Bewegungsabläufe wirken gekonnt, erscheinen mühelos. Handeln und Bewußtsein bilden eine Einheit, einen Zustand der Harmonie, der den Flow kennzeichnet. Er wird von Glücksempfindungen begleitet.

5. Der Handelnde geht ganz in seiner Tätigkeit auf

„Aus der Maschine befreit, lebe ich für Sekunden total in meinem Körper und mit meinem Körper. Ich bin ganz fliegender, wirbelnder, fallender Körper, iden-

tisch mit mir, völlig freigesetzt für die Bewegung." (Skysurferin, 21, im Interview)

„*Beim Fliegen verlieren alle Alltäglichkeiten ihre Bedeutung für mich. Ich befinde mich wie in einem Trancezustand. Selbst die natürlichen Urbedürfnisse sind vergessen: Ich spüre keinen Durst, keinen Hunger, brauche keine Toilette, solange ich fliege. Wieder am Boden, fordern diese menschlichen Notwendigkeiten allerdings beschleunigt und verstärkt ihren Tribut.*" (Kunstflieger, 45, im Interview)

Mit der uneingeschränkten Sachzuwendung wird der Sportler zum Augenblicksmenschen ohne Vergangenheit und Zukunft. Die Tätigkeit steht wie der Handelnde selbst außerhalb jeder Selbstreflexion und jedes Begründungszwangs. Warum-Fragen oder gar Selbstzweifel geraten außer Denkweite. Der Bergsteiger müht sich am Berg, weil dieser da ist. Die Skysurferin wirbelt in totaler Freiheit durch die Luft, weil sich ihr diese Möglichkeit eröffnet. Der Flieger fliegt, weil es das Fliegen gibt. Diese schlichten Begründungen reichen dem Sportler aus. Er tut, was er tut, weil es ihn innerlich bereichert und er es tun will. Das Erlebnis des Flow bedarf keiner weiteren Rechtfertigung oder Wertqualifikation.

Im Flow ist die Subjekt-Objekt-Trennung aufgehoben. Dualismen aller Art lösen sich auf:

So verliert der *Dualismus von Leib-Haben und Leib-Sein* seine Bedeutung. Die Skysurferin und der zitierte Kunstflieger werden eins mit ihrem Körper. Sie handeln und erleben als Ich. Sie erfahren ihren Körper nicht als etwas, das man besitzt, über das man verfügt, als materielle Hülle, die Grundbedürfnisse hat, die Gefahren ausgesetzt ist, beschädigt werden kann, bewahrt werden muß. Das Erleben ist von der Peripherie ins Zentrum der Persönlichkeit gerückt. Der vom Flow Erfaßte empfindet als integrierte Seinseinheit ganzheitlich. Er geht total in der Bewegung und der Faszination des Bewegungserlebnisses auf, so daß es geschehen kann, daß selbst schmerzhafte körperliche Verletzungen wie Stauchungen, Prellungen, sogar Knochenbrüche während der Hochphase des Erlebens unbemerkt bleiben.

Der *Dualismus von Sportler und Sportgerät* gerät aus dem Bewußtsein. Der erfahrene Reiter befindet sich in Harmonie mit den Bewegungen seines Pferdes und erlebt die gemeinsame Bewegung als komplexes ganzheitliches Ereignis. Der versierte Kajakfahrer wird eins mit seinem Boot und kann sich in dieser neuen Einheit den Strömungen, Wirbeln und Kaskaden des Wildwassers stellen. Der kompetente Drachenflieger verschmilzt mit seinem Fluggerät, das ihm zu einem weiteren Körperteil, zum Flügel wird, der ihm die Bewegung in der dritten Dimension ermöglicht. Die Außenreize werden in dieser Symbiose kinästhetisch, d.h. im unmittelbaren Körper- und Bewegungserleben, erspürt. Das Handeln geschieht in dieser neuen Ganzheit.

Der *Dualismus von Person und Umgebung* hebt sich auf. Der Segler auf dem Ozean wird in den Wochen auf hoher See zum Teil des Meeres, feucht, salzverkrustet, mit den Wellen gehoben, geschaukelt, gekippt, wieder aufgerichtet. Der Drachenflieger schwebt und gleitet im Einklang mit seiner unsichtbaren Umgebung durch den Luftraum. Thermische und dynamische Aufwinde tragen ihn aufwärts, Abwinde drücken ihn nieder, Böen schütteln ihn. Er ist Teil der Luftströmungen, in denen und mit denen er sich bewegt.

Die eigene Realität wird in dem Gefühl totaler Präsenz und Beteiligung erlebt. Dieser Zustand des Flow kann rauschhafte Züge annehmen. Wie im Falle der Motorradbanden können sich sogar kollektive Rauschzustände entwickeln. Der einzelne verliert dabei sein individuelles Ich. *„Unsere Seelen werden zu einer,“* zitiert SATO (1991) das Mitglied einer Motorradgang.

6. Das Zeitgefühl verändert sich

Bei einem Gleitschirmkurs konnte ich beobachten, daß einige der Anfänger, die gerade ihren ersten Höhenflug absolviert hatten, im Hochgefühl dieses Erlebnisses keinerlei realistisches Zeitgefühl für die Dauer ihres Fluges entwickeln konnten. Vor der Aufgabe, die Flugzeit in ihrem Flugbuch dokumentieren zu müssen und noch ohne objektives Korrektiv über eine Instrumentenmessung, schätzten sie ihre Flugzeit auf 20 bis 30 Minuten, obgleich sie nur etwa 7 Minuten in der Luft gewesen waren.

Der Zustand des Flow führt zu paradoxen Aussagen zum Zeiterleben bei Befragungen: *„Ich fühle mich high und vergesse alles um mich herum, auch die Zeit,“* äußerte ein Flieger. *„Die Zeit bleibt stehen, wenn ich im Fels bin,“* meinte ein Kletterer. *„Es wird hell und du fragst dich, wo die Zeit geblieben ist,“* sagte ein Biker.

Der Flow-Erlebende schaut nicht nach der Uhr. Er steht außerhalb der Zeit. Die Zeit spielt für ihn keine Rolle. Die totale Inanspruchnahme durch die Tätigkeit setzt das Zeitgefühl außer Funktion. Es geht verloren. Das Erleben ist zeitlos. Diese Beobachtung läßt sich auch bei Spielenden machen, vor allem bei Kindern, die im fesselnden Spiel ihre Umwelt, ihre Grundbedürfnisse wie Essen, Trinken, Schlafen und auch die Zeit vergessen.

In der Regel *dehnt sich* die Zeit in unserem Empfinden, wenn wir „Langeweile“ haben oder uns in einer gefährlichen Lage befinden. Die unangenehme Situation will nicht so schnell enden, wie wir es gerne hätten. Die Zeit *rafft sich*, wenn wir einer „kurzweiligen“ Beschäftigung nachgehen oder uns im Flow befinden. Das ungewohnt intensive, komprimierte Erleben macht es erklärlich, daß Gleitschirmflieger im Verlust des Zeitgefühls die Erlebnisspanne länger einschätzen, als sie real war. Die Abkoppelung von der Registrierung der Zeitabläufe macht aber auch das Gegenteil erklärlich, daß eine als angenehm empfundene Zeit im Nachhinein als kurz (zu kurz) erlebt wird. Stunden scheinen in Minuten vergangen. Die objektive Zeit des Uhrpendels relativiert sich im subjektiven Erleben. Im zeitlosen Zustand aber kann sich Flow ereignen.

7. Die Aktivitäten belohnen sich selbst

Als ich das Matterhorn, das am Beginn meiner bergsteigerischen Ambitionen stand, bestiegen hatte und in einem Vortrag über die dramatischen Ereignisse der Erstbesteigung auf derselben Route, über die Wettergefährlichkeit der ausgesetzten Flanken, aber auch über die Faszination und Anziehungskraft dieser markanten Bergerscheinung gesprochen hatte, fragte eine Zuhörerin: *„Und was haben Sie nun davon gehabt, daß Sie da oben gewesen sind?“*

Die Antwort ist einfach: *„Nichts, was man in klingender Münze oder überhaupt in materiellen Werten messen könnte.“* Der Aufstieg **kostet** im Gegenteil sogar Mühen, Vorbereitungen, Training, Ausrüstung, Selbstüberwindung, Risikobereitschaft, Anstrengung, vielleicht sogar viel Geld für einen Bergführer. Der Aufstieg muß selbstlohnend sein. Wenn er das ist, beantwortet sich die Frage höchst schlicht: *„Der Berg reizt und lockt den Bergsteiger, und dieser erlebt mit der Besteigung eine innere Bereicherung.“*

Für den Sportler ist die Besteigung eines Berges eine Betätigung autotelischer Natur. Wer nicht in der Lage ist, das Selbstlohnende dieser Tätigkeit zu erleben, für den ist sie überflüssig von der Zweckbestimmung, uninteressant vom Nutzwert, unökonomisch in Bezug auf den Energiehaushalt, sinnlos im Gefahrenrisiko, eine Verschwendung von Geld und Lebenszeit. Und diese Gedanken verbergen sich (unter anderen) hinter der Frage der Frau. Wer aber das Selbstlohnende seiner Tätigkeit zu erfahren weiß, für den gestaltet sich Bergsteigen, einschließlich seiner Gipfelbesteigungen, als werterfüllt. Es handelt sich im übrigen um ein Phänomen, das nicht nur den Wagnisbereiten betrifft. Sport und andere Freizeitaktivitäten finden weitgehend außerhalb von Nutzvorstellungen ihre eigentlichen wesensgemäßen Formen. Sport (aus mlt. desportare = sich zerstreuen) ist von seinem Ursprungsgedanken her eine autotelische Betätigung (vgl. Abb. 37). Sieht man von dem medaillen- und prämienorientierten Hochleistungssport und dem kommerzialisierten Schausport einmal ab, ist es meist abwegig, nach der Zwecksetzung des Leichtathleten zu suchen, der eine Hochsprunglatte überquert oder den Turner zu befragen, was er nun davon habe, sich unter Risiken und Strapazen immer wieder um die Reckstange zu schwingen. Tätigkeiten dieser Art entziehen sich dem Nutzdenken. Leichtathleten und Turner bewegen sich auch jenseits einer Verzweckung und Instrumentalisierung in sinnerfüllten, sinnerspürten Betätigungsräumen. *„Wenn ihr's nicht fühlt, ihr werdet's nicht erjagen,“* läßt GOETHE seinen Faust sagen (Faust I, Nacht). Er charakterisiert damit in einer klassisch gewordenen Sentenz die Begrenztheit rationaler Erfassungsmöglichkeit des Erlebbaren über Worte und Erklärungen. Schon Kinder in der Halfpipe geben genau diesem Gedanken Ausdruck, wenn sie, gefragt, warum sie sich denn immer wieder schmerzhaften Stürzen und Verletzungsrisiken

Zeit	Wortentwicklung	Bedeutungswandel	Sinnausrichtung
	deportare (lat.)	wegtragen, wegschaffen	
10. Jhdt.	de (i) sportare (spatlat.)	sich wegbewegen von Mühevollem, sich ablenken, zerstreuen	Lustvolle spielerische Betätigung
11. Jhdt. (Normannen)	desport (altfrz.) disport (altengl.)	Vergnügen, Kurzweil, Zeitvertreib, Lebensart einer Herrenschicht	Nutzzwecken und Krieg entrückte Betätigung
13. Jhdt. (Ritter)	se desporter (frz.) desport (engl.)	sich belustigen, sich vergnügen, Falkenjagd betreiben	Freizeitvergnügen einer Oberschicht
16. Jhdt. (Shakespeare)	sports (engl.)	Spiel der Mücken, Ballspiel, Bewegungsspiele	Bewegung mit dem Körper
17. Jhdt.	sports (engl.) le sport (frz.)	Sportarten, Sportformen, Vergnügungsweisen, Hobbies	Körperbetonte Leistungen auf Spezialgebieten
1828 (Fürst Pückler- Muskau)	die sports (dt.)	„Vergnügen, die mit Leidenschaft und Geschick betrieben werden“	
19. Jhdt.	Sport	Wettkampfartiger Leistungssport	Training, Leistungssteigerung, Wettkampf, Konkurrenz, Leistungsvergleich, Rekord
20. Jhdt.	Sport	Breite Sinnpalette Denksport Schachsport Briefmarkensport Münzensport Angelsport Taubensport	Leistungssport Breitensport Behindertensport Schulsport Freizeitsport Rehabilitationssport etc.

Abb. 37 Die Entwicklung des Wortes Sport

aussetzen, was sie am Skaten denn so fasziniere, sagen: *„Das kann man nicht erklären, das muß man erlebt haben!“* (Ein Zehnjähriger im Interview).

Autotelisches Erleben ist nicht außenbestimmt und außenmotiviert, bedarf keiner Außenbewertung. Es bestimmt, motiviert und lohnt sich selbst. Es ist sich selbst genug. Freude und Glücksempfinden entspringen der Tätigkeit selbst. Sie erwachen und erwachsen im erlebenden Individuum.

Hinter dieser Gegebenheit verbirgt sich das Geheimnis, warum Risikosport und Grenzgang, aber auch zahlreiche Sportformen und Hobbies im mittleren Gefahrenbereich Außenstehenden keinen inneren Zugang gewähren. Das Ausgesperrtsein vom autotelischen Erleben und das daraus folgende Unverständnis kann sich, je nach Temperament und Bildungsstand, in unterschiedlichen Verhaltensweisen äußern: Es kann sich in Kopfschütteln, Achselzucken oder mildem Lächeln Ausdruck geben, in spitzen Fragen oder abschätzigen Bemerkungen artikulieren und in dauerhaften Vorurteilen manifestieren.

Das Phänomen Flow lüftet andererseits das Geheimnis, warum Menschen trotz Gefahrenrisikos, Strapazen, Streß und Kosten in einer von Freiheit und Freiwilligkeit bestimmten Situation, in einem als sinnvoll und angemessen empfundenen Tun glückhafte Erfahrungen machen können:

„Das Drachenfliegen kostet nur und bringt nichts ein. Ja, – das stimmt, – materiell gesehen. Bei den Wettkämpfen zahlst du drauf, wenn du deine Unkosten von den Preisgeldern abrechnest. Dafür belohnt sich das Fliegen selbst, der Wettkampf, die Auseinandersetzung mit der Aufgabe, mit dir selbst. Nur das ist wichtig. Du bist nach jedem Wettkampf ein anderer, das zählt.“ (Ligapilot, 24, im Interview)

Bewertung

Die Flow-Forschung wandte ihr Interesse von der wissenschaftlichen Fragestellung nach den tieferen Gründen der Wagnisbereitschaft ab und konzentrierte ihr Augenmerk auf Anwendungsfragen, auf die praxisrelevanten Auswirkungen des Wagnisverhaltens. Das Phänomen des Flow wurde über die Beschreibung des Zustandes, über die Analyse der Befindlichkeit des Flow-Erlebenden hinaus nicht weiter hinterfragt. Bedeutsamer und fruchtbarer für die Diskussion und das Handeln als Ursachenanalysen erschienen Fragen und Antworten zu den Folgen:

- Welche Konsequenzen ergeben sich aus einer als sinnerfüllt erfahrenen Tätigkeit?
- Welche Werte schafft die Risikobereitschaft?
- Welche Veränderungen bewirkt sie im Menschen?
- Welche Vor- und Nachteile resultieren aus ihr für die Gesellschaft?

Im Gegensatz zu den bisher dargestellten Erklärungsansätzen, denen Denkvorstellungen über eine pathologische oder zumindest defizitäre menschliche Psyche zugrundelagen, geht die Flow-Theorie von einer positiven Basisbewertung und Problemsicht aus. Nicht krankhafte Zustände, Mangelerscheinungen oder Mängelgefühle führen zum Wagnis und zur Risikobereitschaft, sondern kreative Kräfte, die von dem Wunsch beflügelt werden, in einen Zustand glückseligen Bei-sich-Seins zu gelangen.

Dieses Erlebnis ist bereits dem spielenden Kinde zugänglich. Es kann einem operierenden Arzt ebenso begegnen wie einem Forscher, der in seinem Forschungsgegenstand aufgeht oder einem Bildhauer, der im Entstehen seiner Skulptur lebt. CSIKSZENTMIHALYI (^{6}1996, 60) konnte nahezu identische Aussagen über das Erleben bei Chirurgen, Mathematikern, Komponisten, Schachspielern, Kletterern und Tänzern sammeln. Essen und Trinken, Tag und Nacht, Schlafbedürfnis und Gesundheit, Freunde und Familie werden bei der voll erfüllenden Arbeit vergessen. Wagnisunternehmungen im Risikobereich weisen nur insofern eine Besonderheit auf, als ein Flow-Zustand auf höchstem Kompetenzniveau erreicht und damit in besonderer Intensität erlebt werden kann.

Das Wagnis und die mit ihm verbundenen Flow-Erfahrungen werden gesellschaftlich immer dann voll akzeptiert und sogar bewundert, wenn außer dem privaten Flow-Erleben noch nutzbringende Effekte dabei erzielt werden, also insbesondere, wenn sie gleichzeitig sozial wirksam werden bzw. im bürgerlichen Sinne einen „Gewinn erwirtschaften". In diese Richtung zielen auch Skeptikerfragen wie „Was haben Sie nun davon gehabt?" oder „Wozu soll das gut sein?"

Den Flow-Zustand erzeugende Tätigkeiten und Unternehmungen werden toleriert, wenn sie in volkswirtschaftlichem Sinne keinen Schaden anrichten.

Flow-Aktivitäten werden abgelehnt, soweit die Erkenntnismöglichkeiten des einzelnen keinen Zugang zu dem entsprechenden Flow-Bereich finden, negative Vorurteile bestehen, schädliche Wirkungen befürchtet und/oder lediglich eine privatistische oder perverse Lustbefriedigung erkennbar wird.

Es ist unübersehbar, daß Flow-Erleben sich zunehmend aus den Arbeitsprozessen und dem Berufsalltag zurückzieht und in die Freizeitbereiche verlagert. Zahlreiche Komponenten haben daran ihren Anteil: die steigende Arbeitslosigkeit etwa, die Veränderung vom Berufs-/ Berufungsdenken zum Job-/ Gelddenken, die Nutzwertmentalität (Besitz, Beförderung, Karriere) und ihr materialistischer Hintergrund, die Arbeitsteilung, die ganzheitlichen Erfahrungen kaum noch eine Chance gibt, die Fremdbestimmung durch Maschinen, Arbeitspläne, Stundentakt, Termine, Verpflichtungen u. v. a. m. Schon in den Elternhäusern, Kindergärten und Schulen haben die Außenverstärker (Bezahlung, Preise, Noten, Abzeichen, Urkunden) ein klares Übergewicht, werden Innenverstärker kaum vermittelt. Bei ihren Schulbesuchen interessieren sich Eltern in der Regel weniger für die Lern- und Entwicklungsfortschritte ihrer Kinder als für die formalen Ergebnisse, die Zensuren. Es interessiert weniger, was das Kind wirklich kann, als wie sein Können bewertet wird. Es interessieren die Berechtigungsstufen auf der kindlichen Karriereleiter. So kann eine Art Prämienmentalität entstehen, die Anstrengungsbereitschaft von entsprechenden Belohnungen abhängig macht. In dieser gesellschaftlichen Situation erscheint der Freizeitbereich einschließlich seiner verführerischen Wagnismöglichkeiten wie ein Reservat, in dem man noch selbstbestimmtes, selbstlohnendes, ganzheitliches, schöpferisches Handeln und Leisten entdecken kann, falls kurzsichtige Gesetzgeber nicht auch noch diese letzte Gelegenheit verbauen.

Die Flow-Theorie verbucht bei unseren Befragungen in nahezu allen Risikobereichen eine extrem hohe Zustimmungsquote unter den Wagnissuchenden. Immer wieder wird der „Spaß", das „Hochgefühl", das Einswerden, die Kongruenz von Situationsanspruch und Können als das zentrale Ereignis, als das eigentliche, das glückbringende Erlebnis betont. Manche Risikophänomene, bei denen die früher dargestellten Theorien in einen Erklärungsnotstand geraten, erscheinen nach der Flow-Theorie verständlich, so etwa der Geschwindigkeitsrausch, der Vertigorausch (Schwindelgefühl) oder die komplexe Szenerie der donnernden, röhrenden, mit ihren Auspuffgasen die Sinne berauschenden, durch die nächtlichen Städte rasenden Motorradgangs.

Die Beurteilung der Flow-people, deren konsequente Vertreter sich zum Ausstieg aus den als ungenügend und persönlichkeitsfeindlich empfundenen gesellschaftlichen Strukturen entschließen, fällt je nach Ansatzpunkt der Kritik unterschiedlich aus. Als Fallbeispiel möge der Weltumsegler *Mike* dienen, dem ich in Rabaul, im Inselarchipel von Papua-Neuguinea, zufällig begegnete, dessen Lebensweise und Lebensphilosophie ich über zehn Tage studieren konnte und dessen Weltanschauung mir symptomatisch zu sein scheint auch für Aussteiger im Lager der Kletterer, Surfer, Taucher oder Flieger:

Das Wagnis bestand für *Mike* schon im kompromißlosen Verlassen der Sicherungssysteme der Gesellschaft und im Versuch, sich in der Ungewißheit der Fremde einen persönlichen Lebensraum und Lebensstil zu schaffen. Der 36-jährige US-Amerikaner hatte drei Jahre zuvor seinen wichtigsten Besitz auf ein kleines Segelboot verbracht, hatte das hochseetaugliche Schiff mit den notwendigen Navigationsinstrumenten ausgerüstet und sich dann für eine unbestimmte Zeit aus der Zivilisation auf die Weltmeere verabschiedet. Sein Traum war es, das Dasein auf eine überschaubare eigene kleine Welt, die der Schiffsplanken, zu beschränken, die gleichzeitig Unabhängigkeit garantierte, Mobilität sicherte und die große Welt zu erschließen versprach. Er wollte sich Herausforderungen stellen, die nicht von Menschen willkürlich gemacht waren, sondern durch die Elemente der Natur, durch Wasser, Wind und Wetter, und die Anforderungen eines Lebens in dieser Natur bestimmt wurden. Er fühlte sich dank seiner psychophysischen Robustheit, seiner handwerklichen und technischen Fähigkeiten, seines navigatorischen Könnens und seiner Kompetenz im Hochseesegeln stark und den Anforderungen eines autarken Lebens jenseits westlicher Biographievorstellungen gewachsen.

Vom Standpunkt bürgerlichen Gemeinschafts- und Wohlstandsdenkens aus erhält solch eine Existenz am Rande oder außerhalb der sozialen Systeme gerne parasitäre Züge zugeordnet. Der Segler entzieht sich seinen Verpflichtungen gegenüber der menschlichen Gemeinschaft, um sein Leben privaten Interessen und einer egozentrierten Lebensfürsorge zu widmen. Er nutzt das Gemeingut, produziert aber nichts, schafft keine bleibenden Werte, löst keine gesellschaftlichen Probleme. Der Segler *Mike* meinte dazu: *„Löse die Probleme, die du lösen kannst und belasse die, auf die du keinen Einfluß hast. Die persönlichen Probleme kannst du lösen, die globalen Probleme der Massengesellschaft aber übersteigen deine Möglichkeiten. Ich habe mich entschlossen, mein kurzes Leben selbst in die Hand zu nehmen und für mich selbst Verantwortung zu tragen. Ich falle niemandem zur Last, nutze niemanden aus. Zum Missionar und Weltverbesserer fühle ich mich nicht berufen."*

Diese von Resignation und Ohnmachtsgefühlen getragene gesellschaftliche Lagebeurteilung teilen viele der heutigen Jugendlichen, ohne den Mut und die Kraft zum vollständigen Absprung zu finden. Sie lösen sich daher meist nur teilweise aus der Gesellschaft, schaffen sich nur eine Teilautonomie. Dies tat unter einer eigenen Lebensphilosophie auch der Berufsglobetrotter H. ROX-SCHULZ, der sich zahlreiche gefährliche Weltregionen im Alleingang erobert hat und in fortgeschrittenem Alter in Saarbrücken ein eigenes 'Abenteuermuseum' schuf, um über dieses sowie verschiedene Filmdokumentationen und Interviews einer interessierten Öffentlichkeit seine Lebensmaximen, Erfahrungen und gesammelten Abenteuerrequisiten zugänglich zu machen (Abb. 38).

Abb. 38 Berufsglobetrotter H. Rox-Schulz im Interview

Die moralischen Wertvorstellungen von *Mike* entspringen einer Personalethik, keiner Sozialethik. Der Aussteiger *Mike* folgte sehr konsequent, wenn auch sehr einseitig einem Imperativ des Lebens: *„Lebe deinen Traum! Übernimm Verantwortung für dich selbst!“* und er versuchte, der Lebensdevise nachzukommen, die daraus zu folgen verspricht: *„Werde glücklich in deinem Leben, indem du es nach deinen Vorstellungen gestaltest!“* Daß andere Aspekte eines werterfüllten Lebens, etwa soziale, nicht in seinen Blick gerieten, spricht für ein egozentriertes Weltbild, bei *Mike* wohl aus Defiziten seines Erziehungs- und Bildungsweges erklärlich. Während ich-bezogene Wertvorstellungen nämlich eher angeboren sind, einem archaischen Überlebensstreben der menschlichen Natur erwachsen, pflegen sich soziale Wertkomplexe eher als Ergebnis eines Lern- und Sozialisationsprozesses zu entwickeln, wie die Psychologie lehrt.

Das Leben von *Mike* scheint sich in hedonistischem Selbstgenuß in azurblauen Lagunen an paradiesischen Stränden unter Dattel- und Kokospalmen abzuspielen, ein Leben gemäß den Regeln der Natur, in engem Kontakt mit der Natur und einfachen Menschen. Die Realität aber beschert ihm Gefahren auf See und an Land, denen er ohne fremde Hilfe ausgesetzt ist. Einsamkeit, Askese, Anstrengung, Angst sind seine ständigen Begleiter. Auf Gesundheitsprobleme und Verletzungen ist er eingestellt: *„Ich erwarte kein langes, allmählich dahinsiechendes Leben, künstlich gestreckt durch ärztliche Manipulationen,“* gab mir *Mike* zu verstehen, *„ich lebe hier und jetzt nach meinen Vorstellungen.“*

Dem gesellschaftlichen Ausstieg des Wagnisbereiten lassen sich jedoch auch positive Aspekte, gesellschaftsdienliche Impulse, abgewinnen, die in einer vorurteilslosen Analyse nicht außer Betracht bleiben dürfen:

Mit J. MACBETH (1991), der auf zwei Forschungsreisen an einer Population von 59 Personen die Subkultur der *Segler* untersuchte, kann man die Auffassung vertreten, daß die Lebensweise dieser Aussteiger auf die Gesellschaft, der sie den Rücken kehrten, eine aufrüttelnde Signalwirkung haben kann. Der radikale Bruch mit den einzig für möglich und vernünftig erachteten Werten versendet die Botschaft, daß offensichtlich verlorengegangene alternative Werte existieren, die wiederzuentdecken sich lohnt, so stark lohnt, daß dynamische, wagemutige Einzelne die sogenannten Segnungen der westlichen Zivilisation und Kultur dafür vollständig aufzugeben bereit sind. Es handelt sich um ein Leben, das von der elementaren Logik der Natur bestimmt wird. *„Es ist ein holistisches und totales Sich-Einlassen auf die Vorgänge von Leben und Sein,“* meint MACBETH (240), eine archetypische Form des Lebens. Es ist ein Entkommen aus den technokratisch erstarrten Strukturen der Industriegesellschaft, aber keine Flucht in eine behagliche, geschützte Idylle, sondern ein dynamischer, kreativer Aufbruch in Richtung Wachstum und Entfaltung der Persönlichkeit. An diesem Punkt mündet die Flow-Theorie in das letzte der darzustellenden Denkmodelle, den Erklärungsansatz vom Leben in wachsenden Ringen.

Die Beweggründe und Argumente der sich dem Wagnis verschreibenden modernen Asketen ähneln z. T. denen der Mönche und Einsiedler verschiedener Religionen, die sich in die Stille und Einsamkeit eines Klosters oder einer Klause zurückzogen, um ihr Leben ungestört einer bestimmten religiösen, künstlerischen oder wissenschaftlichen Aufgabe widmen zu können. Diese Motive mischen sich häufig in der eher holistisch-naturreligiös geprägten Weltanschauung von Extremen, in der versucht wird, die Kräfte der Natur mit den menschlichen Möglichkeiten zusammenzuführen und in Einklang zu bringen. Die Entscheidung zum Ausstieg ist oft eine existentielle, der lange Selbstprüfungsprozesse vorausgehen, bei der sich eine hohe Leistungs- und Selbstverantwortungsbereitschaft persönlichkeitsgerechte Bewährungsfelder sucht. Für die zu erwartenden Risiken und Mühen steht meist nicht mehr als eine intrinsische Belohnung, als ein zeitweiliges, innerlich tief beglückendes Flow-Erleben in Aussicht. Ob solch eine gravierende Schicksalsentscheidung als Wegweiser für starke Individualisten in ein persönlichkeitsgerechtes Leben und damit als erfolgreiche Wertschöpfung verstanden oder eher als Kapitulation vor den Anforderungen der Gemeinschaft und damit als Scheitern innerhalb der Gesellschaft gesehen wird, hängt letztlich von dem ab, der dieses Handeln zu interpretieren sich berufen fühlt.

Ein weiterer Aspekt scheint erwähnenswert: Die Flow-Theorie sieht die Funktionslust als das Wesentliche, Reizvolle, eigentlich Tragende und Treibende für den Drang zu Abenteuer und Wagnis. Dieses Moment ist so elementar motivierend, daß es keiner weiteren Rechtfertigungsgründe von außerhalb bedarf. So sehen es auch nahezu alle befragten Extremsportler und Grenzgänger. Bei den mit Flow verbundenen Aktivitäten aber werden kreative, selbstlohnende Kräfte frei, die keinem Nützlichkeitsdenken und keinem Gewinnstreben unterliegen. Es handelt sich dabei um die Erschließung besonders wertvoller Energiequellen, die im Prinzip auch auf anderen Betätigungsfeldern fruchtbar werden könnten, wenn diese sich als ebenso selbstlohnend entdecken lassen würden. Diese Energiequellen wären geeignet, neue Lebensqualitäten zu begründen, deren Entwicklung unter psychologischen und pädagogischen Gesichtspunkten höchst wünschenswert wäre. In demselben Maße nämlich, wie sich selbstlohnende Erlebnisse einstellen, hört der Erlebende auf, (zusätzliche) Außenbelohnungen und Fremdverstärkungen zu benötigen. Sie haben den geringeren Motivationswert. Die wagnisbereiten Aussteiger könnten den fremdbestimmten Zivilisationsmenschen lehren, was schon PLATON propagierte, das Leben als ein Spiel zu leben, und zu entdecken, was schon HUIZINGA wußte, daß alle Kultur letztlich aus dem Spiel erwachsen ist.

Ein dritter Aspekt schließt sich an: In einer weinerlich gewordenen, degenerierenden Anspruchsgesellschaft, in der Menschen ohne Luxuseinrichtungen wie Telefon, Fernsehen und Auto schon zu den „Armen" gezählt werden, in der Alleinsein scheinbar unausweichlich in eine Verhängniskette von Isolation, Vereinsamung, Desolation und Depression führt, kann der Extreme zum Mahner der Gesellschaft und Lehrer der Anspruchslosigkeit werden, wie es die großen Propheten Buddha und Jesus zu ihrer Zeit waren: Der Schlüssel zum Glücklichsein liegt nicht in einem überproportionierten Wohlstand, möglichst noch auf Kosten anderer, sondern in der Fähigkeit, sich ein Gleichgewicht von Lebensanforderung und Eigenleistung zu erarbeiten. Grenzgänger und extreme Aussteiger, von materialistisch denkenden Gesellschaftskreisen oft verachtet und verhöhnt, machen uns vor, wie man freiwillig auf Überfluß verzichten, sich selbst für höchste Anforderungen konditionieren und in dem erreichten Harmoniezustand von Anspruch und Leistung selbst in gefährlichen Notlagen, in Krisen und Gefahren, noch Flow erleben kann. Wir müssen umdenken, diese „archaische" Haltung nur als kurios oder krankhaft zu bewerten. Nicht die Bedürfnislosigkeit, sondern die überzogene Bedürfnishaltung ist in Wirklichkeit lächerlich und pathologisch. Das Geheimnis des Flow, der Schlüssel des Glücks, liegt in der erlernbaren Fähigkeit, mit dem Notwendigen auszukommen, seine Wünsche und sein Handeln zu kontrollieren, die eigenen Lebensprobleme möglichst selbst in Angriff zu nehmen, mit den persönlichen Lebensumständen konstruktiv umzugehen, Schwierigkeiten in Chancen zu verwandeln. In dieser Beziehung kann die vitale Lebensgestaltung der Extremen Vorbildcharakter für breite Bevölkerungskreise, besonders auch für die Jugendlichen, annehmen: Der Extreme lehrt uns exemplarisch, Ansprüche zunächst an uns selbst, nicht an andere, zu stellen. Indem er sich als Starker an auch für ihn nur schwer zu bewältigende Aufgaben wagt, setzt er ein Zeichen. Dies sollte den Schwächeren ermutigen, sich auch im eigenen Leistungsrahmen angemessen zu aktivieren, vom Bewegten zum Selbstbeweger zu werden und im Kraftempfinden der Selbsthilfefähigkeit wie jener Flow zu erleben. Dies ist auch Behinderten und Alten möglich. Allerdings bleibt es nur den Diszipliniertesten und Besten vorbehalten, wie FRANKL in äußerer Gefangenschaft die innere Freiheit zu gewinnen.

Wagnisbereite Extreme, mögen sie nun Buddha oder Alexander, Kolumbus oder Galilei, Luther oder Lilienthal, Nehberg oder Messner heißen, lassen sich bei ihren Aufgabenstellungen nicht von außen und nicht von anderen Sinngebungen zudiktieren, schon gar nicht aus dem begrenzten bürgerlichen Blickwinkel, dem sie ja gerade entkommen wollten. Bis sich ihre Vorstellungen als erfolgreich durchgesetzt haben, müssen sie häufig damit leben, als Revolutionäre, als Fanatiker oder als Verrückte zu gelten. Es gibt keinen für alle Menschen in gleicher Weise gültigen Lebenssinn. Jeder Mensch muß seine eigene Bestimmung, seinen eigenen Weg, seinen eigenen Lebenssinn finden, entsprechend seinen Träumen und seinen Fähigkeiten. Die sehr verschiedenartigen Lebenskonzepte zu bewerten oder gar zu hierarchisieren, ist Sache des Moralisten, nicht des Wissenschaftlers.

Wenn Wagnis wohlwollende Welten will

Die Theorie des schützenden Rahmens
(Apter)

Die Planung von Wagnissen

Als ich (1988) zu einer Expedition in die Dschungelgebiete um den Sepik-Fluß und die unerschlossene Bergregion um den Enduwa Kombugu in Papua-Neuguinea aufbrach, war ich gut vorbereitet. Möglichst wenig sollte dem Zufall überlassen bleiben. Die Risiken sollten minimiert werden. Alle erreichbare Literatur war ausgewertet, die Ausrüstung für die dämpfigschwülen, von Blutsaugern wimmelnden Tieflandgebiete wie für den gefrorenen Fels am 4694 Meter hohen Gipfelpunkt des Landes optimiert. Modernste Navigationsinstrumente sollten der Orientierung in dem nur unzulänglich kartographierten Gelände dienen. Die Film- und Fotoausrüstung war witterungsgeschützt verstaut. Eine kompakte Nahrungsergänzung und eine medizinische Notversorgung sollten den Gesundheitszustand absichern. Trägerkolonnen wie bei touristischen Unternehmungen standen nicht zur Verfügung. Aller Bedarf mußte selbst transportiert werden. Die Strapazen und Entbehrungen würden beträchtlich sein. Für die gerade nicht benötigten Ausrüstungsteile waren sichere, jedes erdenkliche Mißgeschick ausschließende Depots anzulegen. Ein sorgsam geprüftes kongeniales Team versprach, das Gelingen auch im sozialen Bereich zu garantieren.

Es ging nicht darum, sich in ein unübersehbares Abenteuer zu stürzen, Nervenkitzel zu erleben, in einem Vabanquespiel das Schicksal herauszufordern oder seine Überlebenskräfte zu testen. Erklärtes Anliegen war vielmehr, in eines der letzten Paradiese dieser Erde vorzustoßen, die unverfälschte, von Menschen noch nicht zerstörte reiche Pflanzen- und Tierwelt zu studieren, vielleicht dem selten gewordenen Guareza zu begegnen, dem Geheimnis des tiefen Dschungels, einer unberührten Ur- und Naturlandschaft auf die Spur zu kommen, vielleicht auf noch steinzeitlich lebende Papuas zu treffen. Dem unzweifelhaft mit diesem Unternehmen verbundenen hohen Gefahrenpotential war umsichtig und verantwortungsbewußt zu begegnen. Umfangreiche intellektuelle, physische, psychische, technische und organisatorische Vorbereitungen dienten dazu, das Risiko in Grenzen zu halten. Das Abenteuer Papua-Neuguinea war nur vertretbar, wenn ein Rahmen geschaffen werden konnte, der unsinnige Risiken ausschaltete und das als lohnend erscheinende Wagnis auf ein überschaubares und verkraftbares Restrisiko beschränkte.

Arved FUCHS (1994), der erfolgreichste lebende deutsche Polarexpeditionist bestätigte mir in einem Gespräch, daß auch er seine Unternehmungen in die Arktis sehr sorgfältig und langfristig plane und alle nur erdenklichen Unwägbarkeiten zu erfassen und zu beherrschen versuche: *„Ich bin kein Hasardeur, Draufgänger oder ›Eisenfresser‹, wie man so schön sagt. Ich bereite meine Eisgänge optimal vor, besitze ein geeignetes Schiff, die Dagmar Aaen, verschaffe mir die beste verfügbare Ausrüstung und wähle meine Crew peinlich genau aus.“*

Die Polarregion fasziniert ihn mit ihren archaischen Naturlandschaften, gewaltig, unnahbar, urwüchsig, unberührt. Die schwermütige Stimmung über den schroffen Fjorden, spektakulären Eis- und Felsformationen, die gleißenden Eisfelder, der Kontrast von Grün und Weiß, die kreischenden Seevögel, die sich in diesen Urwelten ihr Überleben sichern, haben es ihm angetan. Das magisch-unwirklich leuchtende Licht, das die überaus plastisch hervortretende Szenerie erhellt, scheint die Schöpfungstage zurückzurufen. Die Ruhe einer Urzeit breitet sich über die Seele, unterbrochen vom Getöse der Eispressungen, vom Brodeln einer Lawine oder vom Krachen eines Gletscherturms, der mit elementarer Wucht ins Meer stürzt.

Diese Eindrücke und das Erleben der verschworenen kleinen Schicksalsgemeinschaft in dieser atemberaubenden Umwelt sucht A. FUCHS. Die Gefahren, die er dafür eingeht, sind ihm bekannt: Untiefen, Orkane, das Abdriften mit der Eisbewegung, das Steckenbleiben im Eis, die Möglichkeit, im Würgegriff des Eises zermahlen zu werden oder Zerstörungen an der Ruderanlage hinnehmen zu müssen, die das Schiff manövrierunfähig machen. *„Die Nord-West-Passage ist gefährlich, vielleicht sogar der gefährlichste Seeweg überhaupt. Das wußten wir, als wir uns auf dieses Abenteuer eingelassen haben“* (193). Die freiwillige Einbettung in das Naturgeschehen, das Leben mit der Natur verlangt eine kluge Vorausschau, schnelle Entscheidungen, umsichtiges Handeln in den Spielräumen, die die Natur läßt: *„Das Eis bestimmt alles. Es schreibt dir vor, wann du schlafen darfst, wohin du fährst, wie du fährst, ob du fährst. Das Eis ist allgegenwärtig. Die Sorge um das Schiff und deine Mannschaft höhlt dich aus. Immer wieder die Frage: Wie weit darf ich gehen? Wie weit darf und will ich das Schiff riskieren? Und dabei stets die Unmöglichkeit vor Augen, der Außenwelt die Situation zu vermitteln“* (226).

In solch einer Extremsituation muß der Risikorahmen eingegrenzt werden, damit der Wagnisbereite noch Entscheidungs- und Handlungsspielräume behält, nicht zum Spielball der Naturmächte wird, die Unternehmung verantwortbar bleibt, denn *„die Arktis vergibt keine Fehler. Unnachgiebig werden Nachlässigkeiten, Planungsfehler oder Versäumnisse bestraft“* (184).

Der gefährliche Grat und der schützende Rahmen

In seinem Buch „The Dangerous Edge“ hat M. APTER (1992) eine Theorie aufgestellt, nach der sich der Wagnisbereite einen schützenden Rahmen schafft, in dessen Spielräumen er zu Risikohandlungen bereit ist.

APTER unterscheidet zwischen der „Gefahr“ eines Schadens, also der Gefährdung, und dem Schaden selbst, den er „Trauma“ nennt. Die Gefahr ist lediglich als Hinweis auf die Möglichkeit eines Unfalls zu verstehen, der aber noch nicht eingetreten ist. Das Trauma bezeichnet die erfolgte Beschädigung. Vom Sicherheitsgefälle her kann sich der Mensch nach APTER in einer *Sicherheitszone*, in einer *Gefahrenzone* oder in einer *Traumazone* bewegen (Abb. 39). Der Wagnisbereite dringt aus der Sicherheitszone in die Gefahrenzone vor, um seine Erlebnisräume zu erweitern. Die Gefahrenzone endet an dem „gefährlichen Grat“, der zur Traumazone steil abfällt. Je weiter man sich an den Klippenrand des gefährlichen Grates heranwagt, desto näher kommt man der Traumazone, desto größer ist die Gefahr eines Absturzes in den Schadensbereich.

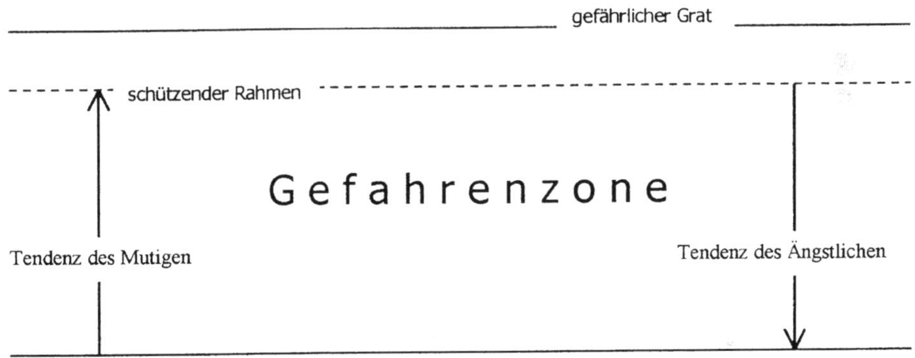

Abb. 39 Gefährlicher Grat und Schützender Rahmen

Die Nähe des Traumabereichs läßt sich objektiv oder subjektiv ermessen: Die Grenzlinie ist objektiv dort angesiedelt, wo das Gefahrenmanagement dem Gefährdungspotential nicht mehr gewachsen ist. Sie liegt dort, wo die Gefahr in die Katastrophe mündet. Die subjektive Einschätzung kann von einem außenstehenden Beobachter oder aber vom Wagnissuchenden selbst ausgehen. Beide Schätzwerte können von dem objektiv gegebenen Gefährdungsgrad erheblich abweichen. Bei der subjektiven Einschätzung des Außenstehenden handelt es sich um die Auffassung vom Risikograd, die ein Beobachter entwickelt, der Zeuge einer Risikohandlung wird, also z. B. der Zuschauer eines Gleitschirmstarts. Bei der subjektiven Einschätzung des Betroffenen handelt es sich um das Sicherheits- bzw. Gefährdungsgefühl, das den Aktiven selbst begleitet, also z. B. den startenden Gleitschirmflieger. Auch zwischen diesen beiden subjektiven Empfindungen können erhebliche Divergenzen bestehen.

Die Traumazone wird von jedem gesunden Menschen gemieden, auch vom Wagnissuchenden. Der tief in uns verwurzelte Selbsterhaltungstrieb drängt uns dazu. Sie willentlich zu suchen, würde bedeuten, Selbstverstümmelung, Selbstzerstörung, Selbstmord zu betreiben. Der Wagnissuchende aber ist kein Suizident, wie schon eingehend herausgearbeitet wurde. Er ist ein Sinnsuchender. Um sich vor einem ungewollten Absturz in die Traumazone zu sichern, schafft sich nach APTER jeder Wagnissuchende einen „schützenden Rahmen“, einen persönlichen Absperrgürtel, den er dem gefährlichen Grat vorlagert. „Bis hierher und nicht weiter!“ besagt dieser Sicherheitskordon. Er ist subjektiv bestimmt. Er beruht auf der Zuversicht, bis zu dieser Gefahrenlinie sich selbst noch helfen, mit der Hilfe anderer noch rechnen, sich auf die technischen Sicherheitsvorkehrungen noch verlassen zu können. Er basiert auf dem Vertrauen, dem Gefahrenpotential mit Gewinnaussicht noch gewachsen zu sein.

Der schützende Rahmen ist je nach Ausprägung des individuellen Sicherheitsbedürfnisses bzw. der Risikobereitschaft näher am oder entfernter vom gefährlichen Grat gelegen. Der *Mutige* tendiert dazu, seine letzte Schutzlinie möglichst weit in die Gefahrenzone hinein und damit möglichst nahe an die vermeidungspflichtige Traumazone heran auszudehnen. Dabei beflügelt ihn das prickelnde Gefühl von Spannung und Abenteuer, das aber von der Zuversicht getragen wird, noch sicher zu sein. Dies kann im Extremfall zu einem „Spiel mit dem Feuer“, zu einem „Tanz auf dem gefährlichen Grat“ werden. Der *Ängstliche* tendiert umgekehrt dazu, seine Schutzlinie möglichst weit vom gefährlichen Grat weg zur Sicherheitszone hin zurückzunehmen. Die Angst signalisiert, daß mehr Sicherheit gewünscht wird. Dies kann im Extremfall den völligen Verzicht auf Wagnis bedeuten. In den jeweils genützten Gefahrenräumen realisiert sich dann das unterschiedliche Bedürfnis nach Aufregung und Abenteuer. Der Spannungsuchende aber, ob mutig oder ängstlich, braucht nach APTER beides, den Abgrund, vor dem er schaudern und das Geländer, an dem er sich halten kann. Die Gegenwart eines Tigers bedeutet Gefahr, und das Gewehr, das Geländefahrzeug oder das Gitter des Käfigs kommen dem spezifischen Anspruch auf Sicherheit entgegen, dessen der Einzelne bedarf. In diesem Spannungsfeld von Gefährdungsgefühl und Sicherheitsgefühl vollzieht sich das Abenteuererleben.

Der schützende Rahmen ist für das Wohlgefühl und die Handlungsfähigkeit des Wagnissuchenden von elementarer Bedeutung, und dies nicht nur bei realen, sondern auch bei fiktiven oder durch Dritte vermittelten Abenteuern. Der Betrachter eines Western- oder Kriminalfilms, der Zuhörer einer aufregenden Reportage oder eines spektakulären Expeditionsberichts, der Zuschauer in einer Stierkampfarena oder bei einer Luftakrobatenschau, – sie alle suchen spannende Unterhaltung. Sie wollen an Risikohandlungen teilhaben, ohne dabei beschädigt zu werden. Sie wollen Abenteuer in einem schützenden Rahmen erleben (Abb. 39):

Der Filmbetrachter befindet sich außerhalb des eigentlichen Geschehens in Sicherheit. Zwischen der mörderischen Indianerschlacht oder der gefährlichen Verbrecherjagd und seiner Wohnzimmerrealität steht das Medium, das die filmische Scheinwelt bequem, staubfrei und risikolos erleben läßt, notfalls sogar eine Unterbrechung erlaubt. Der Betrachter wird über seine Sinnesorgane zum Zeugen der spannungsgeladenen Szenen. Eine Panoramaleinwand, Rundumlautsprecher und Geruchspender können den Eindruck verdichten, mitten im Geschehen zu stehen. Die physische Existenz ist jedoch höchstens über eine zu starke Erregung gefährdet, die bei vorgeschädigten Personen über eine Stresshormonausschüttung einen Herzinfarkt auslösen kann.

Der Vortragsgast nimmt Anteil an den durch den Redner vermittelten Erlebnissen. Er läßt sich audiovisuell in die geschilderten Abenteuersituationen versetzen und kann sich vielleicht mit den Abenteurern identifizieren. Dies verschafft Aufregung. Mit dem Szenensprung (das Wagnis findet nicht im Vortragssaal statt), mit dem Zeitsprung (das Wagnis liegt bereits in der Vergangenheit) und mit dem Personensprung (der Zuhörer ist nicht der Wagende) etabliert sich jedoch ein schützender Rahmen, der eine eigene Gefährdung ausschließt.

Der Zuschauer eines Stierkampfes oder einer Artistennummer nimmt an einem wirklichen Risikogeschehen unmittelbar teil. Er ist am Ort des Geschehens, befindet sich aber selbst außerhalb des Gefahrenbereichs, und zwar aktionsmäßig wie räumlich. Dieser Abstand vom Bedrohungspotential macht seinen schützenden Rahmen aus. Die Gefährdung durch den gereizten Stier betrifft die Bandilleros, die Toreros und den Matador. Die Absturzmöglichkeit gefährdet die Luftakrobaten. Den außenstehenden Risikogenießer aber schützen Brüstungen und abgesetzte Zuschauerränge.

Die Erlebnisspannung läßt sich mit einer räumlichen Annäherung an den Gefahrenherd steigern. So sind die Logenplätze unmittelbar am Arenarand die begehrtesten. An Gleitschirmstartplätzen behindern Zuschauer häufig die Piloten, indem sie eine größtmögliche Nähe suchen, das Gerät betasten oder im Startsektor stehen. Das Bestreben, aus nächster Entfernung an Unfällen teilzuhaben, findet sich auch in der verbreiteten „Gaffermentalität“ und im „Katastrophentourismus“ zu Schauplätzen spektakulärer Kriegs- oder Naturereignisse.

Die Bedeutsamkeit des schützenden Rahmens für den Wagnissuchenden läßt sich auch an einem Umkehrbeispiel verdeutlichen. Im Vergnügungspark von Haßloch wurde ich Zeuge einer spektakulären Filmshow, die mit der Mißachtung der Notwendigkeit des schützenden Rahmens die Besucher deutlich in Mißstimmung versetzte:

Mittels einer Periskopleinwand, mehrerer Projektoren und einer räumlichen Akustik wurde im Betrachter die Illusion erweckt, sich mitten im Filmgeschehen zu befinden. Er wurde vom distanzierten Beobachter zum scheinbar unmittelbar Beteiligten der dramatischen waghalsigen Filmszenen. Die Bildprojektion erfolgte aus der Sicht der handelnden Person bzw. ihres Begleiters und vermittelte damit den Eindruck, als Copilot in einer Kunstfliegerstaffel mitzufliegen, als Beifahrer eines Monster-Trucks die Paßstraße hinunterzurasen oder als Schispringer die Schanze hinunterzugleiten. Diese ungewohnten Erfahrungen wurden von den von mir beobachteten und befragten Zuschauern mit Schwindelerlebnissen, aber in durchaus positiver Erregung und Bewertung aufgenommen. Trotz der empfundenen Gefährlichkeit der Aktionen, in die sie scheinbar unausweichlich eingebunden waren, fühlten sie sich weitgehend sicher und aufgehoben, denn die Wagnishandlungen wurden kompetent beherrscht. In diesem Kompetenzvertrauen war ein schützender Rahmen gegeben.

Die Stimmung schlug jedoch um, als sich eine rasante Motorradjagd durch eine von Menschen und Fahrzeugen belebte Stadt anschloß. Der Zuschauer erlebte sie abwechselnd aus dem Blickwinkel des Mitfahrers im Beiwagen des Motorradgespanns und aus der Perspektive eines unmittelbar folgenden Fahrzeugs. Das Gespann raste in kurzer Folge von Beinaheunfall zu Beinaheunfall durch die engen Straßenschluchten. Es schien aus der Kurve getragen zu werden, geriet über den Bordsteinrand, streifte Mauern und Verkehrsschilder, drohte Fußgänger und einen Kinderwagen zu erfassen, mit entgegenkommenden Fahrzeugen zu kollidieren, umzukippen, in einen Abgrund zu stürzen und raste schließlich frontal in ein Baustellenfahrzeug, das gerade seine Ladung abkippte. Kameratricks steigerten die Wirkung und beförderten sie zu einem Horrortrip. Ein knapper Szenenschnitt beschleunigte die Dramatik, hetzte den Zuschauer von Angstzustand zu Angstzustand. Der Zeitraffer dramatisierte das Fahrtempo. Die Brennweite des Kameraobjektivs reduzierte die Abstände und damit die Reaktionszeit, ließ die Kollisionen als fast schon geschehen erscheinen. Der Zoomeffekt schließlich brutalisierte den Aufprall im Schlußcrash.

Die Besucher der Show reagierten verstört, unwillig, verärgert, abgestoßen. Man erwartete, sich als souveränen Helden in riskanten Situationen zu erleben und fand sich als hilfloses Opfer, als Geschädigten einer übertriebenen Risikobereitschaft und Inkompetenz des Fahrzeuglenkers. Man wollte sich als Beherrscher der Luft, der Straße, der Abgründe erfahren und fand sich in der Rolle des Versagers, dessen, der ohne Einfluß nehmen zu können in die eigene Vernichtung rast. Der Vergnügungssuchende will Realitätsnähe. Er will sich aber den Anforderungen gewachsen sehen. Er akzeptiert den eigenen Unfall noch als Mißerfolg oder Punktstrafe im graphischen Computerspiel, nicht aber als realitätsnahe Selbstzerstörung. Die Vorstellung vom eigenen Selbstmord vermittelt keinen Kick, versetzt nicht in Euphorie. Die Tatsache, daß man in der Realität ja überlebt hat, daß man gar nicht wirklich physisch betroffen war, daß alles nur ein Film war, befreit nicht die Gefühle, löst keinen Rausch aus. Der eigene Tod wurde nach einem minutenlangen Todeskampf in eigener Wahrnehmung erlebt. Der schützende Rahmen, dessen auch die Vorstellung bedarf, wurde gesprengt. Dies wird als Trauma erfahren, das nachwirkt. Die Betroffenheit sprach den herausströmenden Besuchern aus den Gesichtern. Eine Sechzehnjährige meinte: „Das ist pervers! Widerlich!"

APTER (96ff.) unterscheidet *drei Arten von schützenden Rahmen*, den Vertrauens-Rahmen, den Sicherheitszonen-Rahmen und den Abstands-Rahmen:

- Der *Vertrauens-Rahmen* basiert auf dem Wissen vom eigenen Können, auf der Erfahrung, was man sich selbst zutrauen kann. Er bestärkt sich aus dem Glauben an die Verläßlichkeit der Ausrüstung und der Sicherheitsvorkehrungen, stützt sich z.B. auf die Zuversicht, daß die Bungeefallanlage TÜV-geprüft und daher unfallsicher ist. Er legt die Erwartung zugrunde, daß im Notfall auch fremde Hilfe zur Verfügung steht.
- Der *Sicherheitszonen-Rahmen* schützt, indem er gefahrenfreies Gelände zur Verfügung stellt, von dem aus die Risikofreude ausgelebt werden kann. Ohne sich tatsächlich gefährden zu müssen, kann der Abenteuersuchende, z.B. bei Computerspielen, Risikosituationen und Risikoreaktionen simulieren und genießen.
- Der *Abstands-Rahmen* baut eine Distanz zum eigentlichen Gefahrenbereich auf. Aus der sicheren Entfernung kann das Risiko nach Apter dann wiederum in drei Formen erlebt werden:
- als „Substitution", d.h. in der Beobachtung eines anderen, der sich – stellvertretend für die eigenen Abenteuerwünsche – in eine gefährliche Situation begibt. Diese Art Abstands-Rahmen schaffen sich z.B. Menschen, die bei einem Drahtseilakt, bei einem Formel 1-Rennen oder bei einem Gleitschirmstart zuschauen.
- als „Imagination", d.h. als mentale Vorstellung einer Risikohandlung. So kann z.B. der Abenteuersuchende ähnlich GOETHE (Briefe, 1779), dem sich die Möglichkeit des Fliegens noch nicht eröffnete, davon träumen, leibhaftig das auszuführen, was dem Nichtflieger nur in der Phantasie möglich ist, nämlich, von dem erhöhten Standort aus, dem Vogel gleich, über die Wälder, Felsen und Schluchten dahinzugleiten. (siehe auch S. 88 und 266)
- als „Retrospektive", d.h. als Risikosituation, die bereits in der Vergangenheit liegt und daher keinerlei Gefahren mehr bringen kann, als Risikohandlung, die nur noch aus der Erinnerung wiederbelebt wird. Der Zeitabstand zur Gegenwart gibt Sicherheit. Die Reanimation bleibt praktisch folgenlos. Eine solche Art Reizerleben gönnt sich z.B. der Veteran, der (mit einem Schaudern auf der Haut) von seinen Kriegserlebnissen erzählt, der Expeditionsteilnehmer, der beim Wiedersehenstreffen die gemeinsam durchlebten Gefahren wieder auffrischt oder der Grenzgänger, der seine Todesbegegnungen in einem Buch verarbeitet.

Wissenschaft und Alltagserfahrung kennen jedoch auch *ungewöhnliche Formen des schützenden Rahmens*, die z.B. schizophrene, destruktive, asoziale oder auch perverse Züge aufweisen können:

In allen Risikobereichen gibt es Menschen, die in einer bedrohlichen Lage trotz der akuten Gefährdung unverständlich gelassen bleiben können, gelassener als es die prekäre Situation eigentlich nahelegen würde. Soweit dieses Verhalten nicht völlig unerklärlich erscheint, wird ihm gerne das Gefühl unterstellt, unverletzlich zu sein. Der Wagnissuchende scheint der Selbsttäuschung zu unterliegen, gegen alle Anfeindungen und Unfallgefahren gefeit oder zumindest gewappnet zu sein. Ihm wird schon nichts, ihm kann nichts passieren. Das Schicksal steht auf seiner Seite. Er ist unbesiegbar.

Dieser oberflächliche Eindruck einer naiven Selbsttäuschung trügt jedoch häufig: Bei gründlicher Analyse stellt sich in vielen Fällen heraus, daß hier eine Bewußtseinsspaltung stattfindet, die einen Abstandsrahmen zwischen dem eigentlichen Geschehen und seiner Außenansicht herstellt. Der Wagnissuchende schaut sich selbst zu. Er nimmt eine Doppelrolle ein als Betroffener des Unfalls und als unbeteiligter Beobachter. Er schafft es, die gefährliche Situation gleichzeitig als Bedrohter und als Betrachter zu erleben. Er wird sich selbst zu einem interessanten Beobachtungsobjekt. Bei dieser Wahrnehmung von außen kühlen sich die Emotionen ab. Der hellwache Verstand registriert, daß sich Dramatisches, möglicherweise Folgenschweres für die eigene Person ereignet und widmet sich energisch dem notwendigen Krisenmanagement. Gleichzeitig aber verfolgt und genießt er auch die Abläufe als unbeteiligter Chronist des spektakulären Ereignisses um die eigene Person. Der Vorgang der Ich-Spaltung und die damit verbundene Selbstdistanzierung verschaffen dazu den erforderlichen Abstand. Sie bilden einen schützenden Rahmen.

Ein ähnliches Phänomen läßt sich auch bei mäßig verletzten Unfallopfern beobachten, die angesichts des ungewohnten Aufwands um die eigene Person, der Sirenen und Blaulichter, des Aufgebots an Feuerwehr und Polizei, der Straßensperrungen, der emsigen Notärzte, der neugierigen Zuschauer und Pressefotografen sich selbst als interessanten Fall erleben, der blitzartig zu großer Aufmerksamkeit und Bedeutung gelangt ist. Dabei kann sich von der Opferrolle eine Genießerrolle abspalten, in der das Spektakel um die eigene Person genußvoll wahrgenommen wird.

Das Etablieren eines schützenden Rahmens in destruktiven Zusammenhängen läßt sich beispielsweise beim *Feuerleger* beobachten: Der Pyromane erlebt seine Brandstiftung als Risikohandlung, bei der er ertappt werden kann, bei der ihm Gefängnis droht, bei der seine Unbescholtenheit und Akzeptanz in der Gemeinschaft auf dem Spiel steht. Andererseits drängt ihn die krankhafte Anlage zwanghaft dazu, die Lust am Feuerlegen auszuleben. Er schleicht sich des Nachts an sein Objekt, denn die Dunkelheit schafft neben dem größeren Feuergenuß auch

Schutz vor Entdeckung. Er genießt aus sicherem Versteck die sich steigernde Dramatik der Ereignisse, die immer höher in den Nachthimmel lodernden Flammen, das Umsichgreifen des Feuers, das Entdecken des Infernos, die Aufregung der Leute, das Heulen der Feuersirenen, die hektischen Löschaktionen. Er mischt sich unter die Leute, sucht Schutz in der Masse und genießt von dort als Urheber und Betrachter sein Werk, das so viel Aufregung veranlaßt.

Neben dem äußeren wird meist auch ein innerer Abstandsrahmen gesucht. Zur Befriedung des Gewissens werden Rechtfertigungsgründe für das Tun aufgebaut, z. B. als Arm des Schicksals zu wirken, das den Besitzer straft, der zu reich geworden ist, zu wenig Steuern bezahlt, nicht in die Kirche geht u. s. f. Mit dieser Strategie werden selbstschützende Maßnahmen ergriffen, die eine äußere Schadensfreiheit und das innere Gleichgewicht gewährleisten sollen.

Asoziale Züge in Verbindung mit dem schützenden Rahmen werden etwa bei der Anstiftung zu Risikohandlungen erkennbar:

Diese Form der Reizsuche ist bei Heranwachsenden häufig zu beobachten. Sie dient dazu, fremdes Risiko möglichst risikofrei erleben zu können. Ältere Jugendliche animieren immer wieder jüngere zu einer riskanten Tat, an deren Verlauf sie dann genußvoll teilhaben. Sie führen den Jüngeren an den Rand eines Abgrunds, um ihn dort torkeln und vielleicht abstürzen zu sehen.

Anfang 1999 recherchierte ich den Fall des vierzehnjährigen W. P., der die neunjährige N. S. dazu verführt hatte, im Kaufhaus zu stehlen. Aus der vermeintlich sicheren Distanz des Unbeteiligten beobachtete der Junge das von ihm angestiftete Risikounternehmen, die Wirksamkeit der Überwachungseinrichtungen, die Wachsamkeit des Personals und des Kaufhausdetektivs, das Verhalten des Mädchens. Er wollte wissen, wie sich die arrangierte Risikosituation, für ihn ungefährlich, entwickelte. Sein wichtigster Schutz war die Übertragung der eigentlichen Risikolast auf ein willfähriges jüngeres Mädchen, das er einschüchtern zu können glaubte. Als der Diebstahl ohne Aufsehen zu erregen gelang und das Kind unbehelligt die Kasse passieren konnte, verschaffte er sich einen zusätzlichen Nervenkitzel. Er meldete den Diebstahl mitsamt der Diebin beim Filialleiter und kassierte dafür sogar eine Prämie. Sein neuer schützender Rahmen war der des ehrlichen Gelegenheitsdetektivs.

Nachdem die Hintergründe des Diebstahls aufgeklärt waren, kam auch der heimliche innere Abstandsrahmen des Jungen zum Vorschein. Er rechtfertigte seine Anstiftung zu der Tat damit, er habe das Mädchen als Diebin überführen wollen. „Alle Mädchen sind Diebinnen," meinte er. Man müsse sie nur in Versuchung führen, ihnen eine Falle stellen, dann würde sich das schon herausstellen. Das habe er getan. Er habe nicht verwerflich gehandelt, da er sich nicht bereichern wollte und den Diebstahl ohne Not freiwillig aufgedeckt habe.

Als gerne genützter schützender Rahmen dient vielen Jugendlichen bei ihren Risikounternehmungen auch die Gang: Die gemeinsam begangene Tat schwächt die Schwere des Vergehens für den einzelnen ab, so meinen sie. „Ich war es nicht. Wir waren es alle zusammen," heißt die gängige Entschuldigung, mit der die Schuldverteilung auf mehrere den einzelnen entlasten soll. Einen noch weitergehenden Schutz scheint das Verschwinden in der Anonymität einer größeren Täterschar zu bieten. Die solidarische Risikogemeinschaft erschwert es, den einzelnen als Täter zu ermitteln. „Ich war es nicht. Die anderen waren es!" heißt hier die Schutzformel.

Perverse Züge mit sadistischem Hintergrund schließlich offenbart eine Form der Reizsuche, die in den letzten Jahren vermehrt durch die Presse ging: Unbekannte werfen Gegenstände aller Art wie Fahrräder, Eisenstangen, Pflastersteine, Felsbrocken von Brücken gezielt auf die Windschutzscheiben vorbeifahrender Autos. Es handelt sich um kriminelle Akte, bei denen der Risikosucher anderen, beliebigen Personen einen erheblichen Schaden zuzufügen bereit ist und aus dieser Gefährdung anderer einen Kick erfährt. Der grausamste, mir zur Kenntnis gelangte Fall betraf ein junges Paar auf der Hochzeitsreise. Die Frau wurde bei dem Unfall querschnittsgelähmt und für den Rest ihres Lebens an den Rollstuhl gefesselt. Andere Betroffene starben oder kamen mit einem Schock, einem Totalschaden ihres Fahrzeugs, mit Schnittwunden im Gesicht, mit Quetschungen oder Knochenbrüchen davon.

Der psychopathische Reizsucher schafft sich mehrere Abstandsrahmen, in deren Schutz er sich sicher fühlt zum Ausleben seiner abartigen Neigung. Für die äußere Absicherung gegen eine Identifizierung als Täter wird z. B. die Dunkelheit der Nacht gewählt, eine Zeit, zu der auch keine Tatzeugen zu erwarten sind. Es werden Handschuhe gegen Fingerabdrücke getragen, Masken benutzt, Fluchtfahrzeuge bereitgestellt. Den inneren Abstandsrahmen konstruiert oft eine krankhafte Phantasie, die dem Psychopathen z. B. souffliert, von der Bestimmung erwählt zu sein, den Willen des Schicksals zu erfüllen. „Das Schicksal entscheidet, ob die Uhr dieser Menschen abgelaufen ist. Niemand kann sich gegen diese Entscheidung des Schicksals wehren. Ich bin nur ein ausführendes Organ. Ich handle in höherem Auftrag."

Der eigentliche Kick scheint sich in dem Bewußtsein zu ereignen, durch die Tat Macht über Leben und Tod zu gewinnen, den weiteren Lebensweg von Menschen einschneidend bestimmen zu können.

Dieses Motiv, Schicksal zu spielen und damit Macht auszuüben, wird ansatzweise schon bei den Mutproben von Kindern und Jugendlichen erkennbar, die eine Weiche blockieren, um den Zug entgleisen zu lassen, die Autos mit Schneebällen oder Steinen attackieren, um einen Unfall zu provozieren. Schneebälle, Kiesel- oder Pflastersteine aber bedeuten letztendlich nur graduelle Unterschiede auf einer kriminellen Karriereleiter. Erzieher, die das Bewerfen von Autos mit Schneebällen, dann Schneebällen „mit einem harten Kern" verharmlosend herunterspielen, sollten sich Rechenschaft darüber ablegen, wo sie den Übergang vom „Dumme-Jungen-Streich“ zur kriminellen Handlung anzusetzen gedenken.

Weniger fatal in ihren Auswirkungen nimmt sich dagegen eine andere Form der Reizsuche aus, die ebenfalls dem perversen Verhaltensspektrum zuzurechnen ist, die ZUCKERMAN (1978) in die Kategorie „Enthemmung“ einordnet, die allgemein als Exhibitionismus bekannt ist. Das Gefährdungsrisiko und damit auch das Erregungspotential dieser Aufreizung hat allerdings im Zuge der sexuellen Liberalisierung an Wirkung verloren. Entsprechend wurde auch der schützende Rahmen zunehmend abgebaut:

In den 70er Jahren sorgten die sogenannten „Flitzer“ für Aufsehen, die ihr Stimulationsbedürfnis darin zu befriedigen suchten, kurzzeitig splitternackt durch die Straßen zu laufen. Ihr Requisit war meist ein Regenschirm, der weniger dazu diente, die Blößen zu kaschieren, als möglichst unerkannt den Ordnungshütern, der Einbuchtung, etwaigen Bekannten oder dem Gelächter der Passanten zu entkommen. Den schützenden Rahmen, in dem diese Reizambition sich ohne negative Folgen ausleben konnte, bot neben dem Schirm die Schnelligkeit des Auf- und Abtauchens im Straßenbild, der Überraschungseffekt. Heutige Exhibitionisten verdecken häufig ihr Gesicht, um nicht identifiziert werden zu können. Auch sie verfremden gerne ihr Aussehen und verschwinden wieder so plötzlich, wie sie erschienen sind.

Für diese Art der oberflächlichen Reizbefriedigung sind Etikettierungen wie „Sensationshasche“ (Sensation-Seeking), „Nervenkitzel“, „Thrill“ oder „Kick“ in den Sprachgebrauch gekommen. Ihre Attraktivität dürfte auf ein unbefriedigtes Erregungbedürfnis in einer als reizarm empfundenen Umwelt zurückzuführen sein.

Reste des Flitzertums haben sich bis heute erhalten, wenn etwa Studenten in einer Tanzgruppe auftreten, in der sie – nur mit zwei Schirmen „bekleidet“ – mehr oder weniger geschickt versuchen, im Rhythmus der Musik ihre peinlichen Blößen bedeckt zu halten. Das Risiko besteht allerdings lediglich noch darin, sich lächerlich zu machen.

Bewertung

Tief beeindruckt vom Anblick einer blutrot verblühenden Rose formte F. HEBBEL (Sommerbild) die Meisterverse

Ich sah des Sommers letzte Rose stehn,
Sie war, als ob sie bluten könne, rot;
Da sprach ich schauernd im Vorübergehn:
So weit im Leben ist zu nah am Tod!
Es regte sich kein Hauch am heißen Tag,

Nur leise strich ein weißer Schmetterling;
Doch ob auch kaum die Luft sein Flügelschlag
bewegte, sie empfand es und verging.

Die unter dem leichten Flügelschlag des Schmetterlings vergehende Rose verbildlicht das Leben an der äußersten Grenze. Schauernd ahnt es der Dichter. Bei der großen Nähe des Todes bedarf es nur einer geringfügigen, kaum wahrnehmbaren Störung für den Abschied vom Leben.

Die von HEBBEL gewählte Metapher reicht in ihrer Bildwirkung und Symbolkraft über das bloße Altern hinaus. Sie versinnbildlicht auch die Situation des Grenzgangs und der Risikobereitschaft. Auch der Grenzgänger bewegt sich hart am Rande seiner Existenz und – wie vor allem Sicherheitsbewußte meinen – zu nah am Tod. Kleinste Fehler, winzige Einflußgrößen, Zufälle können sein Ende bedeuten.

Die Aussage „So weit im Leben ist zu nah am Tod!“ besagt etwas über den unterschiedlichen Sicherheitsrahmen, den sich Risiker und Nichtrisiker setzen und über ihr unterschiedliches Verhältnis zum Tod. Der Sinn des Vorstoßens in die Gefahrenbereiche des Lebens wird vom Wagnissuchenden anders beurteilt als vom Sicherheitsuchenden. Mehr Leben zu wollen, bedeutet in der Konsequenz für den Grenzgänger, mehr Risikobereitschaft und eine größere Todesnähe auf sich nehmen zu müssen. Jeder steht vor der Entscheidung, ob er dieses Risiko tragen kann, wieviel er wagen will, um tiefer zu den Möglichkeiten des Lebens vorzustoßen. Den Mutigen interessiert dabei mehr die Ausweitung des Lebens, den Ängstlichen mehr dessen Sicherung. Beide aber wollen überleben. Beide bestimmen deshalb einen unterschiedlich taxierten, für ihre Sicherheit notwendig erscheinenden Schutzrahmen.

Für HEBBEL befindet sich die ausgeblühte Rose **zu** nah am Tod, weil sein Denken und Fühlen vom Ende her bestimmt ist, von dem, was **nicht** mehr sein wird. Es könnte aber auch der positive Aspekt Bedeutung erlangen, daß sich nämlich dem Betrachter in der tiefroten Rose ein Leben präsentiert, dem es vergönnt ist, sich zu vollenden, seine Möglichkeiten bis zur Neige auszuschöpfen. Dieses Denken und Empfinden geht vom Leben aus. Die reife Rose würde damit zum Sinnbild für ein erfülltes Leben.

Im tragischen Zwiespalt von Werden und Vergehen vollzieht sich jedes Leben. Erst die Betrachterperspektive bestimmt die Einstellung dazu, das Fühlen und das Denken. Diese ist beim Wagnisbereiten positiv ausgerichtet in Bezug auf das Leben wie auf das mögliche Sterben. Er will mehr Leben und hat dabei keine Berührungsängste mit dem Tod.

Wie schon das Flow-Modell, verzichtet auch das Denkmodell vom gefährlichen Grat und schützenden Rahmen darauf, tiefer liegenden Begründungen für die Wagnissuche nachzugehen. Befaßt sich das Flow-Modell schwerpunktmäßig mit dem Teilaspekt der inneren Befindlichkeit bei der Wagnissuche, mit dem lustvollen Genuß des Harmoniezustands von Außenanspruch und Eigenleistung, so wendet das Modell vom schützenden Rahmen sein Augenmerk einem anderen Teilaspekt zu, dem Schutzbedürfnis bei Risikohandlungen. Es geht darum, wie der Wagnisbereite auch im Gefahrenbereich wohlwollende Welten gewinnt, die es ihm ermöglichen, nicht zum Glückspieler zu werden, sondern seine Kompetenz zur Lösung der anstehenden Probleme auszuspielen. Dieser Denkansatz stellt das Sicherheitsbedürfnis im Risikosektor in den Vordergrund. Er ist auf die Frage ausgerichtet, wie der Wagnissuchende seine Erfahrungsräume ausdehnen kann, ohne ungewollt in die Katastrophe abzustürzen.

Mit dem Bestreben, unter Ausnutzung der Gefahrenzone ein Mehr an Leben und Erleben zu erreichen, mündet auch dieser Deutungsversuch des Wagnisverhaltens letztendlich in das Denkmodell von den wachsenden Ringen. Dazu muß allerdings zunächst die *statische Vorstellung* von einem relativ stabilen Sicherungsrahmen, der in einen objektiv gegebenen gefährlichen Grat gelegt wird, aufgegeben und durch die *dynamische* einer ständigen Veränderung und Ausdehnung dieses Rahmens ersetzt werden. Der Wagnissuchende erweitert seine Lebensräume nicht in erster Linie dadurch, daß er das Sicherheitspolster gegenüber einer starr vorhandenen Gefährdungssituation verdünnt, sondern vor allem dadurch, daß er die immer nur vorläufige Gefährdungsschwelle entsprechend seinem Kompetenzzuwachs ständig verschiebt. Der Könner hat den „gefährlichen Grat“ gegenüber dem Anfänger deutlich versetzt.

M. APTER (1994, 11), der wichtigste Vertreter dieses Denkansatzes, will ausdrücklich kein wissenschaftliches Buch schreiben. Er stützt sich daher bei der Formulierung seiner Vorstellungen weder auf Fachliteratur noch betreibt er eine systematische Feldforschung auf dem Risikosektor. Er beobachtet einfach seine Mitmenschen und beschreibt, was er beobachtet. Er will mehr illustrieren, was ihm bei Risikohandlungen auffällt, als Beweise erbringen. Dennoch gelingt Apter ein überzeugender Theorieansatz, der als Teilaspekt der Gesamtproblematik eine weitestgehende Zustimmung in nahezu allen von mir befragten Wagnisbereichen erhält. Es wird ihm eine große Wirklichkeitsnähe bescheinigt. Der Wunsch nach wohlwollenden Welten wird als zentrales Anliegen der Wagnissuchenden bestätigt. Der unglückselige reißerische Titel der deutschen Buchausgabe („Im Rausch der Gefahr. Warum immer mehr Menschen den Nervenkitzel suchen“) entfernt sich leider von dem seriösen Originaltitel („The Dangerous Edge. The Psychology of Excitement“). Diese irreführende populistische Aufmachung könnte die geringe wissenschaftliche Beachtung von APTERS Ansatz im deutschen Sprachraum erklären. Sie blockiert auch ganz offensichtlich die Lesebereitschaft der Menschen der Praxis, um deren Probleme es geht. Wie ich feststellen mußte, stößt der Buchtitel in der Wagnisszene auf Ablehnung. Man fühlt sich nicht angesprochen. Von daher ist die Breitenwirkung von APTERs Ansatz eher als gering einzuschätzen.

Die Suche nach Spannungsreizen, nach Abenteuer, nach Wagnis kann sich in den hochtechnisierten Gesellschaften auf vielfältige Weise mit sehr unterschiedlicher persönlicher Anteilnahme und Risikobereitschaft ausleben. Die gravierenden Differenzen im Anspruchsniveau des Erlebens, in der Erlebnistiefe und Bedeutsamkeit der Eindrücke, den Chancen zur Fortentwicklung der Persönlichkeit lassen es sinnvoll erscheinen, zwischen dem *Risikoerleben in einer Sicherheitszone* und dem *Risikoerleben in einer Gefahrenzone* eine Grenze zu ziehen (Abb. 39):

Der Leser eines spannenden Buches oder der Zuschauer eines spektakulären Films, der Besucher eines Vergnügungsparks oder der Teilnehmer an einem Animationsangebot, der Akteur in einem virtuellen Studio oder der Mitspieler beim imaginären Theater, der Gast einer akrobatischen Schaustellung oder der Zuschauer einer Risikosportart, – sie alle befriedigen ihr Reizbedürfnis vom Boden der Sicherheitszone aus. Positioniert im geschützten Bereich, drohen ihnen bei ihren mentalen, konsumptiven, virtuellen, observativen Abenteuern keinerlei ernsthafte Gefahren für Leib und Leben. Der Genießer von aufregenden Medienereignissen, der Konsument von Abenteuerinszenierungen, der Spieler im Simulator, der Zuschauer bei Risikoaktionen ist nur mit Teilen seiner Persönlichkeit am Geschehen beteiligt. Das Abenteuer spielt sich vorwiegend im Kopf, in der Phantasie, in der Vorstellung, über die Sinne ab. Das Erleben vollzieht sich weitgehend in präparierten Reizsituationen, über Spielhandlungen, in Muße, über fremde Personen. Der Reizsuchende kann ungefährdet für kurze Zeit in Risikowelten eintauchen. Er kann in Als-Ob-Situationen Abenteuer erleben, ohne ernsthafte Konsequenzen fürchten zu müssen. Er bleibt ein behüteter Zaungast jenseits der Gefahrenzone.

Der Surviver hingegen, der sich in die wirkliche Wildnis wagt, der Kletterer, der in die steinschlaggefährdete Wand einsteigt, der Segler, der sich den Ungewißheiten des Polarmeeres ausliefert, – sie alle dringen in ungeschützte Bereiche, in die Gefahrenzone, vor. Sie setzen sich dem Risiko nicht nur scheinbar, sondern tatsächlich aus. Sie bewegen sich in der Ernstsituation, in realen Risikoräumen und sind bereit, die möglichen Konsequenzen für Gesundheit und Leben auf sich zu nehmen.

In diese Gefahrenzone, den ungeschützten Bereich, begibt sich auch der Drogenkonsument. Während jedoch der Reisende auf dem Pharmatrip seine Grenzerlebnisse nach Zuführen des chemischen Stoffes weitestgehend passiv auf sich einwirken läßt, nur geringe eigene Gestaltungsspielräume behält, bringt sich der Akteur im Risikogeschehen ganzheitlich ein. Er erarbeitet sich sein Abenteuer. Er ist auf dem Wege, eine selbst gestellte, anspruchsvolle Aufgabe sachgerecht und eigenständig zu lösen. Dazu muß er zielsteuernd und gefahrenmindernd tätig werden. Er muß die begegnenden Gefahren kompetent unter Kontrolle halten. Die Folgen von Fehleinschätzungen und Fehlhandlungen werden real spürbar und über die Abenteuerspanne hinaus wirksam.

Läßt sich die Gruppe der ersteren Abenteurer, die von sicherem Terrain aus agieren, eher der *Kategorie „Reizsuche"* zuordnen, so sind diejenigen, die ihre reale Existenz einzubringen bereit sind, in der Masse der Fälle eher in der *Kategorie „Wagnissuche"* anzusiedeln. Der unterschiedliche Standort im Risikogeschehen begründet sich aus zahlreichen inneren und äußeren Faktoren, die schon an anderer Stelle behandelt wurden. Er hat beträchtliche Konsequenzen für Art und Tiefe des Erlebens.

Wenn Wagnis sucht, wer Sicherheit wünscht

Die Theorie des Sicherheitstriebes
(v. Cube)

Kindlicher Umgang mit dem Unbekannten

Szenerie 1

„Messer, Gabel, Schere, Licht sind für kleine Kinder nicht!" lautet ein griffiger Slogan, ein uralter Lehrsatz, den Generationen fürsorglicher Eltern ihren Kindern einzuprägen und gegen eine offenbar unwiderstehliche Versuchung durchzusetzen sich bemühten. Er ist mir von frühester Kindheit an vertraut. Und weil ich gegen ihn verstieß, erntete ich eine Bestrafung durch das Schicksal, deren Relikt, eine Narbe, mich bis heute an die Ereignisse erinnert:

Das Hantieren mit Risikowerkzeug oder gar der Besitz von gefährlichen Gegenständen war uns Vorschulkindern strengstens verboten. Schauerliche Geschichten von abgeschnittenen Daumen und brennenden Kindern wie im „Struwwelpeter" sollten uns warnen und abschrecken. Doch wie bei „Max und Moritz", unserer „Bibel", interessierten uns mehr deren Streiche als ihr unrühmliches und nicht sehr realistisch erscheinendes Ende. Was verboten war, schien uns besonders aufregend und lockte zur heimlichen Erkundung. So tasteten wir uns vorsichtig in die verschiedenen, von den Erwachsenen tabuisierten Bereiche vor. Damit tat sich für unsere kindliche Phantasie und Neugierde ein faszinierendes Feld hochmotivierender Entdeckungsmöglichkeiten auf. Wir fühlten uns stark, voller Wissensdrang und den Anforderungen mit etwas Kribbeln im Magen gewachsen.

Als ich einmal zufällig ein bereits verrostetes Sägemesser fand, schien die Gelegenheit günstig, nun auch zu einer „Flitsche" zu kommen, einer Schleuder, die man aus einer Astgabel schnitzte, mit einem Gummi und einem Leder versah und so als „Waffe" nutzen konnte. Wir wußten, daß David mit solch einer Schleuder den Riesen Goliath getötet haben sollte und wollten stark und überlegen sein wie dieser Junge, indem wir auch eine solche Waffe besaßen. Mit der Flitsche am Gürtel fühlten wir uns wehrhaft und jedem gewachsen, der unsere oft gefährlichen Streifzüge stören mochte, seien es nun angriffslustige Gänseriche, bellende Hunde oder Bullen, die den Weg versperrten. Nicht wir, sondern die Tiere hatten zu weichen, hieß die Devise. Sachbeschädigungen und Angriffe auf Erwachsene jedoch blieben tabu. Sie lagen außerhalb unseres selbstgesetzten Interessenzirkels.

Leider war das rostige Messer nicht so scharf, wie ich es mir wünschte. Mit großem Kraftaufwand und einiger Ungeübtheit eingesetzt, rutschte es von dem harten Holz ab und schnitt mir die Kuppe des Ringfingers ab, so daß der Gelenksknochen freilag. Die Wunde begann zu bluten. Wenn ich den Unfall meiner Mutter meldete, war zwar mit einer ordnungsgemäßen medizinischen Versorgung, aber auch mit einer „Tracht Prügel“ und vor allem mit dem Verlust des Messers zu rechnen. Beides durfte ich nicht riskieren. So wusch ich die blutende Wunde in der nächsten Regenpfütze aus und befragte meine Freunde, was zu tun sei. Ein älterer Junge riet mir, es zu halten wie die Hunde: „Lecke die Wunde so oft du kannst, dann hört das Bluten auf. Die Spucke heilt gleichzeitig. Und wenn du den abgeschnittenen Hautfetzen mit der Zunge ständig auf die Wunde drückst, wächst er wieder an.“ Der Junge behielt recht. Die Wunde heilte in kurzer Zeit komplikationslos ab, ohne daß irgendein Erwachsener etwas von dem Vorfall bemerkt hätte.

Das Ereignis gab der Lebensweisheit und den Erwachsenen, die sie erfunden hatten und immer wieder predigten, offenbar recht. Uns Kinder aber überzeugte sie nicht. Das unliebsame Mißgeschick mußte sich bei etwas mehr Vorsicht und Übung vermeiden lassen. Es durfte nicht von dem eigentlichen Vorhaben abhalten, eine „Flitsche“ herzustellen. Mit ihr trat man in die Gemeinschaft der „Jäger“ ein. Jeder Junge besaß oder erstrebte damals eine Schleuder. Mit ihr schossen wir auf Spatzen. Für jeden der erlegten „Schädlinge“, die nach der herrschenden Auffassung die kostbare Saat vernichteten, zahlte das Bürgermeisteramt 10 Pfennige Prämie. Mit diesem Geld wiederum konnten wir unsere Waffen verbessern, indem wir z. B. das „Autogummi“ durch das für besser gehaltene „Flugzeuggummi“ ersetzten. Das Flugzeuggummi stammte angeblich von den abgeschossenen Jagdbombern der Alliierten, die damals häufiger in unseren Wäldern niedergingen. Es war auf dem Kinder-Schwarzmarkt zu haben. Wenig später begab ich mich selbst auf die Suche nach Wrackteilen in den Wäldern, um mit den gefundenen Maschinenstücken, Schrauben, Werkzeugen einen regen Handel zu treiben und über den Erlös mein Arsenal an attraktiven Risikoinstrumenten zu komplettieren. Sie wurden in einer eingegrabenen Kiste im Wald verborgen gehalten.

Zu meinem streng gehüteten Risikoschatz gehörten auch Streichhölzer, Munition und Benzin. Hin und wieder trafen wir uns zum „Wolkenmachen“. Dazu übergossen wir Gummireifen mit Benzin und zündeten sie an. Wir waren nämlich der Meinung, daß aus dem dichten Qualm unserer Feuer wie aus den Rauchschwaden der Schornsteine die Wolken entstünden.

Szenerie 2

Ich war zehn Jahre alt und auf der Domäne meines Onkels, als mich meine um ein Jahr jüngere Cousine freundlich einlud: „Ich gehe zu Hasso in den Zwinger. Kommst du mit?“

Hasso war ein großer schwarzer Schäferhund, scharf gemacht, um den Kirschgarten während der Erntezeit gegen Diebe zu schützen. Meine Cousine war ihm von klein an vertraut. Mich hingegen kannte er nicht. Es bestand damals eine Rivalität zwischen den „Dörflern" und uns „Städtern", aber auch zwischen uns Jungen und den Mädchen, die wir nicht für vollwertig zu nehmen pflegten. Da meine Cousinen allesamt jünger waren, gab es einen weiteren Grund, sich ihnen überlegen zu fühlen und sie bestenfalls an untergeordneten, weniger bedeutsamen Aufgaben zu beteiligen. Die Rivalität führte regelmäßig zu Mutproben, die das Ranggefüge zum eigenen Vorteil ins Wanken bringen sollten. Die Mädchen spielten dabei gern ihren Heimvorteil aus, insbesondere ihre größere Erfahrung im Umgang mit den Pferden, den Ebern, den Bullen und vor allem den Hunden.

Wenn ich nicht eine peinliche Schlappe erleiden und meine souveräne Führungsrolle gefährdet sehen wollte, mußte ich die Herausforderung annehmen, so sehr mir die Gefahr bewußt war. Da der Hund meiner Cousine vertraut war, hoffte ich, in ihrer Gesellschaft akzeptiert und unbeschadet zu bleiben. Wir traten also in den Zwinger, meine Cousine voran. Der Hund schoß sogleich heftig auf sie zu, sprang sie an und leckte ihr Gesicht. Streichelnd beherrschte sie das riesige Tier. Anschließend sprang er auch mich an. Statt mich jedoch zu lecken, packte er meine rechte Hand und biß zu. Instinktiv erstarrte ich, hielt mich völlig still. Ich versuchte nicht, die Hand aus der Hundeschnauze zu ziehen. Durch meinen Kopf geisterte der schicksalsergebene Gedanke „Der Daumen ist weg! Der Daumen ist weg!" Auch der Hund erstarrte. Er stand vor mir, hielt meinen Daumen bis zur Handwurzel zwischen seinen Zähnen und schaute mich an. Er wurde nicht weiter aktiv, hielt mich lediglich fest. Meine Cousine griff nicht ein. Es schien mir eine Ewigkeit, bis Hasso endlich von sich aus den Biß lockerte und den Daumen frei gab. Die Hand war blutüberströmt. Ich wurde schnellstens ärztlich versorgt und gegen Tollwut geimpft. Es stellte sich schließlich heraus, daß außer der Fleischwunde keine Verletzung oder Infektion eingetreten war. Zwischen Hasso und mir aber war der Bann des Fremden gebrochen. Er mußte mich nicht mehr „stellen". Das gefährliche Tier war mein Freund geworden. Ich konnte ihn fortan streicheln, wie meine Cousinen es konnten. Drei gut zwei Zentimeter lange Narben erinnern mich noch heute an unsere erste Begegnung. In der Spielgruppe aber hatte ich meinen Rang nicht nur erfolgreich verteidigt, sondern eindeutig gefestigt. Ich hatte Respekt gewonnen. Für die Bildung des Selbstbewußtseins und mein Verhältnis zu gefährlichen Tieren war dieses Erlebnis ein Markstein in meinem Leben.

Szenerie 3

Als Zwölfjährige frönten wir in der riesigen Scheune meines Onkels ganze Tage lang einem Spaß, den wir „Sturzkampfbomber" oder „Stukaspiel" nannten:

Wir kletterten dazu die Holzverstrebungen hinauf, die das Innere der Scheune strukturierten und stürzten uns von den Querbalken kopfüber hinunter in das weiche Stroh. Für den Flug durch die Luft hatten wir uns eine Technik ausgedacht, die eine hervorragende Zielgenauigkeit und eine breitflächige Landung erlaubte und es damit ausschloß, zwischen den gebündelten Strohballen hindurch im Untergrund zu verschwinden. Wir ließen uns mit ausgebreiteten Armen, den Kopf voraus, bei offenen Augen in die Tiefe fallen. Der Landepunkt wurde genau fixiert. Kurz vor dem Aufsetzen zogen wir den Kopf ein. Die Landung erfolgte dann mit leichtem Überschlag und ausgestreckten Armen und Beinen auf dem Rücken.

Mit dieser Technik absolvierten wir täglich viele Dutzend Sprünge aus steigender Höhe. Das Spiel erhielt die höchste Geheimhaltungseinstufung. Während die Mädchen in der Regel die „Einmetersprünge" im untersten Bereich unserer Risikoskala bevorzugten und damit ihre unteren Ränge im Sozialprestige zementierten, eskalierten die Jungen ihre Risikobereitschaft bis zu den „Dreimeter-" und „Fünfmetersprüngen". Wir blieben oft tagelang bei derselben Absprunghöhe, bis wir uns die nächste Wagnisstufe zutrauten. Das Erreichen einer neuen Fallhöhe und Fluglänge war mit einem erheblichen Ansehensgewinn verbunden und löste in uns Kindern eine tiefe Genugtuung, einen inneren Jubel aus, der tagelang vorhielt und stolz machte. Meine äußerste Wagnisgrenze war bei den Fünfmetersprüngen erreicht. Ich erinnere mich jedoch, welche Bewunderung ich einem stillen Jungen entgegenbrachte, der, einen Kopf kleiner und viel jünger, sich ohne viel Aufhebens von dem Achtmeterbalken knapp unter dem Dach kühl und gekonnt in die Tiefe stürzte.

Bei unseren vielen hundert Sprüngen ereignete sich kein einziger Unfall, obgleich wir mit dem Gewinn an Sicherheit unsere Flüge durch akrobatische Einlagen modifizierten und immer anspruchsvoller gestalteten. So erweiterte sich das Programm bald durch Tandemsprünge, bei denen zwei Flieger in Handfassung gemeinsam in den Sturzflug gingen. Wir nahmen schließlich auch Strohballen mit hinauf in unsere Zirkuskuppel, um auf diesen Flugzeugattrappen in die Tiefe zu gleiten. Kurz vor dem „Zerschellen" am Boden „retteten" wir uns, indem wir uns von dem „abgeschossenen Flugzeug" lösten und mittels unserer erprobten Technik sicher landeten.

Neben der praktischen Demonstration von Mut, Können und Wagniskompetenz vermehrte auch der Ideenreichtum an Abenteuervarianten und intelligenten Problemlösungen das Ansehen und die Bedeutung in der Kindergruppe, wie es heutzutage bei der Erfindung „neuer Tricks" in der Halfpipe oder am Treppengeländer der Skater zu beobachten ist. Die Risikobeherrschung galt als bewundernswerter objektiver Beweis der Stärke der Persönlichkeit und ihres Leistungsvermögens. Sie verschaffte Respekt und qualifizierte damit für höhere Führungsaufgaben in der Spielgemeinschaft. Sie machte die Vorbildfigur aus, der man sich anvertrauen, mit der man Spannendes erleben, von der man lernen konnte. Der Führungsanspruch ergab sich nicht als „Erb-" oder „Altersrecht" oder aus einem Übermaß an protziger Kraft. Er mußte sich immer wieder neu auf möglichst vielen Gebieten als gerechtfertigt erweisen. Achtung und Anerkennung wurden nicht verschenkt. Sie mußten tatkräftig erworben werden. Wer sich den vielfältigen täglichen Herausforderungen nicht stellte, den Nachweis herausragender Fähigkeiten schuldig blieb, taugte nach unserer kindlichen Einstellung nur als „Volk", nicht als Vorbild oder Führer.

Die geschilderten Wagnisbeispiele kennzeichnen drei auch heute bei Kindern und Jugendlichen noch verbreitete Wagnisformen: das Herstellen bzw. Sammeln eines Risikoinstrumentariums, die Konfrontation mit einem gefährlichen Tier / Gegner und die Selbststeigerung in riskanten Spielsituationen.

Es stellt sich erneut die offensichtlich noch unzureichend beantwortete *Frage nach den tieferen Beweggründen für das Risikohandeln von Kindern:*

- Was veranlaßt Kinder, die wohlmeinenden Ratschläge der erfahrenen Erwachsenen auszuschlagen, gefahrenträchtige Situationen zu meiden?
- Weshalb führen im Gegenteil selbst drastische Maßnahmen wie Verbote und Strafen meist nicht dazu, daß Kinder Gefahrenherden ausweichen, sondern sie sogar suchen?
- Ist es töricht, sich mutwillig in Gefahr zu begeben? Sind Kinder, die dies tun, unreif, einfältig, naiv, dumm?
- Warum läßt sich das Kind nicht durch seine eigene Angst von gefährlichen Handlungen abhalten?
- Was geht in Kindern vor, die sich auch von erkannten Risiken, Unfallmöglichkeiten und tatsächlich stattgefundenen Verletzungen nicht abschrecken lassen, auf ihrem Wege der Wagnissuche weiterzuschreiten?
- Was ist das Verführerische an Risiko und Wagnis?
- Was bewegt Kinder, den bequemen Weg der Behütung und Sicherheit zu verlassen und stattdessen den dornenreichen Pfad einer ungewissen Selbsterfahrung zu wählen?
- Aus welchen Gründen sind die von den Älteren für sinnlos erachteten Risikohandlungen für Kinder ganz offensichtlich von so großer Bedeutung und Sinnhaftigkeit?
- Zeugt der Einsatz von Leben und Gesundheit bei kindlichen Spielen von einer krankhaften Veranlagung, von versteckten Suizidneigungen oder ganz im Gegenteil von einer lebensbejahenden dynamischen Persönlichkeit?
- Warum vergnügen sich Kinder nicht so gerne mit geselligen Friedensspielen, bevorzugen stattdessen oft das Kriegsspiel, den Kampf, die Spannung, das riskante Abenteuer? – Sind das schlicht Erziehungsfehler?

- Welche Folgen erzeugt eine Bewahrpädagogik, die Risikofelder trockenlegt, Entscheidungen abnimmt, Wagnisverhalten beschneidet, riskante Selbsterprobungsmöglichkeiten unterbindet?
- Welches ist der richtige Weg zu mehr Sicherheit?
- Gibt es anlagemäßige Voraussetzungen, die das gesunde Kind drängen, seine Potentiale zu aktivieren, seinen Weg auch gegen alle Erschwernisse und Widerstände, selbst unter Opfern, notfalls in Geheimaktionen, zu suchen?

Die Theorie vom Sicherheitstrieb versucht, auf diese vielfältigen Fragen aus den Erkenntnissen der Verhaltensbiologie eine Antwort zu geben.

Das Erklärungsmodell des Sicherheitstriebes

Die Kernaussage dieser Theorie läßt sich in den Satz fassen: *Wer Wagnis sucht, will Sicherheit.* Im harten Kontrast zu der landläufigen Auffassung, daß die Vermeidung von Risiko Sicherheit biete, steht hier die These: *Nur wer sich wagt, gewinnt an Sicherheit.*

Dieser Gedanke erscheint auf den ersten Blick unverständlich, paradox. Der Sicherheitsuchende soll sich in Unsicherheit begeben, um Sicherheit zu erlangen? Es scheint dem Bestreben nach schneller, möglichst problemloser Sicherheit zuwiderzulaufen, Gefahren aufzusuchen. Doch der direkte Weg ist nicht immer der beste, und auf der Suche nach mehr Sicherheit ist er der falsche.

Hier enthüllt sich uns das Geheimnis des kindlichen Sinnstrebens beim Umgang mit dem Risiko, das vielen Erwachsenen so unerklärlich erscheint: Das Kind sucht das Wagnis nicht um des puren Risikos willen, nicht aus Naivität und nicht aus Suizidabsichten, sondern um Sicherheit zu gewinnen. Indem es sich das Unbekannte zum Bekannten, das Fremde zum Vertrauten, das Unberechenbare zum Berechenbaren, das Gefährliche zum Handelbaren verwandelt, erschafft es Schritt für Schritt aus Unsicherheit Sicherheit. Hier vollzieht sich ein innengesteuertes selbstverantwortliches Handeln. Der Weg zu mehr Sicherheit führt zwingend über das Risiko, über das persönliche Wagnis der Unsicherheit. Wer dieses Wagnis scheut, versäumt den möglichen Zugewinn an Sicherheit. In diesem Zusammenhang erhält der schon früher zitierte Gedanke aus Schillers Wallenstein *„Und setzt ihr nicht das Leben ein, nie wird euch das Leben gewonnen sein“* einen überraschenden weiteren Sinnaspekt. Er besagt nämlich auch, daß, wer sein Leben erhalten, genießen und intensivieren will, es zur Disposition stellen muß. Und das bekannte Sprichwort *„Wer nicht wagt, der nicht gewinnt!“* will uns vermitteln, daß ein Mehr an Sicherheit nur über das Wagnis von Unsicherheit erreichbar ist.

Impulsgeber für das Streben nach mehr Sicherheit ist nach v. CUBE (1995) die Neugier, deren evolutionsgeschichtlicher Sinn darin besteht, sich das Unbekannte bekannt, das Bedrohliche vertraut zu machen. Je mehr Probleme gelöst, je mehr Wissen angeeignet, je mehr Können zur Verfügung steht, je mehr Neues zu Bekanntem geworden ist, desto mehr Sicherheit erreichen wir. In einem befriedeten, vertrauten Umfeld fühlen wir uns wohl, sind wir geschützt. Die Unwägbarkeiten sind zu Wägbarkeiten geworden, die wir kennen, mit denen wir umgehen können.

Das Verlangen nach immer mehr Sicherheit ist triebgesteuert. F. v. CUBE spricht daher vom „Neugiertrieb„, den er mit dem Sicherheitstrieb gleichsetzt. Die Befriedigung dieses Triebes ist lustvoll. Das Erreichen eines neuen Sicherheitsniveaus wird durch Freude belohnt, die sich bis zu Jubel steigern kann. *„Warum ist Klettern so lustvoll? Weil man mit jedem Schritt Unsicherheit in Sicherheit verwandelt. Das Lusterlebnis beim Klettern, beim Schachspielen, beim Motorradfahren, beim Forschen, beim Erfinden, also beim Abenteuer, besteht in der (lustvollen) Befriedigung des Sicherheitstriebes“* (12).

Statt jedoch in dem neu gewonnenen Sicherheitsstatus zu verharren, setzt der Wagnisbereite seine Sicherheit gleich wieder aufs Spiel. Der Sicherheitstrieb verlangt nach Erweiterung der Spielräume, nach immer anspruchsvollerer Sicherheit.

Neue Unsicherheit wird jedoch in der Regel nur aus sicherer Position heraus gewagt. Wer sich unsicher fühlt, geht kein Risiko ein. Die natürliche Angst schützt davor, schon bestehende Unsicherheit weiter zu verschärfen. Die unsichere Lage will zunächst unter Kontrolle gebracht werden, bevor der nächste Risikoschritt gewagt wird. Gelingt dieses nicht, kann die entstandene Unsicherheit nicht reguliert werden, entsteht Angst, die auch in Panik ausarten kann.

Die selbstschützende Tendenz, bei Unsicherheit und Angst das Eingehen von Risiken zu vermeiden, kann nach v. CUBE allerdings auch durch verschiedene Faktoren gestört sein. Er benennt fünf solcher *Störfaktoren*, die eine realitätsgerechte Beurteilung, ob man dem Risiko gewachsen ist, behindern können (53–66):

1. die Ausblendung der Angsthemmung, die sich in blindem Vertrauen auf eine höhere Schutzmacht und die eigene Unversehrbarkeit in einem magisch begründeten Sicherheitsglauben wiegt („Ich bin geborgen in Gottes Hand!“),
2. die Überheblichkeit, die zu einer leichtsinnigen Überschätzung des eigenen Leistungsvermögens verführt („Was ich will, das schaffe ich auch!“),
3. die Ignoranz, die aus Unkenntnis das tatsächliche Gefahrenpotential verkennt („Es wird schon nicht so schlimm sein!“),
4. die Langeweile, die um jeden Preis aus dem unerträglichen Zustand träger, übermäßiger Sicherheit herausdrängt („Alles, was Spannung verspricht, ist recht!“),
5. das Luststreben, das mit Übermut, mit „zuviel Mut“, die Genußwünsche aktiviert („Hauptsache, es macht Spaß!“).

„Sicherheit verlockt zum Risiko,“ konstatiert v. CUBE (9), und je sicherer wir uns fühlen, desto größere Risiken sind wir bereit einzugehen. Wir *müssen* auch größere Risiken eingehen, um uns auf dem erreichten Sicherheitsniveau überhaupt noch verunsichern und damit fortentwickeln zu können. Der Gleitschirmschüler sieht sein Risikosoll schon mit dem Aufziehen des Schirms erfüllt. Der Könner muß sich dazu in eine Luftakrobatik steigern. Ein geübter Bergsteiger geht bei einem höheren Schwierigkeitsgrad kein größeres Risiko ein als ein weniger geübter bei einem geringeren, weil er sich in einem wagnisorientierten Lernprozeß ein geeignetes Kompetenzniveau in der Risikobeherrschung angeeignet hat. Er beherrscht seine (höhere) Risikostufe. Er muß sich, um noch weiter zu kommen, bedeutenderen Herausforderungen stellen als der Anfänger.

Der Neugier- oder Sicherheitstrieb treibt uns zu immer anspruchsvollerem Explorieren, Erfinden, Erkunden, Entdecken, Erfahrungsammeln. So verleiben wir unserem Handlungsrepertoire ständig neue Möglichkeiten ein, machen uns unsere Umwelt zunehmend verfügbar. Je weniger Unbekanntes, Unbestimmtes, Ungewußtes, Unbeherrschtes die Umgebung für uns enthält, desto sicherer ist sie für uns, desto souveräner können wir uns in ihr bewegen, desto mehr Lebensräume gewinnen wir. Auf diesem Wege treibt uns die Neugier, begleitet uns die Wagnisbereitschaft, vervollkommnet uns das Lernen. Lernen aber heißt „Sich konfrontieren“, „Sich anpassen“, „Sich einverleiben“, „Sich verfügbar machen“.

Der Umgang mit dem Risiko kann nicht nur, er muß sogar gelernt werden, will man Lebenstüchtigkeit erlangen. Der Wunsch nach Sicherheit erfordert es daher, bedrohlichen Lebenssituationen nicht aus dem Wege zu gehen, sondern sie anzunehmen, das Krisenmanagement bewußt zu lernen, zu üben und zu trainieren. Die mit dem Wagnis unweigerlich verbundenen Möglichkeiten des Versagens, des Scheiterns, der Verletzung, des Rückschlags dürfen nicht dazu verleiten, sich den schmerzlichen, aber lohnenden Lernprozessen zu entziehen oder sie Kindern zu verweigern. Der Preis für eine solche Verweigerungshaltung ist hoch. Er wird mit dem Verzicht auf eine zunehmende Sicherheit, auf Lebenstüchtigkeit und damit auf eine höhere Lebensqualität bezahlt. Diesen Preis muß die sogenannte Bewahrpädagogik bezahlen, wie sich am Beispiel des Verkehrsumgangs von Kindern leicht zeigen läßt:

Der von Erwachsenen produzierte und geprägte Straßenverkehr ist für Kinder ein äußerst gefährlicher Lebensraum. Mit trauriger Regelmäßigkeit verunglükken jährlich etwa 50.000 Kinder auf Deutschlands Straßen, etwa 400 von ihnen tödlich. Besorgte Eltern ziehen daraus die Konsequenz, noch ihre Vorschulkinder und Schulanfänger im Auto durch diesen bedrohlichen Raum zu transportieren, um sie vor den Gefahren des Straßenverkehrs zu schützen. Den meisten von ihnen ist dabei in ihrer angstbestimmten Fürsorglichkeit nicht bewußt, daß sie in tragischer Verfehlung des eigentlichen Zwecks ihrer aufwendigen Maßnahmen in der Praxis genau das Gegenteil ihrer wohlmeinenden Absichten erreichen. Im Streben nach einer vermeintlich größeren Sicherheit setzen sie ihre Kinder in mehrfacher Hinsicht einer erheblich größeren Gefährdung aus. Sie ahnen z. B. nicht, daß, auf die verkehrenden Kinder bezogen, statistisch mehr Kinder im elterlichen Auto verunglücken als zu Fuß oder auf dem Fahrrad. Dies wird bei den tödlichen Unfällen besonders kraß deutlich (vgl. Warwitz, 1995, 10–15). Sie verdrängen, daß sie selbst einen zusätzlichen, meist hektischen, von Zeitnot geplagten Autoverkehr rund um den Schulweg schaffen und damit nicht nur die eigenen, sondern auch fremde Kinder selbstproduzierten Gefahren aussetzen. Sie übersehen schließlich vor allem, daß sie ihren Kindern das unverzichtbare eigene Lernen des Verkehrsumgangs abschneiden. In scheinbaren Schutzräumen passiv und damit verkehrsuntüchtig gehalten, erwartet diese Kinder im Falle des eigenen Verkehrens, der nicht ausbleibt, eine drastische Erhöhung ihres Unfallrisikos. Nach unseren Untersuchungen (2000, 10–15) kennzeichnen sich Fahrzeugkinder durch eine deutlich geringere Verkehrskompetenz gegenüber Kindern, die das Verkehren praktisch lernen durften. Sie sind außerdem nicht weniger, sondern mit einem höheren Anteil an den Unfällen und Beinaheunfällen beteiligt. Eine von mir initiierte Befragung der Eltern von Unfallkindern durch Studenten erbrachte eine verbreitete Skepsis und entsprechende Enthaltsamkeit gegenüber verkehrserzieherischen Maßnahmen. Statt einer elterlichen Begleitung in das Wagnis werden mahnende Appelle und Aufkleber an der Autoscheibe bevorzugt, die sich an das Verkehrsgewissen der anderen wenden. Der erfolgversprechendere Weg zu mehr Sicherheit ist jedoch nicht das Vorenthalten von Risikoerfahrungen. Nicht das Aussparen der Bedrohung, sondern nur die lernende Auseinandersetzung mit dem Risiko führt zu mehr Sicherheit, auch im Verkehr. Dies ist die Botschaft der Theorie vom Sicherheitstrieb.

Das Neue und Unbekannte entfaltet seine Reizwirkung jedoch nicht bedingungslos. Es spricht nicht jeden und nicht in gleicher Weise an. Ob uns das Neue verlockt, ob unsere Neugier erregt wird, ob der Stimulus des Unbekannten uns in Bewegung bringt, hängt von mehreren Faktoren ab:

- Das Neue muß unserer Charakterstruktur und unserem Wunschprofil entsprechen. Es muß unseren Fähigkeiten und Interessen gemäß sein. Es muß auf etwas in uns treffen, das resonanzbereit ist. Der eine fühlt sich als Taucher von den Tiefen des Meeres angezogen. Einen zweiten fasziniert es, sich als Forscher einer gefährlichen Mission zu widmen. Ein dritter wagt sich als Sozialhelfer in das kriminelle Milieu. Sie alle dringen risikobereit in neue Dimensionen des Lebens vor, aber auf verschiedenen Feldern.
- Das Neue muß aus dem Zustand der Sicherheit heraus erfahren werden, wie APTER (1994) herausgearbeitet hat. Es kann seine auffordernde Wirkung nur entfalten, wenn wir uns sicher fühlen. Angst lähmt schon das Kind und hindert es daran, etwas auszukundschaften und dabei eine Unsicherheit zu wagen.

- Das Neue darf uns nicht überfordern. Wir sind nur bereit, soviel an Unsicherheit zu riskieren, wie wir in Sicherheit verwandeln zu können meinen. Diese Bedingung beantwortet auch die häufig gestellte Frage, warum der Risikosucher, der ja scheinbar so gefährlich lebt, zugunsten des Risikomeiders, der die bedingungslose Sicherheit bevorzugt, im Laufe der Evolution nicht schon ausgerottet wurde: Der Lebenswille setzt auch beim Risiker in aller Regel vor die Übergefährdung den Riegel der hemmenden Angst. Seine natürliche lebenssichernde Verhaltensregulation gestattet auch dem Risiker nur das Maß an Risiko in Anspruch zu nehmen, das er aller Voraussicht nach in neue Sicherheit umsetzen und lustvoll genießen kann.

Der Mensch zeigt wie das Tier ein Appetenzverhalten nach Neuem. Aber wir streben nicht wahllos nach Neuem. Die Betätigung dieser Triebhandlung beschränkt sich auf das für uns gemäße, attraktive, beherrschbare Neue. Das Verlangen nach neuer Unsicherheit in Form von Spannung und Abenteuer wird umso intensiver, je deutlicher die Wagnisbereitschaft in unserer Charakterstruktur ausgeprägt ist und je länger wir neue Reize entbehren mußten. Eine längere Phase der Sicherheit, die uns langweilt, schreit förmlich nach neuen Spannungsreizen. Die Neugier begehrt auf. Die gestauten Triebkräfte und nicht abgerufenen Aktionspotentiale können dabei so stark werden, daß sich eine aggressive Langeweile entwickelt. Aus diesem Zustand können auch unkontrollierte Entladungen erfolgen in Form von Gewalttaten und überdimensionierten Mutproben. Das Russische Roulette etwa findet sehr häufig in der Langeweile seinen Ausgangspunkt, wie schon beschrieben wurde.

Ein Trieb kennzeichnet sich nach v. CUBE (33–40) durch *fünf Merkmale, die gleichzeitig den Ablauf des Triebgeschehens verdeutlichen*:

1. Ein Trieb speist sich aus einer inneren Reizquelle, aus einem Bedürfnis. Dieses setzt eine wachsende Bereitschaft zum Handeln in Gang. Der Neugiertrieb wird aus dem Wunsch geboren, der Langeweile zu entkommen, Neues, Spannendes zu erleben und sich dabei zusätzliche sichere Räume zu erschaffen. Das Kind, das ein Pferd streicheln, füttern, striegeln, reiten, kutschieren möchte, hat das Bedürfnis, sich das große, starke, unbekannte Wesen zutraulich zu machen. Diese Annäherung enthält ein Wagnis.
2. Jeder Trieb reagiert auf ganz bestimmte, sogenannte „Spezifische Reize", die seine Auslösung bewirken. Wie der Hunger die Nahrungssuche aktiviert, so kann das Ungewußte, Ungewohnte, Seltene, Verbotene mit dem Reiz des Neuen den Neugiertrieb in Aktion versetzen. Das schöne fremde Tier mit den großen traurigen Augen verlockt, zum Vertrauten des Kindes zu werden.
3. Bleibt der auslösende Reiz längere Zeit aus, wächst die Stärke des Triebes an. Es kommt zum Appetenzverhalten. Wir bemühen uns mit erhöhter Anstrengung um den Reiz. Wir suchen das Neue aktiv auf. Das Kind sehnt sich besonders intensiv nach dem begehrten Freund, dem Pferde. Es sucht nach Gelegenheiten der Begegnung.

4. Finden der innere Trieb und der äußere Reiz zusammen, kommt es zur Triebhandlung. Aus dem Zusammenspiel von Neugiertrieb und Attraktivität des Neuen entwickelt sich die Annäherung. Der Wunsch des Kindes nach Freundschaft und Umgang mit dem bewunderten Tier realisiert sich in der Tat. Aus dem unbekannten Wesen wird ein Partner. Unsicherheit und Angst verwandeln sich in Sicherheit und Vertrautwerden.
5. In der Endphase des Geschehens schließlich erfolgt die Auflösung der Triebspannung. Sie ist mit einem intensiven Lusterleben verbunden. Die Lustempfindung belohnt die Anstrengung. Dieses glückhafte Endergebnis, die Triebbefriedigung, ist in der Psychologie als „Aha-Erlebnis“ (K. BÜHLER) oder als „Flow-Erlebnis“ (M. CSIKSZENTMIHALYI) beschrieben worden. Über den Neugiertrieb hat sich ein Zugewinn an Sicherheit eingestellt. Das Kind hat in seinem Pferde einen Kameraden und Freund gefunden. Das anfangs unsichere Verhältnis zu dem Tier ist als neuer sicherer Bereich in das bestehende Sicherheitssystem eingefügt worden.

Die gesellschaftliche Problematik des Umgangs mit Wagnis und Risiko sehen namhafte Wissenschaftler verschiedener Disziplinen heute nicht in dem Ausleben des Wunsches nach Wagnis, sondern gerade umgekehrt in der Stigmatisierung, in der Domestizierung, in der Behinderung oder gar Verhinderung des Wagnisstrebens:

Der Soziologe und Ethnologe G. ELWERT (1997, 1998) spricht von einer Mißachtung der kreativen Fähigkeiten der Jugendlichen durch unsere Gesellschaft, von einer Bevormundung durch die Alten, von einer Beschneidung der Experimentierräume, besonders auf dem Wagnissektor. Er weist darauf hin, daß andere Kulturen ihrem Nachwuchs weit bessere Chancen einräumen, Neues und Riskantes auszuprobieren. Er meint, daß wir uns die Stillegung der besonders ausgeprägten Triebenergien der Jungen, die Schwächung ihrer Selbstfindungskräfte bei Risikohandlungen eigentlich nicht leisten können. Die Arbeitslosigkeit betrifft in hohem Maße den dynamischsten Teil der Bevölkerung. Die Risikobereitschaft, Motor des Fortschritts, wird in den Spiel- und Sportbereich abgedrängt. Risikohandlungen im Alltag geraten in den Sog der Halblegalität und Kriminalität. Gesetze reduzieren die Risiken. Über den Vergnügungsparks und Bungeeanlagen waltet der TÜV. Echtes Risiko ist gesellschaftlich verpönt. Angesichts der Innovationsmüdigkeit einerseits und des brachliegenden jugendlichen Energiepotentials andererseits fordert ELWERT (1998, 51), *„Selbstentfaltung zuzulassen – auch dann, wenn sie mit Risiken verbunden ist.“*

Der Verhaltensbiologe F. v. CUBE (1995) ist der Überzeugung, daß nicht Überforderung und Streß, sondern im Gegenteil Unterforderung und Verwöhnung, ungenutzte Trieb- und Aktionspotentiale, für gesellschaftliche Fehlentwicklungen wie Drogenkonsum, Alkoholismus, Gewalt oder Zivilisationskrankheiten verantwortlich sind (119). Die *„Verwöhnung“* sieht er *„als ein umfassendes*

Wohlstandssyndrom mit lebensbedrohenden Konsequenzen" (119). Die Problematik erkennt auch er nicht im Ausagieren des Risikotriebs, der auf den Zugewinn von Sicherheit ausgerichtet ist, sondern in seiner Behinderung, in Eingriffen. Die verbreiteten Motive „Lust ohne Anstrengung" und „Lust ohne Angst" pervertieren die lebensnotwendige Aktivierung des Sicherheitstriebes über das Risiko. Für F. v. CUBE hat der Mensch ein Recht auf Risiko als *„Triebbefriedigung in Eigenverantwortung"* (131), um seine Sicherheitsspielräume ausdehnen zu können.

Der Pädagoge und Sportwissenschaftler G. HECKER (1991) schreibt dem Risikosport eine wichtige Funktion in der Sicherheitserziehung zu. Er konstatiert (227), daß Risikoverhalten bis auf wenige Ausnahmegruppen (Unternehmer, Börsianer oder Spitzenmanager) in unserem Alltags- und Arbeitsleben unerwünscht ist, häufig sogar als sozialschädlich gilt. Diese Tendenz der Fortbewegung vom Risiko führt nach HECKER zu einem Verlust an Lebenstüchtigkeit, an Verantwortungsfähigkeit und Eigeninitiative. Unselbständigkeit und Abhängigkeit von funktionierenden Systemen sind die Folge. Die grassierende Langeweile, Passivität, Lethargie bricht vor allem bei Jugendlichen unter dem Schub ihrer noch nicht verdorrten Sehnsucht nach Abenteuern und Spannung via Bildschirm, Stadion, Straßenkriminalität, Drogen oder Extremsport in sehr verschiedenwertige Ersatzformen aus. Dabei zeigt sich immer häufiger, daß Risikoeinschätzung und Risikobeherrschung nicht organisch gewachsen, nicht gelernt sind. HECKER plädiert entsprechend für eine Förderung des Risikosports *„im Hinblick auf eine größere Geschicklichkeit, Gewandtheit, realistische Einschätzungsfähigkeit oder allgemeiner für eine größere Tüchtigkeit und Leistungsfähigkeit von mehr Mitgliedern unserer Gesellschaft"* (229).

Beurteilung

Bedeutung und Aussagekraft des Erklärungsansatzes vom Neugier- und Sicherheitstrieb müssen sich auch daran messen lassen, ob dieser geeignet ist, die eingangs geschilderten Szenarien kindlicher Mutproben und Selbstfindungsversuche plausibel zu interpretieren:

1. Die Begegnung mit Risikoinstrumenten

Nach der Theorie vom Sicherheitstrieb verlockt ein angeborener unwiderstehlicher Trieb der Neugier das Kind dazu, allen Warnungen und strengsten Verboten zum Trotz, den Besitz des gefährlichen Werkzeugs anzustreben. Da dieser Trieb in seiner natürlichen Betätigung unterdrückt wird, entwickelt sich ein besonders hartnäckiges Verlangen, das auch vor einem nicht voll funktionstüchtigen Messer nicht zurückschreckt und die Triebregulierung in den Bereich des Geheimen verlagert. Das Wagnis und der Zugewinn an Sicherheit ereignen sich auf verschiedenen Ebenen:

Das Bedrohliche und Riskante erwächst zunächst aus dem noch unzulänglichen handwerklichen Vermögen, aus dem noch nicht gekonnten Umgang mit dem gefahrenträchtigen Handwerkszeug Sägemesser und Schleuder, also aus noch fehlender *Sachsicherheit.* Wegen der Notwendigkeit der Geheimhaltung und wegen des Mangels an sachkundiger Anleitung muß der Kompetenzaufbau autodidaktisch, das bedeutet, auf dem gefahrvollen Wege von Versuch und Irrtum, bewerkstelligt werden. Die Triebstärke erweist sich jedoch als so durchsetzungskräftig, daß auch der Unfall das vehemente Bedürfnis nach Befriedigung des Triebes nicht lähmen kann. Am Ende des risikoreichen Weges steht die Sachkompetenz im Umgang mit Messer und Schleuder, also eine neugewonnene Sicherheit.

Es geht im weiteren um *Verhaltenssicherheit.* Auch wenn das Auswaschen der Wunde in der Regenpfütze und die Speichelheilung medizinisch gesehen zweifellos keine optimale Behandlungsmethode darstellen, wird doch auf diesem Wege der Selbsthilfe eine sachdienliche Problemlösung gefunden.

Dies stärkt gleichzeitig auch die *Selbstsicherheit,* die auf der Selbsterfahrung und dem entsprechenden Selbstbewußtsein beruht, sich selber helfen zu können, die Erwachsenen nicht zu brauchen.

Den entscheidenden Motivationsimpuls aber liefert das Streben nach Gemeinschaft mit den „Jägern", die Akzeptanz in der Gruppe der Gleichgesinnten, das Erreichen von *Sozialsicherheit.* Der Besitz von gefährlichem Material verleiht Macht, Anerkennung, Ansehen in dieser Gemeinschaft. Er gilt als Empfehlung. Das Bemühen um soziale Sicherheit stellt das zentrale Motiv dieser Risikohandlung dar.

Im Durchgang durch das Risiko werden also, triebgesteuert, mehr oder weniger bewußt registriert, auf verschiedenen Ebenen neue Sicherheiten erlangt. Es werden neue Sicherheitsstandards erreicht, die vorher im Verhaltensrepertoire des Kindes nicht vorhanden waren.

2. Die Konfrontation mit einem gefährlichen Tier

Die Bereitschaft, sich ungeschützt zu einem bissigen fremden Schäferhund in den Zwinger zu begeben, erscheint dem psychologisch Unkundigen vom Sicherheitsdenken her kontraproduktiv, ja wahnsinnig. Sie macht dennoch Sinn, wenn man das Denkmodell vom Sicherheitstrieb zugrundelegt.

Entscheidendes Motiv für das Wagnis des Zehnjährigen war der Erhalt der *Statussicherheit.* Dieses Motiv wog schwerer als die mögliche Gefährdung. Ein Versagen vor der Herausforderung hätte ohne jeden Zweifel zur Rangminderung in der Szene geführt. Die sozial niedriger eingestufte Herausfordererin hätte sich als die Mutigere, der Statushöhere als der Ängstliche präsentiert. Hierbei fallen für Kinder differenziertere Umstände wie die unterschiedliche Vertrautheit mit dem Hunde und der Heimvorteil nicht ins Gewicht. Es zählte ausschließlich die Fähigkeit zur Konfrontation mit dem aggressiven, bissigen Tier. Das Bestehen der Mutprobe bedeutete in der Kindergruppe nicht nur Statuserhalt, sondern Statusbefestigung. Hierbei allerdings war dann die Tatsache, einem fremden Hunde gegenübergetreten zu sein, als besonders imponierende Leistung mit einer zusätzlichen Aufwertung verbunden.

Die aus der Mutprobe entstandene Freundschaft mit dem gefährlichen Tier ergab sich als ein Nebeneffekt, der nicht beabsichtigt war. Man könnte ihn als hinzugewonnene *Umfeldsicherheit* bezeichnen, weil der Hund in dieser kämpferisch orientierten und dem Leistungsprinzip huldigenden Kindergesellschaft fortan als respekteinflößender Begleiter und schützender Freund zur Verfügung stand.

Im Gefolge der bestandenen Probe zeigten sich jedoch auch längerfristig wirkende Sicherheitsgewinne auf verschiedenen Ebenen, die v. CUBEs Theorie weiter bestätigen:

Statt einer Canophobie (Hundefurcht) die bei einer andersartigen Veranlagung, etwa einer Neigung zu Ängsten, auch denkbar gewesen wäre, entwickelte sich aus dem relativ unbeschadet überstandenen Erlebnis mit dem Hund Hasso eine neue *Verhaltenssicherheit*, die sich bei späteren Begegnungen mit aggressiven Hunden als hilfreich erweisen sollte.

Es ereignete sich ein Entwicklungsschub zugunsten der erwachenden *Selbstsicherheit*, des Bewußtseins, sich in gefährlichen Situationen auf sich verlassen zu können und nicht in Panik zu geraten.

Es stabilisierte sich mit diesem Schlüsselerlebnis schließlich auch eine sogenannte *Risikosicherheit*, die mit den Risikoerfahrungen allmählich wächst und sich in der Bereitschaft und Fähigkeit äußert, sich auf wagnishaltige Situationen einzulassen, angemessen mit dem Risiko umzugehen und das notwendige Problemmanagement zu leisten.

Dieser steinige Weg zu neuen Sicherheiten steht allerdings nur philobatisch strukturierten Menschen des Profils Wagnissucher offen, den BALINT ([4]1994) 1959 erstmals beschrieben hat. Er setzt eine starke Überzeugung von der Sinnhaftigkeit des eingegangenen Wagnisses voraus und eine ausgeprägte Bereitschaft, für das als sinnvoll erachtete riskante Unternehmen notfalls Opfer zu bringen, auch in Form körperlicher Verletzungen.

Das Weiterverfolgen der eigenen Sehnsüchte und Wertvorstellungen auch nach schmerzlichen Opfern und harten Rückschlägen (deren Möglichkeit meist schon in der Risikokalkulation enthalten waren) stellt eine nahezu durchgängige Verhaltensmaxime des philobatisch veranlagten Menschen dar. Nahezu alle erfolgreichen Extremsportler und Grenzgänger neigen diesem Menschentypus zu. Er offenbart sich in oft existentiellen Entscheidungsmomenten. So stürzt der Bergsteiger R. MESSNER, allein auf dem Weg zu einem Achttausender, fernab jeder menschlichen Rettungschance in eine Gletscherspalte ab, kann sich, den Tod vor Augen, aus nahezu aussichtsloser Lage mit äußerster Anstrengung noch einmal retten – und setzt seinen Weg zum Gipfel fort. Auch abgefrorene Zehen bringen ihn nicht davon ab, weiterhin die eisige Einsamkeit der höchsten Bergregionen in noch gefährlicheren Unternehmungen zu suchen.

Eine solche Denk- und Fühlhaltung bleibt dem oknophilen Menschentypus weithin unzugänglich. Indem er sein eigenes Denken und Fühlen zum Maßstab setzt, empfindet er diese ihm wesensfremde Mentalität als „absurd“, „wahnsinnig“, „verrückt“, „pervers“, „lebensverneinend“. Der oknophile Mensch kann diese Verhaltenskategorie nicht über das eigene Empfinden und Erleben begreifen. Er kann ihr höchstens über seinen Intellekt auf die Spur kommen, über das Wissen um die Unterschiedlichkeit menschlicher Charaktere, Motivstrukturen, Wertüberzeugungen und deren Prioritätensetzung.

Wie schon dargestellt, versagt die Verständnisbildung zwischen den beiden konträren menschlichen Veranlagungsrichtungen oft auf beiden Seiten. Die gegenseitige Einschätzung wird durch Vorurteile behindert oder sogar verhindert.

3. Die Auseinandersetzung mit einer gefahrenträchtigen Situation

Auch die kindlichen Sturzkampfbomberspiele in der Scheune folgen dem Neugiertrieb und lassen den Willen, sich die Umwelt verfügbar zu machen und ein Sicherheitsstreben erkennen. Es wird jeweils nur so viel an Unsicherheit gewagt, wie sich der einzelne in neue persönliche Sicherheit umzuwandeln zutraut.

Maßgeblicher Beweggrund, sich von immer höheren Balken kopfüber in die Tiefe zu stürzen, ist auch hier das Anliegen, das eigene Sozialprestige zu heben. Dies macht erst in Gesellschaft der anderen Sinn, im gegenseitigen Vorzeigen und Bewundern. Es geht darum, mitzumachen, in der Gruppe einen Platz zu erhalten, von den anderen angenommen zu werden, durch eine nachgewiesene Leistung die Achtung der anderen zu erwerben. Es geht um sozialen Halt, um *Sozialsicherheit* und darüber hinaus um den Gewinn von *Statussicherheit*, für die man sich in Konkurrenz exponieren und profilieren muß. Nicht jeder kann schließlich eine Führungspersönlichkeit sein. Alle Kinder brauchen und wünschen die soziale Anerkennung. Diese wird in der Kindergruppe jedoch nicht einfach verschenkt. Sie muß verdient werden, was über die Offenlegung anerkennenswerter Potentiale geschieht. Wer sich mit einer Rolle als „Volk“ zufriedengibt, kann seine Wagnisbereitschaft in dieser hierarchisch aufgebauten Kindergesellschaft auf ein Minimum reduzieren. Er kann sich aus dem Wettbewerb um Führungspositionen herausnehmen. Er kommt dafür nicht infrage.

Mit dem Bemühen um die Präsentation einer anerkennenswerten körperlichen Leistung ergibt sich allmählich ein Zuwachs an physischer Tüchtigkeit und *Bewegungssicherheit*. Der wagende Umgang mit der Bewegung schult die psychophysischen Funktionen und macht den als „Sturzkampfbomber“ durchflogenen Raum verfügbar und damit sicherer.

Hiermit verbindet sich schließlich ein Zugewinn an *Selbstsicherheit*. Die Position der Ich-Stärke erlaubt es, auch einzelne Fehlschläge zu ertragen und geringere Leistungen bereitwillig zu akzeptieren. Die Weiterentwicklung zu einer Tandemakrobatik, welche die Verläßlichkeit eines anderen und die Einstellung auf ihn voraussetzt, führt zu *Partnersicherheit*. Alle Ebenen zusammen münden schließlich in eine verbesserte *Risikosicherheit* und *Verhaltenssicherheit*.

Archaische Selbsterziehungsprozesse wie die beschriebenen finden sich nach meinen Untersuchungen nahezu regelmäßig auch in heutigen Kinderbanden und Jugendbünden, die von Erwachsenen nicht beeinflußt werden.

Die Kontrollanalyse der eingangs skizzierten drei Beispiele bescheinigt der Theorie vom Sicherheitstrieb einen hohen Erklärungswert für Wagnishandlungen im ***Mutprobenbereich***. Das Denkmodell v. CUBEs versagt aber auch auf weiteren Risikofeldern nicht. So zeigt sich der Großteil des etablierten ***Wagnissports*** im Bereich des Fallens, Fliegens, Tauchens, Segelns, Reitens oder Kletterns durch allmähliches Lernen und entsprechenden Kompetenzzuwachs gekennzeichnet. Dieser wird in aller Regel durch professionell betriebene Schulen erreicht, oft durch Prüfungen abgesichert. Lernen aber verwandelt stetig Unsicherheiten in neue Sicherheiten. Auch der ***Grenzgang*** ist in seiner Stufung der Anforderungen auf Sicherheitsgewinn angelegt. Gefährliche Abenteuer werden in der Regel erst gewagt, wenn weniger gefährliche bewältigt wurden, wenn ein vertretbares Maß an Risikobeherrschung erreicht ist. Ebenso führt auf dem Sektor ***Forschung*** jeder Wagnisschritt, sei er nun erfolgreich oder als Fehlversuch zu werten, werde die Ausgangshypothese nun verifiziert oder falsifiziert, zu neuen Gewißheiten. Nur der Unkundige erwartet auch hier das risikolose, umweglose, schnelle Ergebnis, den komplikationslosen, möglichst sofort verwertbaren Erfolg.

Das Erklärungsmodell vom Neugiertrieb wird bei unseren Befragungen von den sogenannten Risikern weitestgehend als einleuchtend empfunden, also bestätigt. Den befragten Nichtrisikern erscheint der Umweg zu mehr Sicherheit über das Wagnis in vielen Fällen zwar nachvollziehbar, zum Teil sogar vernünftig, als persönlicher Weg aber zu bedrohlich und zu risikoreich. Sie zählen sich daher auch selbst zu den „Nichtrisikern“.

Angesichts des stark ausgeprägten Sicherheitsdenkens in unserer Gesellschaft einerseits und der offenkundigen Plausibilität der Theorie andererseits ist es erstaunlich, wie wenig sie in den wirtschaftlichen, beruflichen, privaten und vor allem pädagogischen Lebensbereichen der Gegenwart wirksam wird. Ein verkrampftes Direktstreben nach einer über alles geschätzten schnellen Sicherheit ohne Risiko scheint dies zu verhindern. Eine in unserer Gesellschaft verbreitete Lebens- und Verletzungsangst verbaut offensichtlich die Chance, daß mehr Menschen den anspruchsvolleren Weg einer aktiv erarbeiteten Sicherheit beschreiten. Sie verhindert auch die Realisierung des Wagnisgedankens in den Schulen.

Mancher Sicherheitsfanatiker unserer Zeit, bereit, sich mit den ihm gegebenen Sicherheitsstandards zufrieden zu geben, setzt sich gern mit Spott und flotten Sprüchen über v. CUBEs Theorie hinweg: *„Wenn es dem Ochsen zu wohl wird, geht er auf's Eis!"* SHAKESPEARE spricht ihm in seinem „Macbeth" (3. Akt, 5. Szene) aus dem Herzen, wenn er Hekate im Hexengespräch auf der Heide die Hexen auffordern läßt, den ratsuchenden Macbeth ins Verderben zu schicken, indem sie ihn davon abhalten, auf die Stimme der Angst zu hören, *„denn, wie ihr wißt, war Sicherheit des Menschen Erbfeind jederzeit."*

Nicht immer ist sich der zynische Risikomeider allerdings darüber im klaren, daß diese Mentalität sein Sicherheitsniveau, seine Lebensmöglichkeiten und meist auch seine Lebensqualität begrenzt, wie noch zu zeigen sein wird.

v. CUBE fokussiert das Wagnisstreben auf den Gedanken der Sicherheit. Er geht von der treibenden Kraft eines evolutionsgeschichtlich sinnvollen und nutzbringenden Triebes, des Neugier- oder Sicherheitstriebes, aus und verfolgt seine Wirksamkeit auf verhaltensbiologischer Ebene. Dieser Theorie läßt sich folgen, – wenn man sie nicht verabsolutiert. Der Mensch verfügt nämlich über eine Vielzahl weiterer elementarer, ihn aktivierender und steuernder Triebe, etwa den Spieltrieb, den Bewegungstrieb oder den Vervollkommnungstrieb. Der Neugiertrieb, der seinerseits mit anderen Trieben wie dem Erkundungstrieb, dem Gesellungstrieb oder dem Erkenntnistrieb in enger Verbindung und lebhaftem Austausch steht, bietet allein kein tragfähiges Erklärungsfundament für die Risikosuche. Risikostreben ist in der Regel nicht monokausal, sondern nur multikausal erklärbar.

Sicherheit stellt außerdem lediglich ein formales Kriterium dar, dem Wagnisbereite gerecht zu werden versuchen, um über die Risikophase hinaus weiterleben und die Verwirklichung ihrer eigentlichen Ziele, z. B. den Genuß der Geschwindigkeit, des Fliegens, des Gleitens, erleben zu können. Das Sicherheitsstreben füllt sie nicht aus. Der Wagnisbereite ist in der Regel ein Sinnsuchender, dessen Wünsche an das Leben sich nicht im Bemühen um das Erreichen eines verbesserten Sicherheitsstatus erschöpfen. Er versucht, in neue sportliche, wissenschaftliche oder existentielle Sinndimensionen vorzustoßen, die Möglichkeiten, die er in sich zu erkennen vermag, auszuschöpfen, sich in seiner selbstempfundenen menschlichen Wertigkeit zu vervollkommnen, wie in dem Denkmodell vom Leben in wachsenden Ringen zu verdeutlichen sein wird. Hierfür ist der Wagnissuchende bereit, Sicherheit aufs Spiel zu setzen und materielle, körperliche, karrieremäßige oder auch familiäre Opfer zu bringen. Diese weiterreichenden Sinnvorstellungen werden von der Theorie des Neugiertriebs nicht hinreichend erfaßt.

Die Entscheidung der Skysurferin Penny ROBERTS, die nach einem Sprung aus dem Flugzeug und dem Versagen ihrer beiden Rettungssysteme aus 5 000 Metern Höhe ungebremst auf dem Boden aufschlug, wie durch ein Wunder – allerdings bis zum Hals gelähmt – überlebte und sich anschließend nichts sehnlicher wünschte, als wieder zu springen und dies ein Jahr nach ihrem Unfall auch tat, erscheint durchschnittlichem psychologischem Sachverstand und Einfühlungsvermögen absurd. Sie stellt sich von einem vordergründig-formalen Sicherheitsstandpunkt aus in der Tat als wahnsinnig dar, reicht aber in Wirklichkeit in tiefere Dimensionen des Menschlichen, der Sinnsuche und Werterfüllung, die reinem Sicherheitsdenken nicht zugänglich sind.

Sicherheitsstreben besteht, wie in den Beispielanalysen bereits dargestellt, nicht nur in einem Verlangen nach ***körperlicher Unversehrtheit*** (Gesundheit, Wohlbefinden). Eine solche Vorstellung greift zu kurz und wird dem Problemkomplex nicht annähernd gerecht. Es umfaßt darüber hinaus auch den Wunsch nach ***emotionaler Sicherheit*** (Angenommensein, Geborgenheit), nach ***intellektueller Sicherheit*** (Erkenntnis, Wissen), nach ***sozialer Sicherheit*** (Anerkennung, Rang), nach ***gesellschaftlicher Sicherheit*** (Wohlstand, Karriere). Schon diese unterschiedlichen Sicherheitsebenen führen zu tieferen Schichten des Menschlichen, als es auf den ersten Blick den Anschein hat. Der Wunschtraum der Penny ROBERTS, auf den noch einmal zurückzukommen sein wird, ist vom Neugier- und Sicherheitstrieb allein her allerdings nicht befriedigend begründbar. Es bewegen und bestimmen den Menschen noch andere Triebe und Motive, die in einem weiteren Denkmodell zu erörtern sind.

Auch die Lebensläufe des Survivalspezialisten R. NEHBERG, des Polarexpeditionisten A. FUCHS oder des Extrembergsteigers R. MESSNER, dreier Grenzgänger, sind allein vom Sicherheitsdenken her nicht verständlich. Alle drei wären in der Lage gewesen, auch in bürgerlichen Berufen Erhebliches zu leisten. Wohl aufgehoben und eingegliedert in das bürgerliche Gemeinwesen, hätten sie ein friedvolles und sorgenfreies Leben fristen können. Ihre Ambitionen richteten sich jedoch nicht vorrangig auf die Sicherung einer bürgerlichen Existenz, galten nicht in erster Linie dem Aufbau von Wohlstand, Karriere und Altersfrieden oder der Bewahrung der eigenen Unversehrtheit. Sie suchten stattdessen Sicherheit im Unsicheren, ein Zuhause im Unbehausten, Heimat in der Fremde. Dies bedeutet in der Tat, dem Neugiertrieb zu folgen, Unbekanntes in Bekanntes zu verwandeln. Es bedeutet jedoch gleichzeitig auch, weitere Triebenergien wie den Spieltrieb, den Bewegungstrieb, den Vervollkommnungstrieb auszuleben. Es bedeutet letztendlich, einer individuellen Berufung zu folgen, seine Entwicklungsmöglichkeiten auszuschöpfen, für die unverwechselbare menschliche Persönlichkeit die Bestimmung zu finden, sich im Sinne seiner ureigenen Anlagestruktur zu vervollkommnen. Mit diesem Sinnstreben befaßt sich die Theorie vom Leben in wachsenden Ringen.

Wenn Wagnis den Weg weist des Werdens

Wer Wesentliches bewirken und sich entwickeln will, muß sich wagen

Die Theorie vom Leben in wachsenden Ringen
(Warwitz)

Sinnbilder gewagten Lebens

Da neigt sich die Stunde und rührt mich an
mit klarem, metallenem Schlag:
mir zittern die Sinne. Ich fühle: ich kann –
und ich fasse den plastischen Tag.
Nichts war noch vollendet, eh ich es erschaut,
ein jedes Werden stand still.
Meine Blicke sind reif, und wie eine Braut
kommt jedem das Ding, das er will.
Ich lebe mein Leben in wachsenden Ringen,
die sich über die Dinge ziehn.
Ich werde den letzten vielleicht nicht vollbringen,
aber versuchen will ich ihn.

R.M. Rilke, Das Stundenbuch (1899, 1. Buch)

Wir erleben die Gedanken einer dynamischen, selbstbewußten Persönlichkeit, die aufbricht, das Leben in die eigenen Hände zu nehmen, sich selbst zu bestimmen, die sich die Aufgabe stellt, die in ihr angelegten Möglichkeiten zur Vervollkommnung zu bringen.

RILKE versteht das menschliche Leben als bloßen Entwurf, als Schöpfungsidee, als etwas Unvollendetes, das der einzelne zu vollenden aufgerufen ist. Die Mitgift der Natur bedarf nach RILKE der Ausgestaltung durch den Menschen. Er selbst muß seinem Leben Sinn geben. Diese Aufgabe sollte er begreifen und ergreifen.

Sinn und Sein aber erschließen sich erst im Wirken. Das Sein des Menschen unterscheidet sich vom bloßen Dasein (Vegetieren) des Tieres durch selbstschöpferisches Tätigwerden, durch Arbeit an sich selbst. Der Mensch muß sich, um im vollen Sinne Mensch zu werden, ein zweites Mal selbst erschaffen. Es geht um die Selbstschöpfung als ethisches Wesen. Im wertorientierten Entscheiden und Handeln eröffnet er sich die Möglichkeiten der Welt und die seiner Persönlichkeit. Leben bedeutet daher für RILKE Aufbruch zum Handeln, innere Wandlung, Grenzenöffnung, Wagnis.

Lebensverlangen und Todesbewußtsein gehören dabei zusammen. Sie bilden in ihrer Verbindung das lyrische Thema des Stundenbuchs. Es geht RILKE um Haltsuche, Sinnsuche, Gottsuche im Leben, wobei sein Gott kein transzendentales Wesen ist, das seine Geschöpfe von außen steuert, sondern eine Kraft, die im Innern des einzelnen wirkt.

Als Sinnbild für die Bereitschaft, die Welt um sich herum und sich selbst zu erschließen, wählt RILKE die Metapher vom „Leben in wachsenden Ringen". Sie symbolisiert ein stetiges Streben nach Vollendung, das bis zum Ende der irdischen Wirkungsmöglichkeiten um diesen inneren Reifungsprozeß bemüht ist.

Das von RILKE geschaffene Bild vom *„Leben in wachsenden Ringen, die sich über die Dinge ziehn"* scheint mir hervorragend geeignet, die Mentalität und den Charakter des wagemutigen Menschen zu verdeutlichen, der nach Sinn sucht und sich totalmenschlich in diese Sinnsuche einbringt (Abb. 40).

Abb. 40 Die Steinspirale als Sinnbild des Vervollkommnungsstrebens (© Qzian – fotolia.de)

Der wagemutige Sinnsucher folgt einem Triebimpuls, einer inneren Berufung oder einem Schöpfungsbefehl, der ihn zur Entwicklung und Vervollkommnung seiner Persönlichkeit drängt. Dieser Prozeß kann von glückhaften Erlebnissen begleitet werden, ohne daß die Gefühle oberflächliche hedonistische Züge annehmen, wenn das Bewußtsein registriert, auf dem Wege zur eigenen Seinsverwirklichung voranzukommen. Der Prozeß kann aber ebensosehr auch mit qualvollen Erfahrungen einhergehen, wenn Entbehrungen, körperliche Beschädigungen, Enttäuschungen, Selbstzweifel, Einsamkeit oder soziale Nachteile den schwierigen Weg flankieren.

Wagnisbereite Sinnsucher findet man in sehr unterschiedlichen Erfahrungswelten, auf sehr verschiedenartigen Lebensebenen, in kaum vergleichbaren Leistungssektoren: Die großen Stifter religiöser Weltanschauungen, Buddha oder Jesus, sind ebenso zu ihnen zu zählen wie der bohrend fragende, seine Zeitgenossen provozierende Wahrheitssucher Sokrates, der Kontinent-Entdecker Kolumbus, der Polarforscher Amundsen, der Urwaldarzt Schweitzer oder die sozial aktive Mutter Theresa. Es wäre kleingeistig, andersartige Lebensentwürfe vom subjektiven Sinnerleben des jeweils eigenen Standortes aus bewerten zu wollen. Eine objektive Wertzuweisung erscheint angesichts der Vielfalt menschlicher Möglichkeiten, Ideologien, Wertvorstellungen abwegig. Sie wäre kaum konsensfähig. Sinn wird außerdem nicht von außen zuerteilt. Lebenssinn kann nur vom einzelnen entdeckt und erfahren werden. Bei dieser ganz persönlichen Sinnsuche findet sich jeder letztlich allein.

Der wagemutige Sinnsucher bringt sich total ein. Er ist bereit, für das Finden seiner existentiellen Bestimmung, für das Entdecken seines persönlichen Schöpfungsgedankens, für das Erkennen des Sinns seines Daseins, Opfer zu bringen, die schmerzlich sein können, die den vorzeitigen Tod, schlimmstenfalls die Verfehlung der gesuchten Bestimmung bedeuten können.

Jeder von uns weiß, daß unser Leben, wo und wann immer die wachsenden Ringe auch enden mögen, unweigerlich in den Tod mündet. Dieses Wissen ist für den Wagemutigen jedoch nicht abschreckend, weil der Tod Teil seiner Befindlichkeit und seines Lebenskalküls ist und die Bedeutung des Sterbens hinter jener der selbstgesetzten Aufgaben zurücksteht.

Auch RILKE akzeptiert den Tod. Leben und Tod gehören für ihn zusammen. RILKE bejaht den Tod als *„unbeschienene Seite des Lebens"* (Briefe an M. v. Thurn und Taxis, 332/333). Unerträglich ist ihm nur der unwürdige, der unpersönliche Tod, das Sterben nämlich, das nicht der Sinnentfaltung des individuellen Lebens folgt. So lautet denn sein Gebet:

O HERR, gieb jedem seinen eignen Tod.
Das Sterben, das aus jenem Leben geht,
darin er Liebe hatte, Sinn und Not.

R.M. Rilke, Das Stundenbuch (1903, 3. Buch)

Der eigene Tod ist für RILKE die Frucht, die jeder in seinem Leben ausreifen sollte. Jeder von uns trägt seinen Tod zeitlebens in sich. Dieser spezifische Tod gibt dem Leben und der Person die unverwechselbare Würde. Er ist kein Zufall, sondern eine erfüllte Grenze, Endstufe des Werdens. Der Mensch sollte daher nach RILKE nicht altern, sondern zu seinem persönlichen Tod hin reifen. So stellen der Schierlingstod des Sokrates, der Opfertod des Jesus von Nazareth, der Forschertod des Lilienthal, der Fliegertod des St. Exupéry, der den „Welträtseln" auf der Spur war, persönliche Tode dar, die in der Konsequenz ihres Lebens standen. Obwohl jeder dieser Sinnsucher eines gewaltsamen, vorzeitigen Todes starb, erreichte jeder den Wunschtod Rilkes, ein *„Sterben, das aus jenem Leben geht, darin es Liebe hatte, Sinn und Not."*

In seinem Meistergedicht „Der Römische Brunnen" (1882) verwendet C.F. MEYER die Metapher einer aufsteigenden Fontäne, die ihre unermüdlich sprudelnden Wasser über mehrere sich stetig verbreiternde Schalen verströmt, als Sinnbild für das Leben. Das gewählte Bild veranschaulicht besonders eindrucksvoll den Prozeß einer wagemutigen Lebensgestaltung, die für die reichen Potentiale der Persönlichkeit in wachsenden Kreisen immer neue Betätigungsfelder sucht und findet (Abb. 41):

Abb. 41 Römischer Brunnen. Sinnbild für Leben im Wagnis (Bleistiftzeichnung von C. M. Kusch, 2000)

Aufsteigt der Strahl und fallend gießt
er voll der Marmorschale Rund,
die, sich verschleiernd, überfließt
in einer zweiten Schale Grund;
die zweite gibt, sie wird zu reich,
der dritten wallend ihre Flut,
und jede nimmt und gibt zugleich
und strömt und ruht.

Der aufsteigende Wasserstrahl versinnbildlicht die wagnisbereit aufbrechenden, in ungeahnte Höhen strebenden Lebensenergien, die sich ihren Lebensraum suchen. Die vorbereitete Schale, der zugestandene Raum, wird ausgefüllt, erweist sich aber schon bald als zu eng für den sprudelnden Lebenswillen. Das über den Schalenrand hinausströmende, sich in einer zweiten, größeren und schließlich in einer dritten, noch weiteren Schale neuen Platz suchende Wasser wird zum Sinnbild des tatkräftigen, kreativen Lebens, das seine Kreise stetig erweitert. Erweist sich ein Lebenskreis als zu begrenzt, werden die Grenzen durchbrochen und jenseits der Beengung neue, der eigenen Fülle entsprechende Räume gesucht. Diese Grenzöffnung erfolgt nicht gewaltsam, sondern fließend, nicht zögerlich, sondern konsequent. Die Grenzüberschreitung vollzieht sich nicht in einem vulkanartigen kurzen Ausbruch, der alsbald im Stillstand endet, sondern als stetiger, nicht nachlassender Energieaustausch, der die Verbindung zu seinem Ursprung behält. Die Schalen füllen sich unaufhörlich aus einer nicht versiegen wollenden inneren Quelle. Das Wasser versickert nicht, die Energien verbrauchen sich nicht, sondern erneuern und erheben sich in einem unerschöpflich erscheinenden Kreislauf der Kräfte, in einem stetigen Nehmen und Geben, Strömen und Ruhen.

C. F. MEYER ist in wenigen Worten die Verdichtung eines von Aufbruch und gebändigter Dynamik bestimmten Lebensprozesses gelungen, der das Handeln des Wagemutigen kennzeichnet, unübertrefflich in Bild, Sprache, Rhythmus und Form, unpathetisch und tiefgründig in der gedanklichen Aussage.

Ähnlich der Brunnenmetapher MEYERs können auch konkrete Wagnissituationen das Lebensgefühl des wagenden Menschen symbolisieren. Es drängt sich das sinnverwandte Bild eines Drachenfliegers auf:

Dynamisch hebt er von seiner Rampe ab und steigt mit einer thermischen Ablösung vom Start weg hinauf in lichte Höhen. Mit dem Nachlassen des Aufwinds schwebt er allmählich abwärts. Immer tiefere Luftschichten nehmen ihn auf, tragen ihn eine Weile. Immer weiter zieht er seine Kreise auf der Suche nach neuen tragfähigen Aufwinden. Ohne Flügelschlag gleitend, scheint er in der Luft zu verharren, stillzustehen (Abb. 17). Doch er bewegt sich fliegend / fließend in der ihn umgebenden Luft: Er „*strömt und ruht*“ zugleich. Dieser Vorgang läßt sich oftmals wiederholen, wenn ein günstiger Aufwind erneut hinaufträgt, ein schier endloses Spiel an Tagen mit guter Thermik.

Das aufschießende, sich raumgreifend seinen Weg suchende Wasser des römischen Brunnens, aber auch der sich in höchste Himmelshöhen hinaufschwingende Drachenflieger scheinen dem nachdenklichen Betrachter die Botschaft zu vermitteln:

Verwirkliche das, was an Potentialen in dir angelegt ist!
Werde der, der du sein kannst!
Träume nicht dein Leben, sondern lebe deinen Traum!
Werde du selbst!

Der Mensch als zum Wagnis berufenes Wesen

Wie am Beispiel der von BALINT (^{4}1994) beschriebenen Charaktertypen des Oknophilen (der sich an das Sichere klammert) und des Philobaten (der nach mehr Lebensraum strebt) schon dargestellt wurde, sind Wagnisfähigkeit und Wagnisbereitschaft bei den Menschen unterschiedlich angelegt und ausgeprägt. Nur ein Teil der Menschen ist bewußt darauf ausgerichtet, mit dem Risiko des Scheiterns ein Mehr an Leben zu wagen. Nicht jeder nimmt den Aufruf unserer Natur zum Wagnis wahr.

Die Typologie Balints ist schon bei Goethe vorgedacht:

J. W. v. GOETHE, selbst ein zum Wagnis tendierender Mensch, hat in dem berühmten Osterspaziergang seines Faust I in den Figuren des Faust und seines Gehilfen Wagner den extrem wagnisbereiten und den extrem wagnisscheuen Menschen einander gegenübergestellt (Werke Bd. V, Leipzig o. J., 13–17):

Faust, der lebensvolle, wißbegierige Forscher, ist in seinem unbändigen Erkenntnisstreben bereit, über die Wissenschaften hinaus sich der Magie zu ergeben und sich sogar in einen Pakt mit dem Teufel einzulassen, um den letzten Geheimnissen des Lebens und der Welt auf die Spur zu kommen. Hierbei wagt er seine gesamte Existenz, sogar sein Seelenheil nach dem Tode.

Wagner, der trockene Stubengelehrte und Bücherwurm, von Lebensangst geprägt, gibt sich dagegen mit Wissen aus zweiter Hand zufrieden. Es graust ihm bereits davor, Faustens hochfliegenden Gedanken zu folgen.

Schon ein gutes Menschenalter, bevor sich Lilienthal als erster Mensch vogelgleich mit einem Fluggerät in die Lüfte schwang, der Traum vom Fliegen für den Menschen Wirklichkeit wurde, sinnieren Faust und Wagner über diese Möglichkeit menschlicher Seinserweiterung und den inneren Impuls, der den Menschen zu diesem Wunsch veranlaßt. Es handelt sich um den Gedankenaustausch zwischen einem „Flieger“ und einem „Nichtflieger“, wie er in seinen Grundargumenten noch heute an zahlreichen Startplätzen von Gleitschirm- und Drachenfliegern stattfindet.

Faust sieht die Sonne im letzten milden Abendlicht über der Landschaft schwinden und schwelgt und schwärmt in dem Verlangen, ihr wie ein Vogel nachzufliegen:

„O daß kein Flügel mich vom Boden hebt,
ihr nach und immer nach zu streben!
Ich säh im ewigen Abendstrahl
die stille Welt zu meinen Füßen,
entzündet alle Höhn, beruhigt jedes Tal,
den Silberbach in goldne Ströme fließen.
Nicht hemmte dann den göttergleichen Lauf
der wilde Berg mit allen seinen Schluchten;
schon tut das Meer sich mit erwärmten Buchten
vor den erstaunten Augen auf.“

Wieder ernüchtert und auf dem Boden der Wirklichkeit, muß er feststellen: „Ein schöner Traum!“ und bedauernd fährt er fort:

„Ach! Zu des Geistes Flügeln wird so leicht
kein körperlicher Flügel sich gesellen.“

Trotzdem hält er fest, daß dem Menschen ein angeborener Wille, ein Drang innewohnt, es den Vögeln gleich zu tun:

„Wenn über uns, im blauen Raum verloren,
ihr schmetternd Lied die Lerche singt,
wenn über schroffen Fichtenhöhen
der Adler ausgebreitet schwebt
und über Flächen, über Seen
der Kranich nach der Heimat strebt.“

Der Faust begleitende ***Wagner***, nüchtern, begeistert von alten Schriften, erdverhaftet, genügsam in seinen wissenschaftlichen Ambitionen, sieht das ganz anders. Der Traum vom Fliegen ist ihm fremd. Er antwortet:

„Ich hatte selbst oft grillenhafte Stunden,
doch solchen Trieb hab‘ ich noch nie empfunden.
Man sieht sich leicht an Wald und Feldern satt,
des Vogels Fittich werd‘ ich nie beneiden.
Wie anders tragen uns die Geistesfreuden
von Buch zu Buch, von Blatt zu Blatt!
Da werden Winternächte hold und schön,
ein selig Leben wärmet alle Glieder,
und ach! entrollst du gar ein würdig Pergamen,
so steigt der ganze Himmel zu dir nieder.“

Faust kann Wagner in dessen Begrenztheit nur nachsichtig warnen:

„Du bist dir nur des einen Triebs bewußt;
O lerne nie den andern kennen!"

Dann folgt der berühmte Gedanke von den „zwei Seelen", die Faust in sich verspürt. Die eine klammert sich an die sichere Welt, den tragenden Grund, möchte sich mit dem Bestehenden zufriedengeben. Ihr haften die Charakterzüge von Balints oknophilem Menschentyp, dem Wagnismeider, an. Die andere Seele aber, die Wagner fremd ist, will mehr. Sie möchte sich vogelgleich von der Erdverhaftung lösen, die Begrenzungen und Beengungen sprengen, die unfrei machen, und nimmt dafür alle Risiken inkauf, die mit diesem Wagnis verbunden sein können. Ein solches Bestreben kennzeichnet Balints Philobaten, den Wagnissucher.

Wagner fehlt das Streben nach Höherem, nach dem Außergewöhnlichen, nach dem Menschenmöglichen oder gar Übermenschlichen. Ihm fehlt der Mut, Grenzen zu sprengen, sich zu wagen, über sich hinauszuwachsen. Es reicht ihm, sich das Wissen aus Büchern in die Geborgenheit der Stube zu holen und dort ungefährdet zu genießen. Er lebt ein Leben in bescheidenen Ringen.

GOETHE benutzt den Traum vom Fliegen als konkrete Vorlage, um den Traum des erkenntnishungrigen Menschen metaphorisch ins Bild zu setzen. Es ist der Traum der großen Wissenschaftler, Entdecker, Erfinder, Künstler, jedes kreativ anspruchsvollen Menschen. Er muß sich von allem Althergebrachten, Üblichen, Bekannten, Akzeptierten lösen und sich in neue Dimensionen des Denkens und Tuns vorwagen. Faust verkörpert den Inbegriff dieses Menschentyps. Diese Möglichkeit der Daseinsbestimmung und Seinserfüllung steht nur dem Wagemutigen offen, der hohe und höchste Risiken für sich einzugehen bereit ist.

Aus der Perspektive bodenständigen Sicherheitsdenkens, für das der Tod Untergang und ein Einlassen mit bösen Geistern ewige Verdammnis bedeutet, sind der *Flieger Lilienthal* und der *Forscher Faust* an ihrem hohen Risiko gescheitert. Vorsicht und Gefahrenmeidung scheinen Recht zu behalten. Aus der eigenen Sinnperspektive und Wertepriorität, die dem Leben und Sterben nur eine nachrangige Bedeutung zumißt, haben sie mit ihrem existentiellen Wagnis jedoch unvergängliche Werte geschaffen und an Tiefe des Lebens gewonnen, ohne die beide nicht sein wollten. Ihr Leben hat sich erfüllt. Lilienthal wie Faust sind Grenzgänger, extreme Sinnsucher. *Lilienthal* wollte dem Geheimnis des Fliegens auf die Spur kommen, dem Menschen eine neue Lebensdimension erschließen. Er wollte noch verschlossene Naturgesetze entschlüsseln, ein fundamentales Welträtsel praktisch lösen. *Faust* wollte erkennen, „was das Leben sei", „was die Welt im Innersten zusammenhält." Beide sind Geistesverwandte in der Sinnsuche im Wagnis.

Das Wagen in wachsenden Ringen

Nach den Erkenntnissen der *Evolutionsforschung* (Lorenz 1963, Eibl-Eibesfeldt [3]1997 u. a.) scheidet die „natürliche Auslese“ Verhaltensweisen, die sich im biologischen Überlebenskampf der Arten als unzweckmäßig erweisen, im Laufe der phylogenetischen Entwicklung aus. Nicht effektiv handelnde Lebewesen verschwinden aus dem Wettbewerb der Erdenbühne.

Hiernach müßte die Spezies des Wagnissuchenden längst ausgestorben sein, wenn das Vorurteil der größeren Risikobelastung denn stimmte. Das Aufsuchen von Gefahren, die freiwillige Konfrontation mit Verletzungs- und Todesrisiken erscheint auf den ersten Blick für eine optimale Lebenserwartung kontraproduktiv. Der Risikomeider müßte sich mit seiner überlebenstechnisch scheinbar günstigeren Verhaltensvariante im Laufe der Evolution durchgesetzt haben.

Dies ist jedoch nicht der Fall. Die als zwangsläufig erwartete Ausrottung des Risikoverhaltens und des Risikers ist weder im Tierreich noch beim Menschen erfolgt. Im Gegenteil kommt den risikofreudigen Vertretern der Arten bei der Besetzung der Führungspositionen, bei der Abwehr gemeinsamer Gefahren, bei der Fortpflanzung, bei der Bestimmung der Entwicklung der Art die entscheidende Rolle zu. Sie setzen sich auf allen Ebenen gegenüber ihren ängstlicheren Artgenossen durch. Einzelwesen, Gesellschaften, Kulturen scheinen sogar in ihrer Entwicklung zu stagnieren und schließlich vom Untergang bedroht zu sein, wenn sie in ihrer allgemeinen Wagnisbereitschaft degenerieren und Konkurrenten sie in der Wagnisfreudigkeit überflügeln. Das Verschwinden von Arten und die Kulturgeschichte der Menschheit bieten hierfür vielfältige Beispiele. Dem Wagnisverhalten scheint demnach eine evolutionsgeschichtlich bedeutsame Funktion zuzukommen.

Diese ist bereits beim Sicherheitsaspekt selbst erkennbar, wie F. v. CUBE ([2]1995) überzeugend dargestellt hat: Wirkliche Sicherheit – so v. CUBE – ist nicht über das Ausweichen vor Risiken, sondern nur über das Aushalten und Bewältigen erreichbar. Mit jeder aktiv bestandenen Gefahr wächst unsere Fähigkeit zum Krisenmanagement und damit unsere Sicherheit. Sicherheit kann und will gelernt werden:

Wer sich scheut, als Redner oder mit einem Diskussionsbeitrag vor Publikum aufzutreten, erreicht durch Vermeidung einer solchen Situation nur eine passive Sicherheit, die nicht sehr stabil ist. Er muß sich zum Wort vor anderen wagen, muß das befürchtete Stottern, den Gedankenausfall oder das Erröten riskieren, um Redesicherheit und eine selbstbewußte Gelassenheit des Auftretens zu erlangen. Nur das Üben des Redens bringt Sicherheit.

Im Bereich Verkehrserziehung ist empirisch nachweisbar, daß nicht die Herausnahme von Kindern aus dem Verkehr und der passive Transport in Fahrzeugen, sondern nur die aktive Konfrontation mit den Verkehrsgefahren Sicherheit schafft (vgl. Warwitz [6]2009): Nicht die wagenden, sondern die geschonten Kinder führen in der Unfallstatistik die Liste der Opfer an. Dies bedeutet, daß die Meidung des Risikos lediglich eine Scheinsicherheit erzeugt. Die gleiche Regel gilt für die Meidung bzw. die Konfrontation mit Risikowerkzeug (Messer, Schere, Säge, Feuer, Strom, Knallkörper, Waffen) oder Risikosituationen (Wasser, Geschwindigkeit, Technik, Höhe, Tiefe, Ausgesetztsein). Sicherheit durch Risikovermeidung ist nur in konsequentem Verzicht erreichbar. Alltagssituationen aber sind Teil des Lebens und in ihrem Gefahrenpotential nicht aussparbar. Lebensbereiche wie das Wasser, die Luft, der Sport oder die Technik sind nur im Verzicht auf Lebensqualität und Lebensmöglichkeiten für den Meider sicher. Er muß seine Lebenskreise begrenzen. Ein nordisches Sprichwort sagt: *„Die Angst ist grausam. Sie tötet nie, beeinträchtigt aber das Leben!"* Der Mutige geht das Leben in seiner Gefahrenträchtigkeit an.

Die bedeutsame Rolle des Wagnisbereiten im Evolutionsprozeß ist die eines Motors der Entwicklung. Seine mit den steigenden Anforderungen wachsende Risikokompetenz verleiht ihm die notwendige Sicherheit für das Überleben. Dies ist eine Sicherheit auf steigendem Anspruchsniveau. Die zunächst gefährliche Aufgabe wird zur Routine. Die Gefahrenbelastung erhöht sich wegen der wachsenden Risikobeherrschung dabei nicht. Sie sinkt sogar bei gleichbleibenden Schwierigkeitsgraden. So wird ein Fels, der für den Anfänger im Klettern beträchtliche Risiken birgt, für den Kletterkünstler zu einem entspannenden Spiel mit der Bewegung. Der Wagende riskiert jeweils nur so viel an Unsicherheit und Gefahr, wie er an Fähigkeiten für das Krisenmanagement mobilisieren kann. Die richtige Selbst- und Aufgabeneinschätzung und die daraus folgende angemessene Wagnisdosierung ist lernbar. Sie garantiert den allmählichen Aufbau eines Kompetenzprofils. Können und Sicherheit reifen miteinander in wachsenden Ringen. Es handelt sich um einen potentiell lebenslangen Lernprozeß.

Einige Risikoautoren (Apter, Zuckerman, Schleske) vertreten die Auffassung, der Wagende gebe Sicherheit auf, um sie anschließend wieder *zurück*zugewinnen. Dies würde bedeuten, daß der Risiker seine Sicherheit aufs Spiel setzt, ohne dafür einen Mehrwert zu erhalten. Das Wagnis verkommt zum riskanten Nervenkitzel, zur Kurzweil ohne Sinn und Zweck. Ein solches sinnarmes oder sinnentleertes Tun ist durchaus auch in der Wagnisszene vertreten. Es unterscheidet den reinen Reizsucher vom Sinnsucher im Wagnis. Die sinnlos selbstgefährdende Reizsuche trägt ethisch den Makel der Minderwertigkeit. Sie ist auch in der Wagnisszene verpönt und Außenseitern vorbehalten. Es fehlen ihr konstruktive sachdienliche oder persönlichkeitsaufbauende Elemente. Sie zeigt eher krankhafte, weil dem Lebens- und Überlebenswillen konträre Züge.

Die Vorstellung von der Rückkehr zur alten Sicherheit nach dem Wagnis übersieht sowohl den Lerneffekt in Wagnisvollzügen als auch die sinnschaffende, schöpferische Komponente, die in der Regel zu Wagnisunternehmungen motiviert.

Das Erklärungsmodell vom „Leben in wachsenden Ringen" (WARWITZ) geht von einer, bewußten oder unbewußten, sinnstiftenden Absicht des Wagenden aus. Es sieht den Wagenden nach Erfüllung einer als bedeutsam erachteten Aufgabe und/oder nach innerer Bereicherung streben. Wer wagt, will über das Wagnis gewinnen. Wagnisse werden in der Erwartung eingegangen, etwas zu erleben, das man noch nicht kennt, etwas zu erfahren, das man noch nicht weiß, etwas zu erschaffen, das es noch nicht gibt, etwas zu leisten, das man noch nicht erreicht hat, also weiterzukommen, als man schon ist. Dieser beabsichtigte Wagniseffekt tritt in der Regel auch ein. Das Wagnis befördert die Entwicklung. Mit jedem erfolgreichen Bestehen eines Wagnisschrittes werden Sachwerte, Sozialwerte und/oder Persönlichkeitswerte geschaffen. Der wagende Mensch wächst. Er bereichert sein Dasein und Sein durch einen neuen Lebensring. Wer sich Wagnisschritt für Wagnisschritt das Schwimmen oder Fliegen aneignet, erweitert seinen Lebensraum in die Welt des Wassers, des Unterwassers oder der Luft. Wer eine mutige Rede mit unpopulären, aber notwendigen Erkenntnissen wagt, wer selbstlos für einen angegriffenen Mitbürger in der Öffentlichkeit eintritt, gewinnt an Angstbeherrschung, Selbstbewußtsein, Charakter. Es handelt sich um wertschöpfende Leistungen, welche die Persönlichkeit in ihrem Wertbewußtsein fordern und entscheidend verändern können. Bei unseren Befragungen wurde deutlich, daß sinnerfüllende Veränderungen von den Betroffenen als gravierende Ereignisse erlebt und mit beglückenden Gefühlen verbunden werden. Die Bildung eines neuen Lebensringes hinterläßt bleibende Spuren.

Die *Existenzphilosophie* (Jaspers 1956, Heidegger [16]1986) sieht den Menschen mit einer minimalen Instinktausstattung *„in die Welt geworfen"*. Das macht ihn im Vergleich zum Tier, das sich relativ schnell in seiner begrenzten Umgebung zurechtfindet, zu einem exponierten Wesen, das über eine lange Zeit einer hohen Existenzgefährdung ausgesetzt ist.

Diese Offenheit der Anlage bedeutet aber gleichzeitig auch eine Chance. Der Mensch ist weniger festgelegt. In der Verbindung dieser offenen Anlagestruktur mit einer Vielfalt von Potentialen verfügt er über ungeahnte Entwicklungsmöglichkeiten, die nur dem Menschen eigen sind. Er kann als einziges Wesen sogar über sich hinauswachsen, d. h. Begrenzungen durchbrechen. Er kann als einziges Sinn suchen und finden. Im Unterschied zur Tierwelt ist auch die Gesamtheit der Menschen als Menschheit in der Lage, außerordentliche Entwicklungsschübe zu bewerkstelligen, wie vor allem das letzte Jahrhundert bewiesen hat.

Die im Menschen angelegten Fähigkeiten entfalten sich aber nicht von selbst. Der Mensch ist vielmehr ausdrücklich zu ihrer Entwicklung aufgerufen. Er ist als genuines Lernwesen gedacht, als ein Schöpfungsprodukt, das sich einem lebenslangen Lernprozeß unterziehen kann, ohne jemals auszulernen. Er ist gefordert, sich zu wagen, um seine ungeheuren Entfaltungschancen zu nutzen. Er ist zur persönlichen Sinnsuche berufen. Die erfolgreiche Sinnfindung, das Entdecken der eigenen Bestimmung, vollzieht sich in wachsenden Lebensringen.

Das wagende Lernen betrifft bereits elementare Lebenstechniken:

Während das Tier das spezifische Repertoire an Bewegungsmöglichkeiten für seinen begrenzten Lebensraum auf dem Boden, in den Bäumen, im Wasser oder in der Luft weitgehend mitbringt, kann und muß der Mensch – sofern er das will – das Gehen, Klettern, Schwimmen oder Fliegen erst langwierig und mühsam erlernen. Er ist dafür aber in der Lage, jedes Tier nicht nur in der Vielfalt der Bewegungsmöglichkeiten zu übertreffen, sondern selbst die Spezialisten und Hochleister unter den Tieren in ihren ureigensten Disziplinen zu übertrumpfen. So kann er senkrechte, sogar überhängende Felsen und zu Eis gefrorene Wasserfälle durchsteigen. Er kann nicht nur das Schwimmen erlernen, sondern innerhalb dieser Bewegungsart im Wasser eine Vielfalt von technischen Modifikationen herausbilden wie das Hunde-Paddeln, das Brustschwimmen / Froschschwimmen, das Delphinschwimmen, das Kraulschwimmen oder das Rückenschwimmen. Er kann am Boden nicht nur gehen, sondern auch rutschen, kriechen, laufen, hüpfen, springen, balancieren, gleiten, rollen, auf Händen stapfen oder fahren. Er kann mit seinen Luftgeräten Fallschirm, Gleitschirm, Delta, Segelflugzeug, Hubschrauber, Düsenjet, Rakete nicht nur fliegen, sondern höher, schneller, weiter, kunstvoller fliegen als jeder Vogel, wenn er dies wagt und gelernt hat. Er kann lautlos schweben wie der Condor, in der Luft stehen wie Lerche oder Kolibri, tanzen wie die Mücken, kunstfliegen wie die Schwalbe, im freien Fall zu Boden stürzen wie der Bussard oder mit dreifacher Schallgeschwindigkeit durch den Raum jagen. Die Welt steht dem Wagemutigen in allen ihren Bewegungszonen und nahezu unbegrenzten Varianten offen. Er kann sogar in die Erde, in den Fels oder ins All vordringen. Er muß sich diese nur erschließen (Abb. 42). Er tut dies in wachsenden Ringen.

Das wagende Lernen und das Bilden neuer Lebensringe kann sich auf vielfältigen Bewährungsfeldern wie der Forschung, der Entdeckung, der Entwicklungshilfe, des Militärs, des Sports, der mönchischen Askese oder auch in alltäglichen Sozialbereichen vollziehen:

So gibt es Menschen, die bereit sind, zugunsten eines sozialen Engagements eine Gefährdung der eigenen Person auf sich zu nehmen. Wer in ein gefährliches Wasser springt, um einen Mitmenschen vor dem Ertrinkungstod zu retten, wer sich mit einem bissigen Hund einläßt, um ein Kind vor dessen Aggression zu schützen, der bringt Mut und Leidensbereitschaft auf und räumt der sozialen Tat Vorrang ein vor dem eigenen Verletzungsrisiko. Gelegenheit, sich bewußt und häufiger mit solchen Notfällen zu konfrontieren, bieten ehrenamtliche oder berufliche Institutionen wie die DLRG, die Gesellschaft zur Rettung Schiffbrüchiger, die Bergwacht, der Malteser Hilfsdienst, die Feuerwehr, das Militär u. a. gemeinnützige Einrichtungen.

In der Wertehierarchie unserer Kultur werden wagnishaltige Handlungen, die nicht in erster Linie oder gar ausschließlich die Beförderung der eigenen Persön-

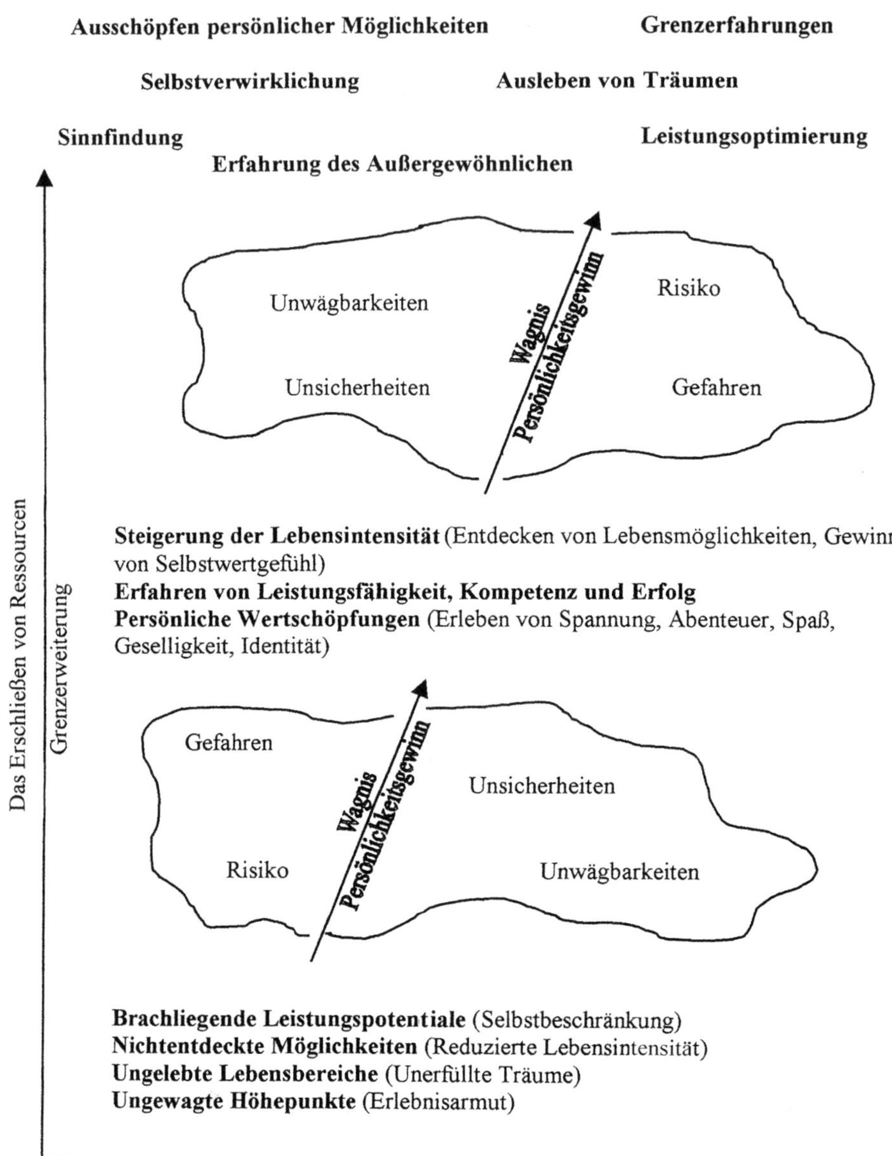

Abb. 42 Das Erschließen von Persönlichkeitsreserven / Grenzerweiterung

lichkeit anstreben, sondern einer als bedeutsam gesehenen Aufgabe oder Idee dienen, als ethisch hochwertig eingestuft. Noch höher rangiert in unserem Wertbewußtsein der mutige Einsatz für andere Lebewesen, vor allem für hilfsbedürftige Menschen.

Die Wagnis erfordernde Aufgabe kann sich dem einzelnen durch das Leben stellen. Dann heißt die Frage, ob er bereit und hinreichend vorbereitet ist, sie zu ergreifen und erfolgreich zu bestehen. Sie kann aber auch, wie bei den Aventiure-Rittern des Hochmittelalters (z. B. dem Gralsucher Parzival) oder bei modernen Philanthropen (z. B. dem Urwaldarzt A. Schweitzer) bewußt gesucht werden. Die gezielte Wagnissuche kann die Bildung wertvoller Lebensringe beschleunigen und intensivieren, oft überhaupt erst ermöglichen.

Zu dem tiefen Eindruck seiner ersten Begegnung mit Shakespeare schreibt GOETHE: *„Ich erkannte, ich fühlte aufs lebhafteste meine Existenz um eine Unendlichkeit erweitert."* (Martini [11]1961, 231). Diese Erfahrung ist auch charakteristisch für die Wirkung bedeutsamer Wagnisse. Die abschiedslose Flucht vom Weimarer Hof in seine Wahlheimat Italien bedeutete für GOETHE eine äußerst wagnisbehaftete Entscheidung, bei der er nicht nur seine berufliche Karriere und seine gesellschaftlichen Verbindungen, sondern auch die Sympathien, insbesondere die für ihn wichtige Beziehung zu Ch. von Stein, aufs Spiel setzte. Der zweijährige Ausbruch hat jedoch sein Leben entscheidend geprägt und sein dichterisches Schaffen zu klassischem Denken reifen lassen. Wie der extrem wagnisbereite Faust, Schicksalsfigur und Sinnbild für GOETHEs eigene Existenz, mußte er sein Wagnis mit Isolierung und Einsamkeit bezahlen.

Die Erfüllung des Traums vom Fliegen, der ihn zeitlebens begleitete und in seinen Schriften, selbst im Faust, immer wieder beschäftigte, blieb für den stets nach dem Menschenmöglichen strebenden Dichter, Wissenschaftler, Politiker, Privatmenschen, Sportler GOETHE allerdings unerreichbar.

Das Bild der wachsenden Ringe erscheint mir hervorragend geeignet, wagemutiges Handeln in seinen unterschiedlichen Dimensionen und Ebenen zu veranschaulichen. Es bietet gleichzeitig mehrere Interpretationsansätze und ermöglicht es in dieser Mehrdeutigkeit, verschiedenartige Aspekte des Wagens zu erfassen:

Die Jahresringe eines Baumes sind ein Abbild seines Lebens. Der Baum ist Dürreperioden, frostigen Wintern, Insektenbefall, dem jahreszeitlichen Wechsel ausgesetzt, Risiken, die sich in der Ringbildung niederschlagen. Die Art und Anzahl der Ringe dokumentieren das spezifische Schicksal der Pflanze, ihre Widerstandsfähigkeit gegenüber den Unbilden der Umwelt, ihr Älterwerden, ihr Absterben. Sie erzählen von überstandenen Risiken, charakterisieren jedoch keine Wagnishaltung. Der Baum lebt seine Zeit ab. Er wagt sich jedoch nicht. Das Bild trifft auf Menschen zu, die von Schicksalsschlägen gezeichnet werden, aber keine Wagnisse suchen.

Die Ringe eines Tropfens, der ins Wasser fällt, entstehen aus dem Impuls, den der Aufschlag auf die Wasseroberfläche auslöst. In sich erweiternden konzentrischen Kreisen pflanzt sich die Energie nach außen fort, wird dabei aber immer schwächer, bis sie schließlich erlahmt und die Ringe sich in den Wassermassen verlieren. Auch die Ausbreitung der elektromagnetischen Wellen einer Sendeanlage erfolgt in konzentrischen Kreisen, deren Reichweite von der Stärke des Senders, vom Standort des Impulsgebers, von der Bodengestalt des Ausbreitungsgebietes abhängt. Die Ausstrahlung verschwebt schließlich im Raum.

Der Bildbezug zum Wagnis erschöpft sich in dem einmaligen oder mehrmaligen spektakulären Ereignis, das jedoch keine bleibende Wirkung hinterläßt, das sich vom Personzentrum fortbewegt, um ins Nichts auszulaufen. Eine solche Wirkung geht häufig von den Attraktionen der Vergnügungsparks oder den Angeboten der Animationszentren aus.

Die überlaufenden Schalen des römischen Brunnens veranschaulichen die Fülle und Dynamik eines Lebens, das sich neuen Lebensraum sucht und dabei Grenzen überschreitet. Die Schalenränder werden gleichzeitig und gleichmäßig überströmt und von der vorbereiteten nächsten Schale voll aufgefangen. Die fließenden Lebensenergien gehen nicht verloren, sondern werden dem Kreislauf erneut zugeführt. Es handelt sich um einen in sich geschlossenen, streng kontrollierten Vorgang. Die gleichmäßige Grenzüberschreitung in konzentrischen Kreisen und das verlustlose Strömen von Schale zu Schale versinnbildlichen ein diszipliniertes, in allen Phasen beherrschtes Wagnis. Das Bild des zugleich strömenden und ruhenden Wassers symbolisiert einen im Gleichgewicht befindlichen Wagnisprozeß. Der Rückfluß des aufschießenden Wassers zu seinem Ursprung verdeutlicht einen sich ständig in ähnlicher Weise wiederholenden Wagnisvorgang, bei dem kein Hinausstreben über das gesetzte Maß, keine Sprengung des vorgegebenen Rahmens beabsichtigt wird. Das Wagnis bewegt sich in wohl geordneten Bahnen. Das Bild des Römischen Brunnen veranschaulicht besonders gut den gleichbleibenden Wagniseinsatz des Geschäftsmanns, des operierenden Arztes, des Fliegers oder des Militaryreiters, die ihre wagnishaltigen Tätigkeiten immer wieder auf ihrem gereiften Fertigkeitsniveau wiederholen, ohne eine Steigerung des Risikogrades anzustreben. Auch bei diesen moderaten Wagnishandlungen ereignet sich ein Wachsen der Kompetenzen in Form eines Übungsgewinns.

Die Figur der Spirale (vgl. Titelbild und Abb. 40) veranschaulicht dagegen treffender als die konzentrischen Kreise die dem Wagnis innewohnende Dynamik. Die offenen Ringe der Spirale verleihen der beschleunigten Entwicklung Ausdruck. Vom Zentrum der Person ausgehend, suchen sich die Energien ihren Weg, der sich in runden oder gedehnten, in engen oder weiten Schwingungen Lebensraum schaffen kann. Nicht jede Wagnishandlung gestaltet ja komplette, in sich geschlossene Lebenskreise. Die spiralförmige Entwicklung zeichnet eine Lebenspur, die irgendwann auslaufen und damit unvollendet bleiben wird, die weiter strebt, aber gleichzeitig den Rückbezug zu ihrem Ausgangspunkt behält. Die ausströmenden Energien erhalten von ihrem Energiezentrum den benötigten ständigen Nachschub an Motivation und Werterfüllung.

Das Sinnbild der Spirale verdeutlicht sehr eindrucksvoll den Entwicklungsverlauf des Wagnisbereiten, der sich stetig neuen und höheren Anforderungen stellt, um immer wieder über sich hinauszuwachsen (Abb. 43). Es kennzeichnet auch ausgezeichnet den Charakter des Grenzgängers, der nach dem Äußersten, dem Menschenmöglichen, strebt.

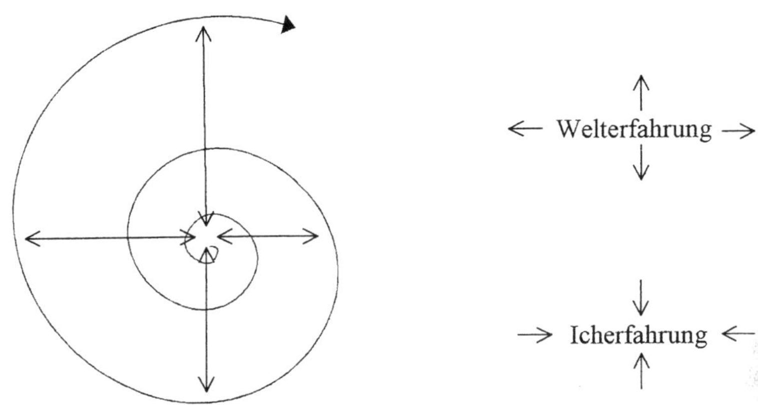

Abb. 43 Die Persönlichkeit des Wagnissuchenden

Das wagemutige Leben zeichnet Zug um Zug seine ganz individuelle Lebensspirale. Diese zieht sich im RILKEschen Sinne *„über die Dinge"*. Sie erfaßt alles, was Leben anzubieten hat. Sie hinterläßt dabei eine charakteristische Spur in der wagenden Persönlichkeit. Die nach oben offene oder die irgendwann geschlossene, die ausgereifte oder die wenig strukturierte Figur der Spirale versinnbildlichen den unterschiedlichen Gestaltungswillen des einzelnen. Der Wagende hat die Wahl, zeitlebens an seiner Lebensspirale zu arbeiten oder aber sie irgendwann zu beenden. Er kann sie in einen letzten Kreis einmünden, aber auch mäßiger oder steiler anwachsen lassen. Sie kann vorrangig nach außen gerichtet sein, sich aber auch zum Persönlichkeitszentrum hin zurückorientieren.

Das Sternbild des Spiralnebels, der sich ins All hinaus verliert oder die Erscheinung der Windhose eines Hurrikan, der über das Land fegt, verdeutlichen auch die Möglichkeit zerstörerischer Wirkungen bei einer unkontrollierten Kraftentfaltung, bei einem ungezähmten Austoben der Energie. Der Vater, der sein Kind im Spiel um sich herum kreisen läßt, spürt die zentrifugalen, nach außen strebenden Kräfte, die bei zu schnell werdenden Drehungen das Kind fortzuziehen drohen. Er kennt aber auch die zentripetalen, nach innen gerichteten Kräfte, die das Kind sichern. Er muß zwischen ihnen ein Gleichgewicht herstellen. Die Dynamik der Spirale muß beherrschbar bleiben. Der Hammerwerfer, der seinem schweren Wurfgerät in sich steigernder Spiralbewegung die größtmögliche Flugenergie verschaffen will, muß den Aufbau der Schleuderkräfte, den Schleudermoment und die Schleuderrichtung unter Kontrolle behalten.

Das Erklärungsmodell der wachsenden Ringe versteht den wagnisbereiten Menschen nicht als pathologischen Fall, als therapiebedürftigen Patienten, als frustrierten Aussteiger, als hedonistischen Selbstbefriediger oder fanatischen Kicksucher. Es versucht, hinter den spektakulären, ins Auge springenden Erscheinungen der Wagnisszene das Eigentliche zu finden, den tieferen Beweggründen des Wagnisstrebens auf die Spur zu kommen. Dabei gelangt es zu einer positiven Grundeinschätzung. Es geht von einer wertfreien Triebdynamik des Menschen aus, die unter bestimmten Bedingungen wertgeleitete Wagnisvorhaben auslösen kann.

Der Erklärungsansatz der wachsenden Ringe begreift den Menschen als ein Lernwesen, das seine Umwelt, die Mitmenschen und sich selbst kennenlernen und aktiv beeinflussen möchte und dafür grundsätzlich bereit ist, sich zu wagen. Die Ausbildung dieser konstruktiv und kreativ ausgerichteten Wagnisbereitschaft braucht jedoch Gelegenheiten und Hilfen. Sie erfordert daher eine Gesellschaft, die Wagnisunternehmungen akzeptiert und sogar fördert.

Letztes Motiv für das Wagnisstreben ist nach dem Erklärungsmodell der wachsenden Ringe die Sinnsuche. Damit dieser anspruchsvolle Weg menschlicher Wertverwirklichung zu seinem Ziel findet, sollte eine intelligente Wagniserziehung helfend begleiten.

Impulsgeber im Menschen für das Wagen

Das Wagen gehört zu den Bedingungen menschlicher Entwicklung. Um seine nur rudimentär vorgebildeten Anlagen ausbilden zu können, muß der Mensch sich wagen. Als Impulsgeber für wagemutiges Handeln fungieren potentiell verfügbare *Triebkräfte*, von denen die wichtigsten kurz skizziert werden sollen, um die Vielfalt ineinandergreifender und einander ergänzender motivationaler Ansätze zu verdeutlichen. Die Triebenergien, die unter verschiedenen Bezeichnungen bekannt sind, kann man als Motor der individuellen Entwicklung verstehen. Sie korrespondieren als innere Impulsgeber mit äußeren Anreizen aus der Umwelt, die Aufforderungscharakter besitzen (vgl. Abb. 7). Das Bedürfnis, etwas Außergewöhnliches zu leisten, muß auf eine attraktive Aufgabe treffen, damit sie sich befreiend ausleben läßt. Umgekehrt muß eine lohnende Aufgabe das Bedürfnis wecken, ihr zu dienen, wenn sie angepackt werden soll. Nur wenn Aufforderungscharakter der Sache und Bedürfnisspannung der Person einander begegnen, kommt es zu einem fruchtbaren Moment, einer freiwilligen, selbstmotivierenden Wagnishandlung:

Der Trieb nach Neuem äußert sich in der Neugier. Neugier reizt schon das Kind, sich in Unbekanntes vorzuwagen, Neuland der Erfahrung zu betreten. Da dieser

Trieb letztendlich darauf ausgerichtet ist, Unbekanntes in Bekanntes, Unsicheres in Sicheres zu verwandeln, spricht F. v. CUBE auch vom Sicherheitstrieb. Mit jedem Vorstoß in das geheimnisvolle Unbekannte wächst dem Wagenden ein neuer Ring an Sicherheit.

Der Wissenstrieb versetzt auf intellektuellem Gebiet in Aktion. Er drängt das Kind, sich durch Fragen und Suchen Türen des Wissens zu öffnen. Als *Erkenntnistrieb* beflügelt er den Wissenschaftler, sich neue Horizonte aufzutun. Er ist der Trieb, der Faust zur Magie und zum Teufelspakt veranlaßte. Er ist der Trieb, der Kopernikus, Kepler, Hus oder Galilei in den lebensgefährlichen Konflikt mit den Lehren der Kirche brachte.

Der Explorationstrieb aktiviert das praktische Forschen. Über die bloße Befriedigung der Neugier hinaus veranlaßt er zu systematischen Erkundungen. Über das reine Stillen des Wissensdrangs hinaus zwingt er zu ganzheitlichem Vorgehen, zu anwendungsbezogenem Entdecken. Die zu eng gewordenen Lebenskreise verlangen nach Erweiterung. So unterzieht sich der leidenschaftliche Arzt im Dienste seiner Forschungen gewagten Selbstversuchen.

Der Spieltrieb verlockt zum experimentierenden Umgang mit Dingen, Problemen, Situationen, Personen. Er tendiert nicht zu einem klar definierbaren Ziel hin. Er arbeitet ergebnisoffen. In die spielerische Auseinandersetzung, den Wechsel von Versuch, Irrtum und neuem Versuch, lassen sich auch wagnishafte Konstellationen einbeziehen, die in ihrem Gefahrenpotential von kindlichen Abenteuerspielen über Risikospiele bis zu Kriegsspielen reichen können.

Der Bewegungstrieb animiert von einer bestimmten Fertigkeits- und Sicherheitsstufe an, sich auch gewagten Bewegungsaufgaben zu stellen. Über das Balancieren, Schaukeln, Schwingen, Schweben, Klettern, Gleiten, Überschlagen, Kreiseln der Kinder führt ein nachvollziehbarer Weg zu den wagnishaltigen Aktivitäten wie Drachenfliegen, Höhenbergsteigen, Halfpipeskating oder Skysurfen.

Der Leistungstrieb offenbart einen inneren Energieüberschuß und das Verlangen, sich anzustrengen. Die Bereitschaft dazu ist motivational in der Regel an ein Sinnerleben gebunden. Man verausgabt sich nur für etwas, das einem sinnvoll erscheint. Die bei Wagnisunternehmungen möglicherweise zu erbringenden Opfer und Entbehrungen erlauben die Mobilisierung der Kraftreserven nur, wenn dafür ein Gewinnausgleich in Form werthaltiger Erfahrungen zu erwarten ist. Wird diese Möglichkeit des Sinngewinns im Wagnis gestört, werden z. B. Leistungs-, Extrem- und Wagnissports durch gesellschaftliche Eingriffe verhindert, behindert oder auch nur nicht hinreichend gefördert, kann sich der Leistungswille auch in zerstörerischen Aktionen entladen.

Der Gestaltungstrieb ist ein *Kreativitätstrieb*. Wer sich von diesem Trieb leiten läßt, möchte etwas erschaffen. Er möchte aus eigenem Können etwas entstehen sehen. An solch wertschöpferischen Leistungen hat das Wagnis in Form von

Pionierleistungen der Medizin oder Technik, in Form von ästhetisch und bewegungstechnisch wertvollen Kunstfiguren des Sports oder in Form von risikobehafteten Erfindungen seinen Anteil. Lilienthal hat für die Verwirklichung seines Lebenstraums, das Fliegen technisch zu ermöglichen und körperlich zu erlernen, Spott und Hohn seiner Zeit auf sich genommen und für seine erfolgreiche Pioniertat mit dem Leben bezahlt.

Der Spannungstrieb veranlaßt dazu, Unsicherheiten zu wagen. Er sucht nach Gelegenheiten, schwierige Situationen zu beherrschen, dabei Fähigkeiten unter Beweis zu stellen, Grenzen zu sprengen, über sich hinauszuwachsen. Das Bedürfnis nach Spannung äußert sich z. B. in der Abenteuerlust, im Streben nach Leistungsvergleich, in der Tendenz zu schwer lösbaren Aufgaben, im Eingehen von Mutproben.

Dem Gesellungstrieb liegt das Bedürfnis nach Kommunikation zugrunde. Der gewünschte Austausch kann auch über Wagnishandlungen erfolgen. Happenings mit Risikoambiente, Jugendbanden, Bikergangs, Extremsportszenen oder esoterische Geheimbünde üben eine Faszination aus, wie unsere Befragung erbracht hat. Sie versprechen Erlebnis und Abenteuer. Aber auch das Wagnis Ehe, das Wagnis Liebe oder das Wagnis Freundschaft werden von diesem Trieb gesteuert. Der existentielle Gefährdungsgrad für den einzelnen hängt bei einem eventuellen Scheitern der Beziehung entscheidend davon ab, wie intensiv und ausschließlich er seine Persönlichkeit in sie eingebracht und wie wenig er sich anderweitig abgesichert hat.

Der Darstellungstrieb folgt dem Gesellungstrieb in dem Bestreben, außergewöhnliche Leistungen, zu denen besonders die risikobehafteten gezählt werden, anderen zu präsentieren. Manchen Gleitschirmflieger scheint ein unwiderstehlicher Selbstdarstellungsdrang zu reizen, nach dem Abheben nicht den Startbereich zu verlassen, sondern möglichst dicht über den Köpfen der Zuschauer und wartenden Piloten aufmerksamkeitsheischend seine Flugkünste vorzuführen.

Der Anerkennungstrieb wiederum schließt sich dem Darstellungstrieb an in dem Bemühen, aus der vorgestellten Wagnisleistung, der bestandenen Mutprobe, der gemeisterten Risikosportart einen Ansehensgewinn zu erzielen. Gruppendynamische Prozesse verführen bisweilen dazu, sich mit den imageförderlichen Wagnisangeboten gegenseitig zu übertrumpfen und dabei das Maß für das Machbare zu verlieren.

Der Wettkampftrieb ist charakteristisch für besonders leistungsstarke, selbstbewußte Persönlichkeiten, die ihre Potentiale im Vergleich mit anderen messen und demonstrieren wollen. Wer sich schwach fühlt, meidet den Wettstreit. Wer sich etwas zutraut, sucht den Vergleich, um seine Könnens- und Überlegenheitsgefühle auszuleben. In der Konfrontation mit einer anderen Leistung, in der Auseinandersetzung mit den Kräften der Natur, bei der Lösung einer anspruchsvollen Aufgabe läßt sich das eigene Leistungsniveau bestimmen und genußvoll auskosten. Das Risiko des Unterliegens oder Scheiterns kann den Reiz des Wagnisses erhöhen.

Der Sexualtrieb oder *Geschlechtstrieb* (die Libido) kann ein so starkes Verlangen annehmen, daß erhebliche Risiken eingegangen werden. Bei der Vernachlässigung des Hygieneschutzes, beim Ehebruch, bei der Vergewaltigung, beim Exhibitionismus, beim Kindesmißbrauch werden schwerste Folgen für die Gesundheit, die Partnerschaft, die Familie, das gesellschaftliche Ansehen, die strafrechtliche Unbescholtenheit oder auch für die Selbstachtung riskiert. Bei dieser Art von Risikobereitschaft beherrscht allerdings meist eine übermächtige Triebsteuerung, nicht die für das Wagnis charakteristische Freiheit der Entscheidung das Geschehen.

Eine sinnsuchende Nutzung des Sexualtriebs wird etwa im Tantrismus deutlich. Die Tempelskulpturen im indischen Kajurao oder im nepalesischen Kathmandu geben noch Zeugnis von einer Kultur, in welcher die sexuelle Vereinigung als Teil religiöser Selbstverwirklichung und Gottfindung verstanden und praktiziert wurde. Das Wagnis der Ekstase balanciert dabei auf dem schmalen Grat zwischen höchster Erfüllung und Selbstverlust.

Im Minnesang des Hochmittelalters beflügelte die Erotik zu höchsten künstlerischen Leistungen. Die den Intimbereich berührende Verehrung einer Dame höheren Standes durch einen Ritter niederen Adels wurde auf dem glatten Parkett des höfischen Lebens nur akzeptiert, wenn sie sich bei ihrem Gang an die Grenzen innerhalb der vorgeschriebenen Sprachbilder und Rituale bewegte. Die wirtschaftliche Existenz des Sängers stand und fiel mit seinem künstlerischen Geschick.

Auch bei den ritterlichen Turnieren unter den Augen der Damen hatte die Geschlechterspannung eine große Bedeutung. In dem Bestreben nach Anerkennung durch eine bestimmte Dame wurden bei den nicht ungefährlichen Waffengängen hohe und höchste Risiken eingegangen.

In vergleichbarer Weise steigern sich noch heute (meist männliche) Jugendliche bei dem Bestreben, dem anderen Geschlecht oder einem bestimmten Mädchen zu imponieren, zu waghalsigen Unternehmungen.

Der Vervollkommnungstrieb läßt sich als *Selbstschöpfungstrieb* verstehen. Er beinhaltet das intensive Bedürfnis, die in sich verspürten Möglichkeiten auszureifen. Er manifestiert sich als Drang, die eigene Bestimmung zu finden, den Schöpfungsgedanken für die eigene Persönlichkeit nachzudenken. Es geht bei diesem Trieb um das Streben nach Sinnerfüllung. Die persönliche Sinnfindung begrenzt sich dabei nicht nur auf die Entwicklung der gesellschaftlich besonders hoch bewerteten Sozialtugenden. Sie kann sich die unterschiedlichsten Bewährungsfelder in Religion, Wirtschaft, Sport, Technik, Medizin oder Wissenschaft suchen und in sehr verschiedenartigen Berufsausrichtungen wiederfinden. Stuntman, Ordensschwester, Testpilot, Unternehmer, Astronaut, Entwicklungshelfer, Fremdenlegionär, Kriegsreporter, Berufsabenteurer, Expeditionsleiter oder Urwaldarzt sind solche mit dem Image des besonders wagemutigen Lebens verknüpften Berufsbilder.

Der Helfer- oder *Beistandstrieb* ist ein Sozialtrieb. Er läßt sich als innerer Ruf deuten, der den Hilfsbereiten antreibt, Hilfsbedürftigen zu helfen. Der Helfertrieb wirkt sich vor allem dann wagnishaft aus, wenn Schaden für die eigene Person, insbesondere eine eigene Lebensgefährdung, im Dienste der Rettungsaktion inkaufgenommen wird. Der Ausprägung dieses Triebs wird in allen Kulturen hohe Bewunderung gezollt.

Die meisten Menschen verfügen nur in begrenztem Umfang über dieses Repertoire an Antriebskräften. Sie schöpfen es nicht aus. Manche Triebe müssen überhaupt erst entdeckt werden. Auch die Antriebsstärke fällt unterschiedlich aus. Wer jedoch nur einen Teil seines Anlagepotentials aus dem Triebkomplex zur Bewältigung von Aufgaben und zugunsten der eigenen Entwicklung zum Leben erweckt, verzichtet damit auf Lebensvielfalt, Lebensintensität und Lebensqualität, die ihm möglich wären.

Wertschöpfungen im Wagnis

Der *Sinngewinn*, den das Wagnis verspricht, kann sich auf verschiedenen Ebenen ereignen:

Der Wagende kann sein eigenes Leistungsspektrum und damit seine Lebensmöglichkeiten erweitern, z. B. den Umgang mit gefährlichem Werkzeug lernen. Er kann für sich einen innerpersönlichen Gewinn, etwa in Form von Erfolgsfreude oder Identitätserfahrung, erzielen. Das Wagnis kann zu Produkten führen, die als objektive Leistungen einen bleibenden oder auch nur vorübergehenden Wert darstellen, wie z. B. ästhetisch ansprechende akrobatische Kunststücke. Die im Wagnis erbrachten Leistungen können Tieren oder Mitmenschen zugutekommen, die sich in Not befinden, etwa bei Rettungsaktionen. Schließlich kann die über das Wagnis vollzogene Wertschöpfung sogar Dimensionen erreichen, in denen ein Fortschritt für die gesamte Menschheit entsteht, wie bei den Selbstversuchen in der medizinischen Forschung oder bei den großen Entdeckungen. Wer Bedeutsames wagt, wirkt als Impulsgeber. Er produziert Entwicklungsanstöße, die die Lebensqualität auch der nicht wagemutigen oder risikokompetenten Mitmenschen erhöhen, die von seinen Wagnisprodukten und Denkanstößen profitieren. Wer Bedeutsames wagt, wird damit zum Diener der Menschheit und zum Motor der allgemeinen Fortentwicklung. Diese Feststellungen lassen sich im einzelnen weiter präzisieren:

Der Wagende gewinnt an Sicherheit auf hohem Niveau (Abb. 44)

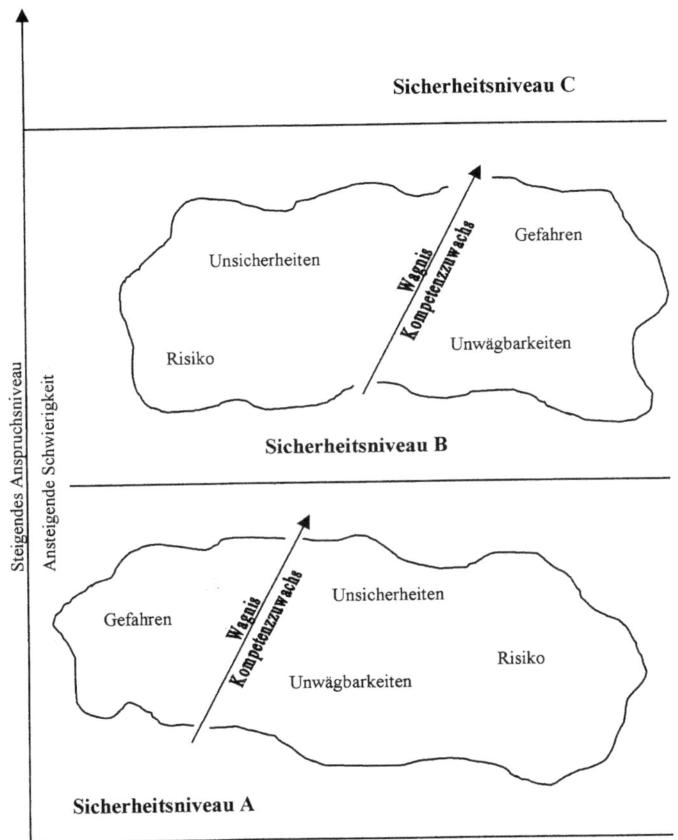

Abb. 44 Das Erschließen von Sicherheit auf steigendem Schwierigkeitsniveau

Tätigkeiten, die für den Anfänger, den Ungeübten, den Risikomeider lebensgefährlich sein können wie der Umgang mit gefahrenträchtigem Werkzeug oder die Bewegung in risikoreichem Gelände, werden für den Wagenden über einen beschleunigten Lernprozeß zunehmend sicherer. Gefährliche Gegenstände wie Messer oder Sägen, Risikoträger wie Feuer oder Strom, anspruchsvolle Bewegungsinstrumente wie Schlittschuhe oder Fahrzeuge, werden zu selbstverständlich verfügbarem Handwerkszeug. Gefahrenzonen wie der Verkehr, das Hochgebirge oder die Gewässer werden zu begehbaren Räumen. Der Wagende erreicht höhere Sicherheitsstandards als der Wagnismeider. Er kann sich damit auch schwierigeren Aufgabenstellungen des Lebens zuwenden und sich die Befriedigung von anspruchsvollen, die Lebensqualität steigernden Wünschen leisten, z. B. das Fliegen oder Klettern.

Der Wagende gewinnt an Lebensräumen und Erlebnisdimensionen (Abb. 45)

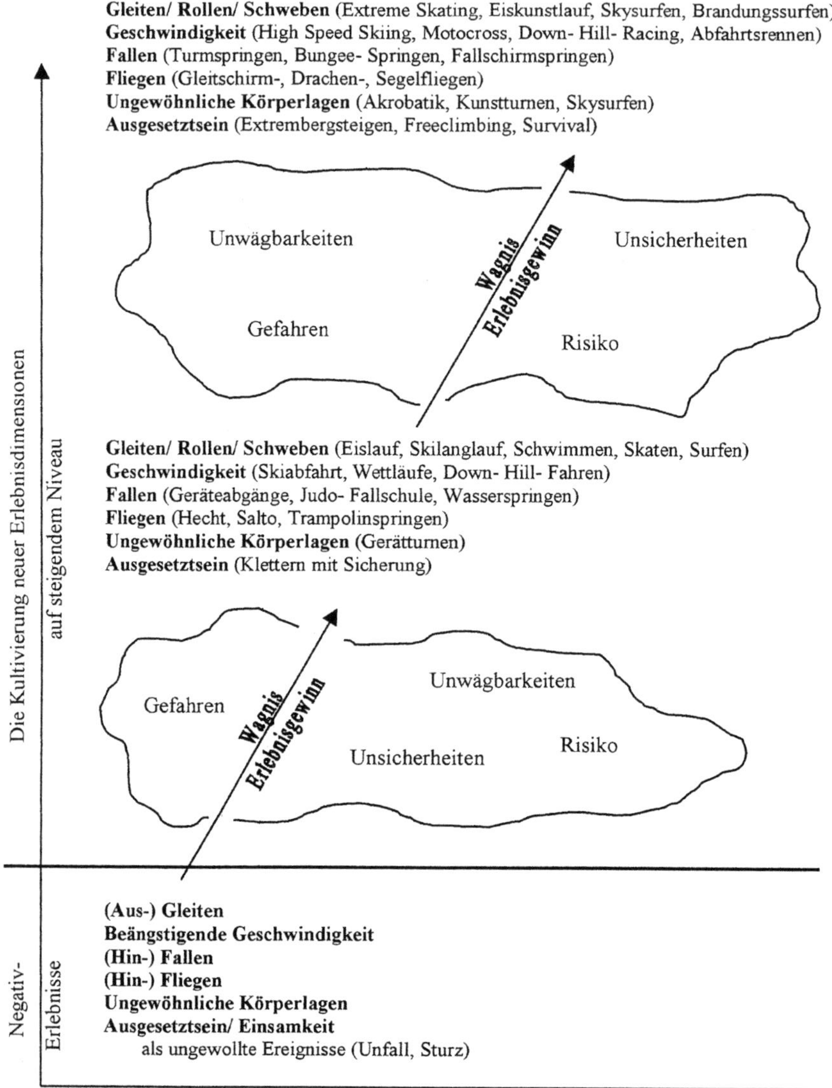

Abb. 45 Das Erschließen neuer Erlebnisdimensionen

Zahlreiche Regionen unserer Erde sind dem Menschen aufgrund seiner begrenzten angeborenen Fähigkeiten von Natur aus verschlossen. Hierzu zählen z.B. der Lebensraum Wasser, einschließlich der Unterwasserwelt, der Bereich der schroffen Felsen und steilen Wände, die Regionen des Tiefschnees, der

Gletscher, des ewigen Eises, der gesamte Luftraum einschließlich des Alls. Aber auch Lebensdimensionen wie die große Höhe, die Hochgeschwindigkeit oder die intensive Partnerschaft sind nicht als natürliche Mitgift der Natur verfügbar. Der Mensch muß sich wagen, um diese Erlebnismöglichkeiten in Lernprozessen für sich zu gewinnen oder aber andere sich wagen lassen, um an deren Produkten und Fähigkeiten teilzuhaben:

Wer sich die Welt des Wassers erschließen will, muß sich der Gefahrenzone des Ertrinkens aussetzen. Er muß das Schwimmen, Wildwasserfahren, Surfen, Hochseesegeln erlernen, um sich sicher und selbständig in diesem Element bewegen zu können oder aber sich der Verantwortung anderer Risikokompetenzen (z.B. den Schiffbauern, den Kapitänen, den Lotsen) überlassen. Die Unterwasserwelt ist dem Tiefseeforscher nur über die Technik des Tauchens zugänglich.

Wer sich den Luftraum als Lebens- und Erlebensraum verfügbar machen möchte, muß sich in die Gefahrenzone des Abstürzens begeben. Er muß den Umgang mit einem Fluggerät lernen, sich mit den aerodynamischen Bedingungen der Luft und den Wettererscheinungen, mit Navigation und Notfallrettung auseinandersetzen oder aber sich einem Piloten anvertrauen, der das Wagnisvermögen und fliegerische Können für ihn besitzt. Er sollte sich gleichzeitig im Klaren darüber sein, daß aktives Fliegen eine andere Erlebnisqualität enthält als das Geflogenwerden.

Wer in die menschenfeindlichen Zonen des Erfrierens und Ausgesetztseins vordringen will, muß sich Kompetenz im Umgang mit den Eis- und Felsregionen, mit Steinschlag, Lawinen, Gletscherspalten, Wetter und technischem Instrumentarium aneignen.

Das Verfügen über Raum und Zeit in Form der Geschwindigkeit setzt die Beherrschung eines schnellen Fahrzeugs voraus. Auch das rückhaltlose Sicheinlassen in eine Partnerschaft erfordert Mut und Opferbereitschaft und die Fähigkeit zum Problemmanagement. Sind diese gegeben, eröffnen sich dem Wagenden neue Lebensmöglichkeiten, die sein Leben bereichern können.

Der Wagende gewinnt an inhaltlichen und technischen Alternativen

Innerhalb der neuen Lebensräume, die er sich durch eine Schlüsselqualifikation (Schwimmen, Fliegen, Reden, Operieren) erschlossen hat, vermag der Wagende weitere Handlungskompetenzen auszudifferenzieren und sich damit ein breites Spektrum an Sinnfindungsmöglichkeiten auf dem gewünschten Betätigungsfeld als Sportler, Forscher, Erfinder, Redner oder Arzt zu erschließen:

Die Bewegung im Wasser etwa reduziert sich nicht auf eine bestimmte Schwimmtechnik wie bei den Spezialisten im Tierreich. Die Fertigkeit im Brustschwimmen läßt sich durch Techniken wie das Kraulen oder Delphinen erweitern. Bewegungsformen wie das Tauchen, Wellenreiten, Surfen, Wasserschiern, Wasserspringen, Paddeln, Rudern, Kajakfahren, Segeln, Motorskooten eröffnen dem Wagemutigen ein unermeßliches Feld an Wassersportarten. Es lassen sich damit sehr verschiedenartige Erlebniswelten innerhalb des Lebensraums Wasser erschließen.

Der anspruchsvolle Eisläufer begnügt sich nicht mit dem sanften Gleiten auf der Eisfläche. Er erfindet Kunstfiguren wie Pirouetten, Todesspiralen, Achsel, Tulups, Salchos, Rittberger und steigert sie bis zu Vierfachsprüngen.

Der Chirurg, der sein handwerkliches Können um neue Operationstechniken wie die Akupunktur ergänzt, wagt sich über die Risikoschwelle der westlichen Schulmedizin hinaus, um sich neue Handlungsspielräume zu erschließen.

Der Wagende gewinnt an Erlebnisintensität und Erlebnistiefe

Die Wagnishandlung kennzeichnet sich durch eine hohe Beanspruchung des ganzen Menschen. Um die gefahrenträchtige Situation meistern zu können, müssen oft auch unterbewußte Kräfte mobilisiert werden. Entsprechend ergreift die Spannung, aber auch das nachfolgende Erfolgserlebnis den Wagenden bis in sein innerstes Wesen. Das Bewußtsein, eine große Tat vollbracht zu haben, ist von nachhaltigen Glücksgefühlen begleitet. Der Prüfling, der sich lange und intensiv auf ein schwieriges Examen vorbereitet hat, befreit sich bisweilen mit einem Jubelschrei aus der Spannung, wenn er von dem erfolgreichen Abschluß erfährt. Jede Frage und jede Antwort bleibt noch lange in Erinnerung. Ein ähnliches Erleben erfüllt den Chirurgen, dem eine komplizierte Operation gelang oder den Flugschüler, der nach mühsamen Lehrgängen seinen ersten Freiflug genießt.

Der Wagende gewinnt an Mitmenschlichkeit – die Mitmenschen gewinnen durch ihn an Hilfeleistung

Ein Mensch, der seinen Wagemut nicht nur zum eigenen Nutzen und Sinngewinn verwendet, sondern sein Risikovermögen und die mit diesem verbundene Opferbereitschaft im Dienste anderer einsetzt, definiert sein Verhältnis zu den Mitmenschen neu. Er gewinnt an Mitmenschlichkeit.

ST. EXUPÉRY (1932, 1953) verstand seine lebensgefährlichen Nachtflüge im Post-, Versorgungs- und Hilfsdienst über die Anden Südamerikas und die Wüsten Afrikas, die ihn mehrfach an den Rand des Todes brachten, in diesem Sinne als ethische Aufgabe. Mitmenschlichkeit kennzeichnet auch die Arbeit von Sozialhelfern, die ihr Leben in Leprakolonien, Malariagebieten, Vorstadtslums oder Kriegsgelände der Fürsorge von Hilfsbedürftigen, Kranken, Verletzten und Verwundeten widmen. Der Opfertod für andere gilt nicht nur in der christlichen Heilslehre als kaum zu übertreffendes Verdienst.

Der Wagende gewinnt an Selbstwert, Identität, Charakter

Das Wagnis fordert den Menschen. Es fordert ihn bisweilen bis zur Existenzgefährdung. Eine solche Beanspruchung hinterläßt Spuren in der Persönlichkeit. Jede bedeutsame Wagnishandlung setzt einen Markstein auf dem Wege der individuellen Entwicklung. Mit der außergewöhnlichen Wagnisleistung verfügt sich der Wagende eine Profilierungsprüfung, deren Ergebnis den Stand der Persönlichkeitsentwicklung dokumentiert. Die mutige Tat objektiviert das Leistungsniveau, befestigt das Selbstwertgefühl, schafft Identitätsbewußtsein, formt den Charakter.

Auch gesellschaftlich negativ bewertete Wagnisleistungen wie die Schlägereien von Hooligans, Bandenkriege, Sachbeschädigungen, Einbrüche, Diebstähle, Raubüberfälle, Drogenexperimente beeinflussen die Persönlichkeitsbildung. Es gibt kriminelle Energien und kriminelle Karrieren. Die gesellschaftlichen Rahmenbedingungen, die ethische Substanz einer Gemeinschaft und die Existenz oder Nichtexistenz einer Wagniserziehung tragen einen wesentlichen Verantwortungsanteil daran, in welche Wertrichtung sich die Wagnistendenzen bewegen.

In ihrem Selbstfindungsprozeß streben Kinder und Jugendliche nach deutlichen Leistungsbeweisen. Sie wollen einen objektiven Befund ihrer Persönlichkeitsstärke. Dieser ergibt sich u. a. aus Mutproben. Mutnachweise werden als Orientierungspunkte der Selbstverwirklichung verstanden. Als imponierende Persönlichkeitsprüfungen bestimmen sie auch wesentlich den Sozialstatus in der Gleichaltrigenszene. Viele Erwachsene brechen diesen anstrengenden Weg der Selbstkontrolle über freiwillige Mutproben irgendwann ab, erklären ihren Entwicklungsprozeß für abgeschlossen und bescheiden sich mit der Bewältigung der Anforderungen, die das Leben ihnen zuträgt. Sie übersehen dabei, daß Entwicklung nie abgeschlossen ist und Mut kein Erbgut darstellt, sondern sich stets neu bewähren muß und wachsen kann.

Wagnis beschränkt sich allerdings nicht auf die spektakuläre Tat. Wagnis ist nicht dem Abenteurer, Extremsportler, Grenzgänger vorbehalten. Wagnis kämpft nicht ständig gegen Lebensbedrohung. Die Herausforderung zum Wagnis trifft bereits den, der im Alltag Unrecht sieht. Er kann sich dem Problem stellen oder aber verweigern. In seinem „Stundenbuch“ hat RILKE unter der Metapher vom „Leben in wachsenden Ringen“ das Wagen für sich zu einem lebenslangen Programm der Selbstvollendung erhoben.

Der Wagende gewinnt an Bedeutung für die Menschheit, und die Menschheit gewinnt mit ihm an Fortschritt

Spitzenleistungen im Wagnisbereich sind Ausnahmepersönlichkeiten vorbehalten, die mit ihrem eigenen Leistungsoptimum gleichzeitig die Entwicklung der Menschheit auf einem speziellen Sektor befördern. Als Grenzgänger am derzeitigen menschlichen Leistungslimit dringt der extrem Wagnisbereite mit der eigenen Grenzsprengung auch in allgemein-menschlich neue Zonen vor. Er erweitert das Wissen vom Menschen und seiner Lebenswelt. Es handelt sich oft um Vorhaben, die dem Durchschnittsdenken unvorstellbar erscheinen, von leistungsstarken Einzelnen aber mit unerschütterlichem Glauben an die Sache, mit fanatischem Engagement, mit hoher Aufopferungsbereitschaft, oft auch mit einem erheblichen Profilierungsstreben erfolgreich betrieben werden. Persönlichkeiten dieser Kategorie schreiben Menschheitsgeschichte. Sie tragen ihren

Namen in die Annalen der Weltgeschichte ein wie Alexander, Cäsar, Buddha, Jesus, Kolumbus, Galilei oder Luther.

Bei diesen aufsehenerregenden Wertschöpfungen handelt es sich oft um das Lebenswerk unorthodox denkender Individualisten, die ihre Vorstellungen, getragen von einem starken Sendungsbewußtsein, respektlos gegen die Autoritäten und herrschenden Lehrmeinungen der Zeit durchsetzen. So schuf ein einfacher Handwerkersohn aus dem unbedeutenden Provinz-Ort Nazareth gegen die ihm todfeindlich gesinnten Mächtigen seiner Zeit eine konkurrierende Heilslehre, die zur Weltreligion erwuchs und schon zwei Jahrtausende überdauert. So widerlegten die Konstrukteure der Dampfeisenbahn, des Automobils, des Düsenjets, der Rakete die medizinische Vorstellung der Goethezeit, daß die Bewegung eines galoppierenden Pferdes bzw. der Postkutsche die äußerste, der menschlichen Gesundheit noch zuträgliche Geschwindigkeit sei. Man ahnte nicht, daß wagemutige Testpiloten und Astronauten sich zweihundert Jahre später mehrfach so schnell wie der Schall der menschlichen Stimme durch den Raum bewegen und die Erde in den Weltraum verlassen würden. Ein junger selbstbewußter Bergsteiger, Messner, bewies den medizinischen Fachleuten in Selbstversuchen, daß sich der Mensch entgegen ihrer Lehrmeinung, ein entsprechendes Spezialtraining vorausgesetzt, durchaus kurzzeitig ohne künstliche Sauerstoffbeatmung in den höchsten Regionen der Erde aufhalten und sogar körperliche Hochleistungen erbringen kann, ohne dabei irreparable Gesundheitsschäden davonzutragen.

Jeder dieser Grenzgänger setzte mit seiner Grenzsprengung auf einem speziellen Gebiet für die Menschheit neue Maßstäbe.

Der Wertgewinn im Wagnis vollzieht sich auf allen Ebenen in wachsenden Ringen:

Neue Sicherheiten gewinnt man nur über das Wagen von Unsicherheit. Diese muß überschaubar bleiben. Unsicherheit wird daher nur schrittweise gewagt. Erst wenn das betretene Neuland zu einem sicheren Terrain wurde, erlaubt sich der Schritt in weitere unbekannte Regionen. Der Redeneuling wagt sich erst vor ein größeres und anspruchsvolleres Publikum, wenn er in kleinerem Rahmen zuvor Redesicherheit gefunden hat.

Neue Lebensräume und Erlebnisdimensionen erschließen sich nur im Einklang mit dem inneren Wachstum. Das Kind weitet seinen Lebens- und Erfahrungsbereich im natürlichen Lernen allmählich von seinem Krabbelkäfig über die Stube, die Wohnung, das Haus, den Wohnort, das Land, ferne Kulturkreise aus. Krasse Sprünge auf diesem organischen Bildungsweg hinterlassen meist Entwicklungsstörungen.

Neue Kompetenzen bauen auf bereits erworbenen auf. Der Drachenflieger kann sein Fluggerät nur souverän starten, wenn er zuvor die elementaren Techniken des Gehens, Laufens, Tragens, Balancierens gelernt hat und sicher beherrscht.

Der ausgesetzte Höhenstart ist nur vertretbar, wenn er zuvor am Übungshang hinreichend Erfahrung gesammelt hat. Der Kunstturner kann höchste Schwierigkeiten an seinem Sportgerät, beispielsweise einen fliegenden Abgang mit Schraubensalto vom Hochreck, erst leisten, wenn er weniger anspruchsvolle Übungsteile wie die Riesenfelge und diese wiederum nur, wenn er die Schwungstemme oder Kippe beherrscht.

Intensives Leben und Erlebnistiefe erschließen sich nicht im Rausch des raschen Konsums. Das bloße Summieren verschiedenartiger aufregender Sinnesreize verhindert das innerliche Verarbeiten und Wachsen. Es führt zu einer Überlagerung unvollständig aufgenommener Eindrücke, die beim Kitzel der Nerven stehenbleiben und eher eine Verflachung der Gefühlswelt bewirken. Der Taumel von Genuß zu Genuß, wie er in Animationszentren häufig zu beobachten ist, schafft nur ein Kurzzeitvergnügen, verhindert das innere Mitreifen der Persönlichkeit. Wer heute einen Bungeefall, morgen eine Riverraftingtour (Abb. 46) und übermorgen eine Ballonfahrt unternimmt, sammelt lediglich oberflächliche Impressionen, die ihn innerlich nicht weiterbringen. Das kurzzeitige Vergnügtwerden verliert bald an Reiz, wenn nicht immer neue Stimulationen folgen.

Abb. 46 Wildwasserspaß im Vergnügungspark (Rust)

Intensives Leben und Erlebnistiefe setzen den Einsatz des ganzen Menschen, einen längeren Lernprozeß, ein allmähliches Hineinwachsen in das Wagnis voraus, wie es uns der überzeugte Surviver, der seriöse Unternehmer oder der leidenschaftliche Flieger demonstrieren. Intensives Leben und Erlebnistiefe lassen sich nicht im Vorbeigehen mitnehmen. Sie wollen Schritt für Schritt und mühsam erarbeitet sein.

Mitmenschlichkeit entwickelt sich schrittweise aus der Überwindung egozentrischer Interessen. Der bei jedem Menschen zunächst vorherrschende *Naturtrieb* der Selbstsicherung muß dem konkurrierenden, lernbedürftigen *Kulturtrieb* der Fremdhilfe Raum geben. Die Bereitschaft, völlig fremden Mitmenschen ohne eigenes Interesse uneigennützig beizustehen, ergibt sich in der Regel erst als Produkt eines langen Sozialisations- und Kultivierungsprozesses der Persönlichkeit. Sie muß erlernt werden. Sie setzt im Minimalfall die Teilung von Lebensqualität voraus. Sie erfordert im Risikobereich freiwillige Abstriche am eigenen Sicherheitsbedürfnis. Wie schwer dies für manchen bereits im ersten Kreis der Mitmenschlichkeit, der Hilfe für Nahestehende, zu leisten ist, konnte ich in einer Bucht der Galapagos-Inseln beobachten: In panischer Angst vor heranschwimmenden Robben stieß ein badender Mann seine eigene Frau, die bereits die Reelingsleiter ergriffen hatte, ins Wasser zurück, um noch vor ihr in die Sicherheit des Bootes zu gelangen. Mitmenschlichkeit in Risikosituationen beinhaltet die Fähigkeit zur Überwindung des bedingungslosen Selbsterhaltungstriebs. Die Entwicklung der ethisch hochwertigen Helfertugend kann in mehreren Stufen von der selbstlosen Fürsorge für eng verbundene Personen über die Bereitschaft, auch hilfsbedürftigen Fremden in akuten Notsituationen beizustehen bis zur ehrenamtlichen Dauerverpflichtung in Hilfsorganisationen fortschreiten. Mit der Zunahme der Qualifikation des risikobereiten Helfers wächst auch die Qualität der Hilfeleistung, die andere empfangen. Das Engagement kann von der Bereitstellung einer risikokompetenten Arbeitsleistung (Bergwacht, DLRG) über das Opfern persönlicher Lebensqualität (Lebendspende von Organen) bis zur Selbstaufgabe für andere (Opfertod) reichen. Die Todesbereitschaft für andere markiert den Gipfelpunkt der Spirale der Mitmenschlichkeit.

Identitätsfindung und Charakterbildung vollziehen sich nicht in einmaligen oder mehrmaligen Ereignissen und nicht ohne aktive Beteiligung der Person. Sie sind auch nicht mit der Schul- oder Berufsausbildung abgeschlossen. Sie müssen in einem lebenslangen Prozeß menschlicher Reifung, der ständig neue Impulse braucht, erarbeitet werden. Wer sich als Erwachsener irgendwann bescheidet und Mut erfordernde Situationen meidet oder aussitzt, stagniert oder schrumpft in seiner Entwicklung. Er verzichtet auf die Vollendung seiner Persönlichkeit. So gibt es Lehrer, Professoren, Seminarleiter, die sich in ihrem Leben zahlreichen akademischen Prüfungen, beruflichen Risiken, öffentlichen Auftritten stellten, d. h. schwierige Mutproben und Möglichkeiten des Scheiterns bestanden, im Umgang mit ihren Schülern, Studenten, Referendaren aber versagen. Dem Verantwortlichen, der sich über das störende Essen, Stricken, Schwätzen oder Zuspätkommen während seiner Veranstaltung ärgert, es aber im Interesse der Arbeitswilligen nicht unterbindet, fehlt es in der Regel an Fähigkeit zu sachnotwendigen unpopulären Maßnahmen. Es mangelt ihm an Zivilcourage. Ein ähnliches Persönlichkeitsdefizit charakterisiert den Heuchler. Bei beiden menschlichen Schwächen wurde versäumt, im Verhaltensrepertoire einen wesentlichen Lebensring, den des mutigen Handelns im zwischenmenschlichen Bereich, aufzubauen.

Die Weiterentwicklung der Menschheit bedarf der fortschreitenden Kompetenz und Wagnisbereitschaft mutiger und innovationsfreudiger einzelner. Diese bauen während langer Zeiträume auf Vorgängern auf. Ihr Leistungsoptimum korrespondiert in einem bestimmten Ressort mit jenem der Menschheit. So hat sich die technische Entwicklung in den letzten hundert Jahren durch geniale Leistungsträger mit Risikobereitschaft spiralförmig beschleunigt. Die Geschichte der Luftfahrt vom ersten Gleiter bis zur Weltraumrakete ist mit Namen wagemutiger Männer wie Lilienthal, Weißkopf, den Brüdern Wright, Lindbergh oder Armstrong verbunden. Ihr Einsatz war das Leben. Hinter dem explosiven Fortschritt auf dem naturwissenschaftlich-technischen Sektor blieben andere wagnisbehaftete Bereiche menschlicher Fortentwicklungsmöglichkeit wie die Friedensfähigkeit, die Streitkultur oder die ethische Wandlung der Menschen und Völker zurück. Die Spirale der Menschheitsentwicklung zeigt auf diesen Feldern keine Dynamik.

Bewertung

Das Wagnis-Erklärungsmodell vom „Leben in wachsenden Ringen" geht von einem dynamischen Entwicklungs- und Selbstvollendungswillen der Persönlichkeit aus. Dieser basiert auf einem komplexen Triebgefüge des Menschen, das aus zahlreichen Einzeltrieben besteht. Die Triebkonfiguration ist wertneutral angelegt und zeigt sich beim einzelnen Menschen sehr unterschiedlich ausgeprägt.

Als instinktarmes, offen strukturiertes Wesen findet sich der Mensch von Anfang an den Lebensbedingungen stark ausgesetzt. Er ist existentiell gefährdet und auf Lernen angewiesen. Für diesen potentiell lebenslangen Prozeß ist er aber auch besser als jedes andere Lebewesen ausgestattet. Freiwillige Wagnisse können seinen Lern- und Entwicklungsprozeß beschleunigen und qualifizieren, Wagnismeidung ihn aufhalten, zum Stillstand bringen. Wagnisbereitschaft wird als sinnvoller und zweckdienlicher Impuls der Entwicklung gesehen.

Wagnisunternehmungen können eine negative Wertausrichtung annehmen, indem sie sich auf Zerstörung konzentrieren (Sachbeschädigung, Drogenkonsum, Selbstmordspiele). Sie können aber auch der Selbstvollendung der Persönlichkeit dienen und zur Sinnfindung beitragen (Wertschöpfungen, Erarbeitung persönlicher Sinnbereiche). Zur Förderung der positiven Wertausrichtung im Wagnis ist eine entsprechende ethische Erziehung, speziell eine Wagniserziehung, nützlich, auf jugendpädagogischer Ebene sogar erforderlich. Ihr Fehlen in unserer Gesellschaft, ihre weitgehende Aufhebung durch ein vordergründiges, alle Lebensbereiche beherrschendes Sicherheitsdenken läßt vor allem die noch suchenden jungen Menschen in ihrer Trieborientierung allein. Die allgemeine Orientierungslosigkeit im Wertebereich, eine elitefeindliche Einstellung und eine mangelnde Honorierung von Risikobereitschaft sind wesentliche Hindernisse auf dem Weg zum sinnvollen Wagnis.

Die dargestellten Denkmodelle zur Deutung des Phänomenkomplexes Abenteuerlust, Risikobereitschaft, Gefahrensuche, Wagnisstreben arbeiten mehr oder weniger nachvollziehbare Einzelaspekte des Problemfeldes heraus. Sie haben – wie kommentiert – angesichts des Facettenreichtums der Erscheinungen ihren jeweils spezifischen Erklärungswert. Das komplizierte Phänomen bedarf differenzierter Zugriffe. Es ist über eindimensionale Denkschemata nicht zugänglich. Solche sind nicht geeignet, eine befriedigende Erklärung des Gesamtphänomens und die Erfassung der eigentlichen Energiequellen der Persönlichkeit zu leisten.

Mit dem Denkmodell vom „Leben in wachsenden Ringen“ wird versucht, die unterschiedlichen Aspekte in einem gemeinsamen Horizont zusammenzuführen und unter den Gesichtspunkten der Triebsteuerung, des Lern- und Entwicklungswillens, der Selbsterweiterung, des Luststrebens, der Sinnsuche, des Persönlichkeitsaufbaus zu integrieren und zu ergänzen. Das Modell ist von einer positiven Einstellung zur Leistung, zur Selbstbestimmung und zum Wagnis getragen. Es ist konstruktiv und erzieherisch ausgerichtet, wobei die Pervertierungsmöglichkeiten berücksichtigt sind. Es mißt der pädagogisch-didaktischen Einflußnahme im Sinne einer Wagniserziehung eine hohe Bedeutung zu.

Die diskutierten Denkmodelle unterstellen den Wagenden zum Teil ohne empirische Basis verschiedene unterschwellige oder auch bewußte Zwecksetzungen, vernachlässigen zu sehr den Aspekt der existentiellen Sinnsuche. Sie gehen von unterschiedlichen Ausgangspositionen aus, werden von unterschiedlichen Motiven geleitet, verfolgen unterschiedliche Absichten, beziehen sich auf unterschiedliche menschliche Charaktere:

Die *Neurose-Theorie* unterstellt eine pathologische Ausgangssituation. Nach ihrem Menschenbild wird der Wagende von einem zwanghaften Muß neurotischer Art zu einer ständigen Wiederholung und Steigerung seines gefährlichen Tuns getrieben. Er bemüht sich in permanenten Selbstheilungsversuchen, den aufgrund eines frühkindlichen Traumas verlorengegangenen Harmoniezustand mit sich selbst wiederzuerlangen. Seine Lebensringe erhalten nach dieser Sicht ihre Dynamik aus dem Drang, der Befindlichkeit des seelischen Ungleichgewichts therapeutisch zu begegnen.

Auch der *Ordal-Theorie* liegt die Vorstellung von einem kranken Gemütszustand zugrunde. Der Wagnissuchende wird zum unersättlichen Hasardeur, der ruhelos und maßlos nach neuen Grenzen sucht: *„Die Grenze indeß ist nie endgültig, hinter ihr lockt noch eine andere. Die Suche nach der Grenze wird zum Spiel ohne Grenzen“* (Le Breton, 16). Auch hier bietet sich das Bild einer Spirale an, die mangels Bescheidung und Selbstverantwortung zur Katastrophe tendiert.

Die *Angst-Lust-Theorie* sieht den Wagenden aus der Überwindung der Angst einen Lustgewinn schöpfen. Dieser ergibt sich aus dem Kontrast. Der Wagnisbereite taucht gezielt in das Unlustgefühl der Angst ein, um aus ihm mit dem Nachlassen der Spannung, mit dem Auftauchen aus dem Unwohlsein, die ersehnten positiven Gefühle zu erleben. Der Wagende quält sich in Angst, um die anschließende Befreiung genießen zu können.

Da sich mit der Wiederholung des Vorgangs Angstgewöhnung und eine zunehmende Sicherheit einstellen, muß der Wagende die Anforderungen steigern, um weiterhin den Effekt der Angstlust zu erzielen. Nach der Theorie vom „Leben in wachsenden Ringen“ entsteht dabei ein eskalierender Zirkel von Angst, Lust, erneuter Angst auf höherem Niveau und erneuter Lust. Bei diesen spiralförmigen Durchgängen verändert sich der Wagende.

Die *Kontraphobie-Theorie* beschreibt den Wagenden als Psychopathen, der an einer Sinn- und Identitätskrise leidet. Tief in seinem Inneren von Angst geplagt, aber von dem dringlichen Bedürfnis getrieben, als wagemutig zu gelten, schlüpft er in eine Kontrarolle, die ihm zu der ersehnten Selbstsicherheit und dem gewünschten Außenimage verhelfen soll.

Der Kontraphobiker gerät damit in die verhängnisvolle Kette, sich und seiner Umwelt entgegen seiner Veranlagung immer neue Mutbeweise erbringen zu müssen. Da ständig Zweifel und Selbstzweifel an der kunstvoll errichteten Fassade nagen, ergibt sich die Notwendigkeit häufig gesteigerter Leistungsnachweise, um die Prozedur der Verdrängung nicht offenbar werden zu lassen.

Die *Angstbewältigungs-Theorie* vertritt die Auffassung, daß sich der Wagende des Wagnisses bedient, um Herr seiner Ängste zu werden. Die Risikohandlung wird zu therapeutischen Zwecken instrumentalisiert.

Auch diese Theorie weist in die der wachsenden Ringe: Sie basiert auf einem Lern- und Entwicklungsprozeß, der sich in der Sequenz Annäherung – Abwehr – Annäherung vollzieht und in der persönlichen Feststellung gipfelt: „Das Wagnis hat mich verändert. Es hat mich weiter gebracht. Ich bin sicherer und reifer geworden.“ Angst spüren kann ein existentielles Erlebnis sein, das in der Unfähigkeit, einer Situation angemessen zu begegnen, uns als Person infragestellt. Angst verführt leicht zu Ausweichmanövern und Meidungshaltungen. Sich der Angst zu stellen, sich in seiner Angst bewußt zu erleben, bedeutet, sich sehr nahe zu sein, sich existentiell zu spüren. Angst kann man nicht spielen. In der Angst sind wir total betroffen. Angsterleben und Angstbewältigung können als wiederholte, gesteuerte, kontrollierte Abläufe einen wesentlichen Lebensring im Reifungsprozeß der Persönlichkeit bilden.

Die *Flow-Theorie* glaubt, in dem rauschhaften Erleben des Gleichgewichts von Anforderung und eigener Leistung in der Gefahrensituation das zentrale Motiv des Wagnisstrebens gefunden zu haben. Im Kontrast zu den pathologisch und therapeutisch orientierten Denkmodellen wurde mit dieser Theorie ein im positiven Lebensgefühl verankerter, nutzdenkenfreier Erklärungsansatz entwickelt.

Flow-Erleben verlangt wegen des glückhaften Zustandes nach Wiederholung, Intensivierung, Vertiefung des erfahrenen Lebensgefühls. Da Flow auf höchstem Anspruchsniveau als besonders lustvoll erlebt wird, bewegt sich der Wagende, der sich einen entsprechenden Kompetenzgewinn zutraut, in einer Wagnisspirale auf die äußerste Grenze zu, an der ihm das Leben als besonders kostbar und lebenswert erscheint. Das sich intensivierende Flow-Gefühl motiviert zur Grenzerweiterung. *„Es ist das Flow-Erlebnis, durch das die Evolution uns vorantreibt und weiter lockt,"* meint CSIKSZENTMIHALYI (Die außergewöhnliche Erfahrung, 381) und bestätigt damit die Einordnung der Theorie in das umfassendere Denkmodell vom „Leben in wachsenden Ringen". Das Flow-Erleben regt die menschlichen Potentiale zum Wachsen an. Im Schwindel, in der Geschwindigkeit, im Ausgesetztsein, im Fallen, im Fliegen werden bewußtseinserweiternde Erfahrungen gemacht. Der Flow animiert zur selbstlohnenden Anstrengung und zu einer mit ihr wachsenden Sinnerfahrung.

Nach der *Theorie vom schützenden Rahmen* bewegt sich der Wagende nur bis zu einer bestimmten Grenze in die Gefahrenzone vor. Diese selbstgesteckte Grenze hält sich in einem individuell noch für vertretbar gehaltenen Sicherheitsabstand zum gefährlichen Grat. Sie soll vor dem Absturz in die Traumazone, den Bereich der Verletzungen, bewahren.

Bei dem gefährlichen Grat handelt es sich jedoch nicht, wie das Modell nahezulegen scheint, um einen ein für allemal festliegenden Absturzrand. Der Wagende tastet sich nicht an eine objektiv bestimmbare Katastrophenlinie heran. Er verdünnt in der Regel auch nicht sein Sicherheitspolster, um der Grenze näher zu kommen. Der gefährliche Grat folgt vielmehr dem zunehmenden oder ausbleibenden Kompetenzgewinn des einzelnen. Der Wagende verschiebt die Position des gefährlichen Grats ständig und versetzt damit gleichzeitig auch seinen persönlichen Sicherungsrahmen. Ein Berganstieg der Schwierigkeitseinstufung III (Standardroute auf das Matterhorn), der den Kletterunkundigen bereits überfordert, beansprucht den erfahrenen Alpinisten erst im Vorfeld seiner Möglichkeiten. Die Gefahrenkompetenz und der Zugang zu gefahrenträchtigen Lebensmöglichkeiten weiten sich in wachsenden Ringen.

Die *Theorie vom Sicherheitstrieb* geht von einem permanenten Streben des Menschen nach neuen Sicherheiten aus. Dieses Streben wird vom Neugiertrieb gesteuert. Er verführt dazu, vom jeweiligen Sicherheitsstandort aus immer neue Unsicherheiten zu wagen. *„Die Gier nach Neuem dient dazu, Sicherheit immer mehr zu erweitern und zu vergrößern"* (v. Cube, Gefährliche Sicherheit, 32). *„Der Sicherheitstrieb ist, wie jeder andere Trieb auch, nie dauerhaft befriedigt. (...) Ist Sicherheit erreicht, sucht man Unsicherheit auf. Das ist der Kern des Verständnisses für das Risikoverhalten des Menschen,"* meint v. CUBE (41).

Die neugewonnene Sicherheit besitzt im Sinne der Spiraltheorie vom „Leben in wachsenden Ringen" eine andere, eine höhere Qualität als die jeweils aufgegebene. Nur wer den zwischen beiden erfolgten Prozeß des Kompetenz-, Erlebnis- und Persönlichkeitsgewinns nicht wahrnimmt, kann die Sicherheit des im Tal Verbliebenen mit der des erfolgreich zurückgekehrten Gipfelkletterers gleichsetzen.

Während v. CUBE sich jedoch auf den Formalaspekt der Sicherheit beschränkt und nur *einen* Trieb, den Neugiertrieb, als Kern des Risikoverhaltens zugrundelegt, bezieht die Theorie vom „Leben in wachsenden Ringen“ weitere Grundimpulse unserer Triebstruktur wie z. B. den Spieltrieb, den Leistungstrieb oder den Selbstvervollkommnungstrieb in das Gesamtgeschehen ein. Über die lustvolle Verwandlung von Unsicherheiten in Sicherheiten beim Bergsteigen hinaus wird die Sehnsucht des Alpinisten, seine Antwort auf den „Ruf der Berge“, zweifellos von weiteren, vielleicht sogar tieferen Beweggründen bestimmt, wie schon gezeigt wurde. Ein mehr oder weniger anspruchsvolles Motivgefüge, basierend auf einem komplizierten Triebkomplex, treibt dazu, seine Kompetenz, seine Erlebniswelten, seine Persönlichkeitswerte stetig zu steigern und in wachsenden Ringen zu vervollkommnen.

Mit dem **Denkmodell des „Lebens in wachsenden Ringen“** lassen sich auch zunächst unerklärbar erscheinende Phänomene wie der *Thrill-Kill* (Mord ohne erkennbares Motiv) oder *suchtverdächtiges Wagnisverhalten* erfassen:

Der sogenannte Thrill-Kill, wie er beispielsweise im Juli 1999 in den Medien berichtet wurde, nachdem ein vierzehnjähriger Junge ohne ersichtliches Tatmotiv ein zwölfjähriges Mädchen erdrosselt hatte, scheint sich einer plausiblen Erklärung zu entziehen. Er erscheint unmotiviert, willkürlich, psychopathisch. Das Opfer wird über den Zufall gewählt. Da die eigenen seelischen Hintergründe von den Tätern meist nicht reflektiert werden und ein in der Regel niedriger Intelligenzgrad dies auch nicht zuläßt, erhält der Befragende vordergründige Antworten wie „Ich weiß selbst nicht, warum ich das gemacht habe!“ oder „Es hat eben Spaß gemacht. Ich hatte Langeweile und da habe ich mir das ausgedacht.“ Mangels tiefergreifender Erkenntnisse wird mit der Bezeichnung Thrill-Kill dann eine Kick-Handlung unterstellt.

Bei eingehender Feldanalyse erweisen sich solche Taten jedoch äußerst selten als spontan, aus dem Augenblick geboren, unangekündigt oder unmotiviert. Die Vorzeichen blieben nur unerkannt. Von der Umwelt unbeachtet, hat sich meist spiralförmig eine kriminelle Karriere entwickelt, an deren Anfang bereits Schlüsselsymptome wie Autismus, Gefühllosigkeit gegenüber Menschen und Tieren, das Quälen von Tieren und jüngeren Kindern Warnsignale hätten sein müssen. Auch das nach meinen Erkenntnissen heute in Schulen und Heimen weit verbreitete „Sklavenhalten“, von den Erziehern kaum bemerkt, weist Züge auf, die bei entsprechender krimineller Energie weitere Kreise in Form einer Verbrecherlaufbahn ziehen können. Der Weg zum Thrill-Kill wird mit der Erschließung der zu ihm führenden Entwicklungsringe nachvollziehbar. Es hat ein negativer Lernprozeß stattgefunden. Die Wagnispotenzen des Kindes haben sich mangels wertvoller Sinnbezüge pervertiert. Das Kind wurde alleingelassen bei seiner Sinn- und Selbstfindung.

Auch das schon erörterte, scheinbar widersinnige, als Sucht mißverstandene Verhalten der PENNY ROBERTS, die bei einem unglücklichen Fallschirmsprung aus 5.000 Metern Höhe nahezu ungebremst auf dem Boden aufschlug, wie durch ein Wunder überlebte und sich nichts sehnlicher als einen erneuten Sprung aus dem Flugzeug wünschte, läßt sich über das Erklärungsmodell vom „Leben in wachsenden Ringen“ deuten:

Der Sturz, der sie an den Rollstuhl fesselte, warf die Skysurferin in ihrem Bemühen, sich einen für sie bedeutsamen Lebenskreis zu erarbeiten, drastisch zurück. Die Negativmöglichkeit jedes Wagnisses, das Scheitern, war eingetreten. PENNY ROBERTS mußte für den gewählten Erweiterungsring ihres Lebens ein schweres Opfer bringen. Daß sie – für den Durchschnittsmenschen unfaßbar – dennoch nicht aufgab, sondern hart und konsequent daran arbeitete, wieder skysurfen zu können, beweist die Bedeutung dieses Lebensringes für ihr persönliches Sinnempfinden. Sie wollte ein Stück alter Verhaltenssicherheit und Erlebnisintensität, das verlorenging, zurückgewinnen. Sie wollte an den gewonnenen Lebensring wieder anschließen. Es handelt sich um einen mit ungeheurer Energie und Selbstdisziplin vorangetriebenen Selbstheilungsprozeß, bei dem sie erneut über sich hinauswuchs.

Als ihr nach einem Jahr ein Tandemsprung gelang, quittierte sie das Erlebnis mit dem euphorischen Ausruf „Wow, ich bin wieder da! Der Alptraum ist vorbei!“ Ohne Verbitterung wagte sie sich, noch immer weitgehend gelähmt, von ihrem neuen Standort aus an einen neuen Lebensring, als Behinderte Behinderten bei ihren psychischen und physischen Problemen zu helfen. An ihren früheren Beruf als Krankenschwester anknüpfend, ließ sie sich zur Arzt- und Patientenberaterin ausbilden, um auf diesem Wege neuen Lebenssinn zu finden.

Menschliche Selbstvollendung, individuelle Sinnfindung vollzieht sich nicht ausschließlich über das Wagnis. Zweifellos kann der Mensch auch mit der Annahme und Verarbeitung von Schicksalsschlägen (Besitzverlust, Krankheit, Unfall, Alleinsein, Tod) innerlich wachsen und reifen. Diese Ereignisse werden jedoch nicht aktiv aufgesucht. Sie werden Ängstlichen wie Mutigen vom Leben als Aufgabe gestellt. Sie sind nicht Gegenstand unserer Betrachtung.

Die Evaluation des Erklärungsmodells vom „Leben in wachsenden Ringen“ erfolgte mit 611 ‘Nichtrisikern’ und 643 ‘Risikern’ im Rahmen unserer Befragungen der Jahre 1997 bis 1999. Die schriftliche und mündliche Informationsaufnahme erstreckte sich auf den deutschen, den österreichischen, den norditalienischen und den schweizer Raum. Es waren neben Einzelpersonen auch Schulen, Heime, Outward-Bound-Einrichtungen sowie drei Seminare der Pädagogischen Hochschule Karlsruhe beteiligt. Bei der Population der ‘Risiker’ wurden Mutprobenkinder, Abenteuerreisende, Trekker, Unternehmer, Börsenspekulanten, Spieler, Sozialhelfer, Extremsportler, Testpiloten, Stuntmen, Grenzgänger erfaßt.

Das Denkmodell des Lebens in wachsenden Ringen erreicht aufgrund dieser Datenanalyse nach dem Flow-Modell die höchste Zustimmungsquote. Von den *Kindern und Jugendlichen der Wagnisszene* wird das Flow-Modell unter allen Erklärungsansätzen deutlich favorisiert. Dies könnte auf seine sehr einfache Struktur und eine unmittelbar erlebte Übereinstimmung mit der eigenen Befindlichkeit zurückzuführen sein. Im Gegensatz zu den eindimensionalen Erklärungsversuchen, die lediglich einzelne Aspekte des Problemfeldes hervorheben und daher leichter zugänglich sind, bedarf der differenziertere Erklärungsansatz „Leben in wachsenden Ringen“ einer eingehenderen, auch intellektuellen, Befassung.

Unter der Möglichkeit von Mehrfachnennungen erhielt die Theorie bei den befragten *erwachsenen 'Nichtrisikern'* eine Akzeptanzquote von 76 %. Es fiel auf, daß relativ viele 'Nichtrisiker' aller Bildungsstufen (Berufsanamnese) zu einfachen Betrachtungsweisen des Problemfeldes neigen. Zwischen weiblichen und männlichen Befragten ergab sich dabei kein signifikanter Unterschied. Dieses Ergebnis mag sich aus einem geringen Interesse an und einer entsprechend geringen Befassung mit dem Problemkomplex erklären.

Bei den *erwachsenen 'Risikern'* aller Kategorien erreicht der Erklärungsversuch „Leben in wachsenden Ringen“ eine Zustimmung von 92 %, wenn auch die Bezeichnung 'Risiker' während der Befragungen häufig nicht akzeptiert wurde. Kommentare halten den Ansatz vor allem wegen seiner „positiven Sinnzuweisung“, wegen seiner „ganzheitlichen Sicht der Dinge“ und wegen seiner „vielen Facetten“ für gut geeignet, dem komplexen Phänomen näherzukommen. Die Wagniswilligen können sich in ihren Empfindungen und Ambitionen mit diesem Denkansatz weitestgehend identifizieren. Sie sehen das Problemfeld in seinen unterschiedlichen Erscheinungsformen hier am zutreffendsten repräsentiert.

Das Erklärungsmodell vom „Leben in wachsenden Ringen“ kommt darüber hinaus pädagogischen Handlungsbedürfnissen entgegen. Es könnte sich als Theoriebasis einer wertbildenden Wagniserziehung eignen. Von daher wäre eine größere Breitenwirkung denkbar und vielleicht auch wünschenswert.

Wagnis muß Wesentliches wollen

Sensationssucht oder Sinnsuche, Thrill oder Skill
Was den Wagemutigen vom Reiz- und Risikofanatiker trennt

Grenzgänger auf dem Pfad des Todes

Am 3. Februar 1998 rasten **zwei US-amerikanische Offiziere**, ein dreißigjähriger Pilot und sein gleichaltriger Navigator, mit ihrem Düsenjet in extremem Tiefflug knapp über Grund durch die Alpenregion der Dolomiten. Bei dem italienischen Dorf Cavalese durchtrennte die Maschine das Tragseil einer Bergbahn und riß zwanzig Menschen mit ihrer Gondel in den Tod. Der von dem Begleitoffizier gedrehten Videodokumentation fehlten entscheidende Passagen, als sich das Gericht mit dem Beweismittel auseinandersetzen wollte.

Nach den bekannt gewordenen Informationen läßt sich vermuten, nicht beweisen, daß es sich bei dem Unglücksflug um ein fliegerisches Husarenstück handelte, wie es in Offizierskreisen der Luftwaffen vieler Länder Tradition hat. Der bekannte deutsche Jagdflieger und General des 2. Weltkriegs, **A. Galland**, unterflog in spektakulären Aktionen Brücken und schuf sich nicht nur in Fliegerkreisen damit den Ruf eines „Teufelskerls" und „Haudegen", der so mit seiner Maschine verwachsen war, daß er sich die gewagtesten Akrobatenstücke leisten konnte. Sein Kollege im Generalsrang, der Kunstflieger **Harras**, donnerte vor den staunenden Soldaten seiner Einheit im Rückenflug zentimeterdicht über das Flugfeld, bevor er seine Maschine in Schrauben in den Himmel zog, um im Sturzflug wieder bis knapp über die Kasernendächer hinabzutrudeln, daß die Fenster bebten. Vor allem in Friedenszeiten, wenn sich keine Profilierungschancen über Zweikämpfe mit feindlichen Fliegern und Abschußquoten bieten, sind waghalsige fliegerische Kapriolen zur Demonstration der Pilotenkompetenz hoch beliebt. Sie werden von den Führungen der Streitkräfte als förderlich für die Truppenmoral und als leistungsmotivierend weitgehend gedeckt, solange keine Opfer dabei zu beklagen sind.

Der Ablauf des riskanten illegalen Tiefflugs der beiden amerikanischen Piloten, die Umstände der Videoaufzeichnung, eine verbreitete Mentalität in der US-Armee, die lebendige internationale Fliegertradition legen es nahe, von einem fehlgeschlagenen Versuch auszugehen, sich mit einem beweisbaren Mutakt, dem Unterfliegen einer Seilbahn, als unverwüstliche Draufgänger auszuweisen. Das Gelingen der Wahnsinnstat hätte den beiden Hasardeuren bei ihren Fliegerkameraden zu erheblichem Ansehen verholfen und sie zu Helden ihrer Einheit gemacht. Eine Sinnwertschöpfung darüber hinaus wird jedoch nicht erkennbar.

Ein anderes publikumswirksames Bubenstück gelang dem als „Kremlflieger" bekannt gewordenen **Krankenpfleger Rust**. Der tollkühne Privatflieger unterflog mit einer gecharterten Cessna von Skandinavien aus das russische Radar, um vor einer staunenden Weltöffentlichkeit, unbemerkt von der militärischen Abwehr, im Herzen der feindlichen Sowjetunion, auf dem Roten Platz in Moskau, zu landen. Er riskierte mit dieser spektakulären Tat, die das russische Sicherheitssystem der Lächerlichkeit preisgab und das Selbstbewußtsein der Russen untergrub, von der Landesverteidigung abgeschossen zu werden oder als westlicher Spion in sibirischen Zwangsarbeitslagern zu verschwinden. Das naivverwegene Unternehmen brachte dem „Kremlflieger" aufgrund diplomatischer Initiativen „nur" sieben Monate Gefängnis, gewaltige Schulden, die Ächtung in Fliegerkreisen und den Entzug der Pilotenlizenz auf Lebenszeit ein.

Im Jahre 399 v. Chr. fand vor dem Staatsgerichtshof von Athen ein weltberühmt gewordener Prozeß gegen den Bildhauer und Philosophen **Sokrates** statt. Die Anklage warf ihm vor, gegen Gesetze zu verstoßen, Gottesfrevel zu betreiben und die Jugend mit seinen Lehren zu verderben. Bei einem Schuldspruch drohte die Todesstrafe durch den Giftbecher.

PLATON hat uns in seinen Dialogen Eutyphron, Apologie, Kriton und Phaidon ein anschauliches Portrait seines Lehrers Sokrates, ein Bild von seinem Denken, seiner Einstellung zu Leben und Tod und seinen letzten Stunden hinterlassen. GUARDINI hat das Verhalten des Sokrates in seinem Buch „Der Tod des Sokrates" (1959) einer Analyse unterzogen. Es geht um die in unserem Zusammenhang interessierenden Fragen: War Sokrates ein Risikosucher oder ein Sinnsucher? Wollte er seinen eigenen Tod? Wurde Sokrates von Todessehnsucht getrieben? Redete sich der überaus intelligente und redegewandte Mann mit seiner Verteidigungstaktik, mit der er lediglich noch 30 der 500 Mitglieder des Gerichtshofes zu seinen Gunsten überzeugen mußte, bewußt um Kopf und Kragen? Welchen Gewinn versprach sich Sokrates von einer Verurteilung zum Tode?

SOKRATES verteidigte sich anders, als lebenssichernde Klugheit es geboten hätte: Statt in seinen drei Reden die gegen ihn erhobenen Vorwürfe zu entkräften und den Eindruck einer Schuld zu mindern, geht Sokrates zum Angriff über. Er benutzt den Gerichtshof als Forum zur Darstellung seiner Wertvorstellungen. Er provoziert die Richter, indem er sie vor ein höheres geistiges Gericht, vor den Gott Apollon als Richter, lädt, um vor diesem Rechenschaft über sein Tun abzulegen. Von seinem Sendungsauftrag überzeugt, allein seinem inneren Ruf verpflichtet, tritt er, vermessen wirkend, als Vertreter der Wahrheit auf. Er legt sich die Rolle des Volksgewissens zu und verlangt vom Gericht statt einer Bestrafung die höchste Ehrung für einen Wohltäter des Staates, die lebenslange kostenlose Speisung im Rathaus der Stadt.

SOKRATES reizt das Gericht, wie GUARDINI feststellt (67). Er fordert es heraus, statt sein Wohlwollen zu suchen. Guardini ist der Überzeugung, daß

SOKRATES das Todesurteil hätte abwenden können, wenn er Maß gehalten hätte. Er sieht in der Art der Selbstverteidigung *„ein Motiv am Werk, welches den Tod will“* (76). Obwohl das Urteil ungerecht erschien, und nach heutiger Einschätzung auch war, entzieht Sokrates sich ihm nicht. Die Fluchtmöglichkeit aus dem Gefängnis, die einflußreiche Freunde ihm eröffnen, verweigert er aus Überzeugung. Mit sich einig und gelassen, nimmt er das Urteil an und den Schierlingsbecher, der ihn vom Leben trennt. Welche Beweggründe, welche Wertvorstellungen bestimmen dieses für den Durchschnittsmenschen unvorstellbare Tun?

„In Sokrates scheint etwas zu sein, das zur äußersten Vollendung der eigenen Sinngestalt treibt, ein Drang, das theoretisch Vertretene durch Tat und Schicksal zu besiegeln,“ meint GUARDINI (68). *„In Sokrates scheint etwas zu sein, das urteilt, eine Sendung wie die seinige dürfe sich nicht friedlich erfüllen, sondern müsse durch den Untergang hindurch. Deswegen fordert er den eigenen Tod heraus. Die Motive, die hier wirksam sind, können sich nicht rational ausweisen“* (68).

SOKRATES fühlt sich den Idealen seiner Lehre und der Wahrheit verpflichtet. Er stirbt für seine Überzeugung. Unrecht erleiden, so hat er gelehrt, ist besser als Unrecht tun. Das Gute und das Gerechte haben für ihn absolute Gültigkeit, auch wenn damit Nachteile für den einzelnen sich verbinden sollten. Der leibliche Tod verliert vor der unbedingten Geltung des Sittengesetzes an Bedeutung, zumal Sokrates an die Unsterblichkeit der Seele, des Wesentlichen im Menschen, glaubt. Gültiges Tun ist ewiges Tun für Sokrates. Es enthebt der Vergänglichkeit, läßt den Menschen eines unbedingten Wertes innewerden. Für die Besiegelung seiner zeitlebens vertretenen Wertvorstellungen muß Sokrates das Opfer seines Lebens bringen. *„Bei einem Menschen von so starker Lebenskraft und so klarer geistiger Positivität kann es sich nicht um irgendeine krankhafte Todessehnsucht handeln. Sokrates will nicht den Untergang als solchen, sondern weiß, das Letzte seiner Sendung und seiner Existenz vollendet sich nur durch den Untergang hindurch. So erscheint dieser als Türe zum Eigentlichen“* (76). SOKRATES verhilft mit seiner Annahme des ungerechten Urteils dem ewigen Sittengesetz zum Durchbruch, das seinen Tod überdauert. Er enthebt seine sittliche Existenz der Vergänglichkeit. Der konsequente Tod entsprechend den Maximen seiner Sittenlehre hat der Persönlichkeit des Sokrates und seiner Ethik über die Jahrtausende zu Beachtung, zu Glaubwürdigkeit und zum Nachdenken verholfen.

Ein Geistesverwandter des Sokrates, **Jesus von Nazareth**, gründete vierhundert Jahre später eine bedeutende, bis heute fortwirkende Weltreligion. Zwischen beiden Ausnahmepersönlichkeiten finden sich zahlreiche Parallelen:

- Beide verstanden sich als Propheten der geistigen und sittlichen Erneuerung ihrer Zeit. Von einem starken Sendungsbewußtsein getragen, traten sie als wagemutige Einzelkämpfer gegen Mißstände und Heuchelei in Religion, Staat und Gesellschaft an. Ihre Provokation der Mächtigen war mit Lebensgefahr verbunden. Sie galten als Aufrührer.

- Beide stifteten eine Ethik, die sich an den ewigen Sittengesetzen und der bedingungslosen Wahrheitssuche orientierte und die Zeiten überdauern sollte.
- Beide verbreiteten ihre Ideen ausschließlich über das gesprochene Wort, den unmittelbaren menschlichen Kontakt und das lebendige Vorbild. Sie hinterließen keinerlei schriftliche Zeugnisse.
- Beide wurden zu Opfern eines formaljuristisch zwar vertretbaren, substantiell aber irrigen Richterspruchs, den die provozierten Gegner betrieben.
- Beide präsentieren sich vor der Geschichte als wagnisbereite Revolutionäre, die für die Durchsetzung ihrer Wertvorstellungen lebten und zu sterben bereit waren. Der in Konsequenz zu ihrem gefährlichen Tun stehende Tod relativierte sich im Hinblick auf die verfolgte Aufgabe. Er wurde ein Teil von ihr.
- Beide verstanden ihren freiwilligen, geradezu gesuchten Opfertod als Siegel der Glaubwürdigkeit ihrer Botschaft und als fortdauernden Anstoß zur Auseinandersetzung mit ihren Ideen.
- Beide erscheinen durch ihren körperlichen Tod und das Ende ihres Wirkens der Öffentlichkeit der Zeit zunächst als Gescheiterte, werden in geschichtlichen Dimensionen aber zu den eigentlichen Siegern.

JESUS ging seinem Kreuzestod sehr bewußt und zielgerichtet entgegen. Er sagte seinen Tod mit Bestimmtheit voraus und tat vieles, um das Eintreten der Prophezeiung zu beschleunigen. War er ein Todessucher?

Bei öffentlichen Auftritten stellt JESUS gesellschaftlich verachtete Zöllner ethisch-moralisch über die angesehenen Pharisäer und Schriftgelehrten, die er auf diese Weise zu seinen Todfeinden macht. Er bezeichnet sich als *„König der Juden"* und fordert damit auch die politischen Repräsentanten seines Volkes heraus. Er begibt sich aus der relativ sicheren Provinz am See Genezareth in die Hochburg seiner Feinde nach Jerusalem. Er kommt zum Hochfest der Juden, dem Passahfest, in die Hauptstadt und provoziert seine Gegner mit seinem Erscheinen vor Ort. Er treibt die Händler gewaltsam aus dem Tempelbezirk, schafft sich damit weitere Feinde und macht auf sich aufmerksam. Er versammelt die Jünger um sich zu einem letzten Abendmahl und hinterläßt ihnen bereits sein Vermächtnis: *„Tut dies, so oft ihr es tut, zu meinem Gedächtnis!"* Er prophezeit den Verrat des Judas. Er weiß um die bevorstehende Verhaftung im Garten Gethsemane, verspürt große Angst vor den auf ihn zukommenden körperlichen und seelischen Qualen, flieht aber nicht, sondern erwartet betend den Ablauf der Ereignisse. Er entlastet sich nicht in dem Verfahren vor Pilatus, sondern vertritt selbstbewußt und herausfordernd seine bekannten Thesen und seinen Sendungsauftrag.

JESUS wollte sein Leben und seine Lehre mit einem Opfertod besiegeln, einem Tod, der die Schwächen der Mitwelt offenbarte, auf einem Fehlurteil beruhte und stellvertretend für die Sünden der Menschen büßte. JESUS versetzte seine Feinde in die Rolle von Mördern und starb für seine Ideen den Martyrertod. Im Gegensatz zu den Absichten und Erwartungen seiner Gegner, die den Verhöhnten und Gemarterten mit dem schmählichen Verbrechertod am Kreuze in seiner anmaßenden göttlichen Sendung gescheitert sahen, entwickelten der spektakuläre Prozeß und der ungerechte Tod eines Gerechten eine ungeahnte Dynamik der Beachtung und Akzeptanz seiner Lehre, die sich in einer rapiden Ausbreitung auswirkte. Es ist davon auszugehen, daß JESUS diese Wirkung seines Todes voraussah und ihm auch bewußt diese Sinnzuweisung gab.

Sensationssucht oder Sinnsuche, Thrill oder Skill

Reizsucher und Sinnsucher unterscheiden sich vor allem in der Frage der Wesentlichkeit ihres Tuns:

Die Sensationssucht tendiert zum Thrill, der grellen Reizwirkung, die kurzzeitig erregt, in Ekstase versetzt, Lustschreie entlockt. Je nach Risikomentalität wird der Nervenkitzel in echten Gefahrensituationen gesucht oder auch nur in abgesicherten Scheinbedrohungen von virtuellen Welten oder Vergnügungsarrangements ausgelebt. Das Reiz- und Risikostreben begnügt sich mit einer veräußerlichten raschen Triebbefriedigung. Abenteuer, Gefahr, Risiko erhalten keine Sinnzuweisung. Sie werden nicht in einer Wertordnung angesiedelt, sondern selbst zum letzten und eigentlichen Ziel der Handlung gemacht. Purer Risikoaktivismus führt nicht zum Kern der Persönlichkeit. Er berührt nicht das zentrale Menschsein mit seinen Wertmöglichkeiten. Er stellt den Wert Unversehrtheit unterwertig zur Disposition. Der Risiker riskiert wertvolle Lebensressourcen, ohne dafür einen angemessenen Gewinn zu erwarten. Eine solche unproportionale Opferbereitschaft ohne das Bedürfnis nach einer entsprechenden Wertschöpfung erwächst meist aus unausgereiften oder fehlenden Wertvorstellungen, aus einer inneren Leere.

Die Sinnsuche bedarf des Skill, der Aneignung von Kompetenz, mit der die Gefahrensituation erfolgversprechend zu bestehen ist. Sie bedarf einer aktiven, intensiven, professionellen Auseinandersetzung mit einer bedeutungsvollen Aufgabe. Die Anliegen, für die man sich wagt, sind komplexer Natur. Sie nehmen längerfristig in Anspruch und verknüpfen sich mit Wertüberzeugungen der Persönlichkeit. Sinnsuche erwächst aus der Tiefe des Menschseins. Sie möchte die ureigene Berufung erfassen und realisieren. Simulierte Bedrohungen haben hier keinen Platz. Das kostbare Leben und der Wert Gesundheit werden nur zur Disposition gestellt, wenn ein maßgeblicher Mehrwert dafür in Aussicht steht. Der Sinnsuchende begibt sich nicht leichtfertig und ahnungslos in Gefahr. Ihn treibt kein Lebensüberdruß, keine Lebensgier, keine krankhafte Todessehnsucht zum Risiko. Das Wagnis liegt in der notwendigen Konsequenz des eigenen Lebensweges, der auf Sinnmehrung ausgerichtet ist. Der Sinnsuchende stellt sein Leben und seine Gesundheit, die ihm keine letzten Werte bedeuten, in den Dienst einer ihm wichtigen Sache, vielleicht einer tragenden Lebensaufgabe. Der Sinnsuchende will etwas Wesentliches bewirken. Die hochwertigen ethischen Ziele der Traumverwirklichung, der Aufgabenverwirklichung, der Selbstverwirklichung verlangen einen totalen Einsatz der Persönlichkeit, einschließlich ihrer Wagnisbereitschaft. Materielle und gesellschaftliche Nachteile, Verletzung und Tod werden auf diesem Wege des Wertstrebens als unausweichliche Risiken akzeptiert, ihre Vermeidung („safety first") gerät nicht zur obersten Maxime des Handelns.

Sinn oder Unsinn wagnishaltigen Tuns lassen sich nicht von außen zuweisen. Es zeugt von hoher Arroganz, anderen eine bestimmte (meistens die eigene) Wertehierarchie oder Sinngebung zuteilen zu wollen. Der Sinn des individuellen Lebens muß persönlich gefunden und errungen werden. Er kann sich von Mensch zu Mensch erheblich unterscheiden.

Sinn oder Unsinn des Tuns sind auch nicht an bestimmten Tätigkeiten festzumachen, einer Mutprobe etwa oder einem Sport. Es handelt sich hierbei zunächst um wertneutrale Handlungsfelder. Auseinandersetzungen mit gefährlichen Situationen können sich als Selbstsuche, aber auch als Selbstverlust oder als keines von beiden realisieren. Erst mit der Sinnzuweisung durch den Akteur erhalten sie einen Wertaspekt.

So kann etwa das riskante Fliegen, das sich in den dargestellten Fallbeispielen als vordergründiges Spektakel, als Aufmerksamkeit erheischender Gag präsentierte, auch zur existentiellen Sinnfindung dienen. Für den Piloten, Dichter und Philosophen A. DE SAINT EXUPÉRY (1932, 1953) bedeutete das Fliegen im Post- und Sozialdienst, bedeutete das Erschließen neuer Kommunikationswege für die Menschen und die damit verbundene eigene Gefährdung, den *„Welträtseln auf der Spur"* zu sein. Das Flugzeug war ihm *„Werkzeug"*, Instrument, Medium, den Fragen des Lebens und des eigenen Inneren, die sich vor dem gefährlichen Nachtflug, in den Krisensituationen der Luft oder nach dem Absturz in der menschenfernen Wüste in existentieller Dringlichkeit stellten, näherzukommen, sich mit ihnen auseinanderzusetzen und an ihnen zu reifen.

Auf der anderen Seite erreicht im Gegensatz zu Sokrates, Jesus, Buddha oder Mohammed nicht jeder Sektenführer, Revolutionär, Weltverbesserer, von denen unsere Welt reich ist, die Glaubwürdigkeit einer seriösen Sinnsuche. Die meisten dieser sich als „Berufene" Ausgebenden bewegen sich in ideologischen Räumen, auf handfesten kommerziellen Pfaden, auf der Spur der Menschenverachtung oder des Machtrausches. Viele frönen Nutzeffekten, folgen aber keiner Sinnausrichtung.

Thesen zum wertorientierten Wagnis

Die schon ausführlich behandelten Charakteristika werthaltigen, sinnerfüllten Wagnisses sollen im folgenden noch einmal übersichtlich zusammengefaßt werden. Die Feststellungen berühren nicht die Verantwortung des wagenden Individuums, das letztlich autonom über die Sinnzuweisung seiner Risikohandlungen für die eigene Person entscheidet. Sie sollen lediglich einer allgemeinen Normorientierung dienen:

Es ist problematisch, Grenzen zu überschreiten, wenn

- Langeweile, Zerstörungswut, Menschenhass, Vergnügungssucht oder Geltungsbedürfnis das Reiz- und Risikobedürfnis auslösen,
- Wissen, Können und Selbsteinschätzung der Risikolage nicht gerecht werden,
- die Gefährdung zum reinen Kick entartet,
- das Management mehr dem Zufall als der eigenen Kompetenz überantwortet wird,
- mit dem eingegangenen Risiko keinerlei Wertgewinn verknüpft ist,
- die Solidarität der Gesellschaft missbraucht wird, indem die Abenteuer als Spannungsreize genutzt, Risikofolgen aber der Gemeinschaft aufgebürdet werden.

Es kann akzeptabel sein, Grenzen zu überschreiten, wenn

- ein Lustgewinn angestrebt wird, der anderen nicht schadet,
- ein Vergnügen ausgelebt wird, dem eine ethische Überhöhung fehlt,
- Aktivitäten genossen werden, die das Gemeinwesen nicht belasten,
- ein Traum realisiert wird, der den einzelnen bewegt,
- eine harmlose Triebentladung oder eine Psychohygiene betrieben wird, die einen Kontrast schafft zum tristen Alltag.

Es kann beispielhaft sein, Grenzen zu überschreiten, wenn

- das Wagnis Hilfsbedürftigen zugute kommt,
- das Wagnis einer bedeutsamen Sache zum Durchbruch verhilft,
- dem Wagnis ein gesellschaftlicher Fortschritt entwächst,
- der Wagende einer hochwertigen Idee dient,
- der Wagende persönliche Sinnerfahrungen macht,
- der Wagende verantwortungsbewußt handelt.

Der Wagnisexperte kann zum Vorbild werden mit seiner Fähigkeit,

- an etwas zu glauben, einen Traum zu entwickeln und zu verwirklichen,
- das Außergewöhnliche, das Besondere zu wollen und zu wagen,
- sicheres Terrain zu verlassen und Neuland zu betreten,
- sich etwas zuzutrauen, über sich hinauszuwachsen und dabei Identität zu gewinnen,
- von anderen gebahnte Wege aufzugeben und ungeebnete eigene Wege zu beschreiten,

- sich systematisch auf ein bedeutsames, schwieriges, gefahrvolles Ereignis vorzubereiten, es mutig anzugehen und es durchzustehen,
- selbstlohnende Tätigkeiten zu verfolgen und sich von Nützlichkeitsdenken, von materiellen Vorteilen und von Fremdverstärkern zu lösen,
- im Hier und Jetzt zu leben und das Gestern oder Morgen nicht übermächtig werden zu lassen,
- den Prozeß, den Ablauf der Ereignisse ebenso wichtig zu nehmen wie das Produkt, das Endergebnis der Handlungen,
- nicht auf fremde Hilfe zu warten, sondern sich möglichst selbst zu helfen,
- für die Realisierung eigener Wertvorstellungen Opfer zu bringen, Rückschläge hinzunehmen, Frustrationstoleranz aufzubauen,
- sich auf eine bedeutsame Aufgabe zu konzentrieren, sie mit aller Energie zu lösen und das Ergebnis voll zu verantworten,
- in sich ungeahnte Steigerungsmöglichkeiten zu entdecken, ungenutzte Reserven zu mobilisieren, um etwas Außerordentliches zu leisten,
- mit äußeren Anforderungen und inneren Krisen zurechtzukommen, ein kompetentes Problemmanagement zu entwickeln,
- selbständig zu denken, kreativ zu werden, sich aus Abhängigkeiten zu befreien,
- scheinbar Unmögliches möglich zu machen,
- Probleme nicht als Verunsicherungen zu erleben, sondern als Aufgaben zu begreifen, die es zu lösen gilt.

Grenzerfahrungen bilden das Kernerlebnis beim Wagen. Die nachfolgenden Thesen mögen zur gedanklichen Auseinandersetzung mit dem werthaltigen Wagen in Grenzsituationen anregen und zur Überprüfung der eigenen Sinngebungen dienen:

- *Grenzerfahrungen sind zur Ausreifung der Persönlichkeit unverzichtbar.*
  Sie sind entwicklungsnotwendig, psychologisch und pädagogisch wertvoll. Der Mensch, der sich nicht wagt, bleibt in seinen Möglichkeiten verkürzt. Er kann seine Potentiale nicht realisieren, in der Regel auch kein realistisches Selbstbild entwickeln.
- *Grenzerfahrungen haben in human wertvollen Bereichen einen hohen Rang.*
  Die Fähigkeit, sich und anderen in gefährlichen Situationen helfen zu können, kreative Höchstleistungen zu erbringen, Lebensräume zu gewinnen, Entwicklungen zu beschleunigen, Lebenssinn zu erschließen, erfüllt hohe ethische Ansprüche.
- *Grenzerfahrungen haben für Kinder und Jugendliche eine fundamentale Bedeutung.*
  Die noch junge Persönlichkeit entwickelt ein starkes Bedürfnis nach Bewertungsgrundlagen für die Selbsteinschätzung und für die Ausrichtung des Ver-

haltens. Die Identitätssuche mit den Fragen „Wer bin ich? Was kann ich? Wer kann ich sein?“ verlangt nach Maßstäben. Sie werden u.a. in persönlichen Mutproben gefunden.
Es besteht aber auch ein objektiver Bedarf an Wirklichkeitskontrollen, auf deren Basis sich erst realitätsgerechte Ich-Vorstellungen herausbilden können.

- *Grenzerfahrungen stellen eine lebenslange Aufgabe dar.*
  Sie beschränken sich nicht auf jugendliche Mutproben. Sie aktualisieren den jeweiligen Leistungsstand, passen die Bewußtseinslage an die Realitäten an, erhalten dynamisch und innovativ, beflügeln die Weiterentwicklung auch im Alter. Altern bedeutet nämlich nicht schon Reifen. Reifen setzt eine ständige selbstkritische Arbeit an sich voraus.

- *Grenzerfahrungen erfüllen eine wichtige gesellschaftliche Funktion.*
  In Gesellschaftssystemen mit weitgehender Absicherung der Lebensgrundlagen, mit Armut an natürlichen Reizen, mit offensichtlich fehlenden echten Alltags- und Berufsrisiken entsteht ein Triebstau, der attraktive, zumindest wertneutrale Entladungsmöglichkeiten braucht, damit er sich nicht in zerstörerischen Aktionen Bahn bricht. Diese bietet heute in erster Linie der Freizeitbereich, vor allem der Wagnissport.
  Wagnis ist aber auch der Garant gesellschaftlichen Fortschritts (Unternehmertum, Entdeckung, Forschung, Wissenschaft).

- *Grenzerfahrungen sind authentische Erlebnisse, die sich nur bedingt instrumentalisieren lassen.*
  Ihr Wert ist nicht von einer In-Dienstnahme des Grenzgangs abhängig. Fliegen ist z.B. nicht erst wegen der vielleicht aus ihm erwachsenden positiven Charaktereigenschaften lohnend und wertvoll. Psychologische, pädagogische, therapeutische, kommerzielle Zweckbestimmungen, etwa als Resozialisierungsmaßnahme für straffällig gewordene Jugendliche, als Sinnvermittlung für Schwererziehbare oder als Kontrasterlebnis für gelangweilte Büromenschen, können mit ihren Arrangements nur einen Rahmen schaffen. Sie können lediglich Erfahrungsräume und Erfahrungsgelegenheiten bereitstellen. Das Erleben selbst ist ein innerer Vorgang mit dem Charakter des Unmittelbaren. Seine Qualität ist nicht vermittelbar, seine Wirkung nicht garantierbar. Sie läßt sich nicht verordnen oder organisieren. Sie hängt von der persönlichen Verarbeitung des einzelnen ab. Grenzerfahrungen sind subjektive Erfahrungen.

- *Grenzerfahrungen müssen mühsam erstritten und erlitten, selbstverantwortlich erarbeitet werden.*
  Sie sind nicht käuflich. Sie fallen nicht als Geschenk zu. Wagnissituationen tragen Ernstcharakter. Die Verantwortung für das Bestehen der Gefahren und die eigene Sicherheit kann nicht an Veranstalter oder Begleiter delegiert werden. Die Risikofolgen bedürfen der Akzeptanz, d.h. mit Beschädigungen aus

dem freiwillig eingegangenen Restrisiko muß gerechnet, ihr Eintreten darf nicht wehleidig beklagt werden.

- *Grenzerfahrungen dürfen sich nicht verselbständigen.*
Aktionismus in Risikoform (Adventure-Hopping), Suchtbefriedigung (Drogenkonsum), Roulette-Vergnügungen (Glücksspiele), Kick-Suche (Thrill-Sport) eröffnen keinen Mehrwert im Wagnis, sondern erliegen der Minderwertigkeit. Die mögliche Sinnsuche verkehrt sich in Sinnverlust. Die wachsenden Ringe der Persönlichkeit streben nach außen, nach mehr Leben, nach mehr Welt. Sie dürfen sich jedoch nicht im Nichts verlieren wie die Kreise eines ins Wasser fallenden Tropfens. Sie müssen den Rückbezug zum Wesen und zum Wertzentrum der Person sicherstellen. Dies bedeutet, der Sinn des Tuns sollte reflektiert werden. (vgl. Abb. 43)

- *Grenzerfahrungen vermitteln nur als ganzheitliche Erfahrungen Sinnerleben.*
An Konsumabenteuern ist der Vergnügungssuchende nur mit einem geringen Teil seiner Persönlichkeit beteiligt. Es kann sich entsprechend nicht die tiefe Betroffenheit einstellen, die Sinn- und Werterleben benötigt. Die oberflächliche Reizung der Sinne, der kurzzeitige Taumel ohne Gemütsbeteiligung, ohne physische Eigentätigkeit, ohne Kreativität, ohne Reflexion gelangt nicht zu einer existentiellen Einlassung. Bei Drogenabenteuern reduziert sich der Grenzgang auf die lustvolle Wahrnehmung der chemischen Wirkungen, bei Computerabenteuern auf die Abwicklung spannender Ereignisse in der folgenlosen Bildschirmrealität. Die blutvolle Wirklichkeit bleibt ausgeblendet.

- *Grenzerfahrungen bedürfen einer intensiven Reflexion.*
Erfahrung hängt nicht nur vom Zeitfaktor ab, von der Dauer der Beschäftigung mit einer Sache. Betagte Menschen können ein Leben lang unbemerkt, ohne Lernfortschritt, die gleichen Fehler und Unzulänglichkeiten reproduziert haben. Der alte Risiker ist nicht automatisch auch ein erfahrener. Kopfloses Aufgehen im Tun, unreflektiertes Handeln gelangt nicht zu Alternativen, nicht zur Selbstkritik, nicht bis ins Sinnzentrum. Es kann keine dauerhafte Wertausrichtung leisten. Um existentielle Betroffenheit zu erreichen, müssen die gefahrvollen Ereignisse tief erlebt, wahrgenommen, gedeutet, bewertet, bewußt in Lebenseinstellung umgesetzt werden. Dies bedeutet geistige Arbeit. Erst durch das Hinterfragen und Reflektieren, durch Werterkenntnis und Sinnzuweisung unterscheiden sich die Extremleistungen des Menschen wesentlich von denen der Lachse, Ameisen, Bergziegen oder Zugvögel.

- *Grenzerfahrungen sollten von einer das Wertbewußtsein stimulierenden Wagniserziehung begleitet werden.*
Diese Wertausrichtung muß im Kindes- und Jugendalter als Fremderziehung von entsprechend qualifizierten Erwachsenen geleistet werden. Sie sollte in gereifterem Alter in eine effektive Selbsterziehung münden.

Ein häufig zu hörender *Einwand gegen das selbstgewählte Wagnis* besagt, das normale Leben und die unsicheren gesellschaftlichen und politischen Verhältnisse, Naturkatastrophen und Kriege, Krankheiten und Verletzungsgefahren böten schon hinreichend Risiken und unabweisbare Aufgaben, die es zu bewältigen gelte. Jeder Mensch müsse jederzeit für sich und seine Mitmenschen mit Schicksalsschlägen und natürlichen Herausforderungen des Lebens rechnen. Nur deren Inangriffnahme sei ethisch vertretbar und sinnvoll. Willentlich und bewußt sich Gefahren auszusetzen, „lebensverkürzende Maßnahmen“ zu ergreifen, widerstreite dem Schöpfungsgedanken, der das Leben als Geschenk vorsehe, das der Mensch sorgsam zu bewahren habe und sei daher moralisch verwerflich.

Diese Einstellung übersieht mehrere Aspekte:

1. Der Schöpfungsgedanke beinhaltet auch die dem Menschen mitgegebene Triebstruktur, die, wie schon ausführlich dargestellt, das Wagnisstreben bestimmt. Das Wagnisstreben wiederum betreibt die persönliche Entwicklung des einzelnen und den allgemeinmenschlichen Fortschritt. Die Veranlagung zu Spiel, Spannung, Leistung, Wettbewerb, Entdeckung, Hilfegebung, Sexualität, Selbststeigerung oder Selbstvervollkommnung ist entsprechend gottgewollt, ihr Ausleben biologisch vorgesehen und daher sinnvoll.

   Es läßt sich also genau umgekehrt argumentieren, daß den Willen der Natur oder den Schöpfungsauftrag verfehlt, wer sich der Nutzung der mitgegebenen, die Erschließung der Schöpfung und die Vervollkommnung des Menschen fördernden Triebe verweigert und ihre Kultivierung unterläßt. Wer Wagnisse meidet, begnügt sich entgegen der Schöpfungsidee mit einem verkürzten Menschsein, mit reduzierten Aufgabenstellungen, mit einer Stagnation der menschlichen Entwicklung. Er verschiebt die Last der risikoreichen Fortentwicklung der Menschheit auf andere.

2. Die allen Menschen verfügten Lebensrisiken genügen nur dem nicht besonders Wagnisfreudigen, dem Risikomeider, dem oknophilen Menschentypus zur Sinnfindung. Er nimmt sie an, weil es denn Schicksals Wille ist, – vielleicht aus Pflichtgefühl, vielleicht „in Gottes Namen“.

   Dem philobatischen Charaktertypus, vor allem auch aktiv-dynamischen Kindern und Jugendlichen, die der Welt zugewandt sind, diese erobern wollen, reichen sie nicht aus. Sie sind nicht bereit zu warten, bis das Geschick ihnen möglicherweise irgendeine Aufgabe stellt. Sie sind ungeduldig zu erfahren, welche Geheimnisse das Leben und die Welt sich entlocken lassen und welche verborgenen Fähigkeiten dazu in ihnen ruhen. Sie suchen die Herausforderung, um zu entdecken, über welche Potentiale sie verfügen können.

3. Die dem einzelnen von seinem Schicksal auferlegten Bürden (Alter, Armut, Behinderung, Krankheit, Verletzung, Tod) treffen den Menschen meist als Schläge, gegen seinen Willen. Es handelt sich um Lasten des Lebens, Beeinträchtigungen, die den positiv ausgerichteten Wünschen, dem ureigenen

Leistungsprofil, den persönlichen Sinnvorstellungen des einzelnen nicht entsprechen, sondern zuwiderlaufen. Sie werden vielleicht duldsam angenommen, aber nicht gesucht. Es sind kompensatorische Aufgaben, die für die meisten Menschen keine attraktiven Lebensziele darstellen.

Eine ganz andere Frage ist es, sich aus Berufung, freiwillig und überzeugt, mit seiner Begabung in die Altenbetreuung, Behindertenfürsorge, Sozialhilfe, Krankenpflege, Rettungswacht oder Sterbebegleitung einzubringen, die „Schickungen des Lebens" bei anderen zu lindern und darin seinen persönlichen Lebenssinn zu finden, auch unter Risiken für die eigene Gesundheit, die physische wie die psychische.

Zwischen fremdverordneten und den eigenen Sehnsüchten erwachsenden Sinngebungen bestehen wesentliche Unterschiede: Die ersten sind vielfach mit *Disstreß* verknüpft, der negativ empfundenen Form der Hochbelastung. Die zweiten verbinden sich in der Regel mit *Eustreß*, der positiv erlebt wird und effektiver die schöpferischen Kräfte im Menschen auslöst. Fordern die Schickungen des Lebens eher die *Belastbarkeit* heraus, tritt bei den selbstbestimmten Aufgaben stärker die persönliche *Leistungsfähigkeit* hervor. Es macht einen Unterschied, ob vorrangig die Linderung unliebsamer Lasten gefragt ist oder mehr die Erweiterung von Horizonten die Motivation bestimmt. Beide Anstrengungen haben eine Außen- und eine Innenwirkung. Beide können die Veränderung von äußeren Gegebenheiten und eine innere Wandlung in Gang bringen.

Ethisch betrachtet, haben wir es mit einem alten Philosophenthema zu tun, mit den gegensätzlichen Ansprüchen von *„Pflicht"* und *„Neigung"*, um deren Vorrang und sittliche Bewertung man schon zu Zeiten Kants und Schillers rang.

Aufgaben und Pflichten zu erfüllen und Sehnsüchten und Neigungen zu folgen, muß einander aber nicht notwendig ausschließen, wie etwa der geschilderte Fall der PENNY ROBERTS zeigt. So gehen reifere Wagnissucher wie der Survivalspezialist RÜDIGER NEHBERG mit seinem Einsatz für die Yanomami-Indianer oder die Extrembergsteigerin und Ärztin CHRISTINE JANIN mit ihrer Hilfsaktion „Jedem seinen Everest", mit der sie behinderten Kindern aktive Grenzerlebnisse vermittelt, dazu über, sich in ihren ureigenen Kompetenzbereichen sozialen Verpflichtungen zu widmen. Die Realisierungsmöglichkeiten von Pflicht und Neigung treffen sich selten bei der gleichen bedeutsamen Aufgabe. Beide Erfahrungsbereiche können und sollten einander jedoch ergänzen. Wer Pflicht oder Neigung bei seiner Sinnsuche totalisiert, blendet einen wesentlichen Impuls zur Wertverwirklichung aus. Die Persönlichkeit wächst und reift an beiden.

4. Wagnisumgang und Problemmanagement können und müssen gelernt werden. Sie fallen niemandem als Naturgabe von selbst zu. Nur wer sich mit ge-

fährlichen Situationen in seinem Bereich auseinandergesetzt, nur wer sich profiliert, trainiert, bewährt hat, ist ein qualifizierter Helfer und Retter (Bergwacht, Feuerwehr, DLRG, Malteser Hilfsdienst), ein erfolgreicher Geschäftsführer (Unternehmer), ein vertrauenswürdiger Operateur (Arzt), ein sicherer Flieger (Pilot). Das inaktive Warten auf eine Herausforderung macht ihre sachgerechte Bewältigung zu einem Glücksspiel. Wer gefahrenträchtige Ereignisse auf sich zutreiben läßt, wird sich bestenfalls als ein gutwilliger, an der Aufgabe wachsender, wohl kaum aber als ein sehr kompetenter Krisenmanager in der akuten Situation erweisen.

Wagnis muß Wesentliches wollen

„*citius – altius – fortius*“ (immer schneller und behender – immer höher und weiter – immer kühner und kraftvoller).

Dieser vieldiskutierte Wahlspruch von P. DE COUBERTIN, dem Begründer der Olympischen Spiele der Neuzeit (1896), repräsentierte das Denken des heraufkommenden 20. Jahrhundert. COUBERTIN schuf damit eine Formel, unter welcher der Spitzensport, der Extremsport und der Wagnissport spiralförmig aufblühten. Die Athleten strebten der absoluten menschlichen Leistungsgrenze zu. Die Nationenwertungen bekamen einen hohen Rang. Die Rekorde überboten einander. Der Wahlspruch signalisierte auch im sportlichen Bereich die Ablösung der Privilegiengesellschaft durch eine Leistungsgesellschaft. Die Devise „Freie Bahn dem Tüchtigen!“ markierte die Tendenz. Die entsprechenden demokratischen Strukturen legitimierten sich gegenüber den niedergehenden aristokratischen vor allem über das Leistungsprinzip. Es bestimmte auch das Wagnis. Anstrengung sollte sich lohnen. Der Leistungsfähige, Leistungswillige, Wagnisfreudige sollte eine Steigerung der persönlichen Lebensqualität und den gesamtgesellschaftlichen Fortschritt bringen.

Die in Bewegung gekommene Leistungs- und Wagnisspirale wuchs sich in technischen, kulturellen, sportlichen, politischen, ökonomischen, sozialen, privaten Bereichen zu einer ungeheuren Dynamik aus. Auf dem ökonomischen Sektor erreichte der Aufschwung mit dem sog. „westdeutschen Wirtschaftswunder“ ungeahnte Erfolgshöhen. Der harte Wettbewerb und die sich beschleunigende Leistungsspirale zeigten aber auch ihre beängstigenden, unmenschlichen Seiten. Im Sport häuften sich die Dopingskandale. Die Gesellschaft drohte sich in Leistungsträger und Leistungsnehmer, in Akteure und Zuschauer zu spalten. In einer neuen Spiralwendung entwickelte sich eine zunehmende Nivellierung des Erfolges von Leistenden und Leistungsempfängern, die Wagnis und Anstrengung unattraktiv machte. Die egalisierenden kommunistischen Systeme brachen mangels Wagnischance und Leistungsanreiz zusammen. Der Industriestandort Deutschland entließ seine Forschung, seine Wirtschaftskraft, seine Arbeitsplätze, seine Investitionsbereitschaft, sein Geld ins Ausland. Der Leistungsbegriff pervertierte sich im Hochschulbereich zur Erfüllung der Frauenquote, zur erfolgreichen Mängelbewirtschaftung von Stellenstreichungen und Mittelkürzungen, zur Fähigkeit, möglichst viele Studierende durch ein Seminar zu schleusen, Professoren- und Sekretärinnenarbeit gleichzeitig zu erfüllen.

Mit der Veränderung der gesellschaftlichen Rahmenbedingungen trat ein Wertewandel ein, der zu neuen Schwerpunktsetzungen führte: Das Leistungs- und Risikoengagement, das von der Großelterngeneration noch als lohnend in den Alltags- und Berufsbereich investiert wurde, verlagerte die Enkelgeneration lieber in den selbstlohnenden Freizeit- und Erlebnisbereich. Die einstige Leistungsgesellschaft wandelte sich in neuen Ringen zu einer Erfolgsgesellschaft, einer Wohlstandsgesellschaft, einer Konsumgesellschaft, einer Freizeitgesellschaft, einer Erlebnisgesellschaft. Die Sinnsuche hat sich breitflächig verändert, wobei die Wertverschiebungen zu Unrecht zu Lasten der Jüngeren interpretiert werden. Es hat eine deutliche Verlagerung des Interesses von den nutzbringenden Tätigkeiten (Karriereaufbau, Vermögensaufbau etc.) zu erlebnisträchtigen Aktivitäten (Abenteuer, Reisen, Wagnissport etc.) stattgefunden. Ein den Wandel kennzeichnender Begriff heißt „kreative Selbstgestaltung“. SCHULZE (1992, 59) spricht von einer Wandlung der Außenorientierung zu einer Innenorientierung. Beide Ausrichtungen ermöglichen jedoch eine Sinnfindung. Beide können Wesentliches im Individuum bewirken.

R. M. RILKE (1923) vermittelt uns im dreiundzwanzigsten seiner Sonette an Orpheus in der *Metapher des Fliegens* den Weg, den der Sinnsuchende im Wagnis zu gehen hat (Abb. 47, Abb. 48). „Die Sonette an Orpheus,“ geschrieben als ein Grab-Mal für Wera Ouckama Knoop, haben den Charakter eines Vermächtnisses an die Lebenden. In den als schwer deutbar geltenden Versen setzt RILKE den Auftrag ins Bild, den der Mensch erfüllen muß, der zu sich selber finden will.

Bei der Suche nach dem eigentlichen Ich, nach dem ewig Gültigen in sich, muß der Wagende alle Äußerlichkeiten, alles Vordergründige von sich abstreifen. Er muß sich von allem Materiellen, von aller Eitelkeit, allem Dünkel lösen. Erst die Befreiung von der Fassade führt zum Wesentlichen, zur Identität mit sich und der betriebenen Sache. Nicht die chromglitzernde äußere Erscheinung der Harley-Davidson, nicht der ästhetisch beeindruckende Hochleistungsschirm, in deren Besitz und kompetenter Beherrschung man sich präsentiert, führt zu Sinn- und Seinserfahrung. Mit dem „Knabenstolz“ an wachsenden Apparaten kennzeichnet Rilke den noch unreifen Zustand der Menschwerdung. Der Gewinn des vollen Menschseins gelingt nur dem, der den Selbstzweck der Apparate und die Selbstgefälligkeit überwindet und sich auf den weiten Weg der Sinnsuche einläßt, der seine Identität „erfährt“ bzw. „erfliegt“. Es geht um das Finden der Einheit von Tun und Sein. Auf diesem Wege ist jeder einsam und allein. Aber nur auf ihm erfüllt sich das Sein:

Abb. 47 Aufbruch ins Wagnis: Lilienthal 1895

Abb. 48 Aufbruch ins Wagnis: Deltastart 1995

O erst ***dann****, wenn der Flug*
nicht mehr um seinetwillen
wird in die Himmelstillen
steigen, sich selber genug,
um in lichten Profilen,
als das Gerät, das gelang,
Liebling der Winde zu spielen,
sicher schwenkend und schlank, –
erst wenn ein reines Wohin
wachsender Apparate
Knabenstolz überwiegt,
wird, überstürzt von Gewinn,
jener den Fernen Genahte
sein*, was er einsam erfliegt.*

Literatur

ANDRECS, H.: Erleben und Wagen im Sport, In: Theorie und Praxis der Leibesübungen 61 (1987) 124–139

ANKER, C./ROBERTS, D.: Verschollen am Mount Everest. München 1999

APTER, M.: Im Rausch der Gefahr. Warum immer mehr Menschen den Nervenkitzel suchen. München 1994
(Originaltitel: The Dangerous Edge. The Psychology of Excitement 1992)

ARGELANDER, H.: Der Flieger – eine charakteranalytische Fallstudie. Frankfurt 1972

AUFMUTH, U.: Risikosport und Identitätsproblematik. In: Sportwissenschaft 3 (1983) 249–270

AUFMUTH, U.: Risikosport und Identitätsbegehren – Überlegungen am Beispiel des Extremalpinismus, In: Hortleder/Gebauer, Sport-Eros-Tod. Frankfurt 1986, S. 188–215

AUFMUTH, U.: Zur Psychologie des Bergsteigens. Frankfurt 1988. [2]1992

AUGSTEIN, R. (Hrsg.): Der Spiegel. Hoffen auf den geilen Fight. Hamburg 46 (1990) 36–65

BALINT, M.: Angstlust und Regression. Klett-Cotta. Stuttgart [8]2014
(Originalausgabe: Thrills and Regressions. London 1959)

BECK, U.: Die Risikogesellschaft. Auf dem Weg in eine andere Moderne. Frankfurt 1986

BECK, U./BECK-GERNSHEIM, E. (Hrsg.): Riskante Freiheiten. Frankfurt 1994

BEDACHT, A. u. a. (Hrsg.): Erlebnispädagogik. Mode, Methode oder mehr? München 1992. [2]1994

BENNET, J. G.: Risiko und Freiheit. Hazard – Das Wagnis der Verwirklichung. Zürich 2005

BITZ, F.: Die Säulen des Herkules. Erlebnispädagogische Notizen zum Phänomen der Entgrenzung im modernen 'extreme outdoor sport'. In: Z. f. Erlebnispäd. 6 (1989) 3–16

BITZ, F.: Abenteuer und Risiko. Zur Psychologie inszenierter Gefahr. Lüneburg 2005

BLUMENSTOCK, T.: Outdoor Education in Australien und Deutschland in schulbezogenem Vergleich. Wiss. Staatsexamensarbeit Lehramt GHS. Karlsruhe 2000

BOEHNKE, J.: Abenteuer- und Erlebnissport. Münster 2000

BOLLNOW, O. F.: Existenzphilosophie und Pädagogik. Stuttgart [5]1977

BRANDSTETTER, G.: Die Motivation zum Extrembergsteigen aus existenzanalytischer Sicht. Diplomarbeit. Salzburg 2010

BRENGELMANN, J. C.: Risiko-Lustdispositionen. Vaduz 1989

BUYTENDIJK, F. J. J.: Wesen und Sinn des Spiels. Das Spielen des Menschen und der Tiere als Erscheinungsform der Lebenstriebe. Berlin 1933

CHRISTOPH, H./OBERLÄNDER, H.: Voodoo. Eschborn 1996

COHN-BENDIT, D.: Das Wagnis der multikulturellen Demokratie. Hamburg 2003

CSIKSZENTMIHALYI, M. u. I. (Hrsg.): Die außergewöhnliche Erfahrung im Alltag. Die Psychologie des Flow-Erlebnisses. Stuttgart 1991

CSIKSZENTMIHALYI, M.: Flow – die sieben Elemente des Glücks, In: Psychologie heute 1 (1992) 20–29

CSIKSZENTMIHALYI, M.: Das Flow-Erlebnis. Stuttgart [6]1996

CSIKSZENTMIHALYI, M./JACKSON S.: Flow im Sport. Der Schlüssel zur optimalen Erfahrung und Leistung. München-Wien-Zürich 1999

CUBE, F. v.: Gefährliche Sicherheit. Lust und Frust des Risikos. Hirzel. Stuttgart [3]2000

CUBE, F. v.: Fordern statt Verwöhnen. Piper. München [14]2003

CUTRY, F.: Der Vogelflug. In: Vollmer, Leonardo. Wiesbaden, Berlin [7]1975, S. 337–346

DEUTSCHER ALPENVEREIN (DAV) (Hrsg.): Risiko – Gefahr oder Chance? Tagungsband der Ev. Akademie Bad Boll. München 2004

DICK, A.: Vom Recht auf Risiko. In: Berg 2012. Alpenvereinsjahrbuch. Innsbruck-Wien 2011. S. 186–193

DOLLARD, J./MILLER, N.E.: Personality and psychotherapy. New York 1950

EIBL-EIBESFELDT, I.: Der Mensch – das riskierte Wesen. München [3]1997

EINSIEDLER, W.: Das Spiel der Kinder. Zur Pädagogik und Psychologie des Kinderspiels. Bad Heilbrunn [3]1999

EINWANGER, J. (Hrsg.): Mut zum Risiko. München 2007

ENGELN, A.: Risikomotivation – eine pädagogisch-psychologische Untersuchung zum Motorradfahren. Marburg 1995

EPSTEIN, S.: Versuch einer Theorie der Angst. In: Birbaumer, N. (Hrsg.). Psychophysiologie der Angst. München 1977, S. 208–266

ESSER, J./DOMINIKOWSKI, T.: Die Lust an der Gewalttätigkeit bei Jugendlichen. Krisenprofile-Ursachen-Handlungsorientierungen für die Jugendarbeit. Frankfurt 1993

EYTH, M.: Der Schneider von Ulm. Geschichte des Flugversuchs von A.L. Berblinger. Stuttgart 1906

FABRY, S.: Die Angstlust als Phänomen der Gefühlsmischung und ihr Erleben über die Lebensspanne hinweg. Diss. Gießen 1990

FARIN, K./Seidel-Pielen, E.: Krieg in den Städten. Jugendgangs in Deutschland. Berlin [3]1991

FENICHEL, O.: The counter-phobic attitude. In: Fenichel, H./Rapaport, D. (Eds): The collected papers of Otto Fenichel. London 1954

FRANKE, H.W. (Hrsg.): Triumph der Herzchirurgie. Von Sauerbruch bis Barnard. München 1968

FRANKL, V.E.: Das Leiden am sinnlosen Leben. Freiburg 1977

FRANKL, V.E.: Der Mensch vor der Frage nach dem Sinn. München 1993

FRANZKOWIAK, P.: Risikoverhalten im Jugendalter. In: Bienemann, G. u.a. (Hrsg.): Handbuch des Kindes- und Jugendalters. Münster 1995, S. 32–35

FREUD, S. (1910): Eine Kindheitserinnerung des Leonardo da Vinci, In: Freud, S., Anwendungen der Psychoanalyse. Bd. 2. Frankfurt 1978, S. 136–190

FREUD, S.: Wir und der Tod. Vortrag in der Gesellschaft „Wien“ v. 16.2.1915

FREUD, S.: Psychologie des Unbewußten. Bd. III. Frankfurt 1975

FRISCH, M.: Stiller. Frankfurt 1954

FRISCH, M.: Die Tagebücher 1946–1949. Frankfurt 1974

FUCHS, A.: Wettlauf mit dem Eis. Köln 1994

GOETHE, J.W. v.: Egmont (1787/88). Werke in Auswahl Bd. 4. Leipzig o.J.

GOETHE, J.W. v.: Briefe aus der Schweiz (1779). 1. Abt. Werke in Auswahl Bd. 7. Leipzig o.J.

GOETHE, J.W. v.: Faust I (1806). Werke in Auswahl Bd. 5. Leipzig o.J.

GRASSI, E. (Hrsg.): Platon. Sämtliche Werke 1. Hamburg 1957

GREENE, G.: Eine Art Leben. Wien 1971

GUARDINI, R.: Der Tod des Sokrates. Hamburg 1959

HADBAWNIK, I.: Bis ans Limit und darüber hinaus. Faszination Extremsport. Göttingen 2011

HALE, J. R.: Die Reisen der Entdecker. Die Erforschung fremder Länder und Kulturen. Reinbek [5]1978

HALFMANN, J./Japp, K. P. (Hrsg.): Riskante Entscheidungen und Katastrophenpotentiale. Elemente einer soziologischen Risikoforschung. Opladen 1990

HAHN, K.: Erziehung zur Verantwortung. Stuttgart 1958

HARTEN, R.: Sucht, Begierde, Leidenschaft. Annäherung an ein Phänomen. München 1991

HECKER, G.: Abenteuer und Wagnis im Sport – Sinn oder Unsinn? In: Dt. Z. f. Sportmedizin 9 (1989) 11–28

HECKER, G.: Dosiertes Risiko im Sport als Sicherheitserziehung. In: Redl, S. u. a. (Hrsg): Sport an der Wende. Wien 1991, S. 225–231

HEIDEGGER, M.: Sein und Zeit. Tübingen [16]1986

HEILMANN, K.: Das Risiko der Sicherheit. Köln 1987

HEMINGWAY, E.: Fiesta. Reinbek 1950 (The sun also rises 1926)

HEMINGWAY, E.: Tod am Nachmittag. Reinbek 1996 (Death in the afternoon 1932)

HEMMLEB, J. u. a.: Die Geister des Mount Everest. Die Suche nach Mallory und Irvine. Hamburg 1999

HEYERDAHL, T.: RA-Expedition. Mit dem Sonnenboot in die Vergangenheit. Gütersloh 1973

HOLE, G.: Fanatismus. Der Drang zum Extrem und seine psychologischen Wurzeln. Freiburg 1995

HORTLEDER, G./GEBAUER, G.: Sport – Eros – Tod. Frankfurt 1986

HUBER, A.: Das Leben als Thriller: Nervenkitzel oder Glückssache? In: Psychologie heute 6 (1994) 64–69

HUIZINGA, J.: Homo ludens. Vom Ursprung der Kultur im Spiel (1938) [6]1963

JAHN, F. L./EISELEN, E. W. B.: Die deutsche Turnkunst. Berlin 1816

JANZEN, W.: Okkultismus. Erscheinungen-Übersinnliche Kräfte-Spiritismus. Mainz 1988

JASPERS, K.: Allgemeine Psychopathologie. Berlin [5]1948

JASPERS, K.: Existenzherstellung. Berlin 1956

JOST, M.: Selbstüberschätzung und Risikoverhalten im Jugendalter. GRIN-Verlag. Norderstedt 2008

JUNG, C.G.: Kinderträume. Freiburg 1987

KAMMERLANDER, H.: Bergsüchtig. München [4]1999

KÄSTNER, E.: Das fliegende Klassenzimmer. Dressler. Hamburg [154]1998

KIERKEGAARD, S.: Der Begriff Angst (1844), hrsg. v. L. Richter. Reinbek 1960

KIESERITZKI, W.: Mehr Demokratie wagen. Innen- und Gesellschaftspolitik 1966–1974. Bonn 2001

KIPHARD, E. J.: Ungewöhnliche Bewegungserlebnisse als Nervenkitzel und Abenteuer. In: Praxis der Psychomotorik 1 (1993) 10–15

KLEIST, H. v.: Der Zweikampf. Sämtliche Werke. München o. J. S. 745–769

KOCH, J.: Abenteuer und Risiko als pädagogische Kategorien. In: sportpädagogik 5 (1994) 23–37

KÖCK, C.: Sehnsucht Abenteuer. Auf den Spuren der Erlebnisgesellschaft. Berlin 1990

KRAFT, A./ORTMANN, G. (Hrsg.): Computer und Psyche. Angstlust am Computer. Frankfurt 1988

KRAKAUER, J.: In eisige Höhen. Das Drama am Mount Everest. München [15]1999

KORFF, F. W.; In: Hortleder, G./Gebauer, G.: Sport-Eros-Tod. Frankfurt 1986, S. 254–259

KRESZMEIER, A./HUFENUS, H. P.: Wagnisse des Lernens. Bern 2000

KROHNE, H. W.: Angst und Angstbewältigung. Stuttgart 1996

LANG, TH.: Kinder brauchen Abenteuer. München [3]2006

LE BRETON, D.: Lust am Risiko. Frankfurt 1995

LEWIN, K.: Grundzüge einer topologischen Psychologie. Bern, Stuttgart, Wien 1969

LILIENTHAL, O.: Der Vogelflug als Grundlage der Fliegekunst. Berlin 1889

LILIENTHAL, O.: Über meine Flugversuche 1889–1896, hrsg. v. K. Kopfermann. Düsseldorf 1987

LINDEMANN, J.: Allein über den Ozean. Frankfurt 1957

LINDBERGH, C.: The spirit of St. Louis. New York 1953 (dt. Mein Flug über den Ozean. Berlin 1955)

LOCHNER, W.: Wagnis Atlantik. Abenteuerliche Überquerungen des Atlantik unter Wasser, auf dem Wasser, in der Luft. Würzburg 1982

LORENZ, K.: Das sogenannte Böse. Wien 1963

LUHMANN, N.: Soziologie des Risikos. Berlin 1991

MADARIAGA, S. de: Kolumbus, Entdecker neuer Welten. München 1966

MANSEL, J.: Sozialisation in der Risikogesellschaft. Berlin 1995

MARCHAND, L. A. (Hrsg.): Byron. Briefe und Tagebücher. Frankfurt 1985

MESSNER, J.: Das Wagnis des Christen. Tyrolia-Verlag. Innsbruck-Wien-München [2]1960

MESSNER, R.: Überlebt – Alle 14 Achttausender. München 1987

MESSNER, R.: Die Freiheit, aufzubrechen, wohin ich will. Ein Bergsteigerleben. München [2]1991

MESSNER, R.: Berge versetzen. Das Credo eines Grenzgängers. München [2]1996

MESSNER, R./HÖFLER, H. (Hrsg.): Eugen Guido Lammer. Durst nach Todesgefahr. Augsburg 1999

MILES, J. C./PRIEST, S.: Adventure Education. Pennsylvania 1990

MISCHO, J.: Okkultismus bei Jugendlichen – Ergebnis einer empirischen Untersuchung. Mainz 1991

NEHBERG, R.: Survival – Die Kunst zu überleben. München 1991

NEUMANN, P.: No risk – no fun oder Wagniserziehung im Schulsport. In: SU 1(1998) 4–12

NEUMANN, P.: Das Wagnis im Sport. Grundlagen und pädagogische Forderungen. Schorndorf 1999

OPASCHOWSKI, H. W.: 'Thrilling' als neue Freizeitbewegung. In: Ders. Freizeit 2001 (Projektstudie). Hamburg 1992, S. 50–54

PICCARD, B./JONES, B.: Mit dem Wind um die Welt. München 1999

PIEPER, J.: Vom Sinn der Tapferkeit. Kempten [6]1954

PIET, S.: Het loon van de angst (Der Lohn der Angst). Baarn 1987

PIET, S.: What motivates stuntmen? In: Motivation und Emotion 11 (1987) 195–213

RANDOLPH, St.: Lost flights of Gustave Whitehead. Washington 1937

RÄNSCH-TRILL, B.: Zurück zur wilden Natur. Extremsport als ästhetische Inszenierung. In: Forschung-Innovation-Technologie 1 (2000) 1–7

RAWSON, Ph.: Tantra. Der indische Kult der Ekstase. München 1974

RHEINGOLD, H.: Virtuelle Welten. Reisen im Cyberspace. Reinbek 1992

RIEGGER, M.: Einer hing am Rettungsschirm. Odyssee durch die Irrgärten des Seins. Berlin 1999

RIEMANN, F.: Grundformen der Angst – eine tiefenpsychologische Studie. München 1996

RITTER, M./PRAMANN, U.: Faszination Snowboarding. München 1990

ROBINSON, D.: The Climber as Visionary. In: Ascent 9 (1969) 4–10

ROUSSEAU, J. J.: Emile oder Über die Erziehung (1762). Paderborn [3]1975

RUDOLF, A./WARWITZ, S.: Sport in Projekten erleben-gestalten-begreifen. In: Pawelke, R. (Hrsg.): Neue Sportkultur. Lichtenau 1995

RUNTSCH, B. (Red.): Abenteuer – ein Weg zur Jugend? Frankfurt 1993

SAINT EXUPÉRY, A. de: Nachtflug. Berlin 1932 (Originaltitel: Vol de Nuit 1931)

SAINT EXUPÉRY, A. de: Wind, Sand und Sterne. Düsseldorf 1953 (Originaltitel: Terre des Hommes 1939)

SCHÄFER, M.: Spiel mit dem Risiko. Würzburg 1974

SCHEUERL, H.: Das Spiel. Untersuchungen über sein Wesen. Weinheim, Basel [9]1979

SCHILLER, F. v.: Reiterlied. In: Wallensteins Lager (1799). Gesammelte Werke. Bd. 2. Stuttgart 1874, S. 30f.

SCHLESKE, W.: Abenteuer – Wagnis – Risiko im Sport. Schorndorf 1977

SCHLESKE, W.: Grenzerfahrungen in den Erlebnissportarten. In: Redl, S. u. a.(Hrsg.): Sport an der Wende. Wien 1991. S. 84–93

SCHLESKE, W.: Der Kick beim Fliegen. In: Z. f. Erlebnispädagogik 1–2 (1995) 3–8

SCHLIMM, J. L.: Ludwigs Traum vom Fliegen. Oberhaching 1995

SCHNEIDER, K./RHEINBERG, F.: Erlebnissuche und Risikomotivation. In: Amelang, M. (Hrsg.): Temperaments- und Persönlichkeitsunterschiede. Bd. 3. Göttingen 1996, S. 407–439

SCHOLZ, M.: Erlebnis-Wagnis-Abenteuer. Sinnorientierungen im Sport. Hofmann. Schorndorf 2005

SCHÜTZ, M. (Hrsg.): Risiko und Wagnis. Die Herausforderung der industriellen Welt. Pfullingen 1990

SCHULZE, G.: Die Erlebnisgesellschaft. Kultursoziologie der Gegenwart. Frankfurt 1992

SCHWEITZER, A.: Aus meinem Leben und Denken. Leipzig 1932

SCHWIER, J.: Erlebnis und Wagnis in der sportpädagogischen Diskussion, In: Z. f. Erlebnispädagogik 26(2006) S. 25–34

SCOTT, R.: Letzte Fahrt (Scotts Tagebuch). Wiesbaden [10]1996 (Leipzig 1913)

SEMLER, G.: Die Lust an der Angst. Warum Menschen sich freiwillig extremen Risiken aussetzen. München 1994

SHEEHY, G.: Neue Wege wagen. München 1981

SPIELBERGER, C. D.: Anxiety and behavior. New York 1966

STUMPF, N.: Abenteuer im Schulsport. Wiss. Staatsexamensarbeit Lehramt GHS. Karlsruhe 2001

TOLIVER, R. F. / CONSTABLE, T. J.: Adolf Galland. General der Jagdflieger. München [2]1999

VIRILIO, P.: Die Eroberung des Körpers. Vom Übermenschen zum überreizten Menschen. München 1994

VIRILIO, P.: Der negative Horizont. Bewegung, Geschwindigkeit, Beschleunigung. Frankfurt 1995

VÖLLER, J.: Abenteuer, Wagnis und Risiko im Sport der Grundschule. Erlebnispädagogische Aspekte. Wiss. Staatsexamensarbeit Lehramt GHS. Karlsruhe 1997

VOLLMER-VERLAG (Hrsg.): Leonardo da Vinci. Das Lebensbild eines Genies. Wiesbaden, Berlin [7]1975

WARWITZ, S. / RUDOLF, A.: Spielen – neu entdeckt. Freiburg 1982

WARWITZ, S.: Kilimanjarobesteigung – lohnendes Trainingsziel oder Gesundheitsrisiko? In: Sport Praxis 4 (1988) 42–44

WARWITZ, S.: Durch den Nebelwald auf den Gipfel. Unterwegs in Papua-Neuguinea. Die Besteigung des Enduwa Kombugu. In: Frankfurter Allgemeine Zeitung (FAZ) v. 2.2.1989. R 3

WARWITZ, S.: Zum Berg des Lichts. Besteigung des Kilimanjaro. In: Frankfurter Allgemeine Zeitung (FAZ) v. 7.9.1989. R. 11 / R. 12

WARWITZ, S.: Abenteuersport Gleitschirmfliegen. In: Sport Praxis 1 (1990) 57–59

WARWITZ, S.: Faszinosum Deltaflug – 100 Jahre Drachenfliegen. In: Sport Praxis 3 (1992) 43–47

WARWITZ, S.: Verkehrserziehung vom Kinde aus. Wahrnehmen-Spielen-Denken-Handeln. Schneider Verlag Baltmannsweiler [6]2009

WARWITZ, S. A.: Brauchen Kinder Risiken und Wagnisse? In: Grundschule 11(2002) S. 54 ff

WARWITZ, S. A.: Der Sinn des Wagens. Warum Menschen sich wagen und etwas riskieren. In: DAV (Hrsg.): Risiko und Wagnis. Fachtagung Familienbergsteigen des DAV. München 2005. S. 12–22

WARWITZ, S. A.: Vom Sinn des Wagens. Warum Menschen sich gefährlichen Herausforderungen stellen. In: DAV (Hrsg.) Berg 2006. München-Innsbruck-Bozen. S. 96–111

WARWITZ, S. A.: Mutig sein. Basisartikel. In: Sache-Wort-Zahl 107(2010) S. 4–10

WARWITZ, S. A.: Wachsen im Wagnis. Vom Beitrag zur eigenen Entwicklung. In: Sache-Wort-Zahl 93(2008) S. 25–37

WARWITZ, S. A.: Angst vermeiden – Angst suchen – Angst lernen. In: Sache-Wort-Zahl 112(2010) S. 10–15

WARWITZ, S. A.: Lohnt sich Wagnis – oder lassen wir uns lieber be-abenteuern? In: Magazin OutdoorWelten 1(2014) S. 68 ff.

WARWITZ, S. A. / RUDOLF, A.: Vom Sinn des Spielens. Reflexionen und Spielideen. Schneider Verlag. Baltmannsweiler [3]2014

WARWITZ, S. A.: Die Reifeprüfung. In: Freemen's World. Das Abenteuermagazin. Hamburg 4(2015) S. 101 ff

WIELAND, K. u. a.: Angstbewältigung im Risikosport. Eine empirische Studie zum Fallschirmspringen. Pfaffenweiler 1993

WÜRTEMBERGER, T. (Hrsg.): Risikosportarten. Heidelberg 1991

YERKES, R. M. / DODSON, J. D.: The relation of strength of stimulus to rapidity of habit-formation. In: Journal of Comparative Neurology and Psychology 18 (1908) 459–482

ZAK, H.: Rock Stars – die weltbesten Freikletterer. München 1995

ZUCKERMAN, M.: Warum manche den Nervenkitzel brauchen. In: Psychologie heute 6 (1978) 15–21

ZUCKERMAN, M.: Sensation seeking. Beyond the optimal level of arousal. Hillsdale 1979

Filmeverzeichnis

Dokumentationen / Reportagen

Arte-Dokumentation: Motorrad-Zen. Arte 1992 und 9.3.1997 (45 Min.)

BR: Das Geheimnis des Glücks (G. Dinzinger). BR 1994 und 25.5.2001 (45 Min.)

Deutschlandfunk: Flow – Im Rausch der Tätigkeit. DF-Feature (Oliver Cech). 8.2.2016 und BR 3.6.2016 (60 Min.)

Di Salle, M.: Bloodsport – eine wahre Geschichte. o. O. 1987 (80 Min.)

Dörfler, M. / Honegger, O. C. (Red.): Spiel mit dem Tod (the world greatest stunts). DRS 7 / 1996 (45 Min.)

Ebert, W.: Verschollen im Grand Canyon. ZDF 14.2.1999 (45 Min.)

Hauck, H.: Otto Lilienthal – Die Geschichte des ersten Fliegers. München 1990 (30 Min.)

Hauck, H.: Adrenalin – Extreme Flying. München 1996 (27 Min.)

Heuber, R.: Starten-Steuern-Landen mit dem Drachen. DHV 1994 (15 Min.)

Honegger, O. C.: Im Freien Fall. DRS 3.2.1994 / 17.10.1997

Jerrendorf, M.: Skate it – Lebensgefühl auf acht Rollen. BR 1996 (43 Min.)

Jöst, Ch.: Drachenfliegen – Historische Dokumentation DHV 1985 (25 Min.)

Jöst, Ch.: Der Traum des Francis Rogallo. Dokumentation. DHV 1990 (22 Min.)

Jöst, Ch.: Starten-Steuern-Landen mit dem Gleitschirm. DHV 1995 (20 Min.)

Maurer, U.: Grenzgänger des Alpinismus (Th. Bubendorfer). (ORF-Produktion 1999) 3SAT 7.7.00 (45 Min.)

ORF- und 3Sat-Report: Von der Pflicht zum Wagnis. Sendung ‘Moment. Leben heute’ auf Oe 1/ORF (Hörfunk) am 11.11.2010 (Verena Gruber) und 3SAT (TV) am 20.11.2010

Pauli, C.: Reportage ‘höchst persönlich’ mit Extrembergsteiger R Messner. WDR 8.8.1997 (30 Min.)

Röder, K.: Spiel mit dem Tod oder kalkulierbares Risiko? BR 1995 (45 Min.)

RTL/Stern TV): Psychoexperimente Mut. TV-Sendung (Stern-TV) 9/2016 (60 Min.)

Ruffer, D. v.: Raver, Rausch und Risiko – Technokids und ihre Drogen. ZDF 20.5.1997 (30 Min.)

3SAT: Nervenkitzel. Wie viel Risiko braucht der Mensch? (R. Stefandl) 20.6.2004 und 17.11.2004 (45 Min.)

Schneider, M.: Weekendfights – Leben und Sterben für den Verein (Hooligans). HR 1 11.5.1997 (30 Min.)

SWF-Bericht: Outward Bound. Härtetest. SWF 8.12.1996 (30 Min.)

SWF-Bericht: Akrobaten am Mt. Blanc. SWF 27.1.1997 (15 Min.)

SWF-Report: Keine Schonzeit für Füchse. Beobachtungen bei einer Schlagenden Verbindung. SWF 2.2.1999 (45 Min.)

ZDF-Report: Verborgene Welten (Voodoo). ZDF 27.4.1997 (45 Min.)

ZDF-Report: Die tollkühnen Hagelpiloten und ihre fliegenden Kisten. ZDF 1.8.1997 (30 Min.)

ZDF-Report: Gipfelstürmer – Bergsteigen in den Tod. ZDF 2.12.1997 (30 Min.)

ZDF-Report: Im Bann der Tiefe – Extremtaucher (M. Kopfmüller) 27.3.2001 (30 Min.)

ZDF-Report: Die Feuerspringer (Smokejumper) (Kampen/Hess). 17.8.2001 (30 Min.)

Spielfilme

Denn sie wissen nicht, was sie tun. (Rebel without a cause). ZDF 4.3.2001 (USA 1955)

Der kleine Gangster. Roadmovie. Frankreich 1990 (ZDF 26.2.1997)

Die den Hals riskieren. (The Gypy Moths). USA 1969 (DRS 20.2.1997)

Die tollkühnen Männer in ihren fliegenden Kisten. USA 1964

In eisigen Höhen – Sterben am Mount Everest. (Verfilmung der Tragödie von 1996). USA 1997 (Pro 7 29.3.1998)

Mutproben. Teenagerfilm. Deutschland 1995 (SAT 1 25.2.1997)

Zivilcourage. ARD 27.1.2010 mit Götz George. (BRD 2009)

Talkshows

Brandstifter – Die Lust am Zündeln (Int-Veen). (SAT 1 25.3.1997 – 60 Min.)

Dem Tod ins Auge geschaut. Live aus dem Schlachthaus (Backes). BR 16.10.1997

Der ultimative Kick. Warum Menschen an ihre Grenzen gehen. SR 1999 (v. Bose) (90 Min.)

Nervenkitzel Sport: Ich spiele mit dem Tod (Kerner). (SAT 1 3.1.1997 – 60 Min.)

Verzeichnis der Abbildungen

Alle nicht näher bezeichneten Abbildungen stammen aus dem Archiv des Autors.

Sachregister

Das Sachregister beschränkt sich auf die Stellen mit ausführlicheren Einlassungen. Es verzichtet auf eine rein formale Auflistung der Begriffe und weist stattdessen auf inhaltlich relevante Passagen hin.

Personenregister

Das Personenregister beschränkt sich auf Nennungen in ausführlicheren, inhaltlich bedeutsamen Zusammenhängen.

Kerngedanken / Sentenzen

- Wagen heißt wachsen wollen. Wer keine neuen Wege sucht, wird auch keine finden. Wer sie nicht ausprobiert, wird sie nicht nutzen können. (S. 4)
- Erst wenn die Mutigen klug und die Klugen mutig geworden sind, wird das zu spüren sein, was irrtümlicherweise schon oft festgestellt wurde: ein Fortschritt der Menschheit (E. Kästner. Das fliegende Klassenzimmer) (S. 6)
- Wagen betrifft (im Gegensatz zum Riskieren) die fundamentale Sinneinstellung eines Menschen, sein ethisches Bewußtsein, seine Verantwortungsfähigkeit, seinen Wertschöpfungswillen. (S. 17)
- Es ist für Jugendliche meist leichter erträglich, ein verletzter Held, als ein unverletzter Feigling zu sein. (S. 20)
- Der Wagnisbereite will über sich selbst hinauswachsen. Er gebiert sich selbst als neuen Menschen. Er erschafft sich selbst als ein Wesen, das er sein konnte, aber noch nicht war. (S. 20)
- Im Wagnis vollzieht sich eine Wertschöpfung. (S. 23)
- Verzicht auf das Wagnis, einmal zur Gewöhnung geworden, bedeutet im geistigen Bezirk ja immer den Tod, eine gelinde und unmerkliche, dennoch unaufhaltsame Art von Tod. (M. Frisch, Stiller) (S. 26)
- Entwicklung braucht das Überwinden der Verharrungstendenz. Es braucht die Grenzsprengung, weil nur so die Handlungsspielräume und die eigenen Persönlichkeitsdimensionen erfahrbar werden. (S. 27)
- Wer nicht fragt, erhält keine Antwort. Wer sich nicht wagt, läßt seine inneren und äußeren Möglichkeiten unentdeckt. (S. 28)
- Offene Sicherheit bedeutet Herausforderung. Wenn die gewünschte Sicherheit nicht vorgegeben, sondern dem eigenen Zutun aufgegeben ist, entsteht ein Impuls, der Kräfte weckt, die den Anforderungen gerecht werden wollen. Fähigkeiten wachsen an Aufgaben. (S. 28)
- Der Forscher muß aus dem Vollen schöpfen können, wenn er schöpferisch tätig werden will, sonst ist er bald erschöpft. (S. 46)
- Die Situation äußerer Einsamkeit kann ein Testfall dafür sein, wie ärmlich oder reich ein Mensch innerlich ausgestattet ist. Wer sie sucht, setzt sich aus. Er setzt sich vor allem sich selbst aus. (S. 65)
- Bergsteigen/Klettern/Fliegen: Das Bedürfnis, sich vom sicheren Grund zu lösen, der Erdenschwere und Erdverhaftung zu entkommen, korrespondiert tiefenpsychologisch mit dem Wunsch nach Selbstbefreiung aus Lethargie, Langeweile, Alltäglichkeit, aus dem Gefangensein in Angst und Zögern. Das Aufsteigen erlöst aus dieser als belastend empfundenen Befindlichkeit. (S. 75)
- Wagnis wird nicht von einer *Todes*sehnsucht bestimmt, sondern von einer *Lebens*sehnsucht, die einen Sinngrund sucht. (S. 139)

- Der Wagnissportler schöpft seine Kraft aus der Beherrschung der Gefahr: Indem er sein Leben wagt, gewinnt er ein höherwertiges neues. Die Nähe des Todes intensiviert das Lebensgefühl. (S. 141)
- „Und setzt ihr nicht das Leben ein, nie wird euch das Leben gewonnen sein." (Schiller, Wallenstein) (S. 132)
- Angst zu haben ist nicht unbedingt eine Schande, Mut zu haben nicht unbedingt ein Verdienst.
- Der Abglanz des Mutigen beleuchtet den weniger Mutigen in seiner Nähe. Die Nachbarschaft hat eine aufwertende Wirkung. (S. 175)
- Sinnsuche ist die Suche nach einer neuen Heimat. Diese muß nicht auch die Heimat der anderen sein. (S. 205/208)
- Nicht innere Leere, die lähmt, sondern innere Fülle, die antreibt, ist die entscheidende Kraft, die den Grenzgänger bewegt, das bequeme abgesicherte Dasein zu verlassen, um auf ungebahnten Wegen einer eigenen Berufung zu folgen. (S. 208)
- Der Bergsteiger müht sich am Berg, weil dieser da ist. Der Flieger fliegt, weil es das Fliegen gibt. Diese schlichten Begründungen reichen dem Sportler aus. Er tut, was er tut, weil es ihn innerlich bereichert und er es tun will. (S. 218)
- Survival: Nicht die Bedürfnislosigkeit, sondern die überzogene Bedürfnishaltung ist in Wirklichkeit lächerlich und pathologisch. (S. 225/226)
- Wer Wagnis sucht, will Sicherheit. (S. 247)
- Das Kind sucht das Wagnis nicht um des puren Risikos willen, nicht aus Naivität und nicht aus Suizidabsichten, sondern um Sicherheit zu gewinnen. Indem es sich das Unbekannte zum Bekannten, das Fremde zum Vertrauten, das Unberechenbare zum Berechenbaren, das Gefährliche zum Handelbaren verwandelt, erschafft es Schritt für Schritt aus Unsicherheit Sicherheit. (S. 247)
- Altern bedeutet nicht schon Reifen. Reifen setzt eine ständige selbstkritische Arbeit an sich voraus. (S. 304)
- Erst durch das Hinterfragen und Reflektieren, durch Werterkenntnis und Sinnzuweisung unterscheiden sich die Extremleistungen des Menschen wesentlich von denen der Lachse, Ameisen, Bergziegen oder Zugvögel. (S. 305)
- Die Wertzuweisung des Wagens erwächst dem persönlichen Sinnerleben. Sie ist anderen nicht unbedingt zugänglich und angesichts der Vielfalt von Wertvorstellungen nicht objektivierbar. (S. 301)
- Menschen gehen Wagnisse ein, weil sie selbst und die Gesellschaft sie zur Fortentwicklung brauchen. (S. 49ff)

Glossar

Abenteuer: v. lat. *ad-ventura = was auf einen zukommt.* mhd. *aventiure.* Enthält Momente des Überraschenden, Gefährlichen, die ein entschlossenes Krisenmanagement erfordern u. damit für Spannung sorgen. Im ritterlichen MA Bildungsweg der charakterlich-ethischen Bewährung (s. W. v. Eschenbach, Parzival). Heute meist Methode, der Langeweile des Alltags zu entkommen u. das Lebensgefühl zu intensivieren. Dabei starke Tendenz zu Pseudo-Abenteuern ohne Risiken und Selbstverantwortung, zur Be-Abenteuerung durch kommerzielle Anbieter u. zu Abenteuer-Hopping. Vielfältige Varianten wie Liebes-, Lese-, Reise-, Forschungs-, Sport-, Virtuelle A.). Teils abwertende Bedeutung (abenteuerlich, Abenteurer).

Aggressive Skating (Stunt-Skating): v. engl. *skates = Schlittschuhe/Rollschuhe* u. *aggressive = draufgängerisch.* Bewegungstechnisch besonders anspruchsvolle, risikoreiche Form des Inline-Skating. Der A.-Skater bewegt sich souverän über Treppen, Geländer, Rohre, Steinkanten, Schanzen, Hindernisse u. in der sog. *Halfpipe* (Halbröhre). Er vollführt dabei verwegene Sprünge, Pirouetten, Salti. Varianten sind das Stunt-S., das Speed-S. oder das Downhill-S.

Angst: v. idg. *angh,* ahd. *angust = eng.* Im Gegs. zur Furcht unbestimmtes, oft grundloses Gefühl des Bedrohtseins. Unlustbetonte Erwartungshaltung. Auch Überbegriff für den ges. Symptomkomplex psychischer Unsicherheiten. Neurotische Steigerungsmöglichkeit zur „Angst vor der Angst“ (Angstspirale). Gefahr der Ausprägung psychotischer Formen, Zwänge, Phobien. *Trait-A. = Charaktera., Eigenschaftsa.* (A. als durchgängiger, relativ stabiler Wesenszug). *State-A. = Situationsa., Zustandsa.* (A. als vorübergehende Befindlichkeit).

Bahnsurfen: Hochgefährlicher Sport, bei dem auf den Dächern, aus den Fenstern, auf den Kupplungen u. zwischen den Waggons von U- u. S-Bahn-Zügen bei 90 km/h waghalsige Manöver u. Happenings inszeniert werden. Angestrebt wird souveräne Beherrschung höchster Risiken mit dem Gefühl v. absoluter Freiheit. Beim sog. „Feuerwehrgriff“ wird der 300 Volt führende Stromabnehmer herabgezogen, was Blitzattacken auslöst. Hohe Unfallrate mit Todesfällen u. Amputationen.

Balconing (Balkonspringen): Urlaubsvergnügen, bei dem – meist im Alkoholrausch – waghalsige Sprünge aus höheren Stockwerken von Hotelanlagen in den Swimmingpool unternommen werden. Strafbewehrt. Frühe Vorläufer sind Sprünge von Brücken u. Fahrzeugen in Flüsse, Teiche oder Seen.

Base-Jumping (Objektspringen): Variante des Fallschirmsports. Der Sportler stürzt sich von Brücken, Talsperren, Antennen, Felsen oder Hochhäusern im freien Fall in die Tiefe u. fängt den Sturz wenige Sekunden vor dem Aufschlag durch Auslösen eines Fallschirms ab. Die hoch riskanten Sprünge aus Höhen unter 100 Metern werden im Fachjargon 'Uhus' genannt.

Body-Flying: Luftsport, bei dem der Körper in einem von einem riesigen Propeller erzeugten, vertikalen Luftstrom bis zu 20 m hoch schweben kann. In dem 180–270 km/h schnellen Windkanal lassen sich artistische Körperbewegungen ausführen. Auch als Simulator u. Trainingsgerät von Skydivern genutzt. Erste Anlage Europas (Airodium) 1991 in Rümlang bei Zürich.

Buildering (Gebäudeklettern, Fassadenklettern): bezeichnet das teilweise verbotene Klettern an von Menschen geschaffenen Bauten wie Brücken, Türmen, Hochhäusern oder Denkmälern.

Bungee-Jumping: Fallsportart, bei welcher der von einer Brücke oder Kranplattform kopfwärts in die Tiefe Stürzende durch die Dehnung eines am Körper befestigten elastischen Seils *(bungee = Gummi)* aufgefangen u. mehrmals zurückgefedert wird. Im pazifischen Raum seit ca. 500 n. Chr. als rituelles Ereignis im Rahmen von Fruchtbarkeitskulten praktiziert. Von A. J. Hucket als modernes Abenteuer entdeckt. Relativ sicherer Funsport. Weitestgehend kommerzialisiert auf TÜV-überwachten Anlagen.

Canyoning (Canyoneering (USA), Schluchteln): In der Regel professionell geführter Natur-Erlebnissport. Begehen tief eingeschnittener Felsschluchten u. Klamms (Canyons, Barrancos) mit Abklettern, Abseilen, Wasserfallrutschen, Wasserspringen, Wildwasserschwimmen, Tauchen.

Carmageddon: Perverses Computerspiel mit Belohnung für möglichst viele Unfälle im Straßenverkehr u. das Überfahren von Passanten. Extrapunkte für das Töten von Blinden u. nochmaliges Überrollen des Leichnams.

Cliff-Jumping (Klippenspringen): Eine aus dem mexikanischen Acapulco bekannte Form des Wasserspringens, bei der sich die sog. Clavadistas seit 1934 als Touristenattraktion 36 m tief in die La-Quebrada-Schlucht stürzen. Seit 2013 Disziplin der Schwimm-Weltmeisterschaften aus 20 m (Frauen) u. 28 m (Männer) mit zahlreichen Salti u. Schrauben. Weltrekord (2015) bei 58.8 m Höhe.

Cruising: v. engl. *to cruise = kreuzen*. Verwandt mit *Straßenkreuzer*. Szeneausdruck f. einen Kick-Sport aus den USA. Als jugendl. Mutprobe schon in dem Kultfilm 'denn sie wissen nicht, was sie tun'. Heute häufig als Autorennen auf nächtlichen Straßen mit hoch frisierten Motoren gestohlener Autos. Als cool empfundene Duellformen, Verfolgungsrennen, Rempelmanöver, Aufeinander zurasen, auch mit Motorrädern. Verbot lt. § 315b u. 315c StGB. Cruiser-Gangs in zahlreichen Großstädten der Welt.

Extreme Skiing: Skiabfahrt über Steilwandpassagen von mehr als 60 Grad u. Eisflächen mit Sprüngen, die keinen Sturz zulassen. Benutzung kurzer Spezialski. Befahren der Flanken v. Matterhorn, Nanga Parbat, Mt. Everest (vgl. Kammerlander 1999).

Extreme Windsurfing (Windgliding, Wellenreiten): Wassersportart auf einem Surfbrett, teils mit dreh- u. kippbarem Segel. Aus dem hawaiianischen Wellenreiten entstandener Trendsport, der spektakuläre Freestyle-Manöver zulässt wie gesprungene Tricks, Rotationen, Loopings. Artistik vor, in u. auf der Welle. Bei Sturm Spitzengeschwindigkeiten bis 80 km/h möglich. Seit 1984 auch olympische Disziplin. Beim sog. **Kitesurfen** wird ein Lenkdrache für den Vortrieb eingesetzt.

Flying Fox: engl. *Fliegender Fuchs.* **(Guerillarutsche, Ziplining)**. Technik aus dem Trekking- u. *Survival*-Arsenal. In der Erlebnispädagogik als Mutprobe verbreitet. Der Akteur klinkt sich, in einen Klettergurt eingebunden, mittels Karabinerhaken in eine Seilrolle oder in ein Tragetau ein, um in rasanter Rutschfahrt einen Fluss oder eine Schlucht zu überqueren. Als harmlose erdnahe Rutschen häufig auf Spielplätzen **(Tarzanrutsche)**.

Formationsspringen: Kunstform des Fallschirmsports, bei der Gruppen von bis zu 300 Springern in Körperberührung während des Fallens gemeinsame Figuren bilden. Die Fallgeschwindigkeit lässt sich durch Ausdehnen u. Verengen des 'Flügelkleides' zw. 200 u. 250 km/h verändern. Das *„Freeflying"* unterscheidet sich davon durch die Freiheit der Positionen im Fall.

Free Fall Tower: In Freizeitparks anzutreffender Turm, von dessen Spitze man, angeschnallt auf einem Freiluftsitz, über 70 Meter in die Tiefe stürzen kann, bevor ein Magnetbremssystem den Fall sicher abfängt.

Freeclimbing (Freiklettern): In den USA der 1970-Jahre entstandene Bewegung der Hippie-Ära. Esoterische Begegnung mit einer Wand, ihren Tücken u. dem Ausgesetztsein zw. Leben u. Tod. Lebensphilosophie. Bewusstseinserweiternde Ambitionen. **Freiklettern** verbietet technische Kletterhilfen, **Free solo** auch die Seilsicherung während des Alleingangs. Hoch riskante Extremform mit entspr. Aufmerksamkeitswert. Szenenvielfalt v. meditativen Klettern im Naturfels über Wettkampfsport in künstl. Arenen bis zum spektakulären Fassadenklettern an Wolkenkratzern *(City Climbing)*.

Freeriding: engl. *„Freies Fahren"*. Fachbezeichnung für das unbegrenzte extreme Ausleben eines Fahrsports im freien Gelände des sog. Backcountry, etwa auf Ski, Snowboard oder Mountainbike. Mensch u. Material werden bei gewagten Sprüngen über Felsen, Wechten, Rinnen, Grate bis zum Äußersten strapaziert.

Furcht: v. ahd. *for(a)hta.* Im Gegs. zur Angst Gefühl konkreten Bedrohtseins, einer bestimmten Situation u. bestimmbaren Gefahr nicht gewachsen zu sein. Auch „Realangst" genannt. Natürliches u. notwendiges Warnsignal aufgrund objektiv gegebener, nicht eingebildeter Gefährdung.

Glücksfindung: In der menschlichen Psyche verankertes bedeutendes Sehnsuchtsziel irdischer u. auch metaphysischer Sinnsuche.

Grenzgang: Extreme Gefahreneinlassung auf dem schmalen Grat zwischen Leben und Tod. Bewegung am Limit von Mensch u. Technik mit minimalem Sicherheitsspielraum, um durch Ausschöpfen der Gefahrenzone neue Erlebens- u. Handlungsräume zu gewinnen. Die große Nähe zum Tode vermittelt dabei ein besonders intensives Lebensgefühl u. außerordentliche Leistungen. Der G. findet sich im Extremsport, in militärischen Kommandounternehmungen, in spez. Berufen (Stuntmen, Testpiloten, Kriegsreporter) oder der Forschung (Selbstversuche). Er motiviert sich u. a. durch ein hohes Sach-Engagement, durch Sinnsuche oder Ruhmstreben.

Halfpipe: engl. *„Halbröhre"*. Sportanlage, die Skate-, Board-, Scooter- oder BMX-Akrobaten für extreme Kunststücke dient. Im Schnee olympische Disziplin.

Höhlenspringen: Variante des Fallschirmsports. Der Springer lässt sich aus einem Hubschrauber in freiem Fall in eine nach oben offene Erdhöhle fallen. Der Schirm wird erst nach Passieren der Öffnung, innerhalb der Höhle, ausgelöst. Das hoch gefährliche Wagstück erfordert extreme Risikobereitschaft u. eine fehlerfreie Beherrschung der präzise berechneten Abläufe.

Kick: engl. *kick = Tritt, Stoß.* Im Unterschied zum *Thrill* kurzzeitige nervliche u. emotionale Erregung mit blitzartiger rauschhafter Entladung n. dem Erregungsgipfel. Beispiele *Base-Jumping, Balconing, Russ. Roulette.* Als Einzelerlebnis erfahrbar oder Abschluss einer Thrill-Phase. Methode zur Intensivierung des Lebensgefühls.

Kine-Swinging: altgriech. *kinein = bewegen.* Aus den Trainingsstürzen der Kletterer in die Seilsicherung entstandenes Sportvergnügen. Das 'Seilfallen' wurde zum Spiel über dem Abgrund, bei dem die Dynamik des Falls in weiten Schwüngen ausgependelt wird.

Kite-Gliding (Hängegleiten, Drachenfliegen, Deltafliegen): Motorlose Flugsportart. Durch O. Lilienthal ab 1891 nach dem Vorbild des Vogelflugs entwikkelt. Seit Ende der 1960er Jahre in der heutigen Form üblich. Für Bergstart, Windenstart oder UL-Schlepp tauglich. Aufhängung des Piloten unter einem stoffbespannten stabilen Aluminiumflügel. Steuerung d. Schwerpunktverlagerung über ein Trapez. Die Landung ist vogelähnlich. Fluggerät zum Transport zusammenklappbar. Gewicht 25–40 kg. In dynamischen Aufwinden u. Thermik heute Flughöhen von 5000 m, Strecken von 700 km u. 15stündige Flüge möglich.

Mountaineering: Umfasst das Klettern in Fels, Firn und Eis im Hochgebirge. Als **Extrembergsteigen** oder **Höhenbergsteigen** Expeditionssport, bei dem ausgesetzte Gipfel, gefährliche Wände, vereiste Wasserfälle, extrem schwierige Routen im Berggelände sowie die höchsten Erdregionen begangen werden. M. verlangt ein Höchstmaß an physischer Fitness, mentaler Stressresistenz, Selbstdisziplin, Realitätssinn, Leidensbereitschaft, Verantwortungsfähigkeit.

Mut (Wagemut, Courage): v. idg. *mo = starken Willens sein, heftig n. etwas streben*, ahd. *muot = Kraft des Denkens, Empfindens, Wollens.* lat. *audacia = Kühnheit.* Fähigkeit u. Bereitschaft, gegen Widerstände u. trotz Angst u. Gefahren etwas als wichtig Erkanntes durchzusetzen bzw. sich einer als unwert empfundenen Zumutung zu widersetzen. Antriebsfaktor, Initiativkraft, die mit der Bremskraft (Furcht) korrespondieren muss. Als „innere Kraft" Teil des ausgereiften Charakters. Erlernbar. Als Eigenschaft des Maßes zw. Übermut u. Feigheit, Hochmut u. Unterwürfigkeit u. unter ethischer Zielsetzung als Tugend gesehen (z. B. Zivilcourage).

Oknophiler: v. griech. *okneo = sich fürchten, sich scheuen, zögern, besorgt sein.* Seit der Typologie von Balint (1959) wagnisscheuer Mensch, der Gefahren tunlichst ausweicht u. sich schutzsuchend an das vermeintlich Sichere klammert. Furcht vor Misserfolg stärker ausgeprägt als Zuversicht auf Erfolg. Gegentypus zum *Philobaten.* Von B. als neurotisch eingestuft mit der Tendenz zur Abhängigkeit von anderen.

Ordal: v. mlat. *ordalium = Urteil, Gottesgericht, Gottesurteil.* Wurzel im Orakel. Im fränk. Recht des MA letzte Instanz bei fehlenden Beweismöglichkeiten in gravierenden Rechtsfällen. Als göttlicher Schiedsspruch unantastbar.

Outward Bound: Fachausdruck der Seefahrt. Bezeichnet das Auslaufen eines Segelschiffs zu großer Fahrt. Kennzeichnung der Schulen des Reformpädagogen K. Hahn. Zielsetzung Erlebnistherapie, Grenzerfahrungen mit ganzheitlich fordernden Aufgaben. Natur als Lehrmeister in sozialem Verbund. Erlebnispäd. Einrichtungen in Naturlandschaften auf allen Kontinenten. *City Bound* als Sonderform in den Städten.

Paintball (Gotcha): wörtl. *Ich hab dich.* Taktisches Kriegsspiel aus den USA (1981), bei dem sich Einheiten mittels Druckluftwaffen mit Farbkugeln gegenseitig beschießen u. markieren. Schussgeschwind. bis 400 km/h. In zugelassenem Gelände variantenreich ausgetragener, nicht unumstrittener Turnier-Sport.

Panik: Plötzlicher Ausbruch sinnlos übertriebener Angst. Anfall aus dem Grundgefühl existenziellen Bedrohtseins. Benannt n. dem griech. Wald- u. Hirtengott *Pan*, dessen überraschendes Erscheinen Entsetzen auslöste. Darstellung als lüsterner Verführer mit Hirtenflöte, Ziegenohren, Ziegenhörnern, Bocksfüßen, wilder Behaarung. Prägte die Teufelsvorstellung des MA.

Parachuting (Fallschirmspringen, Skydiving, Skysurfing): Vielfältige Fallsportart in der Vertikalen, bei welcher der Sturz in die Tiefe nach einer Phase des freien Falls durch die Bremswirkung eines Schirms abgefangen wird. Schon von Leonardo da Vinci 1486 als Notrettungshilfe erdacht und realisiert, heute militärisch wie sportlich genutzt. Steuerbare Flächenschirme ermöglichen nach dem Sprung aus einem Fluggerät hochwertige Kunstformen im Figuren-, Formations- oder Freestyle-Springen bzw. risikohaltige Varianten wie das *Base-, Wasserfall- oder Höhlenspringen*. Neben dem Hauptschirm sichert ein automatisch auslösender Reserveschirm das Überleben im Notfall. Ausbildung ab 16 J.

Paragliding (Slope Soaring, Parasailing, Gleitschirmfliegen, Gleitsegeln): Motorfreie Luftsportart. Aus dem Fallschirmsport entwickelt. 1973 erste Versuche. Als Fußstart vom Berg aus (seit 1986) u. mittels Windenschlepp in der Ebene betrieben. Aus dem am Boden ausgelegten zweilagigen Nylontuch muss durch ein dynamisches Aufziehen des Schirms zunächst ein flugtaugliches Flügelprofil hergestellt werden. Die an der Vorderseite geöffneten u. an der Hinterseite geschlossenen Kammern füllen sich dabei mit Luft u. bilden eine Tragfläche, die während des gesamten Fluges aufrecht zu erhalten ist. Die Steuerung erfolgt über zwei Bremsleinen u. über Gewichtsverlagerungen des unter dem Schirm in einem Gurtzeug aufgehängten Piloten. Die Gesamtausrüstung mit Helm, Gurtzeug, Rettungssystem, Airbag u. Instrumenten wiegt ca.18 kg. Die Sportausübung ist lizenzpflichtig u. ab 16 Jahren selbstständig möglich.

Parkour (Freerunning): Trendsport. Artist. Form der freien Fortbewegung in anspruchsvollem Hindernisgelände im urbanen Raum (Ruinenfelder, Hausdächer, Fabrikanlagen). In zügigem Lauf werden Wände erklommen, Spalten übersprungen, Grate balanciert, Tiefsprünge absolviert u. die Abläufe d. kunstvolle Einlagen wie Hechtrollen, Überschläge oder Schraubensalti angereichert. Es geht um souveränes Beherrschen des Geländes in der Bewegung, wozu ein hohes Maß an Fitness, Kraft, Beweglichkeit, Koordination, Kreativität, Entschlussschnelle u. Schmerztoleranz erforderlich ist.

Philobat: griech. *akrobates* nachgebildet = *der gern das Äußerste besteigt*. Seit der Typologie von Balint (1959) besonders wagnisfreudiger Mensch, der extreme Risiken liebt u. sich zutraut. Die Erwartung des Erfolgs ist stärker als die Furcht vor Misserfolg. Gegentyp zum *Oknophilen*. Von B. als Neurotiker eingestuft mit einer Tendenz zur Selbstüberschätzung.

Phobie: v. griech. *phobos* = *Furcht*. In der Mythologie Sohn des Kriegsgottes Ares. Verkörperung des Schreckens. Bei Homer Bedeutung *zur Flucht gedrängt*. Unwiderstehliche, krankhafte, meist nicht begründbare Situations- bzw. Objekt-Furcht mit zahlreichen Varianten wie *Agora-* (Platz-), *Akro-* (Höhen-/Tiefen-), *Algo-* (Verletzungs-), *Cano-* (Hunde-) oder *Claustro-* (Einschließ-)Phobie/ Angst.

Risiko: v. lat. *risicare*, ital. *risico*. Lehnwort aus der Seemannssprache des 16. Jahrhunderts. Bedeutung *Gefahr laufen, Klippen umschiffen*. Im Unterschied zum Wagnis rechnerisch-statistisch erfassbare Bedrohungsgröße (R.-grade, R.-faktoren). Teil von Wagnissen. Charakterisiert die Gefährdungslage. *Objektives R.* resultiert aus der Schwierigkeit einer Aufgabe oder Sportart u. den möglichen Folgen (Kunstflug ist objektiv risikoreicher als Reiseflug). *Subjektives R.* ist abhängig v. Kompetenzniveau des Einzelnen (Anfänger ist subjektiv mehr gefährdet als der Experte). *Restrisiko* meint die nicht eliminierbare Gefährdung n. Ausschalten aller erkennbaren u. vermeidbaren R.-Momente.

River Rafting: engl. *Fluß-Flößen*. Wildwasserabenteuer in robustem paddelgesteuertem Schlauchboot auf Gebirgsflüssen oder künstl. Anlagen. Kommerziell angebotenes Urlaubsvergnügen unterschiedlicher Schwierigkeitsgrade. Kann über reißende Flüsse, Stromschnellen, Wasserfälle u. durch Höhlen führen. Weltmeisterschaften seit 1997.

Roofing: v. engl. *roof = Dach*. (auch **Lattice Climbing = Gittersteigen**). Besonders in Russland stark verbreiteter Extremsport beider Geschlechter, bei dem hunderte Meter hohe Bauwerke, Fabriktürme, Sendemasten, ausgesetzte Kräne ungesichert erklettert werden, um sich in luftiger Höhe in spektakulären Posen hangelnd oder balancierend zu filmen u. zu fotografieren. In der BRD verboten u. strafbewehrt. Die Internetpräsentationen finden millionenfache Aufmerksamkeit.

Russisch Roulette: Hasardspiel um Leben u. Tod. Ein sechsschüssiger Revolver wird mit nur einer Patrone geladen. Sodann wird die Trommel gedreht, der Revolver an die Schläfe gesetzt u. der Abzug betätigt. Varianten des Suizidspiels entspr. Waffe, Teilnehmerzahl, Ablauf. Die Erfindung wird in der Etappe sich langweilenden russischen Offizieren des Ersten Weltkriegs zugeschrieben. Im Sinne von „Mit dem Feuer spielen“ oder „Va banque spielen“ heute auch als Metapher im Gebrauch.

Segelfliegen (Glider-Flying, Sailplaining): Motorfreie Flugsportart. Als *Gleitfliegen* aus den frühen Flugversuchen O. Lilienthals erwachsen. Vor allem im Deutschland der 1920er Jahre auf der Wasserkuppe/Rhön intensivierter Flugsport. Zunächst als Bergstart von Menschen- u. Fahrzeugkraft angeschleppt. Heute Winden- u. Flugzeugschlepp. Aerodynamische Steuerung über Steuerknüppel u. Pedale mittels Höhen-, Seiten- u. Querruder. Hervorragende Gleiteigenschaften. Nutzung v. dynamischen u. thermischen Aufwinden. Als Teamsport in Clubs organisiert. Flugplatzpflicht. Lizenz ab 17 J.

Skill: engl. *Fertigkeit, Geschick, Können, Qualifikation*

Speedflying (Speedgliding, Speedriding): Gefährlicher Extremsport mit Ski und Gleitschirm aus Frankreich. Die nur 10 bis 15 m² großen Minischirme mit ihren klappstabilen Profilen und sehr kurzen Leinen erreichen Geschwindigkeiten bis zu 120 km/h. Damit sind wiederholte hangnahe Gleitflüge, verbunden mit Sprüngen über Kuppen und Klippen, möglich. Versicherungsrechtlich als Risikosport eingestuft. Zur legalen Ausübung eine spez. Ausbildung u. Prüfung erforderlich.

Stierkampf (Tauromachie): aus der griech. Antike seit ca. 3000 Jahren überliefertes kultisches Ritual des Kampfes zw. Mensch u. Stier. Myth. Verankerung mit Schwerpunkt auf Kreta. Lückenlose Tradition bis heute u.a. als Stierkampf (span. Corrida), Stiertreiben (span. Encierro). In Spanien u. Mexiko als Fußkampf, in Portugal als Kampf v. Pferde bevorzugt. Populärer Volkssport in eigenen Arenen. (vgl. Hemingway 1967). Unter Tierschutzaspekten teilweise umstritten.

Survival: engl. *überleben*. Praktische Lebensphilosophie, die das Leben auf die Urbedürfnisse reduziert, Luxus verfemt u. dabei Vitalität u. Kreativität gewinnen will. Verzicht auf Zivilisationsmittel in Extremsituationen, um die Selbsthilfekräfte zu mobilisieren. Einsamkeits- u. Härteproben als Methode der Selbstfindung u. Konzentration auf das Wesentliche. (vgl. Nehberg 1998). Teil des Überlebenstrainings militärischer Spezialeinheiten.

Tantrismus: altind. *Gewebe, Lehrsystem*. Seit ca. 500 n. Chr. fassbare esoterische religiöse Bewegung des Hinduismus u. Buddhismus. Erkenntnislehre, durchdrungen v. okkulten u. magischen Momenten, die auf spirituellem Wege mit Hilfe eines Meisters (Guru) stufenweise zur Erleuchtung führen will. In der kultischen Ekstase spielt die Polarität des männl. u. weibl. Prinzips eine zentrale Rolle. In den erotischen Skulpturen der Tempel von Khajuraho oder Konarak (Indien) finden die Tantra-Praktiken n. den überlieferten Lehren noch heute ihren Ausdruck.

Tapferkeit: v. ahd. *tapfar = fest, gedrungen*. lat. *fortitudo*. Seit dem 15. Jahrh. Bedeutung *Schmerzen aushalten*. Kennzeichnet im Unterschied zum *Mut* die Leidensbereitschaft, das Durchhaltevermögen. Mentale Charakterleistung als Einstehen für eine Wertüberzeugung trotz äußerem Zwang, Furcht, Gefahr. Kardinaltugend der christl. Sittenlehre, spez. der Martyrer (vgl. J. Pieper 1934).

Thrill: engl. *Schauer, Spannung, Erregung*. Oft als **Angstlust** oder **Nervenkitzel** übersetzt. Ambivalente Gefühlslage, bei der sich eine angstbesetzte Hochspannung aufbaut, entlädt u. neu aufbaut. Beisp. *Achterbahn-, Geisterbahnfahren*. Im Unterschied zur Kurzentladung des Kick ein längeres Wechselbad der Gefühle zw. Anspannung u. Entspannung. Aus der überstandenen Angstphase resultiert ein Lustgefühl.

Voodoo: Begriff der traditionellen afrikan. Naturmedizin. Heiler arbeiten mit Kräutermixturen u. symbolträchtigen Ritualen. Einbezug der Psyche des Patienten. Bisweilen erstaunliche Heilerfolge. In europ. Jugendzirkeln als Hexenkunst verbreitet. Inszenieren v. Orakeln, Trance, Teufelsmessen, Geisterbeschwörungen.

Wagnis: v. ahd. *wagan = sich trauen, mutig sein.* Bezeichnet das Einlassen auf eine als wertvoll erkannte schwierige Aufgabe oder risikohaltige Situation, in der man auch scheitern kann (Prüfung, Konkurrenz). Wagen korrespondiert mit dem Abwägen, ob sich der Risikoeinsatz gegenüber dem möglichen Wagnisgewinn wirklich lohnt. Wagnis realisiert sich erst mit der Bereitschaft zum Handeln. Es gibt kein „abstraktes" Wagnis. Wagnis beinhaltet das verantwortete Tun im Bewusstsein der Risiken. Es gibt zwar Risiken ohne ein Handeln, aber keine Wagnisse, ohne dass sie einer eingeht.

Wasserfallspringen: Abenteuerform des *Parachuting.* Freier Fall v. einem Felsen über die herabstürzenden Wassermassen mit Schirmlandung. Schwierige Landestellen im Dschungel erfordern präzises Handling.

Wingsuiting: Hochrisikosport. Flügelanzug mit künstlichen Flächen zwischen Armen u. Beinen, die, von Luft durchströmt, als Flügel fungieren. Extremvariante des Fallschirmsports. Bereits seit 1912 von F. Reichelt mit seinem „Fledermausanzug" vorgedachte Fall/Flugform, bei der heute Gleitzahlen von 1:2 für den Horizontalflug erreicht, enge Felsspalten durchflogen und Strecken von 30 km möglich sind. Der Start des „Birdmen" (Vogelmenschen) erfolgt von einer Klippe oder aus einem Fluggerät, die Landung in der Regel mit dem Fallschirm. Die Fluggeschwindigkeit beträgt bei einer Sinkgeschwindigkeit von ca. 45 km/h etwa 130 km/h. Wegen der hohen Unfallgefahr benötigen Basejumper für jeden Sprung eine Genehmigung.